Hans-Georg Weiske
Die Erfinder des Christentums

Ausgehend vom Text des Neuen Testamentes der Bibel und den Schriften des Flavius Josephus wird hier auf der Grundlage neuerer Erkenntnisse zur Mission des Jesus von Nazareth auf den historischen Spuren des Jesusjüngers Johannes und seiner Apostelkollegen dem nachgegangen, was sie tatsächlich taten, in wessen Auftrag und mit welcher Zielstellung.

Aus der Summe der Ergebnisse wird deutlich, wie und aus welchen Gründen das Christentum entstand, welche zentrale Bedeutung gerade Johannes für dessen Herausbildung zukommt, und dass diese Religion ihre Entstehung den politischen Zwängen ihrer Zeit verdankt.

Das Spannungsfeld der gegenläufigen Interessen und politischen Ziele der Akteure des 1. Jahrhunderts und der gnadenlose Machtkampfes innerhalb des Führungszirkels der Urchristen, bilden dabei den Hintergrund für die überlieferten Ereignisse. Es wird deutlich, dass schon die Herausbildung der christlichen Religion von Anfang an mit Reformen, Reformation, Gegenreformation und verbissenem Fanatismus verbunden war.

Der Kampf um politische Positionen und um theologische Standpunkte scheint vordergründig entscheidend. Tatsächlich waren aber am Ende ganz andere Gründe maßgebend.

Angesichts der Faktenlage erhebt sich die Frage, ob die Geschichte der Entstehung des Christentums nicht neu geschrieben werden müsste.

HANS-GEORG WEISKE

Die Erfinder des Christentums

Eine Ermittlung auf den
historischen Spuren der Personen,
welche den christlichen Glauben
in die Welt setzten

Bibliografische Information der Deutschen Nationalbibliothek:
Die Deutsche Nationalbibliothek verzeichnet diese Publikation
in der Deutschen Nationalbibliografie;
detaillierte bibliografische Daten sind im Internet
über http://dnb.d-nb.de abrufbar.

© 2015 Hans-Georg Weiske
Herstellung und Verlag: Books on Demand GmbH Norderstedt

ISBN 978-3-7347-8770-6

Inhaltsverzeichnis

Einführung in die Problematik	7
Flavius Josephus, das Problem der Identität von Essenern und Christen, der Judäische Krieg und Johannes	15
Die wirkliche Mission des Jesus von Nazareth	34
Die Apostelgeschichte des Lukas	79
Wer war Paulus tatsächlich?	99
Was in der Apostelgeschichte wirklich steht	106
Die Vita des Josephus, Jochanan bar Levi, Simon bar Gamaliel und Simon Petrus	134
Das Testimoniumproblem und die Erarbeitung der Evangelien	147
Die Rolle der Flavier	160
Johannes, der Jünger	176
Das Evangelium des Johannes	189
Johannes, die Evangelien und Rom	220
Maria Magdalena, die Apostelin der Apostel	231
Die Aktion Judas Iskariot	242
Rekonstruktion eines Lebenswerkes	259
Offenbarende Enthüllung	273
Der Jehoshua bar Joseph des Jochanan bar Levi	282
Zusammenfassung	286
Anhang	291

Alle
in diesem Buch gezogenen Schlussfolgerungen
basieren auf der Auswertung anerkannter,
öffentlich zugängiger und allgemein verbreiteter
geisteswissenschaftlicher Darstellungen und Erkenntnisse.
Die Diffamierung oder Diskriminierung gegenteiliger
Auffassungen oder Überzeugungen ist weder beabsichtigt,
noch wissentlich erfolgt.

Die Daten und Fakten aus der im Anhang
aufgeführten Literatur und einschlägiger Artikel
aus Internetenzyklopädien wurden inhaltlich entsprechend
dem Ziel dieser Arbeit ausgewertet.
Die logische Nachvollziehbarkeit der Ereignisse erforderte
deshalb oft neue Deutungen, die nicht immer dem entsprechen,
worüber die Autoren der jeweiligen Basisschriften
zu informieren beabsichtigten.

Der Inhalt dieses Buches soll auch keineswegs eine
abschließende Behandlung der Thematik darstellen,
sondern den Interessierten, die noch suchend unterwegs sind,
auf der Basis neuer Erkenntnisse
eine Richtung für weitere Forschungen aufzeigen.

Hier wird nur versucht, eine zurzeit immer noch mit
Denkverboten belegte Hypothese
Erstmals ohne Angst zu Ende zu denken.

*Ihr werdet die Wahrheit erkennen,
und die Wahrheit
wird euch frei machen.*
                                    Johannes 8, 32

Einführung in die Problematik

Das Abendland betrachtet unter anderem den christlichen Glauben als eine der wichtigsten Grundlagen und Klammern seiner Kultur. Die Texte der Bibel werden dazu als das Fundament betrachtet, auf dem der Bau dieses Glaubens felsenfest verankert ist. Betrachtet man aber diese Texte genau, dann möchte man sie doch gern noch einmal von anderer Seite bestätigt haben, weil allerhand Zweifelhaftes darin zu stehen scheint. Dazu braucht es dann Überlieferungen aus anderen Quellen, historische Überlieferungen, die es aber anscheinend nicht gibt. Man wüsste gern Näheres über die Personen, die uns vor allem in den Texten des Neuen Testamentes vorgestellt werden, denn dass sie immer und überall nur als die Verkünder des Christentums aufgetreten sind und sich auch stets so streng die ihnen zugeschriebenen Rollen ausfüllten, ist kaum anzunehmen. Die neuesten Erkenntnisse zur historischen Figur des Jesus von Nazareth in Verbindung mit der Analyse der Texte der Bibel und den historischen Berichten lassen vermuten: Es hat ihn zwar gegeben, aber er war ein ganz anderer, als es uns immer eingeredet wird. Dagegen hat es aber seinen Verräter, den Judas Iskariot wahrscheinlich nie gegeben. Der Mensch, der aber im entscheidenden Moment vorübergehend als dieser Judas Iskariot auftrat, war andererseits für uns von ausschlaggebender Bedeutung. Dieser Judas hat sich damals auch keineswegs umgebracht. Erst spät, in hohem Alter, ist er nach einem langen bewegten Leben, und im Bewusstsein, etwas wirklich Bleibendes geschaffen zu haben, im Kreise seiner ihn anbetenden Anhänger friedlich entschlafen, und auch wir verehren ihn weiterhin, allerdings unter einem anderen Namen. Er hat darüber hinaus entscheidenden Einfluss auf die Entwicklung der christlichen Religion genommen. Nachdem die theologische Basis des Christentums mit der Ausgießung des Heiligen Geistes am Pfingsttag des Jahres 30 verkündet war, formte dieser Judas sie später für uns aus. Damit scheint alles auf den Kopf gestellt, was wir an Vorstellungen über die Entstehung des Christentums verinnerlicht haben. Der Judas, dessen tatsächlicher Identität hier mit nachgegangen wird, war zwar Gottes Geschöpf, wie wir alle, aber durchaus nicht von einem Schicksal dafür vorbestimmt, was er in seinem Leben alles anrichtete. Zielstrebiger und beharrlicher als dieser Mensch war selten einer, trotz aller Rückschläge, die er in seinem Leben erlitt. So viel Nachhaltigkeit, wie der, an dessen Karrierebeginn der Verrat Jesu steht, haben nur wenige

Menschen mit ihrem Wirken erreicht. Diese Tat: Den Messias verraten zu haben, ist in unseren Augen darunter die allerschlimmste, obwohl an dieser Geschichte gar nichts stimmt.

Die vom Judasverrat ausgelöste Kreuzigung Christi ist aber trotzdem für das Christentum genau so ein Nullpunkt, wie ihn die Zeitenwende für die Kalenderrechnung darstellt. Alles, was uns die Evangelien erzählen, führt auf diesen Punkt zu, aus dem wiederum alles hervorgeht: Auferstehung, Himmelfahrt, Ausgießung des Heiligen Geistes, Gründung der Urchristengemeinde und Mission. Alles, was vor der Kreuzigung stattfindet ist im Bezug auf Jesus noch Geschichte. Das, was danach von ihm berichtet wird, gehört zur Religion, die sich anschließend diese Geschichte einverleibt.

Meine Untersuchungen setzten genau dort an. Sie befassten sich mit diesen historischen Begebenheiten des 1. Jahrhunderts unserer Zeitrechnung und mit einem Teil der Hintergründe, die dann bis zum Ende des 2. Jahrhunderts auf die weitere Herausbildung der christlichen Religion Einfluss nahmen. Es wird dabei den politischen und religiösen Motivationen und, soweit möglich, auch den Schicksalen der in diese Sache verwickelten wichtigsten Personen und deren bisher kaum bekannter historischer Identität nachgegangen. Die Ergebnisse solcher Untersuchungen sind nicht immer sehr erwünscht. Auch hier ist das so.

Es besteht aber nicht die Absicht, mit diesem Buch den christlichen Glauben anzugreifen. Auch wenn es dabei ab und zu hart auf hart zugehen sollte, es läuft nicht auf religiöse Umsturzabsichten hinaus. Die gerade wieder einmal angeschobene Welle eines neuen Atheismus soll uns dabei nicht interessieren. Dazu werden Sie hier auch nichts finden. Gott ist nicht Gegenstand der Ermittlungen. Hier wird nicht versucht Gott nachzuspüren, sondern den historischen Nachweis dessen zu führen, was tatsächlich geschah, und das anhand derer, die am Anfang, an der Schwelle der Tür stehen, durch welche die Menschheit in den christlichen Glauben eintritt.

Betrachten wir es so: Wenn ein Uhrmacher eine Uhr öffnet, dann geschieht das keineswegs in der Absicht, dem Geheimnis der Zeit auf die Spur zu kommen. Er kann nur dem Geheimnis eines Mechanismus nachspüren, der für uns die Zeit einteilt. Genau so wird hier dem nachgegangen, was uns von unseren Vorfahren geistig konstruiert und überliefert wurde, um dem Christenglauben eine Basis zu geben. Auch wenn dabei das, was wir normalerweise glauben, sehr auf die Probe gestellt wird; wer wirklich Christ ist, den wird das nicht ernsthaft erschüttern. Glauben ist eine Sache des Charakters. In wie weit unser Glauben dann noch an Mythen, zeremoniellen Abläufen, Traditionen oder Dogmen festgemacht ist, ohne die es nun einmal im menschlichen Zusammenleben und auch in der Religion nicht geht, bleibt uns selbst überlassen. Um beim Vergleich mit der Uhr zu bleiben: Wir glauben doch auch nicht, dass die Zeit stillsteht, nur weil sich herausstellt, dass unsere Uhr stehengeblieben oder kaputt ist.

Um diese Zeit in der das Christentum entstand, aus sich selbst heraus erklären zu können, ist es erforderlich, sich in diese Zeit, vor allem in die Handelnden und deren Motivationen hinein zu versetzen, in deren Gegenwart von damals. Vieles wird uns dann bekannt vorkommen, weil sich menschliche Grundverhaltensweisen, wie die Geschichte beweist, seit Jahrtausenden kaum wesentlich verändert haben. Dazu muss man allerdings in einem Maße umdenken, wie wir es uns gerade in Glaubensdingen verbieten, denn die von mir untersuchten Vorgänge sind später so stark mit religiösen Vorstellungen überfrachtet worden, dass man nur schwer zu ihrem rationalen Kern vordringen kann. Vor allem macht es sich erforderlich, die Mission des Jesus von Nazareth näher zu betrachten und genauer zu prüfen, welche sie wirklich war. Der historische Jesus von Nazareth, so werden wir feststellen, hatte mit dem, was derzeit in unseren Kirchen gepredigt wird, absolut nichts zu tun. Um der Hauptfrage, wer denn Jesus von Nazareth war und welche Mission er verfolgte, muss man das religiöse und politische Umfeld, in dem er seiner Mission nachging rekonstruieren, der Funktion der Leute seiner Umgebung und auch seiner Kontrahenten nachgehen. In den Evangelien stehen ihre Namen, aber sonst wissen wir nicht viel von ihnen. Wir sind gewöhnt, in ihnen böswillige Vertreter feindlicher Gruppierungen zu sehen, oder sie als Statisten, Stichwortgeber, oder Fragesteller zu betrachten, die Jesus Gelegenheit geben, uns etwas mitzuteilen. Nur ein paar Jünger treten stärker in den Vordergrund. Angefangen bei Petrus, der ganz vordergründig agiert, Jesus einerseits zum Messias erklärt und dann sogar verleugnet, hinterlässt nur noch Judas einen stärkeren Eindruck, weil er so infam den Sohn Gottes für die berühmten 30 Silberlinge verrät. Das Brüderpaar Johannes und Jakobus, die „Donnersöhne" sind nicht sehr sympathisch. Sie drängen sich Jesus erst förmlich auf und beanspruchen dann auch noch die besten Plätze an seiner Seite im Himmel. Johannes verlangt, einen fremden Wanderprediger zu bestrafen, weil der nach seiner Meinung Jesu ins Handwerk pfuscht. Die Donnersöhne wollen sogar Feuer legen, als der Gruppe Jesu in Samarien das Nachtlager verweigert wird. Thomas glaubt nicht an Jesu Auferstehung, bevor er sich nicht handgreiflich davon überzeugt hat. Der Rest sind nur Mitläufer. Von den Frauen, die mit Jesu mitziehen, tritt nur Maria aus Magdala stärker in Erscheinung. Die Muttergottes verschwindet nach den einleitenden Geburtsgeschichten fast aus unserer Sicht. Jesu Familie spielt eine eigenartige und befremdliche Rolle.

Es sind alles sehr menschliche Verhaltensweisen, die uns von ihnen übermittelt werden, aber diese Personen sind für uns durch ihren direkten Kontakt zum Sohn Gottes geheiligt. Wer versucht, das Neue Testament unserer Bibel daraufhin zu prüfen, was es uns Authentisches über das Leben in der damaligen Zeit, über Jesus und dessen Tätigkeit vermittelt, muss deshalb ausblenden und überblättern, was ihm unter dem Begriff des christlichen Glaubens beigebracht wurde. Was dann von den Evangelien und der Apostelgeschichte des Lukas übrig bleibt, entspricht seltsamerweise ungefähr einer Parallele zu dem, was uns von Che Guevara als *„Bolivianisches Tagebuch"* vorliegt. Es gibt allerdings gravierende Unterschiede. Che Guevara hat sein Tagebuch selbst geschrieben. Die Basisvorlage zu den Evangelien schrieb nicht Jesus, sondern einer seiner engsten Vertrauten. Beide, Che Guevara und auch Jesus, hatten sich einer Idee verschrieben, deren idealistischen Basisentwürfe sich stark ähnelten. Beide wurden für ihre Idee getötet, als sie an deren Umsetzung gingen.

Was bei Jesus aber ganz entscheidend anders ist, sein Berichterstatter und Verräter hat später diese Mission weitergeführt, obwohl er es ursprünglich nicht wollte. Im übertragenen Sinne war der Judas nicht nur der Verräter, sondern ein Erbe und Nachfolger Jesu. Er ist sogar der Vollender dieser Mission im Sinne des Jehoshua bar Joseph von Nazareth in zweierlei Hinsicht. Das bedeutet in seinem Fall etwas anderes als wir uns bisher vorstellen.

Jesus hatte eine ganz irdische Mission, die mit dem Christentum absolut nichts zu tun hatte. Die versucht dieser Nachfolger aus den Zwängen der Situation heraus, in die er dabei gerät bis zum Ende zu führen, was allerdings misslingt. Erst dann widmet er sich der Vollendung der Botschaft in dem Sinne, wie sie uns als die des Jesus von Nazareth heute verkündet wird. Da vollendet er aber für Jesus etwas, woran Jesus nie dachte, wir ihm aber unterstellen, weil es uns in den paulinischen Apostelbriefen so vermittelt wird. Das klingt absolut widersinnig. Im Laufe der Textrecherchen musste ich aber feststellen, dass es leider so war und sich auch nicht einfacher darstellen lässt.

Der wichtigste Teil der Bibel ist für uns Christen das Neue Testament. Es enthält die Evangelien und zugehörige Texte, aus denen sich die Basis des christlichen Glaubens herleiten lässt. Jeder, der sich auf der Grundlage dieser Unterlagen dem christlichen Glaubens zu nähern versucht, glaubt, dass es sich dabei um Schriften handelt, die sich gegenseitig bestätigen und ergänzen. Bei näherer Betrachtung entdeckt man aber, dass sie sich ab und zu widersprechen und das in ihnen enthaltene Gedankengut sich nur unzureichend miteinander in Einklang bringen lässt. Betrachtet man diese Texte auf der Basis ihrer Entstehungszeit und unter dem Aspekt, welchen Zwecken sie ihre Entstehung verdanken, ist erstaunlich, was aus ihnen dann plötzlich an politischen und privaten Interessen zum Vorschein kommt, und was im Hintergrund alles abläuft, während für uns im Vordergrund das Christentum inszeniert wird. In den Evangelien herrscht deshalb eine starke Diskrepanz zwischen den nebeneinander eingearbeiteten Ideen und auch die für ihre Erstellung verwendete Konzeption wurde mehrfach zu ändern versucht.

Spätere Korrekturversuche haben das glücklicherweise nicht alles zu verwischen vermocht. Das geschah aber keineswegs in Ehrfurcht vor den überlieferten Basistexten. Im Gegenteil. Man hat diese Basistexte sogar sehr stark verändert, ergänzt und umformuliert, sich aber dabei schon sehr früh auf die Anpassung des theologischen Inhaltes an die Interessen der Kirche konzentriert. Der historische Gehalt dieser Texte wurde dabei glücklicherweise nur selten angetastet, so dass sich noch heute viel Wissenswertes aus den Widersprüchen zwischen der Verkündigung und dem tatsächlichen Geschehen rekonstruieren lässt, wovon wir sonst nichts erfahren würden.

Es ist im Neuen Testament über die handelnden Personen alles miteinander verbunden, hängt aber insgesamt in der Luft. Es wird erst durch den Glauben zu einer stabilen Sache. Ich werde hier versuchen, das historisch und auch personell auf eine festere Basis zu stellen.

Das Neue Testament entstand stufenweise, aber keineswegs in der Reihenfolge, in der uns diese Schriftenfolge jetzt angeboten wird. Seine Herausbildung beginnt angeblich mit den paulinischen Apostelbriefen. Man ordnet ihre Erstentstehung mehr als 20 Jahre nach den Ereignissen des Jahres 30 ein, dem Zeitpunkt, zu dem Jesus nach unserer Auffassung gekreuzigt wurde. Sie lehren bereits den Auferstandenen, der mit seinem Opfertod die Menschheit erlöst hat und einmal wiederkommen wird, um im Auftrag Gottes das Weltgericht zu halten. Diese Briefe setzen aber die Kenntnis des Inhalts der Evangelien voraus, weil sie sonst unverständlich wären. Dem steht aber entgegen, dass die Evangelien, welche im Kanon des Neuen Testamentes am Anfang einsortiert wurden, aber frühestens ab dem Jahr 70 geschrieben worden sein können. Dazu ist Paulus noch ein Seiteneinsteiger, der historisch nirgendwo nachgewiesen scheint. Seine Briefe können nur nach den Evangelien geschrieben sein, weil sie theologisch auf die Evangelien aufbauen. Andererseits ist ihr historischer Gehalt aber älter als die Evangelien. Man muss deshalb annehmen, dass es schon vor den Evangelien vereinzelt Texte gegeben haben muss, die Gebrauchsanweisungen ähnelten, wie diese Glaubensrichtung gelebt werden soll, welche erst später theologisch entsprechend aufgerüstet wurden. Was aber ganz sicher ist, die Entstehung der jüdischen Sekte der Urchristen und ihrer Heidenfraktion, ihre Ausbreitung und Mission sind historisch unbestreitbare Tatsachen. Den Impuls dazu lieferte im Jahre 30 die Hinrichtung des essenischen Verschwörers und Nasiräers Jehoshua bar Joseph aus Bethsaida durch den römischen Präfekten Pontius Pilatus, seine anschließen verkündeten Auferstehung und seine Himmelfahrt als Jesus Christus, worauf er uns dann in der Lehre zum Heiland, Soter und Pantokrator entwickelt wird, welcher dereinst kommen wird, zu richten die Lebenden und die Toten. Die daraus zumindest nach dem Jahre 70 daraus über die Evangelien entwickelte Form des Christentums ist eine gute Religion, denn sie stützt von Anfang an ganz vordergründig die *pax romana*, die Idee des römischen Friedens, wie sie von Augustus als Reichsidee geprägt und seitdem administrativ durchgesetzt ist. Darüberhinaus lehrt sie die Unterordnung der Niederen unter die Herrschenden und verweist die Ahndung aller ungesühnten irdischen Ungerechtigkeiten ins Jenseits. Einem solchen Religionsentwurf ist vorbestimmt, irgendwann von Herrschenden für ihre Zwecke gefördert und auch benutzt zu werden. Dass es in der Zeit zwischen der Entstehung der jüdischen Sekte der Christen und der Eroberung Jerusalems im Jahre 70 keine Erstellung theologischer Schriften zum Christentum gibt, erklärt sich aus zwei einfachen Gründen. Zum einen erwarteten die Christen in allernächster Zukunft die Rückkehr ihres zum Himmel aufgefahrenen Messias und dessen Weltgericht im Namen Gottes. Zum anderen ist das Christentum von Anfang an eine Volksreligion der unteren und benachteiligten Bevölkerungsschichten, deren Interessen mehr praktisch ausgerichtet sind. Ihnen ist die Verheißung der Zukunft im Paradies wichtiger als die Vollständigkeit der Lehre. Eine gehobenere Bevölkerungsschicht, wie beispielsweise die Schriftgelehrten und Priester des Judentums, die sich rein philosophisch mit Glaubensfragen auseinandersetzen könnte, gibt es bei den Christen anfangs noch nicht. Außerdem haben sich Juden und Christen noch nicht getrennt. Die Tora benutzen sie gemeinsam. Die Katastrophe des Jahres 70, welche viele als das beginnende Gottesgericht im Sinne der Verheißungen Jesu ansahen, endete mit der Vernichtung Jerusalems. Die Zentrale der Urchristen Jerusalems zieht noch rechtzeitig in die Diaspora, aber damit auch in die Bedeutungslosigkeit, denn das bis zum Ende noch erwartete Eingreifen Gottes fiel aus. Der dringend erwartete *Menschensohn*, der himmlische Messias war nicht gekommen.

Hier setzen nun logischerweise die klärenden Aktivitäten ein, die zur erwähnten Erstellung und Vervollständigung des christlichen Schrifttums führten. Dieses Christentum war im ersten Jahrhundert noch eine mehrfach gestaffelte Sekte innerhalb der jüdischen Religion. Christen im heutigen Sinn gab es im Heiligen Land nicht. Christen waren nur zweitrangige Mitglieder dieser Sekte in der Diaspora, welche das Mosaische Gesetz nur teilweise befolgten und zu welcher auch Heiden Zugang hatten. Die Ebioniten, welche wir als Keimzelle des Urchristentums ansehen waren eine streng an die jüdische Religion gekoppelte rein jüdische Sekte im Rahmen der Täufer. Das Christentum erlangt erst im Jahre 100 unbeabsichtigt seine Selbstständigkeit, als man die Christen als nicht mehr tolerierbare Ketzer aus den jüdischen Synagogen austrieb. Wir Heutigen haben nun die Bibel. Sie enthält das Alte Testament, die heilige Schrift der Juden, und das Neue Testament, die heilige Schrift der Christen. Die Unterweisung im christlichen Glauben erfolgt für uns normalerweise durch erfahrenes und ausgebildetes Personal, dem man gesagt hat, was wichtig ist. Wichtig ist die Vermittlung des Glaubens. Wie das zu handhaben ist, steht in den Apostelbriefen des Paulus. Der Rest ist Illustration. Auf diesen Paulus, den Heidenapostel geht ganz eindeutig die Etablierung des Christentums als Religion zurück. Er war der erfolgreichste Missionar des Urchristentums. Die ihm zugeschriebenen Apostelbriefe prägen die Anschauungen der Christen mehr als die Evangelien. Er ist der große Organisator. Seine Anschauungen und Hinweise, seine Theologie prägen unseren Glauben. Unser Christusbild, und damit auch unser

Christentum, sind unbestreitbar paulinisch. Es hat diesen Paulus zwar gegeben, aber er war nicht der, den uns das Neue Testament vorführt und das, was man ihm im Nachhinein unterstellt hat, lag himmelweit von dem entfernt, was er tatsächlich in ganz konkretem Auftrag zu erledigen hatte und tatsächlich tat. Um auf die tatsächlichen historischen Vorgänge der damaligen Zeit, den Menschen Jesus und die Personen seines Umfeldes zurückschließen zu können, muss man sich deshalb von dem frei machen, was uns vor allem im Namen des Paulus hinterher darüber gestülpt wurde. Das wird das Schwerste sein, weil unser christliches Denken weniger von Jesus, sondern mehr davon geprägt ist, wie ihn uns die paulinischen Briefe vermitteln.

Das Ausblenden der Sicht des Paulus mag unverständlich erscheinen. Vielleicht lässt es sich an einem Beispiel verdeutlichen. In der Apostelgeschichte steht, dass Paulus auf seiner Reise nach Rom Schiffbruch erlitt. Auf Malta können wir uns heute noch zeigen lassen, wo das passierte. Wer da steht, den weht als Christen ganz automatisch der Atem der Geschichte an. Er glaubt zu etwas Zugang zu haben, was authentisch ist. Es ist das Erlebnis, das persönlich in Augenschein zu nehmen, anzufassen, was mit Ereignissen der Vergangenheit in Verbindung zu bringen ist.

In Wirklichkeit findet das nur in unserer Einbildung statt und gründet auf dem Glauben an die Wahrheit der aufgeschnappten, eingetrichterten oder angelernten Information. Wir rennen da blind mit der Herde. Nur weil wir glauben, was man uns sagt, fühlen wir das. Nun wurde aber im Ergebnis einer wissenschaftlichen Untersuchung nachgewiesen: Paulus, bzw., der Berichterstatter von dieser Reise, strandete an einer ganz anderen Insel, der griechischen Insel Cephallenia (Kefallenia). Die liegt zwischen Zakynthos und Korfu. Das entspricht der tatsächlichen Route antiker Küstenschifffahrt von Palästina über Griechenland nach Rom, weil dort die Seehandelswege verliefen. Es ist inzwischen zweifelsfrei erwiesen: Paulus war nie auf Malta! Das wertet hinterher allerhand um. Am Ende fühlt man sich auch noch um etwas betrogen, nur weil uns jemand den Vorhang der Verblendung wegzieht. In diese Art Fallen laufen wir auch heute noch fast täglich, ohne es zu merken. Die paulinische Theologie hat uns mit der Erlösungslehre vom kommenden Christus den christlichen Glauben so stark überformt, dass alles, was nicht mit ihr in Verbindung zu bringen ist, aus unserem Gesichtskreis verschwindet. Was allerdings unbestritten ist, diese paulinische Lehre von Jesus Christus hat uns Christen tatsächlich Gott gebracht, einen Gott der uns nicht mehr als der eifersüchtige, ständig zu beschwichtigende Rächergott des Alten Testamentes entgegentritt und über die Vermittlung durch Jesus deshalb menschlich näher ist. Indem uns so die Theologie des jüdischen Glaubens an einen allmächtigen Gott mit Jesus Christus ergänzt wurde, legte man die Basis für eine neue Religion.

Flavius Josephus, der jüdische Historiker dieser Zeit, zeichnet uns von den Evangelien abweichend als Augenzeuge allerdings ein ganz anderes Bild der damaligen gesellschaftlichen, politischen und religiösen Zuständen im Heiligen Land, als er die konkreten Ereignisse der Jahre 66-74 beschreibt, und was diese Zeit tatsächlich prägte. Seine *„Geschichte des Judäischen Krieges"* behandelt das. Von einem dämpfenden Einfluss irgendwelcher Vermittler aus dem Kreis der damals schon weit verbreiteten pazifistischen Religion der Christen auf die Kriegsereignisse steht da gar nichts.

Es ist, als habe es die das ganze Land übergreifende pazifistische Religionsgemeinschaft der Christen in Palästina nie gegeben, weil sie in seinen Berichten von den Ereignissen nie aufzutauchen scheint. Stattdessen durchzieht die Beschreibung eines unversöhnlich verhärteten Fanatismus, mit dem der Kampf des Judentums gegen den römischen Herrschaftsanspruch geführt wurde, seine Darstellung der Ereignisse dieser Jahre von Anfang bis Ende.

Er übermittelt uns aber auch, wie einige der wichtigsten Jünger Jesu und auch noch weitere Personen der Apostelgeschichte dahinein verstrickt waren, und auch, was das in seinen Augen für Menschen waren. Ausgehend vom Bericht des Josephus ist es deshalb auch kein Wunder, dass die abendländische Geschichtsschreibung im Interesse unserer christlichen Traditionen seine Mitteilungen bisher im Zusammenhang mit den Texten des Neuen Testamentes nie ernst nahm, oder überhaupt ernsthaft zu interpretieren versuchte, was ich hier aber in Angriff nehme.

Flavius Josephus, das Problem der Identität von Essenern und Christen, der Judäische Krieg und Johannes

Was uns das Neue Testament der Bibel textlich vermittelt, liest sich zwar wie ein Bericht, aber es ist historisch nur sehr unscharf an bestimmte historische Ereignisse angebunden, die sich bei näherer Untersuchung oft als nicht belegbar erweisen, oder sogar gegenseitig ausschließen. Um zu ermitteln, was sich historisch nachweisbar in der Zeit und dem betreffenden Gebiet tatsächlich ereignete, und unter welchen politischen Bedingungen welche Interessengruppen diese Zeit dominierten, muss man ziemlich weit ausholen, um zu neuen und vor allem tragfähigen Erkenntnissen zu gelangen. Beginnen wir mit dem, der es uns übermittelte. Es ist der uns als einer der wichtigsten jüdischen Historiker des hellenischen Judentums für das 1. Jahrhundert bekannte Flavius Josephus. Er lebte von 37/38 bis nach 100 unserer Zeitrechnung und war der Sohn einer angesehenen priesterlich-königlichen Familie aus Jerusalem. Studiert hat er die drei theologischen Grundrichtungen des Judentums: Die der Sadduzäer, der Pharisäer und der Essener. In seinen Anschauungen schließt er sich schon früh den Pharisäern an. Josephus ist in der Zeit des judäischen Krieges der Römer (66–70) kurzzeitig der offizielle Militärkommandant der Juden in Galiläa. Die Truppen des von Nero mit der Niederschlagung dieses Aufstandes gegen Rom beauftragten Feldherrn und späteren Kaisers Vespasian nehmen Josephus im Jahre 67 gefangen, nachdem er vergeblich auf genauere Instruktionen aus Jerusalem gewartet hat, ob er infolge der sich abzeichnenden Gesamtniederlage in Galiläa weiterkämpfen oder in Verhandlungen mit den Römern eintreten soll. Josephus, dessen Schicksal normalerweise der sofortige Tod, bzw. die Aufsparung für einen der Triumphzüge in Rom gewesen wäre, in dessen Verlauf man ihn hingerichtet hätte, entkommt seinem Schicksal durch einen genialen Trick. Er verblüfft den Oberkommandierenden der Römer, Vespasian, indem er ihm dessen spätere Ernennung zum Kaiser prophezeit. Das hat ihm vermutlich auch nach eigenen Angaben das Leben gerettet und ihm auch seine Gefangenschaft sehr erleichtert.

Bei der Belagerung Jerusalems, als bereits Vespasians Sohn Titus die Führung der militärischen Aktionen der Römer übernommen hatte, versuchte Josephus sogar auf der Seite der Römer offen zwischen den feindlichen Parteien zu vermitteln, um die Zerstörung Jerusalems zu verhindern. Er wird aber von der jüdischen Seite als Abtrünniger beschimpft. Dabei gerät er sogar in Lebensgefahr, als er vor der Stadtmauer Jerusalems zur Einstellung der Feindseligkeiten aufruft. Sein Ziel, Jerusalem und den Herodianischen

Tempel vor der Vernichtung zu retten, schlägt damit fehl. Die Römer erobern unter Titus auch Jerusalem. Anschließend kommt Josephus als Gefangener des inzwischen zum Kaiser aufgestiegenen Vespasian nach Rom. Dort wird er frei gelassen und erhält das römische Bürgerrecht unter dem Namen Titus Flavius Josephus. Der Kaiser gibt ihm eine Villa und setzt ihm auch eine Pension aus. Josephus widmet sich von da an literarischen Arbeiten. Es steht zweifelsfrei fest, dass Josephus eine enge persönliche Beziehung zur Familie der Flavier hatte. Er war ihr Historiker. Seine Schriften beweisen es. Von diesen Schriften ist *„Die Geschichte des Judäischen Krieges"* die wichtigste, weil sie ein weitgehend authentisches Bild der damaligen militärischen Vorgänge liefert. Josephus schreibt diesen Bericht in den Jahren 75–79 nieder.

Diese Schrift über den Krieg in der syrischen Provinz Roms, den Judäischen Krieg, ist mit Cäsars *„Der Gallische Krieg"* vergleichbar. Bei solchen unmittelbar nach den Ereignissen abgefassten, und als Rechtfertigungsschriften angelegten Berichten, erfährt man aus der Art der versuchten Verschleierung unliebsamer Vorkommnisse und Pannen oft noch allerhand von dem was zwar passiert ist, aber besser nicht bekannt wird. Die Nähe der Augenzeugen verbietet noch die allzu gefällige oder unterschlagende legendäre Bearbeitung der Tatsachen für die Nachwelt. Dieser judäische Krieg war die Niederschlagung eines religiös motivierten Volksaufstandes in der damaligen syrischen Provinz des Römischen Reiches. Er diente der Sicherung der Weltmacht Rom. Dem Anspruch Roms, den Gewaltfrieden der *pax romana* mit allen Mitteln zu sichern, sind die religiösen und nationalistischen Ziele der Aufständischen und auch des dort wohnenden Volkes und seiner Repräsentanten völlig untergeordnet. Das eigentliche Ziel ist für Rom ein strategisches. Das Reich der Parther, welches sich östlich dieser Provinz befindet, war stets auf dem Sprung, diesen östlichen Küstenstrich des damals von den Römern beherrschten Mittelmeeres wieder zurückzuerobern. Dem ist mit allen Mitteln vorzubeugen, was uns Josephus verschweigt, aber letztlich die Ursache für die Gnadenlosigkeit ist, mit der dieser Krieg seitens der Römer gegen die Aufständischen geführt wurde.

Im *Judäischen Krieg* steckt gleich zu Anfang ein Beschreibung, der man bisher zu wenig Aufmerksamkeit gewidmet hat, weil sie nur wie eine einleitende folkloristische Umrahmung für den Kriegsbericht erscheint. Im 8. Kapitel, des zweiten Buches dieser Schrift, gibt uns Josephus eine Übersicht über die in diesem Gebiet, welches wir auch als Heiliges Land kennen, verbreiteten wichtigsten Varianten des jüdischen Glaubens.

Er stellt uns drei philosophische Schulen vor. Es sind die Pharisäer, die Sadduzäer und die Essener. Vom Christentum berichtet er seltsamerweise nichts. Während er sich über die Pharisäer und Sadduzäer nur sehr vage äußert, macht er das bei den Essenern besonders ausführlich, was sich sogar bis auf spezifische Besonderheiten der individuellen Lebensführung und Tageseinteilung erstreckt. Ich bringe jetzt seinen Text, kürze aber den der

Essener auf den Hauptinhalt: *Es gibt bei den Judäern drei Arten von philosophischen Schulen; die einen bilden die Pharisäer, die andere die Saddutzäer; die dritte, die nach besonders strengen Regeln lebt, die sogenannten Essener. Diese sind ebenfalls Judäer, aber untereinander noch mehr als die anderen durch Liebe verbunden ... Reichtum verachten sie, und bewundernswert ist bei ihnen die Gemeinschaft der Güter, so dass man niemand unter ihnen findet, der mehr besitzt als die anderen. Es besteht die Vorschrift, dass jeder, der der Sekte beitreten will, sein Vermögen der Gesamtheit abtreten muss ... alle verfügen wie Brüder über das aus dem Besitz der einzelnen Sektenmitglieder gebildete Gesamtvermögen. Die Verwalter des gemeinsamen Vermögens werden durch Stimmenmehrheit gewählt und jeder ohne Unterschied muss zu Dienstleistungen für die Gesamtheit bereit sein. ... Sie haben keine eigene Stadt, sondern in jeder wohnen viele von ihnen. Sektenangehörigen, die von anderen Orten kommen, steht alles, was sie bei ihren Genossen finden, wie ihr eigener Besitz zur Verfügung ... Untereinander kaufen und verkaufen sie nichts, sondern jeder gibt von seinem Eigentum dem anderen, was dieser nötig hat, und empfängt umgekehrt von ihm, was er selbst brauchen kann.*

Josephus beschreibt nun das gemeinsame Gebet und die gemeinschaftliche Einnahme der Mahlzeiten. Er verweist auf die Ernsthaftigkeit der Essener, die er aus deren ziemlich spartanischer und vor allem nüchterner Lebensweise heraus erklärt: *Nichts tun die Essener ohne ausdrücklichen Befehl ihrer Vorsteher, und nur in zwei Dingen besitzen sie völlige Freiheit: in Hilfeleistung und Barmherzigkeit ... Unterstützungsbedürftigen beizuspringen und Notleidenden Nahrung zu reichen ... Zorn äußern die Essener nur, wo er berechtigt ist ... Treu und Glauben halten sie hoch; den Frieden pflegen sie angelegentlich. Das gegebene Wort gilt bei ihnen mehr als ein Eid; ja sie unterlassen das Schwören, weil sie das für schlimmer als Meineid halten ... Mit Vorliebe widmen sie sich dem Studium der Schriften der Alten ... Wer schwerer Sünden überführt wird, den schließen sie aus der Sekte aus ... Sehr gewissenhaft und gerecht verfahren sie bei gerichtlichen Entscheidungen ... Nächst dem Gott zollen sie die größte Verehrung dem Namen des Gesetzgebers* (Mose); *wer ihn lästert, wird mit dem Tode bestraft. Dem Alter und der Mehrheit Gehorsam zu erweisen, halten sie für ehrenvoll ... Am Sabbat vermeiden sie es, zu arbeiten ... Dabei lässt das schrecklichste Unglück sie kalt; denn Schmerzen überwinden sie mit Seelenstärke, und einen ruhmvollen Tod ziehen sie dem längsten Leben vor ... Sie hegen den festen Glauben, dass der Körper zwar verwese und vergänglich sei, die Seele dagegen ewig fortlebe.*

Josephus sieht die Besonderheit dieser jüdischen Glaubensrichtung darin, dass ungesühnte Verbrechen, die jemand zu Lebzeiten beging, im Jenseits bestraft werden. Nach der Erwähnung, dass es weitere Spielarten des Essenerglaubens gibt, wendet sich Josephus nun den Pharisäern zu: *Was die beiden zuerst genannten Schulen betrifft, so ist die der Pharisäer die älteste unter den dreien. Sie gelten für besonders kundige Erklärer des Gesetzes, machen alles von Gott und dem Schicksal abhängig und lehren, dass Recht- und Unrechttun zwar größtenteils den Menschen freistehe, das aber bei jeder Handlung auch das Schicksal mitwirke. Die Seelen sind nach ihrer Ansicht alle unsterblich, aber die der Guten gehen nach dem Tode in einen anderen Leib über, während die der Bösen ewiger Strafe anheimfallen.*

Das ist eine sehr dürftige Auskunft. Noch weniger verrät uns Josephus von der letzten Gruppe, den Sadduzäern: *Die Sadduzäer hingegen, die zweite der Sekten, leugnen das Schicksal völlig und behaupten, der Gott habe mit dem Tun und Lassen der Menschen gar nichts zu schaffen; vielmehr seien gute wie böse Handlungen ganz dem freien Willen anheim gestellt, und nach eigenem Gutdünken trete jeder auf die eine oder andere Seite. Weiterhin leugnen sie die Fortdauer der Seele sowie Strafen und Belohnungen in der Unterwelt ...*

Das ist es, was uns Josephus zur Religionssituation seiner Zeit von den Judäern berichtet. Dass sich aber auch Schwarmgeister und religiöse Führer im Lande erhoben, erwähnt er nebenbei. Josephus grenzt solche Bewegungen aber strikt von dem ab, was er gerade beschrieben hat. Wer die Apostelgeschichte des Lukas kennt, findet dort fast alles über die Christen überliefert, was uns Josephus von den Essenern berichtet. Man muss also annehmen, dass Josephus hier die Christen als rein jüdische Sekte beschreibt, die sich Essener nennen, obwohl die Essener bereits vor der Zeitenwende unter Herodes dem Großen eine große Rolle spielten. Es muss aber einen direkten Zusammenhang zwischen Essenern und zumindest dem jüdischen Urchristentum geben, der bisher nur noch nicht untersucht wurde. Bezeichnend ist in diesem Zusammenhang, dass weder in den Evangelien, noch in der Apostelgeschichte die Essener überhaupt erwähnt werden, während Josephus weder die Christen, noch die mit ihnen geistig verwandten Täufer, geschweige denn die damals noch dazugezählten Mitglieder der namenlosen jüdischen Sekte der Anhänger *des Weges* kennt, die wir heute als Urchristen bezeichnen, die Essener aber so beschreibt wie uns die Apostelgeschichte die Kennzeichen der jüdischen Urchristenbewegung darstellt. Es bleibt nur noch die Annahme, dass es sich bei den Essenern und Urchristen um Spielarten der gleichen Gruppierung gehandelt haben muss.

Die Apostelgeschichte wird auch ungefähr zur gleichen Zeit niedergeschrieben, wie die *„Geschichte des Judäischen Krieges"*. Diese Schriften wären demnach nur eine rückschauende gegenseitige Beglaubigung nicht beweisbarer Behauptungen, denn es handelt sich beide Male um eine nachträgliche Beschreibung eines Zustandes vor den Ereignissen des Jahres 70. Aus den inzwischen sehr gut rekonstruierten Riten und Vorschriften der Essener ist der Bericht des Josephus allerdings als zutreffend beglaubigt. Das bedeutet aber nicht, dass der Autor der Apostelgeschichte essenisches Traditionsgut auf die Christen projiziert. Man muss hier auch die in den paulinischen Apostelbriefen enthaltenen ethischen Vorgaben für das Zusammenleben der Christen berücksichtigen. Was in diesen Briefen steht, und was sie zu vermitteln versuchen, ist ebenfalls die Ethik der von Josephus beschriebenen Essener als Verhaltenskodex. Es muss angenommen werden, um die Zeit der Endsechziger stellt sich die Organisationsform der Christen tatsächlich so dar, wie sie Josephus als die der Essener beschreibt. Josephus erwähnt die Sekte, bzw. Glaubensrichtung des Christentums tatsächlich einmal in seinem Werk

Jüdische Altertümer, aber nur in seinem umstrittenen *testimonium flavianum,* welcher Text allerdings als Fälschung gilt. Wir finden aber im ganzen Neuen Testament der Bibel, und auch in der Apostelgeschichte des Lukas, wo sie unbedingt erwähnt werden müssten, wiederum von den Essenern, obwohl sie nachweislich existierten, und in den Evangelien ihre Gegenspieler, die Pharisäer und auch die Sadduzäer ständig als Verfolger Jesu verleumdet werden. nichts als eine vage Andeutung, im Markus-Evangelium im Zusammenhang mit der Vorbereitung des Passamahles, und im Zusammenhang mit der unentgeltlichen Requirierung des Reitesels durch die Jünger für den Einzug Jesu nach Jerusalem, wo die Begründung bei Markus, Matthäus und auch Lukas lautet: *Der Herr bedarf seiner.* Aber nur bei Markus steht noch: *... und er sendet es* (das Reittier) *bald wieder her.* Das weist direkt auf den essenischen Brauch der gemeinschaftlichen Nutzung des verfügbaren Gesamteigentums.

Weil aber die Christenmission ihren Ausgangspunkt in den Synagogen der Juden und auch in denen der Diasporajuden nahm, ist erklärlich, dass Josephus das alles noch auf die Essener als jüdische Sekte reduziert. Die um das Jahr 100 datierte Austreibung der Christen aus der jüdischen Glaubensgemeinschaft ist noch nicht erfolgt, als er das alles niederschreibt.

Dazu kommt, dass lt. der Apostelgeschichte die Bezeichnung *Christen* erstmalig nicht vor dem Jahre 35, und dann auch nur in Antiochia erwähnt wird. Dort ist es die separate Kennzeichnung der Sektenmitglieder in der Diaspora, die aus dem Heidentum übernommen wurden und dem Mosaischen Gesetz nicht vollständig unterworfen waren. Die Beschneidung, welche die Grundlage für den Beitritt zur jüdischen Religion bildete, war für sie nicht bindend. Sie waren sozusagen Urchristen zweiter Klasse, die der Jerusalemer Zentrale gegenüber tributpflichtig waren, was im Ergebnis des Apostelkonzils zu Jerusalem ausdrücklich so festgelegt worden war.

Dass die Essener zur Zeit des Josephus mit dem urchristlichen Zweig der jüdischen Religion in Palästina verbunden waren, und deshalb nicht unterschieden wurden, liegt nahe. Dass die Essener nach dem Tod Herodes des Großen bereits einmal den Aufstand gegen Rom probten, der von den Römern unter Varus blutig niedergeschlagen wurde, weist bei ihnen aber auf einen partikularistischen Hintergrund und eine militärisch organisierte Hierarchie hin.

Plinius der Ältere, der zur gleichen Zeit wie Josephus über die Essener berichtet, hält sie beispielsweise für einen reinen Mönchsorden, der ohne Geld und Frauen in der Wüste am Toten Meer *(dem Meer von Arab)* siedelt, sich aber großem Zulaufes erfreut: *Täglich erneuert sich die Menge der Hinzukommenden, da reichlich zuströmen, wenn Leben und Schicksalsschwankungen ermatten.*

Hier ist Plinius Gerüchten aufgesessen, die auch unser Bild von den Essenern noch vernebeln. Sein Text widerspricht jedenfalls dem des in Palästina aufgewachsenen Josephus, der sie als zahlreich und über das ganze

Land verteilt wohnende Bevölkerungsteile beschreibt. Der eventuelle Einwand, dass Josephus nichts Spezielles über das Familienleben der Essener berichtet, rührt wohl daher, dass es sich nicht von dem der anderen jüdischen Glaubensrichtungen unterschied. Nach dem Bericht des Josephus lebten die Essener wohl eher in Familien- oder Glaubensverbänden, wie auch heute noch einige christliche Sekten.

Der von Plinius übermittelte Bericht vom ständigen Zustrom neuer Mitglieder zu den Essenern in ihre Wüstensiedlung, ohne dass sie im Laufe der Zeit mehr geworden wären, deutet eher auf die Zentrale einer Sekte hin, die eine entsprechende Menge Personal zur Bewältigung der Organisation und auch Verbindungsleute für ihren Nachrichtendienst benötigte. Die von ihm in diesem Zusammenhang auch erwähnte und als uneinnehmbar angesehene Festung Masada, welche im Zeitraum des Aufstandes der Jahre 66-74 tatsächlich von essenischen Sikariern besetzt war, macht das wahrscheinlich. Die den Essenern immer wieder nachgesagte Ehelosigkeit deutet auch weniger auf Enthaltsamkeit hin, sondern mehr auf Militanz. Soldaten waren bekanntlich nicht verheiratet und auch Rom rekrutierte nur Ledige für den Kriegsdienst der Legionäre. Ob Jesus, den man ursprünglich mit zu den Essenern zählen muss, nun verheiratet oder unverheiratet war, ist wohl sehr nebensächlich. Er musste deshalb noch lange nicht *unbeweibt* gewesen sein. Was für den direkten Einzelkämpfer galt, musste nicht zwangsläufig auch für den Anführer gelten. Auch seine Jünger, die späteren Apostel, waren bekanntlich verheiratet.

Das uns von Plinius den Essenern unterstellte Mönchtum hat uns Vieles von der damaligen Realität verblendet. Eine militärische Befreiungsbewegung benötigte auch keine Sklaven. Es ist auch überliefert, dass die Essener in jeder Ordensstadt einen *Pfleger* für fremde Ordensbrüder installierten, und Essener zwar ohne Verpflegung, aber bewaffnet auf Reisen gingen, was ebenfalls auf Militanz hinweist. Kappstein, der sich ebenfalls eingehender mit ihnen befasste, bezeichnet uns deshalb die Essener sogar als Wanderorden. Essener und Pharisäer standen sich feindlich gegenüber. Das war bekannt. Auch die Sadduzäer standen den Essenern feindlich gegenüber. Nicht erst die Evangelien beweisen es uns. Dass die im syrischen Raum ansässigen Judenchristen mit den über das Land verteilten Essenern identisch gewesen sein müssten, drängt sich immer stärker auf.

Die Berichte der damaligen Zeit über die politischen Ereignisse im judäischen Raum stellen die den Essenern zuzuordnenden Sikarier und Zeloten durchgängig für das gesamte 1. Jahrhundert in den Mittelpunkt. Das tut auch Josephus. Dass er die politischen und religiösen Bewegungen nur unklar trennt, ist ihm kaum vorzuwerfen. Auch wir können das Panorama geschichtlicher Vorgänge unserer Zeit erst im Nachhinein ordnen. Die Essener, die im Jahre 74 mit dem Fall ihrer letzten Festung Masada aus unserer historischen Wahrnehmung verschwanden, gewannen für uns erst durch ihre später aufgefundenen Schriften und ihre darin enthaltenen politischen Zielstellungen wieder historisches Profil.

Setzt man die Texte über die Sikarier und Zeloten, die Essener und die Urchristen der Apostelgeschichte und des Josephus an den sich inhaltlich überlappenden Stellen zusammen, dann stellt man fest, dass sie sich nicht nur stark ähneln, sondern auch ergänzen. Es gab nur deshalb nie eine Wechselwirkung zwischen den Essenern und den Urchristen, weil sie miteinander identisch waren.

Auch Ranke-Heinemann definiert Christentum und Qumran noch als zwei Bewegungen innerhalb des Judentums, die sich in manchen Punkten nur sehr ähnlich gewesen wären: *Beide betrachten sich als das wahre Israel. Beide sehen sich in der Endzeit und erwarten das unmittelbare Ende der Welt. Beide verehren ihre jeweiligen Meister als Offenbarer göttlicher Geheimnisse. Beide sind davon überzeugt, dass sie in biblischen Schriften vorausgesagt sind, und sehen sich als die Erfüllung dieser biblischen Verheißungen. Bei beiden spielt ein Kultmahl eine große Rolle.*

In 2000 Jahren Christentum haben die Christen sich daran gewöhnt, das Alte Testament als Verheißung auf Jesus und die christliche Kirche zu verstehen. Nun stellt sich heraus, dass Qumran oft haargenau dieselben Worte des Alten Testamentes für sich beansprucht, als Verheißung auf Qumran und den *Lehrer der Gerechtigkeit*. Beide, Qumran und die Christen, beziehen das Wort des Propheten Jeremia (Jeremia 31,31) vom Neuen Bund auf sich. In der Damaskusschrift (20,12) nennt Qumran sich die *Gemeinde des Neuen Bundes*. Und die *Sektenregel* (1QS 4,22) schreibt: *Gott hat die Frommen zu einem ewigen Bund erwählt*. Im Neuen Testament versteht sich auch die christliche Gemeinde als der Neue Bund, und demgemäß lässt sie Jesus beim Abendmahl sagen (Mt. 26,28): *Dies ist mein Blut des Bundes, das für viele vergossen wird zur Vergebung der Sünden*. Auch der 2. Korintherbrief spricht vom Neuen Bund (2. Kor. 3,6): *Gott hat uns tüchtig gemacht zu Dienern des Neuen Bundes, nicht des Buchstabens, sondern des Geistes*. Im Hebräerbrief wird von Christus gesagt (Hebr. 9,15): *Deshalb ist er der Mittler des neuen Bundes*. Auch in den Einzelheiten der Lehre herrscht auffallende Übereinstimmung: *... Als Jesus - wie Qumran – Ehebruch und Ehescheidung verwirft, sehen seine Jünger damit ihre polygamen Interessen angetastet und meinen entsetzt: Wenn man sich nicht mehr scheiden lassen darf, dann sei es besser, gar nicht zu heiraten, da man sonst seine sexuelle Freiheit und die Möglichkeit, seine Frau wieder loszuwerden, verliert* (Mt. 19,9 f.).

Nun zu den angeblichen Unterscheidungsmerkmalen zwischen Christentum und der Qumransekte, womit Ranke-Heinemann ihre Trennung begründet. Sie führt dazu aus: In zwei Punkten vor allem unterscheidet sich die Qumrangruppe vom ursprünglichen Christentum: Erstens in der Militarisierung und zweitens in der Frauenfeindlichkeit. Das Ungewöhnlichste ist für sie die zölibatäre Lebensweise der der Sekte angehörenden Männer in Qumran. Dass diese Begründung nicht stichhaltig ist, darauf habe ich gerade hingewiesen. Dass sie auch selbst noch zweifelt, beweist ihr Hinweis auf die

Untersuchungen des Qumrankenners Shermayahu Talmon von der Hebräischen Universität Jerusalem, der zu der Erkenntnis kam: *Die in Qumran ansässigen männlichen Mitglieder lebten in einer Form von vorchristlicher asketischer Mönchskommune. Aber sie verpflichteten sich anscheinend nicht zu einem lebenslänglichen Zölibat und verstanden ihr frugales Leben als nur eine situationsbedingte Notwendigkeit, nicht als ein Glaubensprinzip ...*

Soweit zu Qumran direkt, wo man die Gräber von ca. 1000 Männern auf einem Friedhof, und auf drei weniger sorgfältig angelegten Friedhöfen aber männliche und weibliche Bestattungen in jeweils gleicher Menge fand. Das weist schon organisationsmäßig auf etwas mehr hin, als auf eine Sektenkommune. Auf dem privilegiertem Friedhof hat man wohl ausschließlich verstorbene hohe Würdenträger und andere privilegierte Mitglieder der Essenerführung beigesetzt. Das bedeutet bei dieser seit mehr als 800 Jahren besiedelten Zone, die aber erst seit der Vertreibung der Essener durch die mit den Makkabäerkriegen zur Macht gekommenen Hasmonäer aus Jerusalem (ab ca. 165 v.u.Z.) als Sektenzentrale eingerichteten Siedlung, welche die Römer im Jahre 68 u.Z. endgültig zerstörten, immerhin ca. 230 Jahre Bestandszeit, in der sich dieser privilegierte Sonderfriedhof mit Patriarchen füllen konnte. Setzt man dagegen, was uns Josephus dagegen von den Essenern berichtet, dann schält sich ganz deutlich heraus, dass Qumran selbst nur die oberste Befehlszentrale der Essener gewesen sein kann, die bei der Ausarbeitung ihrer strategischen Ziele und deren Verkündung natürlich kein Familiengezänk gebrauchen konnte.

Josephus hat sich später in seinen *„Jüdischen Altertümern"* der Religionsproblematik noch einmal gewidmet. Er weist auf die von ihm erwähnten Religionsrichtungen hin und scheint sie nur nochmals zu bestätigen. Bezüglich einer von ihm im *„Judäischen Krieg"* noch als Episode berichteten Erhebung des Galiläers Judas liest sich das jetzt anders. Dort steht nun (18,I,6): *Außer diesen drei Schulen nun gründete jener Galiläer Judas eine vierte, deren Anhänger in allen anderen Stücken mit den Pharisäern übereinstimmten, dabei aber mit großer Zähigkeit an der Freiheit hängen und Gott allein als ihren Herrn und König anerkennen. Sie unterziehen sich auch jeder möglichen Todesart und machen sich selbst nichts aus dem Morde ihrer Verwandten und Freunde, wenn sie nur keinen Menschen als Herrn anzuerkennen brauchen.*

Während Josephus vorher die Hauptforderung dieses Judas, den Römern keine Steuern mehr zahlen zu müssen, als vordergründig bezeichnet, hält er den religiösen Kern später für wichtiger. Diese Sekte ist in Galiläa in der Gegend um Gischala tätig. Die Befragung Jesu, die wir als Zinsgroschenbericht in den Evangelien finden, hat damit einen triftigen Zuordnungshintergrund. Es war der Test, ob der Betreffende zur Judasverschwörung gehörte oder nicht. Auch wenn es Josephus erst spät und auch nur als Randnotiz erwähnt, es muss demnach unter den Essenern eine militante gegen Rom gerichtete Bewegung gegeben haben, die mit diesem Judas verbunden war, dessen Nachkommen ausgehend vom Beginn des 1. Jahrhunderts bis zum Ende des Judäischen Krieges Mitte der 70er Jahre durchgängig militant in Revolten und Aufstände verwickelt war.

Nun glaubt man zu wissen, wie sich die religiösen Zustände zum Zeitpunkt des Jahres 70 in Palästina darstellten. Hier muss zwangsläufig unser Zweifel ansetzen. In der ganzen folgenden Geschichte des Judäischen Krieges findet sich bei Josephus nirgendwo ein Hinweis, wie sich die von ihm so extrem pazifistisch beschriebene und das Land überdeckende Religionsgemeinschaft der Essener zu den Gräueln des Krieges verhält. Wir haben nur auf der einen Seite Rom, präsent durch seine Truppen unter Vespasian und Titus, und auf der anderen Seite eine Bevölkerung, die von Fanatikern und deren Anhängern als Geisel genommen ist und die Last des Krieges tragen muss. Die judäischen Aufstandsführer Johannes von Gischala und Simon bar Giora mit ihren Zeloten, den *Eiferern* und den Sikariern, den *Dolchmännern*, dominieren diese Masse. Es wird deutlich, als es zum Endkampf in Jerusalem kommt. Im Essenergebiet beherrschte außerdem der Diktator Eleazar, ein Nachkomme des Galiläers Judas, die Gegend von der Festung Masada aus. Seine Anhänger sind angeblich ebenfalls Sikarier.

Es bleibt uns nun nicht viel Auswahl, wofür wir uns gedanklich entscheiden sollen: Entweder sind die Essener eine so pazifistische Gruppe, dass sie den Aufstand und seine Niederschlagung als Strafgericht über sich ergehen lassen, wobei sie sich hätten entweder alle ausrauben, erschlagen oder in die Sklaverei verkaufen lassen müssen, oder sie nehmen an diesem Kampf teil. Da nur das zweite anzunehmen ist, bleibt nur die Vermutung, dass sie die Zeloten stellten und auch die Sikarier. Das passt wiederum in die Tradition der Essener, die nach den Berichten des Josephus in seinem späten Hauptwerk, den *Jüdischen Altertümern,* nach dem Tode Herodes des Großen schon einmal den Aufstand gegen Rom probten.

Die bei Josephus im *Judäischen Krieg* so ausführliche Darstellung des Pazifismus der Essener muss deshalb als Propaganda für ein Konzept gesehen werden, welches der nachträglichen Bagatellisierung der nach dem Jahre 70 die römische Welt beunruhigende terroristische Drachensaat der geflohenen und nach Rache schreienden Sikarier und Zeloten dienen sollte. In Wirklichkeit waren die Essener eine religiöse Sekte, die unter religiöser Tarnung unterschwellig den Aufstand gegen die römische Fremdherrschaft vorbereitete, was uns Josephus aus unerfindlichen Gründen in seinem Kriegsbericht noch nicht preis geben will. Bei Ranke-Heinemann fand ich dazu folgendes:

Tacitus, der in seinen Historien ebenfalls über die Kriegszeit des Jahres 70 berichtet, erwähnt, dass seitens der aufständischen Juden eine Utopie der Weltherrschaft eine entscheidende Rolle gespielt hätte. ... Aus seiner Sicht waren Christen und Juden eine gefährliche Gruppe jüdischer Aufständischer, mit denen sich die Römer ständig auseinanderzusetzen hatten. ... Den Zusammenhang zwischen dem Glauben an ein Jenseits-Leben und dem Kriegführen hebt Tacitus als charakteristisch für die Juden hervor. ... Sie stellen sich ihm dar als Leute, die motiviert durch ihren Glauben an die Auferstehung ihrer Gefallenen und hingerichteten Aufständischen, mit Vorliebe Krieg führen und den Tod suchen. ... Die Seelen derer, welche in der Schlacht oder durch Hinrichtung umkommen, halten sie für unsterblich. Daraus wächst ... ihre Todesverachtung.

In der Mitte des 1. Jahrhunderts lassen sich die nachweisbar ständig schwelenden Unruhen in der Bevölkerung des judäischen Raumes immer schwerer unterdrücken. Gamaliel, der Fürst des Sanhedrins nennt in der Apostelgeschichte noch weitere Aufstände, die damals niedergeschlagen wurden. Die Hungersnot, welche in den fünfziger Jahren in Palästina herrschte, muss diese Unruhen verstärkt haben, die von den Römern immer wieder niedergeschlagen, besiegt, aber nie restlos befriedet werden können, weil sie aus der tatsächlichen Notlage der ärmeren Bevölkerung heraus stets neu entstehen. Aufstände, wie der beschriebene des Judas gehören dazu. Das Land kommt nie zur Ruhe. Noch um das Jahr 45 tritt Thaddäus als Wundertäter und religiöser Prediger auf und wird unter dem Prokurator Cosinus Fades hingerichtet. Ob das der Jünger Jesu war, den Markus und Matthäus mit aufzählen, aber Lukas seltsamerweise als einzigen unterschlägt, weiß man nicht. Im Jahr 66 ist dann der Punkt erreicht, an dem der Ausbruch des allgemeinen Aufstandes erfolgt. Ob nun durch die restriktive Politik der römischen Prokuratoren, die inzwischen erreichte Konzentration des ertragreichsten Grundbesitzes in nur noch ganz wenigen Händen und die dadurch entstehende Verelendung der Masse der Bevölkerung, das schreibt jede Schule anders in ihre Lehrbücher. Tatsache ist, dass es eine Volkserhebung ist.

Ausgangspunkt ist der zufällig über eine Lappalie im Zusammenhang mit dem Opferkult des Tempels ausgelöste Aufstand in Jerusalem. Eine kleine Palastrevolte in der Führungsspitze des Hohepriestertums ist die Initialzündung. Diese Situation benutzt eine militärisch organisierte Gruppe von Aufständischen, um nun ihrerseits die Unterstadt und den Tempel zu besetzen. Diese Truppe, welche von den Römern als *„Latrones",* als Räuber, bezeichnet wird, räumt nun auf. Der Palast des Agrippa und noch mehrere andere Gebäude werden niedergebrannt. Das städtische Archiv wird erobert und alle Schuldverschreibungen vernichtet. Die von den Römern besetzte Burg Antonia wird gestürmt, desgleichen die Herodesburg. Der Hohepriester Hananias wird von ihnen gefangen und umgebracht.

Die Priester sehen sich bedroht. Eine Priesterrevolte im Tempel reicht aus, die Anführer der Aufständischen zu beseitigen. Die Sikarier werden vertrieben und fliehen nach Masada. Man will in Jerusalem wieder zu Normalität übergehen. Da aber die Aufständischen die kleine römische Garnison der Römer trotz vorheriger Zusicherung ihres friedlichen Abzuges anschließend überfallen und getötet haben, ist die Chance, sich mit den Römern friedlich zu einigen vertan. Im Gegenzug werden nun in Cäsarea alle Judäer umgebracht. Es greift auf andere Städte über. Eine Bluttat zieht die nächste nach sich. Der Aufstand wird allgemein. Der Bürgerkrieg bricht aus. Cestius, der syrische Legat Roms, beginnt nun mit einer größeren Streitmacht die Provinz zurückzuerobern. Er kommt bis vor Jerusalem, wird aber zurückgeschlagen. Eine große Rolle spielen dabei die Truppen des Aufstandsführers Simon bar Giora, der im Gebirge Juda operiert.

Während die Aufständischen noch das geschlagene Römerheer unter Cestius verfolgen, versucht man von Jerusalem aus, die Rebellion wieder in kontrollierbare Bahnen zu lenken. Die Oberpriester und führende Mitglieder der Laiengeschlechter stellen nun aus ihrer Mitte *Oberkommandierende* für die Gebiete Judäas und Galiläas auf. Dass Rom zurückschlagen wird, ist gewiss, aber wenn man die Ordnung selbst wiederherstellen kann, kann das abgemildert werden. Auch wenn Rom harte Bedingungen stellt, der Wunschtraum wäre ein Verhandlungsfrieden ohne Kampf. Wird nichts unternommen, überrennen die Römer das ganze Land. Wer sich ergibt, wird in die Sklaverei verkauft und wer nicht, der wird erschlagen oder gekreuzigt.

Der in diesem Zeitraum zum *Strategen* für Galiläa ernannte Josephus, schreibt später in seiner Autobiografie: *Ein nicht geringer Schrecken befiel uns, als wir das Volk in Waffen sahen, und wir waren in Verlegenheit, was wir tun sollten. Den Umstürzlern Einhalt gebieten, konnten wir nicht. Die Gefahr, der wir gegenüberstanden, klar vor Augen, stimmten wir ihren Ansichten zu ... So taten wir in der Hoffnung, dass binnen kurzem Cestius mit einem starken Heer käme, um den Umsturzversuchen ein Ende zu machen.*

Josephus hat nach seinen eigenen Angaben den Auftrag, die Aufständischen in Galiläa zur Niederlegung der Waffen zu bewegen. Als das fehlschlägt, versucht er sie unter sein Kommando zu bringen. Auf alle Fälle will er erreichen, dass der Oberbefehlshaber der zu erwartenden römischen Truppen in ihm einen Ansprechpartner findet. Lieber Galiläa den Römern auf Gnade oder Ungnade übergeben, als es ihrer Wut überlassen. Das mag wie Verrat aussehen, und wird auch im Nachhinein von Justus von Tiberias als solcher angeprangert.

Der diesbezügliche Text in der späteren Autobiografie des Josephus bezieht sich nämlich auf einen solchen Vorwurf, dessen genauer Wortlaut aber nicht überliefert ist. Rom hat sich aber entschlossen, zu kämpfen. Nero beauftragt seinen Feldherrn Vespasian mit diesem Feldzug und der nimmt seinen Sohn Titus zur Unterstützung mit. Gemeinsam ziehen sie Truppen zusammen, um die Provinz Syrien auf römische Art zu befrieden. Das Ende kennen wir. Nachdem das Land unterworfen war, wurde auch Jerusalem erobert und dem Erdboden gleich gemacht.

Eine herausragende Figur dieses Aufstandes ist auf jüdischer Seite Jochanan (Johannes) von Gischala. Die von ihm befehligte Truppe muss aber nach den Berichten des Josephus wirklich die letzte Hefe und der Abschaum der untersten Schichten der Bevölkerung gewesen sein. Unklar ist in diesem Zusammenhang die Rolle des Josephus. Er selbst hat Johannes nämlich die

Verteidigung der Stadt Gischala übertragen. Die von Josephus erwähnten 100.000 Verteidiger, die er in Galiläa zusammenbekommen haben will, sind wohl die bereits vorher dort operierenden Aufständischen. Josephus spielt in seinem Kriegsbericht die Bedeutung dieses Johannes ziemlich herunter. Der sitzt dort aber in Galiläa sehr sicher im Sattel. Es gelingt dem nach Galiläa entsandten Josephus nämlich nie, sich gegen ihn zu behaupten. Im 21. Kapitel des zweiten Buches über den Judäischen Krieg berichtet Josephus deshalb ausführlicher über die Machenschaften des Johannes von Gischala:

Während Josephus die Verwaltung Galiläas einrichtete, trat gegen ihn ein hinterlistiger Mensch aus Gischala auf, der Sohn eines gewissen Levi, mit Namen Johannes, der durch Ruchlosigkeit verschlagenste und tückischste unter den Angesehenen. Anfangs war er arm, und geraume Zeit hinderte die Mittellosigkeit seine Frevel. Dagegen war er stets mit Lügen zur Hand und ein Meister in der Kunst, seine Lügen glaubhaft zu machen. Betrug hielt er für eine Tugend, und er benutzte ihn gegen seine besten Freunde. Menschenliebe trug er heuchlerisch zur Schau, obwohl er aus Gewinnsucht mordgierig war. Er war ehrgeizig, doch waren seine Pläne niederträchtig und schurkisch. Er war eigentlich nichts als ein Räuber, der zunächst sein Handwerk auf eigene Faust trieb, bald aber einige verwegene Gesellen seines Schlages gefunden hatte, deren Zahl sich im Laufe der Zeit immer mehr vergrößerte. Er sah darauf, dass niemand in seine Truppe eintrat, der leicht zu überwältigen war, sondern er nahm nur solche Leute, die sich durch kräftigen Körperbau, Entschlossenheit und Kampferfahrung auszeichneten. So brachte er nach und nach eine Schar von 400 Mann zusammen, größtenteils Flüchtlinge aus dem Stadtgebiet von Tyrus und umliegenden Dörfern. Mit ihnen zog er plündernd durch ganz Galiläa ...Schon dachte er daran, den Oberbefehl zu übernehmen,... aber immer war es seine Geldnot, die ihm Schwierigkeiten bereitete. Kaum hatte er erkannt, dass Josephus an seinem Tatendrang Gefallen fand, als er ihn zunächst zu bereden wusste, ihm den Wiederaufbau der Mauern seiner Vaterstadt anzuvertrauen, wobei er von den reichen Bürgern große Summen erpresste.

Mit diesem Geld kauft dann Johannes einen großen Teil der Ölernte Galiläas billig auf und verkauft sie dann, nach den Angaben des Josephus, zu überhöhten Preisen nach Tyrus. Ohne vor Ort fest verwurzelten Beziehungen auch wirtschaftlicher Art wäre eine solche Aktion kaum durchführbar gewesen. Nun strebt Johannes danach, Josephus abzulösen, indem er seine Banden dazu antreibt, in Galiläa stärker zu marodieren, um mehr Unruhe unter der Bevölkerung zu erzeugen und so die Unfähigkeit des Josephus zu erweisen. Eine entsprechende Propaganda, die noch mit der Botschaft angereichert wird, Josephus wolle das Land an die Römer verraten, bringt die Bevölkerung gegen Josephus auf und soll seinen Sturz vorbereiten. Josephus entgeht nur durch Glück und Geistesgegenwart einer gegen ihn angezettelten Revolte und in Tiberias einem direkten Mordanschlag der Leute des Johannes. Dann stellt sich heraus: Johannes hat bereits eine Verschwörung unter den Städten Galiläas angezettelt. Josephus stellt deshalb ein Ultimatum. Er werde den Besitz derer plündern lassen, die weiterhin zu Johannes halten. Die Verschwörer sagen sich daraufhin von Johannes los. Der flieht nun mit seinen Anhängern nach Gischala, seiner Heimatstadt, und verschanzt sich dort. Gleichzeitig schickt er Nachricht nach Jerusalem und bezichtigt Josephus, mit Hilfe der Römer in Jerusalem als Tyrann einziehen zu wollen. Falls nichts gegen ihn und sein bereits sehr großes Heer unternommen werde, könnte es schon zu spät sein.

Daraufhin setzt Jerusalem, für uns überraschend, nicht nur Truppen gegen Josephus in Marsch, sondern auch Agitatoren, und schickt darüber hinaus Johannes sogar Geld. Josephus soll abgesetzt werden. Der ist aber von seinen Freunden aus Jerusalem auch gewarnt und trifft Gegenmaßnahmen. Er bringt die Bevölkerung wieder hinter sich. Die Befehlshaber der gegen ihn geschickten Truppen bringt er in seine Gewalt, überzeugt sie von der Haltlosigkeit der Anschuldigungen des Johannes und schickt dann das ganze gegen ihn aufgefahrene Aufgebot wieder nach Jerusalem zurück. Johannes sitzt nun in Gischala und verlässt die Stadt nicht mehr. Josephus hat zwar durch dieses geschickte Manöver nun offiziell die Oberhand, aber offensichtlich nicht die Macht, denn es kommt dann weder zu einer Feldschlacht mit den Römern, noch zu Verhandlungen des Josephus mit ihnen, obwohl er der Oberbefehlshaber ist. So weit die Variante des Josephus aus seinem Kriegsbericht.

Das Kriegsglück ist nicht auf der Seite der Juden. Die Römer erobern nun Städte. Als die Stadt Jotapata, welche unter Führung des Josephus verteidigt wird, nach 47 Tagen erbitterten Widerstandes fällt, ergibt sich Josephus nach der Zusicherung auf Verschonung den Römern. Galiläa ist nun erobert bis auf Gischala, und da sitzt der Intimfeind des Josephus: Johannes. Josephus berichtet:

Nur das Städtchen Gischala war in Galiläa noch unbezwungen. Die Bevölkerung war zwar friedlich gesinnt ... Es hatte sich aber ein Haufe Räuber bei ihnen eingenistet, der auch einen Teil der Bürger mit dem Fieber der Empörung angesteckt hatte. Der Mann, der diese Leute zum Abfall aufhetzte und zusammenscharte, war Johannes, ...er war offensichtlich für den Krieg, weil er dadurch die Herrschaft zu erlangen gedachte. Seiner Führung unterstanden die Aufrührer in Gischala, deren Anwesenheit schuld war, dass die Bürger der Stadt, die sonst vielleicht wegen der Übergabe unterhandelt hätten, jetzt in kriegerischer Haltung den Anmarsch der Römer erwarteten ... Als Titus mit seinen Reitern vor Gischala anlangte, sah er, dass er die Stadt ... durch Überrumpelung nehmen könnte...

(Um unnötiges Blutvergießen zu vermeiden) *zog er es vor, die Stadt ... zur Übergabe zu bringen. Er wandte sich deshalb an die in großer Anzahl auf der Mauer stehenden Männer, die fast alle zur Rebellenhorde gehörten, und erklärte ihnen, er begreife nicht, worauf sie sich verließen, dass sie allein den Waffen der Römer noch Widerstand leisten wollten, ... und wie alle die sich ihres Besitzes in Sicherheit freuen könnten, die sich der Gnade der Römer anvertraut hätten. Diese biete er ihnen auch jetzt an ... Hierauf war es nicht nur keinem von den Bürgern erlaubt zu antworten, sondern es durfte nicht einmal jemand die Mauer besteigen; sie war ganz von den Räubern besetzt, und an den Toren standen Wachen, damit niemand zu Unterhandlungen hinausginge… Nur Johannes ergriff das Wort und entgegnete, er sei mit den Vorschlägen einverstanden und werde jeden Andersdenkenden durch Überzeugung oder mit Gewalt ebenfalls dazu bringen …*

Es passe aber gerade nicht, denn es sei Sabbat. Die Römer möchten sich bitte bis zum nächsten Tag gedulden. Sie brauchten auch nicht zu befürchten, dass jemand über Nacht fliehe. Er würde das mit seinen Männern verhindern.

Titus zieht sich nun mit seiner Vorausabteilung zurück. In der folgenden Nacht flieht aber Johannes mit seinen bewaffneten Anhängern und mit ihm auch eine große Menge: *… unbeteiligter Leute mit ihren Familien auf Jerusalem zu. Zwanzig Stadien weit schleppte er, selbst von der Angst um Freiheit und Leben gehetzt, den Haufen der Frauen und Kinder mit, aber als er seinen Marsch fortsetzte, ließ er sie im Stich.* Johannes treibt die Männer weiter Richtung Jerusalem, von wo aus sie, falls ihre zurückbleibenden Frauen und Kinder den Römern in die Hände fielen, dann später die Gelegenheit hätten, dafür Rache zu nehmen.

Mit Tagesanbruch erscheint Titus vor Gischala und die Bürger öffnen ihm die Tore. Zugleich melden sie ihm die Flucht des Johannes. Titus lässt sofort die Verfolgung aufnehmen. Sie erreichen Johannes nicht mehr. Er entkommt nach Jerusalem.

Als Johannes in Jerusalem einzieht, strömt ihm die ganze Bevölkerung entgegen. Johannes brüstet sich seiner Taten. Er sei nicht vor den Römern geflohen, sondern sei nur gekommen, um sie von einem sicheren Ort aus zu bekämpfen: *… denn es sei ebenso unvernünftig wie nutzlos, für Gischala und dergleichen unbedeutende Städtchen sein Leben aufs Spiel zu setzen, anstatt Waffen und Kräfte zu schonen und für die Hauptstadt aufzusparen.*

Johannes ist angekommen, schürt nun den Widerstand. Er muss, wie sich aus der vorherigen, für uns unerwarteten Hilfe aus Jerusalems erhellt, dort schon als eine Person mit einflussreichen Verbindungen zu den Herrschenden bekannt gewesen sein. Nicht umsonst erwähnt ihn Josephus neben einigen anderen Personen von Rang später als einen der wichtigsten Ratgeber des Hohepriesters.

Erst als in den Wirren des Bürgerkrieges diese Führungsschicht Meuchelmorden und Femeurteilen zum Opfer fällt, greift Johannes in Jerusalem zur Macht und baut gleichzeitig eine Gewaltherrschaft auf. Das von Josephus widerwillig beschriebene diplomatische Geschick des Johannes in Jerusalem beweist uns, dass da jemand mit Gespür für politische Situationen am Werk war. Er war nicht der Schaumschläger, wie ihn uns Josephus beschreiben will. Josephus hat allerdings großes Interesse daran, uns seinen Rivalen Johannes als unbedeutenden Räuberhauptmann, aber gleichzeitig als Teufel in Menschengestalt vorzuführen.

Als weiterer Führer des Aufstandes wird uns von Josephus der Simon bar Giora genannt, der die Truppen des Cestius geschlagen hat. Josephus schreibt über ihn: *Der brachte in der Zeit eine Menge Unzufriedener zusammen und verlegte sich auf Raubzüge, wobei er nicht nur die Häuser der Reichen plünderte, sondern auch sie selbst misshandelte. Schon jetzt traten die Anfänge seiner späteren Tyrannei zutage.* Dieser Simon bar Giora wird nach Errichtung der Diktatur des Johannes von den Jerusalemern mit seinen Truppen in die Stadt eingelassen, weil von ihm die Befreiung vom Joch des Johannes erwartet wird. Auch er hat kaum nur mit einer Räuberbande den Cestius geschlagen. Simon besetzt nun die Oberstadt sowie einen Teil der Unterstadt, während Johannes vorwiegend den Tempelbezirk beherrscht. Die Truppen des Simon und die des Johannes bekämpfen sich nun im belagerten Jerusalem. Es herrscht Bürgerkrieg.

Johannes wurde zwar von den Herrschenden als nützliches Werkzeug stets gern benutzt, aber standesmäßig von ihnen nicht anerkannt. Eleazar, derjenige, der mit seiner Tempelrevolte den Anlass zu dem allem lieferte, der Sohn des Hohepriesters Hananias, weigerte sich jedenfalls lt. Josephus offen, Johannes als gleichberechtigt anzuerkennen. Johannes geriet deshalb innerhalb Jerusalems, welches die Römer inzwischen zu belagern begannen, zeitweise in einen Zweifrontenkrieg. Der ihn ablehnende Rest der abgesetzten Führung Jerusalems hatte sich nämlich im Tempel verschanzt und griff seine Leute von da aus an, und in der Stadt bekämpften ihn die Truppen des Simon bar Giora.

Johannes nimmt zwar dann den Tempel ein und sichert den sich Ergebenden Straflosigkeit zu, als der römische Angriff auf die Stadt beginnt, stehen sich dann trotzdem noch Johannes und Simon gegenüber. Sie vereinigen sich zwar nicht, gehen aber gemeinsam gegen die Römer vor. Während ihre Truppen beschrieben werden als Bauern, Tagelöhner und freigelassene Sklaven, als Zeloten und Sikarier, bezeichnet sie Josephus als: *Sklaven, Hergelaufene ... zugrunde gerichtete Bastarde des Volkes,* und als *Räuber.*

Dieser Johannes und dieser Simon sind die zentralen Figuren und Gegenspieler der Römer. Nachdem sie sich mit ihren Anhängern in Jerusalem eingenistet haben geht alles Üble, wovon uns Josephus berichtet nun ursächlich auf die von ihnen eingeleiteten Maßnahmen zurück, weil sie die Kapitulation Jerusalems verhindern. Als Jerusalem endlich erobert und dem Erdboden gleich gemacht ist, fehlen die beiden Anführer. Sie sind aber nicht geflohen, sondern auch sie haben sich versteckt, wie schon Josephus in Jotapata. Johannes hat sich mit einigen Anhängern in die unterirdischen Katakomben der Stadt geflüchtet. Als Johannes die Nahrungsmittel ausgehen, stellt er sich den Römern, wird gefangen genommen und anschließend zu lebenslänglicher Einkerkerung in Rom verurteilt. Das ist ein unverständlich mildes Urteil, in Anbetracht seiner Beurteilung durch Josephus, auch wenn man nicht weiß, welche Gräuel ihm nach dem Bericht des Josephus unter der Jerusalemer Bevölkerung tatsächlich anzulasten gewesen wären und welche Verbrechen er dabei beging.

Dann verliert sich seine Spur in den Aufzeichnungen des Josephus. Aus den deutlich von einem lebendigen Hass auf diesen Johannes geprägten und Jahrzehnte später geschriebenen Texten des Josephus ist aber zu schließen:

Johannes lebte auch zwanzig Jahre nach diesen Ereignissen tatsächlich noch, und auch in Rom und auch keineswegs in einem Kerker. Josephus sieht in ihm vielleicht sogar immer noch einen Rivalen in der Gunst der Flavier.

Simon bar Giora hatte sich mit einigen Anhängern und auch Steinmetzen in einen unterirdischen Gang begeben, der unter dem Tempel beginnt, und versucht sich aus dem Tempelbezirk herauszugraben. Es misslingt. Auch ihn treibt der Hunger, allerdings erst sehr spät, an die Oberfläche. Man findet ihn, als er sich an der Stelle aus der Erde herausgräbt, an der vorher der Tempel stand. Simon wird anschließend für den Triumphzug des Titus nach Rom gebracht, in dessen Verlauf er hingerichtet wird. Josephus berichtet uns im Zusammenhang mit der Beschreibung dieses Triumphzuges seine öffentliche Erdrosselung.

Der Endkampf des Judäischen Krieges findet aber erst ziemlich lange nach der Eroberung Jerusalems statt. Als Flavius Silva das Amt des Prokurators von Judäa übernimmt, findet er das ganze Land bis auf die Festung Masada erobert vor. Die Festung ist besetzt von Sikariern unter Führung des Eleazar, dem Nachkommen des Judas, welcher schon zur Zeit des Quirinius einen Aufstand gegen die Römer führte. Josephus lässt nun in seinem Bericht über die Eroberung Masadas an den Sikariern kein gutes Haar und rechnet mit ihnen endgültig ab.

Nachdem in den vorhergehenden Büchern und Kapiteln des Kriegsberichtes, wirklich alle mit der Belagerung Jerusalems verbundenen Grausamkeiten bis in die Details schrecklichster Einzelheiten beschrieben sind, was vom willkürlichen Hinschlachten von Flüchtlingen, denen man das verschluckte Metallgeld und Gold abnehmen will, bis zum Kannibalismus von Müttern an ihren Kindern reicht, wird hier bei der Beschreibung der Sikarierherrschaft in Masada eine Endauswertung gemacht, in der er wiederum, diesmal aber ohne aktuellen Grund gegen Johannes wettert:

Auch jetzt hatten sich die Sikarier gegen alle verschworen, die sich den Römern fügen wollten, und behandelten sie in jeder Beziehung als Feinde, indem sie ihnen die Habe raubten und fortschleppten und die Häuser in Brand steckten. Sie stellten diese Judäer den Fremden gleich, da sie die so heiß umstrittene Freiheit verraten und eingestandenermaßen die römische Knechtschaft erwählt hätten. Solche Reden waren aber nur der Deckmantel, hinter dem sie ihre Grausamkeit und Habgier zu verbergen suchten, wie aus ihren Taten deutlich hervorging. Denn die anderen Judäer hatten ja ihren Abfall mitgemacht und sich am Kampf gegen die Römer beteiligt, nur um von den Händen der Sikarier noch schlimmere Gräuel erdulden zu müssen. Wies jemand den Sikariern die Grundlosigkeit ihres Vorwandes nach, so unterdrückten sie den, der ihnen mit Fug und Recht ihre Bosheit vorwarf, nur umso ärger ... Die Zügellosigkeit und das grausame Wüten gegen die eigenen Landsleute aber waren von Sikariern ausgegangen, die den Verfolgten gegenüber keine Beleidigung unausgesprochen und keine Tat zu ihrem Verderben unversucht ließen. Doch sie erschienen noch gemäßigt im Vergleich zu Johannes. Denn dieser mordete nicht nur alle Bürger, die ihm gute und nützliche Ratschläge erteilten, und behandelte sie wie die schlimmsten Feinde, sondern er stürzte sein ganzes Vaterland in namenloses Unheil, wie es nur von einem Menschen ausgehen konnte, der sich erdreistet hatte, sich gegen den Gott zu empören. Und nun Simon, des Gioras Sohn, welche Verbrechen verübte er nicht? Oder gab es irgendeine Misshandlung, die er nicht an frei geborenen Judäern begangen hätte, obwohl er gerade ihnen seine Stellung als Gewaltherrscher verdankte? Dämpften etwa freundschaftliche Beziehungen und Bande des Blutes ihre Mordgier? Denn an Fremden sich zu vergreifen, gehörte, wie sie meinten, zu den gewöhnlichen Schlechtigkeiten; eine recht glänzende Rolle dagegen wollten sie durch grausames Wüten gegen ihre nächsten Angehörigen spielen.

Der Prokurator Silva rückt nun mit seinen Truppen gegen Masada vor, unterwirft das Umland, umgibt die Festung mit einem Ringwall, um den Belagerten die Flucht zu erschweren und beginnt mit der Belagerung. Josephus berichtet:

An Flucht jedoch dachte Eleazar nicht, wie er sie auch keinem anderen gestattet haben würde. Vielmehr überlegt er, da er die Mauer vom Feuer zerstört sah, und kein weiteres Mittel zur Rettung oder Verteidigung ausfindig machen konnte, wie die Römer die Frauen und Kinder behandeln würden, wenn sie in ihre Hände fielen, und kam zu dem Entschluss, dass alle in den Tod gehen müssten. Weil er, wie die Dinge standen, dies für das beste hielt, versammelte er die mutigsten seiner Gefährten und suchte sie... davon zu überzeugen.

Die nun von Josephus nachträglich formulierte Überzeugungsargumentation des Sikarierführers Eleazar ist die längste, die im Werk des Josephus enthalten ist. Sie umfasst mehrere Druckseiten. Danach erfolgt die kollektive gegenseitige Ermordung der 960 Personen umfassenden Verteidiger der Festung und ihrer Familien, bis der letzte Überlebende vor seinem Selbstmord noch Feuer legt. Es gibt aber sieben Überlebende. Eine Verwandte des Eleazar und eine ältere auch nicht namentlich genannte Frau haben sich zusammen mit fünf Kindern in der unterirdischen Wasserleitung Massadas verkrochen. Einzig auf deren Zeugnis hin könnte Josephus etwas von den Vorgängen in der Festung wissen. Die ergreifende und beschwörende Rede des Eleazar, die man eher an eine fest verschworene Essenergemeinde in gleicher Situation halten würde, ist entweder völlig aus der Luft gegriffen, oder die Sikarier des Eleazar waren in Wirklichkeit essenische Judenchristen. Eine Truppe, welche sich aus dem von Josephus beschriebenen verbrecherischen Abschaum der Menschheit zusammensetzt, hätte sie sich nie angehört, geschweige denn, dass sie diesem Rat gefolgt wäre.

Die Festung fällt im Jahre 74, vier Jahre nach Jerusalem. Noch im Lande befindliche Sikarier ergreifen die Flucht und versuchen von außen her ihre Landsleute gegen Rom aufzuwiegeln. Es setzt nun eine allgemeine Verfolgung der Sikarier durch die Römer ein. Ein starkes Indiz für die Festigkeit der hinter dem Sikariertum steckenden Lehre ist in dem geradezu halsstarrigen Festhalten der gefangenen Sikarier an ihrer Überzeugung zu sehen. Josephus schreibt:

Ihr Starrsinn und ihre Tollheit oder Seelenstärke – wie man es nennen will – rief allgemeines Erstaunen hervor, denn alle Martern und körperlichen Verstümmelungen, die man an ihnen vollzog, damit sie den Cäsar als ihren Gebieter anerkennen sollten, vermochten nicht einen von ihnen zum Nachgeben zu bewegen oder ihm das geforderte Bekenntnis abzuzwingen. Vielmehr verharrten sie in ihrer durch keinen Zwang zu beugenden Gesinnung, als wenn ihr Körper gegen Folter und Flammen völlig abgestumpft wäre, ihre Seele aber sogar Freude darüber empfände. Die größte Verwunderung jedoch erregten bei den Zuschauern die kleinen Knaben: Denn auch von ihnen war keiner dazu zu bringen, den Cäsar seinen Herrn zu nennen – so sehr überwog die Größe ihres Mutes die Schwäche ihres Körpers.

Es muss hier ergänzt werden, dass es sich hier um den Bericht über die nach dem Krieg öffentlich veranstaltete Festspiele der Römer handelte, wie es sich aus der Erwähnung der „Zuschauer" erschließt, und die Anerkennung des Cäsars als Herrn durch die Opfer dieser „Spiele" gleichzeitig dessen Anerkennung als Gott beinhaltete. Die Parallelen zu den Berichten über das Martyrium, welches die Märtyrer des Christentums angeblich klaglos über sich ergehen ließen sind unübersehbar. Die Gefahr der Sikarierbewegung war angesichts der über das gesamte Weltreich der Römer verstreut wohnenden Diasporajuden jedenfalls erkannt. Die Drachensaat der verstreuten Sikarier war eine Gefahr, der sich nun Rom als Staat und auch das römische Kaisertum stellen mussten.

Es fällt einem sehr schwer, nach diesen geballten Anwürfen, die Josephus gegen die Sikarier und die Zeloten vorbringt, zu glauben, dass knapp vierzig Jahre vorher Jesus von Nazareth als Heiland der Welt und Sohn Gottes durch die gleichen Lande gezogen sein soll, um die Fundamente für die christliche Religion zu legen. Auch wenn es unglaubwürdig erscheint: Der Jesus aus Nazareth predigte schon damals in einer Generationenreihe von Missionaren die Befreiungsideologie der Essener, warb Sikarier und Zeloten an und schuf damit die Grundlagen für den Aufstand des Jahres 66. Er war nur der, welcher gekreuzigt wurde, ehe er den Aufstand auslösen konnte. Andere traten die Flucht nach vorn an und schlüpften tatsächlich in die tätige Messiasrolle, was jedesmal zumindest in die private Katastrophe führte, die bei Simon bar Giora und Johannes sogar mit der Katastrophe des jüdischen Volkes im Jahre 70 verbunden war.

Auch wenn wir es nicht wahr haben wollen, der genannte Anführer und Hauptakteur des jüdischen Aufstandes und auch des Endkampfes in Jerusalem, Johannes von Gischala war der ehemaligen Jünger Jesu Johannes, dessen Spur sich durch das ganze Neue Testament unserer Bibel verfolgen lässt. Wir finden ihn in den Apostelbriefen, in der Apostelgeschichte des Lukas, in allen vier Evangelien und in seiner Offenbarung. Er ist dort als einziger Akteur durchgängig präsent. Seine Eltern, Brüder und Cousins finden wir sogar in den Evangelien an exponierter Stelle der Evangelien als Akteure und Zeugen. Das mag jetzt wie eine unbegründete Behauptung klingen, die erst noch zu beweisen wäre. Die Analyse der dazu noch auszuwertenden Texte untermauert allerdings diese Feststellung, wie wir noch sehen werden.

Auch Josephus schildert uns Johannes schon in seinem Kriegsbericht so, wie sich uns sein Charakterbild aus den Evangelien und der Apostelgeschichte unter dem Aspekt, welcher Mission er dort tatsächlich nachging, erschließt. Johannes wird uns bei genauerer Betrachtung auch dort unterschwellig als unnachgiebig, intrigant und mit ungebremstem Führungsanspruch beschrieben, obwohl er von uns dort unter dem Aspekt der Jesus unterstellten Verkündigung des Heils, als zwar ehrgeiziger, aber doch braver Lieblingsjünger Jesu begriffen wird. Wir müssen uns im Interesse der historischen Wahrheit tatsächlich von dem theologischen Ballast befreien, welchen man uns über die Ursprünge des Christentums gestülpt hat und einmal ganz genau hinterfragen, welche Mission es eigentlich war, der Jesus und seine Jünger im Jahre 30 nachgingen, wenn am Ende einer seiner Jünger in einer solchen Positionen wie Johannes auftaucht und vor allem von solchen Auswirkungen zu berichten ist.

Auf alle Fälle finden wir Johannes am Ende des Krieges genau so wie Flavius Josephus in Rom, wo sie durchaus beide nicht untätig gewesen sein können, denn Josephus geifert bis zuletzt bis in die 90er Jahre hinein noch gegen Johannes, wofür es mehrere und auch aktuelle Gründe gegeben haben muss, und ob er nicht im Bunde mit dem jüdischen Sanhedrinfürsten Gamaliel II. maßgebenden Anteil daran hatte, dass Domitian Johannes im Jahre 95 nach Patmos verbannte, ist auch noch nicht geklärt.

Die wirkliche Mission des Jesus von Nazareth

Um die tatsächlichen historischen Abläufe der damaligen Zeit rekonstruieren zu können, in deren Rahmen das stattfand, wohinein Johannes, Josephus und ihre Zeitgenossen verstrickt waren, muss vor allem das unter den Realitäten der Tagespolitik betrachtet werden, was die Mission des Jesus von Nazareth charakterisierte und tatsächlich bezweckte, um einen sicheren Ausgangspunkt für eine Untersuchung der damaligen Vorgänge zu finden, in die sich dann die Akteure und ihre Aktivitäten einordnen lassen. Die Mission des Jesus von Nazareth war nämlich nicht die, wofür wir sie immer noch halten.

Er beabsichtigte keineswegs, eine neue Religion zu begründen und er war auch nicht der eingeborene Sohn Gottes, der das im Auftrag seines Vaters in die Wege leiten sollte. Die Mission des Jesus von Nazareth war auch nicht seine eigene. Es war eine ihm übertragene Aufgabe und diente der geheimen Vorbereitung des Freiheitskampfes seines Volkes gegen die römische Fremdherrschaft. Er übte sie in einem ganz konkreten Auftrag aus. Unter den Bedingungen des traditionellen Judentums, das ursprünglich ein einem Zentralheiligtum verpflichtete Theokratie war, basierte die von ihm dazu verkündete Befreiungsideologie zwangsläufig auf religiösen Motiven und bediente sich deshalb auch dazu der sich daraus ergebenden spezifischen Methoden. Diese von mir hier in den Raum gestellten Thesen sind keine Behauptungen. Sie lassen sich ganz konkret aus dem Inhalt der Evangelien ermitteln.

Das sind allerdings Schriften, die erst entstanden sind, als es das Christentum bereits gibt. Normalerweise müsste nach einer Zeit von über vierzig Jahren zwischen der Hinrichtung des Jesus und der Niederschrift seines Lebenslaufes, den Evangelien, eine große Menge miteinander unvereinbarer Sagen und Legenden über den Wanderprediger und Wunderheiler Jesus in Umlauf sein, die unmöglich unter einen Hut zu bringen wären, wie das beispielsweise bei Buddha der Fall ist. Stattdessen finden wir in allen Evangelien als Grundgliederung einen um seine Hinrichtung gruppierten Lebensabriss des Jesus, der kaum Varianten enthält. So sehr man wünscht, von anderer Seite etwas über Jesus zu erfahren, wir sind fast nur auf das angewiesen, was in den Evangelien steht.

Auf die sogenannten apokryphen Evangelien zurückzugreifen wäre unergiebig. Sie bauen meist auf den in der Bibel enthaltenen auf, sind deren Ergänzungen, oder sagen nichts zu dem aus, was uns hier interessiert. Vor allem sind sie noch später geschrieben als die Evangelien des Kanons des Neuen Testamentes, was eventuelle Augenzeugenschaft der Autoren ausschließt. Und gerade in diesen auf die eigentlichen Evangelien folgenden Schriften beginnen dann die Legenden zu sprießen, welche der Person des Jesus von Nazareth erst das echte Kolorit des Gottessohnes verleihen.

Die ersten drei Evangelien des Neuen Testaments sind außerdem alle aus einer Wurzel hervorgegangen. Die sogenannten Synoptiker (Matthäus, Markus, Lukas) enthalten viele identische Texte, die etwas ergänzt und auch verkürzt oder aus dieser Verkürzung anschließend verlängert immer wieder auftauchen. Das kommt uns in dem Sinne entgegen, dass wir glauben, wenn von mehreren Zeugen, wenn auch individuell jeweils anders dargestellt, sich gegenseitig bestätigende Aussagen zu bestimmten Ereignisse vorliegen, müssen sie einfach wahr sein. Das ist eine große Denkfalle. Schon Kleist führt es als eine bewährte Praxis der Journalistik sprichwörtlich auf: *Was man dem Volke dreimal sagt, hält es für wahr.* Das können wir bei den Evangelien wörtlich annehmen. Dort ist ihm auch höchstwahrscheinlich diese Erleuchtung zuteil geworden. Nur dadurch, dass uns der Rundfunk, das Fernsehen und auch die Zeitungen das Gleiche einhämmern, muss nämlich auch heute etwas noch nicht wahr sein.

Die Evangelien der Synoptiker Markus, Matthäus und Lukas sind als aufeinanderfolgend auseinander erarbeitete, und für bestimmte Personenkreise angefertigte Schriften anzusehen. Die dazu oft direkt gegenläufigen Aussagen und zusätzlichen Geschichten des Johannes-Evangeliums betrachten wir auch deshalb nicht als so authentisch, weil sie von denen der Synoptiker abweichen, sondern weil sie uns nur einmal geboten werden. Das Johannes-Evangelium scheint auch zu einem anderen Zweck konzipiert zu sein, als die Evangelien der Synoptiker. Markus ist noch ein nüchterner Rapport, fast nur eine gereihte Stoffsammlung. Matthäus ist schon ein Evangelium, eine Botschaft Christi. Es ist der jüdischen Tradition näher, als das parallel dazu erarbeitete Lukas-Evangelium. Lukas ist die Ausformung des Evangeliums Jesu Christi für Heidenchristen. Bei ihm ist die Vergottung Jesu am weitesten fortgeschritten, weiter als bei Matthäus. Markus berichtet uns noch vom Menschen Jesus direkt. Das Johannes-Evangelium steht nun so isoliert daneben, dass man es gar nicht mit dazuzählen möchte, wenn es nicht punktuelle Bezüge zu bestimmten Passagen der Synoptiker hätte, die es ergänzt.

Das Markus-Evangelium ist dabei als die Basis dafür anzusehen, woraus die anderen dann entstanden sein müssen. Obwohl es noch sehr grob und naiv daherkommt, folgt es einer strengen Chronologie, auf die alles andere aufgepfropft ist, oder zweckmäßig hinein geschaltet wurde. Woraus sein Inhalt entnommen ist, ahnt nur der, welcher die Wunder und Unterweisungen im Glauben überblättert. Es weist nämlich eine unverständliche textliche Zerbrochenheit auf, als habe man einen Tonkrug aus Scherben wieder zusammengeklebt, ihn auch vollständig wiederhergestellt, aber dazu die Scherben mehrerer verschiedener, extra dafür zerschlagener Tontöpfe verwendet. Diese Feststellung fasziniert, sobald man das festgestellt hat. Der Text besteht aus Abschnitten verschiedener Herkunft, die anschließend meisterhaft zu einer vorgegebenen neuen Form zusammengestellt sind. Bei der Beurteilung der drei Synoptiker ist ihm deshalb eine zentrale Rolle zuzuweisen. Es ist das aussagekräftigste, aber leider auch das kürzeste Evangelium. Wikipedia stellt uns seine äußere Form in einer so schlüssigen tabellarischen Struktur vor, dass man annehmen muss: Dieses Evangelium ist künstlich erstellt, denn das Leben läuft nicht nach solchen Schablonen ab, wo jeder Gag dramaturgisch genau sitzt und die Handlung sich systematisch bis zur Katastrophe steigert, um dann der Lösung zuzustreben. Die Form ist damit zwar leider als falsch anzusehen, aber die Bausteine sind echt. Das erscheint im ersten Moment für die weitere Arbeit nicht so besonders förderlich. Wer sich aber die von Wundern und theologischen Unterweisungen abgetrennten Inhaltsbausteine anschließend sortiert, merkt, dass, abgesehen von einigen unklaren Passagen, die Stücke von nur zwei Basisdokumenten gestammt haben können. Hat man diese Erkenntnis verinnerlicht, lässt sich durchaus damit arbeiten. Es ergeben sich daraus sogar erweiterte Deutungsmöglichkeiten, die einem normalerweise entgehen.

Dieses Evangelium wurde bis ins 19. Jahrhundert sogar als nicht vollwertig angesehen und auch kaum beachtet. Es ist zu vermuten, mit dem Markus-Evangelium hat etwas überlebt, was keineswegs für die Veröffentlichung vorgesehen war und es sollte vielleicht nur ein Konzept sein, welches man den Redakteuren der beiden anderen zur Verbreitung vorgesehenen synoptischen Evangelien als Arbeitsgrundlage zur Verfügung stellte.

Bei Markus fehlen noch viele Informationen, die wir als Christen für wichtig erachten. Das betrifft die Verkündigungen der Bergpredigt und der Feldpredigt. Das Doppelgebot der Gottes- und der Nächstenliebe finden wir schon bei Markus, aber das Gebot der Feindesliebe noch nicht. Bei ihm fehlt auch das Vaterunser noch, aber auch die Abrechnung mit den Pharisäern und Schriftgelehrten, wie sie im 23. Kapitel bei Matthäus steht. Es fehlen auch die Aussagen zum irdischen Gottesreich wie wir sie im 17. Kapitel bei Lukas finden und auch die speziellen Gleichnisse, welche auf das hinweisen, was wir unter christlicher Nächstenliebe verorten. Die finden sich erst bei Lukas.

Beim Lesen des Markus-Evangeliums glaubt man förmlich dem über die Schulter zu schauen, der sich vorgenommen hat, erstmals etwas Fundamentales an Schrifttum für die Christengemeinden zu konzipieren, damit überhaupt eine einheitliche Ansicht darüber vermittelt werden kann, wer und was denn dieser Jesus eigentlich gewesen ist.

Und noch eins: Der Autor hat nicht unbedingt beabsichtigt, uns in seiner Schrift Jesus als Gottes Sohn zu verkaufen, weil er ihn wahrscheinlich persönlich gekannt hat. Er geht deshalb sehr vorsichtig und fast zurückhaltend an seinen Bericht heran, weil er eventuell noch etwas zu befürchten scheint. In diesem Evangelium finden wir einerseits den charismatischen

Propheten, Johannes, den Täufer, der aber gleich anfangs sang- und klanglos von der Bildfläche verschwindet, und andererseits den Missionar Jesus von Nazareth, der mit Riesenklamauk am Vorabend des Passa des Jahres 30 in Jerusalem gekreuzigt wird, weil er als Wunderheiler getarnt die essenische Verschwörung gegen die römische Fremdherrschaft organisierte und dazu missionierend unterwegs war.

Der eine bietet das religiöse geistige Rüstzeug und der andere das dazu passende Schicksal. Der Täufer wurde geköpft. Seine Jünger haben ihn beerdigt. Er kann nicht sofort wieder auferstehen. Ihm bleibt nur die Wiedergeburt. Dafür hat niemand Zeit, um es abzuwarten. Der Messias muss nun endlich her, damit er aus dem Himmel wiederkommen kann. Jesus ist dann der, dessen Auferstehung von seinen Jüngern bezeugt wird. Diese Tatsache ist am Ende entscheidend. Jesus wird in den Köpfen als Name verankert, aber die Lehre ist in allen Evangelien die des prophetischen Johannes, auf die ihnen der Christus in der Person des Jesus von Nazareth gepfropft wird.

Nicht umsonst beginnen alle Evangelien fast demonstrativ mit der Vorstellung des Täufers, der uns dort als vorbereitender Vorläufer und Verkünder des Jesus untergeschoben wird. Wer die handlungsrelevanten Textbausteine der Evangelien wenigstens grob daraufhin zu prüfen versucht, was sie aussagen, stößt dabei auf die in ihnen wechselseitig mit der Lehre des Täufers verwobenen Aktionen des Jesus. Es ist sogar eine sehr vordergründige Verschiedenheit zwischen Lehre und Aktion. Ausgehend von der Tatsache, dass wir es keineswegs mit zwei Vertretern verschiedener religiöser Schwärmereien zu tun haben, sondern mit durchaus zielgerichtet politisch agierenden Personen, was sich aus ihren Handlungen erschließt, ist es wichtig, die Rolle des tatsächlichen Jesus und auch die des Täufers zu ermitteln, und dabei alles das auszusieben, was in diesem Zusammenhang als unnötig zu erachten ist.

Was ist also die Basis für das Markus-Evangelium? Es muss tatsächlich vorher mindestens zwei getrennte Schriften gegeben haben. Das sind aber ganz andere, als sie unsere Theologen annehmen, die ein Ur-Evangelium und eine dazu passende Spruchsammlung Jesu vermuten. Es ist das Evangelium, die Lehre des Täufers, und dazu passend der Lebenslauf des essenischen Menschensohnverschwörers Jehoshua bar Joseph. Die Botschaft des Täufers ist die der Propheten des Alten Testamentes. Sie kann aus den vom Täufer verwendeten Versatzstücken zusammengestellt werden und muss damals bereits vorgelegen haben. Diese in den Evangelien verkündete Täuferlehre lässt sich nämlich aus den Texten der Propheten rekonstruieren. Man hat anschließend die beiden Basisunterlagen, die Lehre des Täufers und den Lebenslauf Jesu, welcher auch sein Aufstandskonzept enthielt, in Einzelteile zerschnitten, und anschließend miteinander verzahnt zusammenmontiert. So entstand das Evangelium nach Markus. Auch wenn es mit den Worten beginnt: *Dies ist der Anfang des Evangeliums von Jesus Christus, dem Sohn Gottes*; der

Inhalt bestätigt diese Behauptung nicht. Es ist ein ganz nüchterner Tatsachenbericht über die als religiöses Wanderpredigertum getarnte Mission des Verschwörers Jehoshua bar Joseph, der den Umsturz gegen Rom nicht nur predigt, sondern auch logistisch und ideologisch vorbereitet. Ihm ist dabei die Lehre des Täufers verkündigend untergeschoben, der Text mittels einer gezielten Auswahl von Gleichnissen und Wunderheilungen ergänzt und mit Zitaten aus der Tora legitimierend unterlegt. Welche strenge Konzeption der Erarbeitung des Markus-Evangeliums zugrunde gelegen hat, ist aus der in dieser Schrift enthaltene Reihung stets schärfer werdender Beschuldigungsvorwürfe erkennbar, die am Ende zur Kreuzigung Jesu führen. Das liest sich sogar bei Wikipedia wie eine speziell angelegte Akte des Sanhedrins über die konspirativen Aktivitäten des Jehoshua bar Joseph, auf deren Grundlage er am Ende über einen politischen Mord förmlich entsorgt wird.

Diese Akte dürfte es zur Zeit der Niederschrift der Evangelien nicht mehr gegeben haben. Jerusalem, wo solche Unterlagen zu finden wären, ist nicht nur von den Römern erobert, sondern sogar dem Erdboden gleich gemacht. Nun könnte man viel rätseln, wer das Markus-Evangelium fabriziert hat.

In der Apostelgeschichte befindet sich ein versteckter Hinweis darauf, dass es sich bei dem Autor um den Jesusjünger Johannes handeln könnte, denn er trägt dort den Beinamen Markus. Er war von Anfang an dabei. Nur er konnte das zur Zeit der Niederschrift dieses Evangeliums aus eigener Anschauung und eigenem Erleben heraus alles wissen, ist auch der einzige, der in den ganzen Schriften präsent ist und damit wohl der Letztüberlebende, welcher das berichten konnte. Dieser Johannes Markus könnte demzufolge der Jünger Johannes sein, der sicherheitshalber den Namen wechselte, weil Herodes seinen Bruder Jakobus lt. der Apostelgeschichte kurz zuvor hinrichten ließ. Er lebt also noch und wir finden ihn tatsächlich später auch bei Paulus wieder, als sie zusammen Cypern missionieren.

Diese Interpretation löst uns viele inhaltlich sonst unerklärlichen Probleme in den Texten, die für den rational vorgehenden Leser sonst keinen logischen Zusammenhang ergeben würden, den aber der Gläubige und auch der Theologe nicht brauchen. Ich gebe zu, die Evangelien ausgehend von Josephus nach diesen rein faktischen Informationen durchsucht zu haben. Wer nämlich die darüber gestreuten Wunder und Aussprüche aus der Kiste des Täufers und der Tora mitliest, merkt überhaupt nicht, was Jesus zum Staatsfeind macht, und aus welchen Gründen dieses Kesseltreiben der Herrschenden auf ihn eigentlich veranstaltet wird. Er ist der, auf den sich alle Abwehr zu konzentrieren scheint, was angesichts der Liebesreligion, als deren Begründer ihn uns die paulinischen Apostelbriefe servieren, unverständlich sein muss. Das Markus-Evangelium wäre nach Ansicht der Fachwelt in der uns vorliegenden Form auch nur eine holprige Übersetzung aus dem Aramäischen ins Griechische. Die Schroffheit, mit der die Textelemente bei

Markus noch aneinander montiert sind, verliert sich bei den später aus diesem Evangelium hervorgehenden Evangelien des Matthäus und des Lukas mit zunehmender Bearbeitung. Das Matthäus-Evangelium ist schon stark geglättet und bei Lukas ist dann die Stromlinienförmigkeit des Textes schon fast erreicht. Diese Harmonisierung des Textes war auch die Absicht der weiteren Erarbeitungen. Meine gerade aufgestellte Quellenhypothese ließe sich ohne Markus bei alleiniger Betrachtung der Evangelien des Matthäus und auch des Lukas kaum aufrecht erhalten. Was in den ganzen Texten der Evangelien mitschwingt ist die von Jesus überall verbreitete Lehre vom *Menschensohn.* Nur gegen diese Mission richtet sich die ganze konzertierte Aktion der verschiedenen Fraktionen der Schriftgelehrten, der Pharisäer, der Hohepriester, der Sadduzäer, der Anhänger des Herodes und, es ist anzunehmen, auch der Römer. Der Römerhauptmann Kornelius lässt sich beispielsweise Petrus ganz gezielt vorführen, auch wenn dem in der Apostelgeschichte eine ganz andere Bedeutung zugewiesen wird.

Diese Annahmen werden uns auch von anderer Seite unerwartet bestätigt. Israel Knohl, der Vorsitzende des „Bible Department" der Hebrew University in Jerusalem legt 2000 ein Buch vor, welches den Titel trägt: *„Der vergessene Messias. Der Mann, der Jesu Vorbild war."* Knohl entwickelt darin auf der Grundlage der Qumranschriften eine völlig andere Sicht auf die Hintergründe der Mission des Jesus von Nazareth, als es uns geläufig ist. So schockierend es anfangs erscheint, die Logik seiner Beweisführung in Verbindung mit dem, was man sich aus dem Markus-Evangelium noch unklar erarbeiten kann, ergibt das Nachstehende über die Hintergründe, aus der die Mission des Jesus hervorging:

Es gibt kurz vor Beginn unserer Zeitrechnung in Palästina in der religiösen Bewegung des Judentums zwei Hauptanschauungen, wie der jüdische Glauben unter dem römischen Joch gelebt werden kann: Die des Schriftgelehrten Hillel und die des Menachem. Hillel ist uns als der überliefert, welcher eine nicht so strenge Auslegung des mosaischen Gesetzes lehrt. Der unterschwellig militant nationalistisch argumentierende Menachem ist sein Widerpart. Hillel führt die Partei der Pharisäer und Menachem die der damals bei Herodes noch in Ansehen stehenden Essener. Das ist alles unterschwellig und bleibt auch sehr theoretisch, bis Herodes der Große stirbt. Es kommt nun zu einer Kontroverse der Glaubensführer. Menachem und Hillel stehen im Hohen Rat mit ihren Ansichten gegeneinander. Menachem hält jetzt den Aufstand gegen die römische Fremdherrschaft für günstig und auch für erforderlich. Hillel ist dagegen. Die Mehrheit stellt sich hinter Hillel. Das selbstherrlich-fordernde Auftreten des Menachem führt dazu, dass er aus dem Rat hinausgeworfen und exkommuniziert wird.

Menachem löst nun trotzdem mit Hilfe seiner Anhänger den Aufstand gegen die römische Herrschaft aus. Diesen Aufstand der Juden schlägt Varus um Jahre 4 v.u.Z. nieder. Allein in Galiläa, in der Gegend von Nazareth, in

Sepphoris, werden von ihm 2000 Aufständische gekreuzigt. Es ist der gleiche Varus, der im Jahre 9 in Germanien bei der nach ihm benannten und verlorenen Varusschlacht selbst mit umkommt. Auch in Jerusalem wird der Aufstand niedergeschlagen. Menachem, der sich als Messias offenbarte, wurde von den römischen Soldaten erschlagen und sein Leichnam wie der eines Verbrechers drei Tage unbeerdigt auf der Straße liegen gelassen.

Das ist die historische Überlieferung. Knohl beleuchtet uns aber auch den religiösen Hintergrund. Er beginnt mit der Analyse von zwei kurzen Schriften aus den Qumrandokumenten der Essener. Zuerst stellt er in den Raum, dass man neben gut erhaltenen Schriftrollen traditioneller heiliger Texte in den Höhlen bei Qumran auch Fragmente entdeckt, die nachweisbar schon zerrissen sind, bevor sie zusammen mit den anderen in Tongefäßen versteckt werden. Einerseits heiliger Text, der zu bewahren ist, andererseits schon zerfetzt und anschließend zusammengeknüllt. Was steht auf solchem Schriftgut? Es sind Lobeshymnen. Ganz genau zwei, die sich aber inhaltlich stark unterscheiden. Sprache und Segnungsformeln, auch ihre Stimmung unterscheiden sich stark von den bekannten Danksagungsliedern und den Psalmen. Religiöse Loblieder sind normalerweise vom Bewusstsein einer tiefen Schuld geprägt, aus der nur die Gnade Gottes erlösen kann. In diesen zwei Hymnen fehlt das Schuldgefühl vollständig. Die erste ist in der Ich-Form verfasst. Sie atmet den Ton einer schon blasphemischen Selbstüberhebung. Der Sprecher der ersten Hymne stellt sich als elender Mensch dar, der ursprünglich im Staub kriecht, den aber Gott zu den Wolken erhoben hat und der nun von Engeln umgeben ist, wohnend in den Himmeln.

Es ist eine Selbstverherrlichungshymne: ...*Wer also soll mich angreifen, wenn ich öffne meinen Mund? Wer kann das, was von meinen Lippen kommt, aushalten?*... So spricht nach Ansicht der Wissenschaftler nur ein imaginärer priesterlicher Messias am Ende der Tage. Auf diese Hymne folgt eine zweite, in der die Gemeinschaft aufgerufen wird, Gott für seine Gnadenerweise und das Heil zu danken, welches er ihnen gebracht hat. Diese Hymne beschreibt ein himmlisches Zeitalter, in dem Gottlosigkeit und Unterdrückung aus dem Land verschwunden und an ihre Stelle Licht und Freude, Frieden und Versöhnung getreten sind. Es wird ein irdisches Paradies von Gottes Gnaden auf Erden beschrieben.

Vier Exemplare wurden von diesen Hymnen gefunden und immer gehörten diese Hymnen in dieser Reihenfolge zusammen. In Qumran erwartete man das Kommen eines Messias. In diesen Hymnen ist die Zeit des Gottesreiches nicht mehr Zukunft, sondern schon Gegenwart. Da mit der Niederschlagung der Menachemrevolte diese schon als sicher angesehene Zukunftshoffnung der Essener sich nicht mehr erfüllen konnte, ist die Behandlung der Texte verständlich. Nach der Zerschlagung ihrer religiösen Führung wird deren Organisation, die Essener, aus Jerusalem ausgewiesen. Sie ziehen sich in die Wüstensiedlung Qumran am Toten Meer zurück. Der

Tarnname ihrer Siedlung ist von nun an „*Damaskus*". Israel Knohl berichtet uns das so als Ergebnis seiner Ermittlungen.

Die Religion der Juden besteht zur Zeitenwende noch aus zwei Richtungen. Es sind einerseits die Pharisäer und andererseits die Sadduzäer. Die Sadduzäer stellen die Hohepriester und sehen sich als die religiöse Aristokratie. Die Essener sind noch eine von den Sadduzäern abgespaltene radikale Gruppe. Nach dem Tod des Menachem und der Niederschlagung des Aufstandes wird nun traditionsgemäß ein neuer zweiter Religionsführer gewählt. Es ist Schammai. Er ersetzt zwar Menachem, aber er ist nicht das Oberhaupt der Essener. Während Hillel als Fürst des jüdischen Sanhedrins und wohl auch Schammai darauf hinwirken, einen lebensfähigen religiösen Kompromiss für das Judentum unter der römischen Herrschaft zu stabilisieren, wird von den Essenern unterschwellig, außerhalb der historischen Wahrnehmung, weiter am Messiasprojekt des gerade von den Römern hingerichteten Menachem gegen Rom gearbeitet. Man betreibt das aber von nun an in der Form der sogenannten *Menschensohnverschwörung*.

Aus den Wirren des Menachem-Aufstandes hat sich die Sikarierbewegung entwickelt, die mit ständigem Kleinterror im Lande den Widerstand gegen die Römer wach hält. Sie sind radikalfanatische und militante Verschwörer, die in dieser Zeit durch den Aufruf des Judas aus Galiläa zum Widerstand gegen den Zensus des Quirinus Zulauf erhielten. Diese Leute führen religiös motivierte Meuchelmorde aus. Sie halten die Widerstandsbewegung am Leben und werden höchstwahrscheinlich von den Essenern für ihre Interessen genutzt. Die Jahre vergehen. Auf Hillel folgt sein Sohn Simon I. in der Führung des Sanhedrins und danach übernimmt auch dessen Sohn, der Enkel Hillels die religiöse Führung in Jerusalem. Das ist Gamaliel I., der ebenfalls geschichtlich nachgewiesen ist und den wir in der Apostelgeschichte des Lukas finden. Es ist nun die Zeit kurz vor dem Jahr 30. Die religiös getarnte Befreiungsbewegung hat sich inzwischen weiter ausgebreitet. Die Ausbeutungspraktiken der in- und ausländischen Unterdrücker haben zu einer zunehmenden Verelendung der unteren Bevölkerungsschichten geführt. Der Widerstandswille ist im Volk latent vorhanden und er hat sich auch verstärkt, aber er ist immer noch unorganisiert. Zu den Sikariern kommen die Zeloten, die Eiferer, hinzu. Sie sind Entwurzelte, die sich zu Räuberbanden zusammenfinden, aber auch religiös motiviert sind. Sie stehen aber den Pharisäern näher. Vereinzelte von ihnen ausgelöste kleinere Aufstände werden niedergeschlagen.

Die Essener versuchen deshalb den Widerstand wieder besser zu organisieren, woran der jüdischen Führung des Landes und auch allen anderen, die etwas zu verlieren haben, nicht gelegen ist. Eine direkte administrative oder militärische Bekämpfung ist kaum möglich. Die wieder stärker hervortretende Widerstandsbewegung braucht deshalb einen auf der gleichen Linie angesiedelten Gegenpol, der argumentativ gegen sie gerichtet ist.

Auf Gamaliels Seite, der des Sanhedrins, geht deshalb um diese Zeit Johannes der Täufer in die Offensive. Er tritt ganz im Sinne des traditionellen Prophetentums auf, und predigt öffentlich landesübergreifend eine menschlichere Linie im Gegensatz zu den sich zunehmend einseitig an der buchstabengetreuen Befolgung des Mosaischen Gesetzes orientierenden Auffassungen des jüdischen Glaubens. Seine Aufrufe zur Umkehr, zur Buße, zur Nächstenliebe und Gottesverehrung, die Wassertaufe und Sündenvergebung lenken die Aufmerksamkeit seiner Anhänger vom politischen Tagesgeschehen weg, zur Besinnung, sozialem Zusammenhalt, auf Menschlichkeit im Umgang miteinander. Seine Drohung: Der Zorn Gottes. Eine nochmalige Sintflut, diesmal aber als Feuersturm. Gerettet wird nur, wer sich taufen lässt und tatsächlich geistig umkehrt.

Die *pax romana* wird damit nebenbei ganz unauffällig gestützt. Die oberen Gesellschaftsschichten des Judentums stehen deshalb trotz aller Kritik, die er an ihnen übt, hinter dieser Aktion des Täufers, wie aus der Konfrontationsszene im Jerusalemer Tempel hervorgeht, bei der Jesus nach seiner Vollmacht gefragt wird und sich dadurch aus der Schlinge zieht, indem er sich unter die Deckung der Mission des Täufers begibt (Mk. 11,27-33/Mt. 21,23-27/Lk. 20,1-8).

Was der Täufer predigt, kennen wir in abgeschwächter Form als Jesu Lehre aus den paulinischen Apostelbriefen, und in weitgehend originaler Form in den Evangelien als Predigttexte des Jesus, dem sie da untergeschoben werden. Es ist eine „*Metanoia*", eine geistige Umkehr zum Glauben, die man aber nicht einfach für sich beschließen kann, sondern wirklich innerlich vollziehen muss. Eine andere Deutung bleibt uns nicht für die Mission des Täufers, wenn wir ihn nicht als religiös-fanatischen Schwärmer sehen wollen, der er bestimmt nicht war.

Auch Josephus charakterisiert uns Johannes den Täufer in seinen *Jüdischen Altertümern* wie folgt (18,5,2): Johannes der Täufer war ... *ein edler Mann ..., der die Juden anhielt, nach Vollkommenheit zu streben, indem er sie ermahnte, Gerechtigkeit gegeneinander und Frömmigkeit gegen Gott zu üben und so zur Taufe zu kommen. Dann werde, so verkündigte er, die Taufe Gott angenehm sein, weil sie dieselbe zur Heiligung des Leibes, nicht aber zur Sühne für ihre Sünden anwendeten; die Seele nämlich sei dann schon vorher durch ein gerechtes Leben entsündigt.*

So wird versucht, die im Lande grassierende Messiassehnsucht seitens der religiösen Führung, des Hohen Rates zu steuern und zu neutralisieren. Die Unzufriedenen finden im Täufer einen, der ausspricht, was alle denken, aber er stellt sich nicht an die Spitze einer Bewegung, die das politisch oder gewaltsam ändern will. Er verweist unbeirrt auf Gott. Das bringt ihm Zulauf und nimmt gleichzeitig den messianischen Aufstandspredigern im Lande den Wind aus den Segeln.

Dass der Täufer tatsächlich von der jüdischen Führung, bestehend aus dem Hohen Rat und die Priesterschaft mit seiner Mission beauftragt war, ergibt sich aus dem Lukas-Evangelium: (Lk. 3,1-2): *Im fünfzehnten Jahr der Herrschaft des Kaisers Tiberius ... geschah das Wort Gottes zu Johannes, dem Sohn des Zacharias ...*

Wir finden diesen direkten Gottesauftrag auch in der Apostelgeschichte wieder. Diese Formulierung tritt im Neuen Testament immer wieder auf, wenn die Priesterschaft oder deren Beauftragte Einfluss auf die Ereignisse nehmen, denn auch Ananias erhält dort einen göttlichen Auftrag zur Bekehrung des Paulus und auch Petrus taufte angeblich den Heiden Kornelius im direkten Auftrag Gottes. Wie konkret der Täufer seine Befriedigungsideologie unter die Massen brachte, und worauf er hinwies, steht auch bei Lukas:

(Lk. 3,10-14): *Und die Menge fragte ihn und sprach: Was sollen wir denn tun? Er antwortete und sprach zu ihnen: Wer zwei Hemden hat, der gebe dem, der keines hat; und wer zu essen hat, der tue ebenso. Es kamen auch die Zöllner, um sich taufen zu lassen, und sprachen zu ihm: Meister, was sollen denn wir tun? Er sprach zu ihnen: Fordert nicht mehr, als euch vorgeschrieben ist. Da fragten ihn auch die Soldaten und sprachen: Was sollen denn wir tun? Und er sprach zu ihnen: Tut niemandem Gewalt oder Unrecht und lasst euch genügen an eurem Sold!*

Der Jesus von Nazareth lehrt inzwischen etwas anderes. Der Missionar der Essener, Jesus von Nazareth, predigt zur gleichen Zeit den Messias in der Form der *Menschensohnverschwörung*. Jesu Mission ist konkret. Sie bedeutet Befreiung von der römischen Herrschaft und Errichtung des Gottesreiches auf Erden. Hinter ihr steht die Bewegung der *Sikarier*, der Dolchmänner. Jesus sammelt aber auch die *Zeloten* mit ein. Er nimmt überhaupt jeden auf, der sich ihm anschließen will und sich seinen Forderungen beugt, die ziemlich radikal sind. Dieser Jesus von Nazareth taucht nach Angabe der Evangelien plötzlich in Galiläa auf und beginnt diese Mission, die für den ersten Moment nicht einzuordnen ist, weil sie offenbar nicht die ist, für die man sie hält. Alle anderen Aufstandsbewegungen eines charismatischen Führers beginnen normalerweise mit Unruhen, die über Zusammenrottungen zum Aufstand führen. Ein Anführer setzt sich durch, lässt sich zum König wählen und errichtet ein Regiment. Über Plünderungen werden ganze Landstriche verwüstet, bis die Ordnungskräfte des Fürsten oder die Römer diese Revolte wieder niedergeschlagen haben.

Das ist bei der „Mission" des Jesus anders. Seine Mission gründet sich auf die langfristige Vorbereitung eines flächendeckenden Aufstandes mit einem bereits fertigen Konzept, einer bereits durchgearbeiteten klaren Zielvorstellung. Wie uns das vermittelt wird, werde ich jetzt aus den Evangelien der Synoptiker herauszuarbeiten versuchen, und beginne das mit der gezielten Auswertung des Markus-Evangeliums:

*

Das Markus-Evangelium beginnt, wie übrigens alle anderen Evangelien auch, mit Johannes dem Täufer und der Taufe Jesu durch den Täufer im Jordan.

Johannes wird beschrieben als Prediger in der Wüste. Er predigt die Taufe der Buße zur Vergebung der Sünden. Dann heißt es gleich (Mk. 1,14-15): *Nachdem aber Johannes gefangen gesetzt war, kam Jesus nach Galiläa und predigte das Evangelium Gottes und sprach: Die Zeit ist erfüllt und das Reich Gottes ist herbeigekommen. Tut Buße und glaubt an das Evangelium!*

Hier ist gleich anfangs etwas eingearbeitet, was nicht den historischen Tatsachen entspricht, aber für das Christentum unabdingbar erforderlich, dass der Täufer ein Vorläufer Jesu ist, dessen Mission Jesus weiterführt und zur Vollendung bringt.

Nach dem Bericht des Flavius Josephus, den er in seinen *Jüdischen Altertümern* gibt, wurde der Täufer von Herodes aber erst im Herbst des Jahres 35 gefangen genommen und hingerichtet. Die Kreuzigung Jesu erfolgte aber unmittelbar vor dem Passa des Jahres 30, spätestens aber im Jahr 33, was sich zeitlich auch nicht weiter verschieben oder wegdiskutieren lässt, weil es mit weiteren historisch belegten Ereignissen verknüpft war.

Jesus kann auch kaum das Gleiche gepredigt haben wie der Täufer. Dessen Frohbotschaft besteht auch bei Markus aus dem Aufruf zur Umkehr, Buße und der leeren Behauptung vom sonst drohenden Strafgericht Gottes. Am Ende steht die Taufe. Jesus verbreitet zwar auch eine Botschaft, aber er tauft nicht. Er wandert, was der Täufer nicht tut und hat anscheinend auch eine andere Mission als die des Täufers im Sinn. Schon die Rekrutierung seiner ersten Jünger zeigt das (Mk. 1,17), wo er zu den beiden Fischern Simon und Andreas sagt: *...Folgt mir nach, ich will euch zu Menschenfischern machen.* Es wird auch gefragt (Mk. 2,18): *...Warum fasten die Jünger des Johannes und der Pharisäer und deine Jünger fasten nicht?* Jesus begründet es damit, dass er eine neue Lehre vertritt und deshalb auch andere Bestimmungen für seine Jünger gelten. Er bringt das Gleichnis vom neuen Wein, den man nicht in alte Schläuche füllt, damit er sie nicht zerreißt. Man fülle neuen Wein nur in neue Schläuche. Jesus behauptet hier eine neue Lehre zu predigen, aber wir wissen nicht welche. Es ist nun klargestellt, dass es nicht die Täufers ist, der ihm doch vorausgeschickt sein soll. Warum seine Jünger nicht fasten bleibt unerklärt.

Was Jesus mit der neuen Lehre meint, wird etwas klarer, als er im Zusammenhang mit den Sabbatübertretungen durch ihn und seine Jünger mitteilt (Mk. 2,27-28): *Der Sabbat ist um des Menschen willen gemacht und nicht der Mensch um des Sabbat willen. So ist der Menschensohn ein Herr auch über den Sabbat.* Das muss eine sehr wichtige neue Lehre sein, dass wegen ihr sogar das Mosaische Gesetz ausgehebelt werden kann. Hier taucht erstmalig der Menschensohn in Jesu Argumentation auf. Gleich darauf lesen wir (Mk. 3,6): *Und die Pharisäer ... hielten alsbald Rat über ihn mit den Anhängern des Herodes, wie sie ihn umbrächten.* Es muss etwas sehr Schlimmes gewesen sein, was man damit der Gruppe um Jesus vorwirft. Jesus entweicht ihnen mit seinen Jüngern. Er predigt den *Menschensohn* der Essener. Was sich dahinter verbirgt, habe ich bereits dargelegt. Knohl hat es uns herausgearbeitet. Jesus wurde damit zur

Gefahr für die bestehende politische Ordnung, ohne dass wir darüber im Evangelium informiert werden. Die Szene, in der sich Jesus sogar förmlich von seiner Familie lossagt, verdeckt den eigentlichen Sinn dessen, was da tatsächlich passiert. Seine Familie lässt ihn angeblich ausrufen, dass er nach Hause kommen soll, weil sie mit ihm reden wollen, was ungewöhnlich erscheint. Es gab schon kurz vorher eine solche Szene (Mk. 3,20-21): *Und er ging in ein Haus. Und da kam abermals das Volk zusammen, so dass sie nicht einmal essen konnten. Und als es die Seinen hörten, machten sie sich auf und wollten ihn festhalten; denn sie sprachen: Er ist von Sinnen.*

Man will offensichtlich als Familie durch Jesus nicht in irgendetwas hinein verwickelt werden und versucht auch Jesus herauszuhalten. Woraus, das steht da nicht. Der Ausraster Jesu, diese Lossagung, ist verständlich, aber die Begründung nicht (Mk. 3,35): ... *wer Gottes Willen tut, der ist mein Bruder und meine Schwester und meine Mutter.*

Es folgt nun durch Jesus die Vermittlung von Gleichnissen: Das Gleichnis vom Sämann, die Erläuterung vom Sinn der Gleichnisse, die Deutung des Sämanngleichnisses, die Metapher vom Licht, was dazu da ist, einem das Verborgene sichtbar zu machen, das Gleichnis vom Wachsen der Saat, die einmal ausgeworfen bis zur Ernte von selbst heranwächst, während der Sämann schläft und sich nicht mehr um sie zu kümmern, sondern nur noch zu ernten braucht. Daran schließt das Gleichnis vom winzigen Senfkorn an, woraus, einmal ausgesät, eine große Staude wird. Diese Passage im vierten Kapitel (Mk. 4,1-34), diesen Gleichniskomplex, muss man als in sich geschlossene Information zum Aufstandskonzept Jesu betrachten. Da ist nichts zufällig, weder im Konzept, noch im Inhalt, und es umreißt auch den ganzen Umfang dieser Mission. Jesus predigt hier weder die Verheißungen des christlichen Glaubens, noch das Himmelreich Gottes, auch nicht die Umkehr im Sinne des Täufers, sondern den Umsturz, den Aufstand gegen die römische Fremdherrschaft, und dessen Vorbereitung. Alles zielt auf die Errichtung des Gottesreiches durch den Menschensohn auf Erden: *Aussaat der erforderlichen Informationen auf verschieden fruchtbarem Boden und die zu erwartenden Ergebnisse, Hinweis auf die Wichtigkeit, das geheime Heranwachsen der Verschwörung bis zum Ausbruch und der Hinweis, dass aus einem kleinen Anfang eine große Sache wird.*

Eins ist aber sofort klar. Die Botschaft des Täufers ist es nicht. Der predigt Buße und wäscht die Reuigen mit der Taufe rein. Diese Gleichnisse sind schon die des Jesus von Nazareth, wie sich aus dem Folgetext bei Markus (Mk. 4,35-5,20) sofort ergibt:

Jesus stillt dort den Sturm, als das Boot, auf dem er sich mit seinen Jüngern befindet, auf der Überfahrt über den See Genezareth zu sinken droht, und als sie auf der anderen Seite, bei den Gerasenern (im Land Geschur), dem von heidnischen Griechen besiedeltem Gebiet der *Dekapolis* angekommen sind, lässt Jesus eine Schar böser Geister, die sich selbst Legion nennen, aus einem Besessenen ausfahren und in eine Schweineherde einfahren, die dort grast. 2000 Schweine stürmen daraufhin einen Abhang hinunter und ersaufen alle im See. Die Bewohner der Gegend, die keine Juden sein können, weil sie Schweine halten, *bitten* Jesus daraufhin, seine Wunder woanders zu vollbringen. Der Sinn dieser ganzen Überfahrtsgeschichte bleibt dunkel. Es muss ein Gleichnis sein, denn es hat keine weiteren Folgen, aber es wird nicht erklärt. Jesus kehrt jedenfalls gleich danach zurück nach Galiläa.

Ich deute das jetzt: Das ist nämlich die Fortsetzung der Gleichnisreihe, die man als Basis eines Aufstandskonzeptes sehen muss. Jesus beschwichtigt seine Zuhörer mit dem Argument: Es gibt auch unbesonnene Aufstandsführer, die besessen von ihrer Idee andere dazu verleiten wollen, gleich und sofort loszuschlagen, was dann alle ins Unglück stürzt. Da haben wir den gestillten Sturm, den Besessenen, den bösen Geist und die Katastrophe. Selbst die Wahl der Schweine als Mittler hat ihren Grund. Da das Schwein für die Juden ein unreines Tier ist, identifiziert Jesus die sich selbst kopflos und blindwütig in den Aufstand Stürzenden, also die Undisziplinierten, als unrein. Es ist demnach kein Reisebericht, wie man erst glaubt. Aber nur aus der soeben angewandten Sicht bekommt diese Geschichte ihren Inhalt, während bei der bisherigen theologischen Deutung der voranstehenden Gleichnisse das anschließende, und nie im Zusammenhang mit den voranstehenden Gleichnissen gesehene, bei den Gerasenern bewirkte *Wunder* ohne Sinn bleibt. Ich unterstelle damit aber Jesus eine Sache: Die organisatorische Vorbereitung des nächsten *Menschensohnaufstandes* der Essener gegen die römische Fremdherrschaft.

Sein Weg führt ihn nun in seine Heimatstadt Nazareth. Dort kennt man ihn, weil er da aufgewachsen ist. Die Leute sind skeptisch: Wieso soll er plötzlich Wunder vollbringen können? Er konnte es nach eigenem Bekenntnis in Nazareth auch nicht, obwohl er in den umliegenden Dörfern Erfolg hat. Jesus erklärt es (Mk. 6,4): ... *Ein Prophet gilt nirgends weniger als in seinem Vaterland und bei seinen Verwandten und in seinem Hause.* Das klingt im ersten Moment etwas peinlich und auch nach Resignation. Aber hat er nicht gerade der Frau, die sein Gewand anrührte und daraufhin geheilt war gesagt (Mt. 5,34): ... *dein Glaube hat dich gesund gemacht.* Der Glaube ist es, der hilft. Jesus ist sich da ganz sicher. Eine ihm innewohnende besondere göttliche Kraft besitzt er nach dieser Aussage auch aus eigener Überzeugung nicht. Das beschwert ihn aber keineswegs. Was er meint, wenn er den Glauben beschwört, hat aber sichtlich nur sekundär mit Religion zu tun.

Weshalb Jesus sich in Nazareth aufhält, wird uns nicht gesagt. Er hat eine Mission zu erfüllen, auch in Nazareth, ob es ihm passt oder nicht. Man muss schlussfolgern, dass er das nicht in eigenem Auftrag durchführt. Er organisiert nämlich zielgerichtet und sendet nun seine Jünger in Zweiergruppen über das Land. Sie ziehen aus und missionieren. Das sieht sehr nach Werbung für die Sache aus. Er ist demnach einer der die Aufstandsvorbereitung in höherem Auftrag betreibt. Die Jünger sollen wandern und wenn man sie freundlich aufnimmt, bleiben. Wo nicht, sollen sie weitergehen. Die Anweisung, bei unfreundlicher Aufnahme oder feindlicher Haltung den Staub von den Füßen zu schütteln ist unverfänglich, die drohende Formulierung (Mk. 6,11): *...zum Zeugnis gegen sie*, bleibt hier allerdings noch unverständlich.

Jesus fragt seine Jünger auch, was denn die Leute nach ihrer Meinung denken, wer er sei und wofür sie ihn denn hielten. Die Jünger sagen ihm offen, was sie so gehört haben (Mk. 8,28): *...Sie antworteten ihm: Einige sagen, du seiest Johannes der Täufer, einige sagen, du seiest Elia; andere, du seist einer der Propheten.* Jesus fragt nun, was sie denn selbst denken würden, und Petrus antwortet (Mk. 8,29): *... Du bist der Christus!,* womit er den Messias meint. Das ist gut gemeint, aber zugleich eine für Jesus lebensgefährliche Behauptung. Er schwört darum seine Jünger darauf ein, nie so etwas zu verbreiten und beginnt sie darüber zu belehren, was wir bei Mk. 8,31 unter einer neuen Überschrift als erste Ankündigung von Jesu Leiden und Auferstehung vermittelt bekommen.

Liest man allerdings den Text von der vorhergehenden Befragung einfach weiter, entsteht ein ganz anderes Bild von Jesu Absichten und Worten: Nach dem Verbot, von ihm als dem Christus zu sprechen, weist er sie nämlich nochmals in die Legende vom Menschensohn aus der Sicht der Essener ein, wie sie Knohl uns aus den Qumran-Schriftrollen über die Katastrophentheorie der Essener rekonstruiert. Diese Lehre ist aus dem Tod des Messias Menachem entwickelt, und sie lehren sie seitdem, wenn auch unterschwellig. Jesus selbst sieht sich als Person von dieser Lehre seltsamerweise aber nicht als Zentralfigur betroffen, obwohl er sie verbreitet. Das Drängen des Petrus, den Messiastitel nicht mit solchen Vorhersagen zu verbinden, wehrt er deshalb sehr schroff ab. Er bezeichnet Petrus sogar als den Satan, der ihn verführen wolle. Das geht aus Mk. 8,30-33 klar hervor.

Jesus will Klarheit schaffen und ruft seine Jünger und eine größere Menge Volk zusammen. Er hält die Rede von der Nachfolge. Ihr Inhalt scheint sich im Evangelium auf die von ihm geforderte Opferbereitschaft zu beschränken, die aber in Wirklichkeit, wenn man es wörtlich nimmt, auch das körperliche Selbstopfer der Kreuzigung durch die Römer einbezog, was nur bei einem hier verkündetem Aufstandskonzept gegen Rom einen Sinn gehabt haben kann (Mk. 8,34): *... wer mir nachfolgen will, der verleugne sich selbst und nehme sein Kreuz auf sich und folge mir nach.* Der Zweck wird nicht mitgeteilt. Von Buße und Umkehr, wie beispielsweise noch typisch für den Täufer, kein Wort mehr. Aber was dann? Mk. 8,38/9,1 deutet es an, erklärt es aber nicht: *Wer sich aber meiner und meiner Worte schämt ... dessen wird sich auch der Menschensohn schämen, wenn er kommen wird in der Herrlichkeit seines Vaters mit den heiligen Engeln ... Wahrlich, ich sage euch: Es stehen einige hier, die werden den Tod nicht schmecken, bis sie sehen das Reich Gottes kommen mit Kraft.* Es ist die konkrete Ankündigung der baldigen Errichtung des Gottesreiches auf Erden, welches der Menschensohn errichten wird, auch wenn wir es nicht glauben wollen und auch gewöhnt sind, solche Verheißungen religiös und damit anders zu deuten. Jesus ruft dazu auf, dem Menschensohn zu folgen, aber er ist nicht der Menschensohn. Wer Jesus nicht folgt, den wird auch der Menschensohn nicht haben wollen.

Jesus missioniert nicht für sich, sondern für den Menschensohn, den kommenden Messias. Es kann wohl noch eine Weile dauern, bis der Menschensohn kommt, aber Jesus macht trotzdem Druck, sich zu ihm zu bekennen, damit der Menschensohn auf dieses von Jesus geschaffene Potential zurückgreifen kann. Was er lehrt, bereitet auf den Kommenden vor. Der Sinn der nun folgenden Warnung vorm Abfall (Mk. 9,42-50) kann in dieser Radikalität deshalb auch nicht den Glauben an sich betreffen. Auch kein Wort von Umkehr oder Buße. Hier wird eindeutig davor gewarnt, die Sache zu verraten. Jesus droht nicht nur mit irdischer Ahndung, sondern auch mit jenseitigen Höllenstrafen und ewiger Feuerqual und verweist auf Gott und den alttestamentlichen Salzbund mit ihm.

Man hat eine neue Strategie gegen Jesus ausgearbeitet. Pharisäer versuchen ihn der Gesetzesunkenntnis zu überführen und stellen ihm theoretische Fallen. Beispielsweise über das Eherecht, um ihn irgendwelcher Verstöße gegen das Mosaische Gesetz zu bezichtigen. Er besteht aber auf dem Gesetzestext und verschärft ihn über seine Auslegung noch. Nicht nur die ihn befragenden Pharisäer, sondern auch seine Jünger begreifen nicht, was er sagt, denn er besteht auf dem Standpunkt, dass jede Scheidung, trotz eindeutiger gesetzlicher Erlaubnis Sünde ist. Er soll es ihnen später erklären, aber er besteht einfach nur weiter darauf. Mit Charisma oder Mosaischem Gesetz ist das nicht zu erklären. Es wird uns hier eigentlich nur verdeutlicht, dass Jesus bei seiner Vorbereitung des Menschensohnaufstandes keine Sittenlosigkeit oder Verwahrlosung zu dulden gedachte, um den Erfolg zu garantieren.

Unmittelbar danach, bei Mk. 10,13-16 taucht nun die Segnung der Kinder durch Jesus im Text auf. Diese Passage findet sich in allen drei der synoptischen Evangelien. Ganz gleich, wie man den Text auslegen möchte, die Basisinformation ist, dass das zu errichtende Reich Gottes den Kindern gehören wird. Das bekommt nur einen Sinn, wenn es ein irdisches ist. Für wen, wenn nicht für die Nachkommen sollte man es denn errichten wollen? Bei Matthäus finden wir das auch. Im Zusammenhang mit den darum gruppierten Texten war das ursprünglich ein Appell, sich der Verschwörung anzuschließen, um das irdische Reich Gottes für die Nachkommen zu erkämpfen, was besonders für die wichtig war, die dabei eventuell in die Gefahr geraten konnten, dabei umzukommen.

Die folgende Episode vom reichen Jüngling, der zwar in allem Jesus folgen, aber dann doch nicht von allen seinen Reichtümern zu Gunsten der Armen lassen will, um auf diese Weise Schätze im Himmel zu sammeln, wird oft als Beispiel dafür genommen, dass der, welcher dem Mammon anhängt, nicht ins Himmelreich kommt. Wir finden hier den Vergleich vom Kamel und dem Nadelöhr. Aber Jesus beendet die Geschichte mit dem Hinweis, dass das zwar bei Menschen unmöglich sei, bei Gott aber nichts unmöglich sei. Jesus sammelte demnach auch Geld ein? Wofür? Für den Himmel? Die Jünger, welche sich auch allerhand künftigen Lohn auf Erden eingebildet haben, sind trotzdem verunsichert und fragen nach dem Lohn der Nachfolge. Jesus verspricht hier denen, die für ihn alles verlassen haben (Besitz und Familie), dass sie noch in dieser Welt dafür hundertfach in gleicher Weise entlohnt werden. Diese Passage vom reichen Jüngling findet sich in allen drei synoptischen Evangelien. Es geht auch bei Matthäus (Mt. 19,27-30) mit der Frage des Petrus weiter, der wissen will, was denn der Lohn der Nachfolge Jesu wäre. Da ist dann noch etwas formuliert vom Menschensohn, wenn er auf seinem Thron sitzt, dass sie als Apostel auch alle auf Thronen sitzen würden, um die zwölf Stämme Israels zu richten. Dazu der Hinweis auf das ewige Leben und die Warnung, nicht zu gierig zu sein, weil schnell die Ersten die Letzten sein könnten. Es ist eine Vertröstung auf später. Die Sache geht vor und muss erst noch durchgestanden werden. Bei Lukas (Lk. 18,29-30) lautet dann die Verheißung Jesu nur noch: ...*Wahrlich, ich sage euch: Es ist niemand, der Haus oder Frau oder Brüder oder Eltern oder Kinder verlässt um des Reiches Gottes willen, der es nicht vielfach wiederempfange in dieser Zeit (und in der zukünftigen Welt das ewige Leben).*, was schon sehr abgeschwächt wirkt. Der gebetsmühlenartig ständig wiederkehrende Aufruf, im Zusammenhang mit der Nachfolge ausschließlich Geld zu spenden, weist eindeutig auf eine Kriegskasse hin, die gefüllt sein muss, wenn man das Reich Gottes auf Erden errichten will. Es geht bei diesem Glauben also nicht um den an Gott, sondern an den Glauben an den Erfolg des vorzubereitenden Aufstandes.

Es klingt auch fast wie ein Versprecher, was Jesus bei Markus zur Schlichtung der Rangelei zwischen seinen Jüngern um den besten Platz an der Passafesttafel äußert, gibt aber seine Lehre kund und verrät uns nun endlich, worum es geht (Mk. 10,45): *Denn auch der Menschensohn ist nicht gekommen, dass er sich dienen lasse, sondern dass er diene und sein Leben gebe als Lösegeld für viele.* Er bezieht das nicht auf sich, sondern ganz klar auf einen Vorgänger. Er könnte jetzt auf den hingerichteten Täufer als den zur Auferstehung vorgesehenen Menschensohn hinweisen, was kaum möglich ist, weil der zu dieser Zeit entgegen aller Aussagen der Evangelien noch lebt. Näher liegt, dass er sich auf das Schicksal des von Knohl erwähnten Menachem bezieht, was Jesus wohl nicht unbekannt gewesen sein kann.

Dass der Täufer zu Jesu Lebzeiten noch nicht gefangen und auch noch nicht hingerichtet war, erschließt sich auch aus dem, was im Tempel passiert. Jesus provozierte mit seiner Tempelreinigung die Oberen, ohne dass sie offen reagiert hätten. Er fühlt sich nicht ernst genommen. Es ist noch nichts passiert. Was er vor hat, weiß man nicht. Jedenfalls geht er am Tag danach wieder in den Tempel. Man ist diesmal aber vorbereitet. Ein weiterer Krawall soll verhindert werden. Die Hohepriester, Schriftgelehrten und Ältesten erwarten den Unruhestifter und stellen ihn zur Rede: (Mk. 11,28): ...*Aus welcher Vollmacht tust du das? Oder wer hat dir diese Vollmacht gegeben, dass du das tust?* Wenn er jetzt kneift, blamiert er sich und wird zumindest wegen Anmaßung streng bestraft. Beruft er sich auf Gott ist es eine Gotteslästerung. Darauf steht der Tod. Zumindest mit Steinigung muss er rechnen und das überlebt er nicht. Beruft er sich auf seine vorbereitende Mission als Prediger des Menschensohnes, dann ist es Ketzerei. Die Lehre vom Menschensohn ist verboten, damit haben sie einen Grund ihn aus dem Tempel zu werfen, was Exkommunikation und ebenfalls Steinigung bedeutet.

Man glaubt nun Jesus ganz sicher in der Falle zu haben, aber er fragt zurück: (Mk. 11,29-33): *Jesus aber sprach zu ihnen: Ich will euch auch eine Sache fragen; antwortet mir, so will ich euch sagen, aus welcher Vollmacht ich das tue. Die Taufe des Johannes – war sie vom Himmel oder von Menschen? Antwortet mir! Und sie bedachten bei sich selbst und sprachen: Sagen wir, sie war vom Himmel, so wird er sagen: Warum habt ihr ihm denn nicht geglaubt. Oder sollen wir sagen, sie war von Menschen? – da fürchteten sie sich vor dem Volk. Denn sie hielten alle Johannes wirklich für einen Propheten. Und sie antworteten und sprachen zu Jesus: Wir wissen's nicht. Und Jesus sprach zu ihnen: So sage ich euch auch nicht, aus welcher Vollmacht ich das tue.* Der Täufer dürfte trotz der im Text verwendeten Vergangenheitsform demnach noch am Leben und in Freiheit gewesen sein.

Jesus hält nun seine Brandrede gegen die bösen Weingärtner (Mk. 12,1-9), in der er gleichnishaft den Oberen die Leviten liest. Wäre dieses Gleichnis von den bösen Weingärtnern eins vom Menschensohn, dann wäre das Zurückweichen der Ankläger unverständlich. Bei näherer Betrachtung entpuppt es sich aber als ein Täufergleichnis, weil es sich gegen die Ausbeutung des Glaubens durch die Tempelwirtschaft richtet. Bei vielen Gleichnissen ist das oft sehr zweischneidig. Hier aber nicht. Die Oberen lassen ihn reden und gehen weg, aber nun trachten sie ihm wirklich nach dem Leben. Das wird auch gleich in Angriff genommen. (Mk. 12,13): *Und sie sandten zu ihm einige von den Pharisäern und von den Anhängern des Herodes, dass sie ihn fingen in Worten.* Man schmeichelt Jesus nun und fragt listig danach, ob es recht sei, dem Kaiser Steuern zu zahlen. Wir kennen die Antwort Jesu (Mk. 12, 17): *…gebt dem Kaiser, was des Kaisers ist, und Gott, was Gottes ist!* Das ist für die Fragenden bekanntlich ein Schuss in den Ofen.

Die Sadduzäer versuchen es, welche die Auferstehung und das Jenseits leugnen. Sie fragen nach der Auferstehung (Mk. 12,18-27) und bringen ein konstruiertes Beispiel, was unmöglich lösbar ist, wenn man sich darauf einlässt. Es ist das von der Frau mit den sieben Männern. Jesus zieht sich nur dadurch aus der gelegten Schlinge, dass er die Bezugsebene wechselt und sie verspottet, indem er ihnen nachweist, dass sie Gott ihre beschränkte Denkweise unterstellen. Für ihn ist Gott nicht einer, der es nötig hat, hinterher zu sortieren, was einmal war. Für ihn ist Gott ein Gott der Lebenden, was deutlich auf eine irdische Mission hinweist, in welcher Jesus unterwegs ist. Wie das sein wird, wenn die Toten einmal auferstehen werden, ist das Problem der Sadduzäer, welches sie Gott unterzuschieben versuchen, nicht sein Problem und schon gar nicht das Gottes. Damit weist er sie ab. Auch bei Matthäus steht (Mt. 22,32): ... *Gott ist nicht ein Gott der Toten, sondern der Lebenden.* Er bezieht sich auch da ganz eindeutig auf seine Mission, die auf ein irdisches Gottesreich ausgelegt ist.

Von Jesus wird gleich darauf seinen Jüngern, als sie auf dem Ölberg sitzen die Legende vom kommenden Menschensohn angesichts der Endkulisse weitererzählt. Das ist logisch, denn da doch alles für Jerusalem, das religiöse Zentrum vorgesehen ist, kann man sich angesichts des Panoramas auch besser vorstellen, wie der Menschensohn Gottes im Gewittersturm der himmlischen Mächte darauf herniederfährt. Jesus entwirft zwar ein Bild der Wirren, Hungersnot und Krieg, aber ihm ist anderes wichtig (Mk. 13,5): *Sehet zu, dass euch nicht jemand verführe!* Das wird noch konkreter (Mk. 13,9): *Ihr aber sehet euch vor. Denn sie werden euch den Gerichten überantworten und in den Synagogen werdet ihr gegeißelt werden und vor Statthalter und Könige werdet ihr geführt werden um meinetwillen, ihnen zum Zeugnis. Und das Evangelium muss zuvor gepredigt werden unter allen Völkern.*

Der letzte Satz über die Evangelienverkündigung ist sicher eine frühe Ergänzung. Dieses Evangelium, die *Frohbotschaft*, die *Gute Nachricht*, worin besteht sie denn? Der Täufer predigte Umkehr und Buße, wie die alten Propheten. Jesus predigt das Martyrium des Messias und den Untergang der irdischen Weltordnung, der dem Kommen des Menschensohnes vorhergehen muss. Was ist denn da Frohes dran? Der Verweis darauf, dass es dann anschließend besser wird? Wenn schon das Reich des kommenden Menschensohnes auf Erden errichtet werden soll, weshalb denn erst die Gräuel der vorher zerschlagenen Welt? Es kann sich also kaum um die Verheißung einer von Gott verheißenen Veränderung der Welt handeln, sondern nur um ganz irdische Angelegenheiten, wie beispielsweise einen bevorstehenden bewaffneten Aufstand, wovon hier erzählt wird.

Ein Krieg konnte nicht gemeint sein, denn der hätte nur die Römer und deren Streitkräfte betroffen. Judäa war zu der Zeit weder ein Königreich, noch eine Tetrarchie. Es war nicht nur besetztes Land, sondern sogar eine unselbständige Provinz ohne offizielles Oberhaupt, die von Rom aus verwaltet wurde. Pontius Pilatus war noch nicht einmal Prokurator des Kaisers Tiberius, sondern er war als Präfekt, auch wenn er den Ehrentitel „*Freund des Kaisers*" trug, nur der höchste römische Beamte vor Ort, und unterstand Lucius Vitellius, dem damaligen Prokurator für die syrische Provinz, der auch im Jahre 36 seine Amtsenthebung verfügte, wie uns Flavius Josephus berichtet.

Jesus vollzieht nun vor der Kulisse Jerusalems die Vision des Propheten Daniel, aus der das wohl abgeschrieben ist. (Daniel 7,13-14): *...und siehe, es kam einer mit den Wolken des Himmels wie eines Menschen Sohn und gelangte zu dem, der uralt war,... Der gab ihm Macht, Ehre und Reich, dass ihm alle Völker und Leute* *aus so vielen verschiedenen Sprachen dienen sollten. Seine Macht ist ewig und vergeht nicht, und sein Reich hat kein Ende.*

Jesus verheißt (Mk. 13,30): *Wahrlich, ich sage euch: Dieses Geschlecht wird nicht vergehen, bis dies alles geschieht ... Von dem Tage aber und der Stunde weiß niemand, auch die Engel im Himmel nicht, sondern allein der Vater.* Es ist der Aufruf zur Geduld bis zum Ausbruch des bevorstehenden Aufstandes.

Jesus erteilt nun zweien seiner Jünger den Auftrag zur Vorbereitung des Passamahles. Die Gebrauchsanweisung, in der Stadt einen Mann zu suchen, der einen Wasserkrug trägt, und ihm zu folgen, mag seltsam anmuten. Es ist allerdings überliefert, dass nach üblichem Brauch nur Frauen Wasser holten und trugen. Auch im Alten Testament findet man neben Vieh tränkenden Hirten nur Wasser schöpfende Frauen am Brunnen. Der Wasser tragende Mann muss zwangsläufig ein Essener sein, wie man das nach der bisherigen Deutung dieser Passage schon immer vermutete. Bei denen sollte also das Mahl gefeiert werden. Es wohnen demnach zu Jesu Zeiten Essener in der Stadt. Wenn die Mission Jesu nicht für das essenische Aufstandskonzept stünde, wäre diese Information überflüssig.

Jesus wurde anschließend verhaftet und angeklagt. Die Schlüsselszene vor dem Hohen Rat ist nun sehr lebensnah beschrieben, nur die Antwort Jesu, die er dem Hohepriester gibt, und die ihm als Gotteslästerung ausgelegt wird, bleibt etwas missverständlich. Die Stelle lautet (Markus 14,61-62): *...Bist du der Christus, der Sohn des Hochgelobten? Jesus aber sprach: Ich bin's; und ihr werdet sehen den Menschensohn sitzen zur Rechten der Kraft und kommen mit den Wolken des Himmels.* Nicht er, Jesus, sondern der Menschensohn Gottes wird kommen.

Die Frage ist gezielt als Fangfrage gestellt. Der Hohepriester vermeidet es, Gott beim Namen zu nennen, weil es nicht erlaubt ist. Nun sind bekanntlich alle Juden Söhne Jahwes, aber der Menschensohn ist der Bevollmächtigte. Der ist Jesus nach dieser seiner Aussage nicht. Der Hohepriester bezichtigt Jesus trotzdem der Gotteslästerung, ohne nochmals den wahren Grund zu nennen, der ganz klar zu sein scheint. Wir werden da durch eigenes Vorurteil in die Irre geführt. Jesus stellt hier deutlich klar, dass er und der Menschensohn zwei verschiedene Personen sind, denn auch der Menschensohn ist ein Normalsterblicher.

Den Schlüssel zu dieser undeutlichen und inhaltlich fragwürdig verwaschenen Situation liefert uns wiederum der Menachem-Bericht. Nicht die Gottsohn-Anmaßung ist das Vergehen, sondern das Bekenntnis zur Menschensohn-These in der Auslegung der Essener. Hoher Rat, das Priestertum, Herodes und die römische Macht, personifiziert durch den Präfekten Pontius Pilatus haben allen Grund friedlich miteinander umzugehen, denn sie sind es, die bei einer Revolte etwas zu verlieren haben. Das Wiedererstarken der Essener und ihrer Unruhe stiftenden Mission muss unterbunden werden. Der da vor dem Hohen Rat steht, ist einer, der den Umsturz vorbereitend predigt, ein potentieller Aufstandsführer, aber kein

Gottessohn, der sich selbst messianische Rechte anmaßt wie vor ihm Menachem. Aber gerade die Tatsache der von ihm methodisch und geheim betriebenen anonymen Vorbereitung ist gefährlich.

Was uns bei Matthäus nach der Gefangennahme Jesu berichtet wird, entspricht nicht mehr Markus. Der Hohepriester Kaiphas beschwört Jesus dort förmlich mit bombastischen Phrasen. Heißt es bei Markus noch: (Mt. 26,63-64): *...Bist du der Christus, der Sohn des Hochgelobten?*, dann steht jetzt bei Matthäus: *Ich beschwöre dich bei dem lebendigen Gott, dass du uns sagst, ob du der Christus bist, der Sohn Gottes.* Dort spiegelt Jesus aber nur die Worte des Kaiphas im Sinne: *Du behauptest es doch, was kann ich schon dagegen sagen, aber wenn ihr mich verurteilt, dann werde ich euch sogar in euren Träumen verfolgen.* Dass die direkte Bejahung der Frage des Kaiphas im Sinne von 2. Sam. 7,14 den anmaßenden Anspruch Jesu auf den jüdischen Königsthron bedeutet hätte, wird uns dabei gar nicht bewusst. Sie klagen ihn auch da trotzdem nur der Gotteslästerung an.

Plötzlich aufflammende Erhebungen haben meist keine materielle und ideologische Basis und lassen sich deshalb leichter niederschlagen. Es sind Strohfeuer. Hier wurde im Untergrund eine breite Basis für eine Erhebung geschaffen. Deren Gefährlichkeit ist durchaus erkannt, so dass man vorsichtig an ihre Auflösung herangeht. Das erschließt sich auch daraus, dass man zwar Jesus, den Lehrer, aber nicht seine Schüler verfolgt. Sie sind verdächtig, aber keine Gefahr, solange sie nicht auffällig werden. Die Episoden mit Petrus sind nun auch verständlich. Es hat für ihn keine Folgen, als er leugnet und förmlich abschwört, obwohl er doch den Knecht des Hohepriesters bei der Gefangennahme Jesu verletzt hat.

Um einen ausreichend neutralen Hinrichtungsgrund zu finden, wird Jesus nun vor Pilatus tatsächlich des Griffs nach der judäischen Königskrone beschuldigt. Obwohl es eventuell zutreffen könnte, dass Jesus gemäß Stammbaum zum Geschlecht Davids gehörte; es ist der Vorwand. Es ist aber nun der Grund, den Pilatus ernst nehmen und auch mit dem Tode bestrafen muss. Judäa ist römische Provinz. Einen König gibt es da zu dieser Zeit nicht. Diese Stelle kann nur der römische Senat unter Tiberius vergeben. Der Letzte, der diesen Titel trug war Herodes der Große. Der Einzige, der zu dieser Zeit diesen Titel für sich fordern könnte, ist Herodes Antipas, aber der wurde nur zum Tetrarchen von Galiläa und Peräa ernannt. Erst Kaiser Claudius verlieh später den Königstitel wieder, und zwar an Agrippa. Dieser Agrippa I. war der Bruder der mit Herodes Antipas verheirateten Herodias. Wie ernst man es mit diesen Ernennungen nahm, erkennt man daran, dass später sogar Herodes Antipas entmachtet und verbannt wurde, als er auf Betreiben der Herodias den Königstitel auch für sich beanspruchte. Pilatus hatte es hier aus römischer Sicht in der Person Jesu mit einem Usurpator zu tun. Die Sache mit der Freilassung eines Gefangenen zum Passafest, mit der Pilatus die Verurteilung Jesu angeblich zu verhindern versuchte, informiert uns sogar, dass der zur Freigabe erwählte Barabbas ein *Bar Abbas*, ein *Sohn des Vaters* ist, also auch ein religiös und politisch motivierter Aufstandsführer, ob nun Zelot oder Sikarier, sei mal dahingestellt. Die Römer sind verhasst und wer ihnen Schaden zufügt, sie unterschwellig ablenkend beschäftigt, ist Patriot. Wer es allerdings im Auftrag der Essener so groß aufzieht wie dieser Jesus, der wird auch für die herrschende Schicht der Juden gefährlich. Jesus ist mit seiner mystisch getarnten Mission, die über dreißig Jahre vorher schon einmal zur Katastrophe geführt hat, nicht nur einfach ein unerwünschter Querkopf.

Er ist der koordinierende Organisator einer Massenverschwörung, eine in der Hierarchie der Essener höher stehende Person. Die erwarteten bekanntlich sogar zwei Messiasse. Einen Königsmessias aus dem Hause Juda, also den Daviden und einen ihm übergeordneten Priestermessias aus dem Hause Aaron. Davon ist der Königsmessias gemäß ihrer Lehre für das Martyrium vorgesehen. Das mit der Messiaserwartung der Essener ist der herrschenden Priesterschaft bekannt. Um zu verhindern, dass hier ein Messias aufsteht, der den Aufstand führt, entledigt man sich dieses Jesu am besten mit Hilfe der verhassten Römer, welche als Eroberer und Besatzungsmacht das Recht der Entscheidung über Leben und Tod über das Gewaltmonopol für sich beanspruchen.

Kaum etwas von dem, was wir in der Christenlehre oder Gottesdienst als selbstverständlich zu Jesus gehörig und untrennbar Verbundenes gelehrt oder gepredigt bekommen, hat mit dem auf sein Handlungsgerüst reduzierten Inhalt dieses Evangeliums zu tun. Das wurde uns nur aus dem religiösen Beiwerk dieses Evangeliums entwickelt. Alle in diesem Evangelium enthaltenen aufbauenden Tröstungs- und Segenssprüche, auf denen die Sonntagspredigt aufbaut, scheinen hier deplatziert. Jesus liefert sie zwar jeweils zwischendurch ab, aber sie scheinen doch sehr aufgesetzt.

Dass ein Mensch heilend und Segenssprüche einer Friedensreligion verkündend durch die Lande zieht, dabei ständig von allen Seiten mit bösartigsten Bezichtigungen und auch Todesdrohungen verfolgt wird, und am Ende sogar hingerichtet wird, erscheint ziemlich absurd, aber nur für den, der die Brille der Jesu untergeschobenen Heilslehre nicht abnehmen will. Abgesehen davon, dass ein Großteil der Täufertexte, die in den Evangelien in die Biografie des Jesus eingearbeitet wurden, auf der Tora basieren, beziehen sich alle Forderungen und Verheißungen Jesu auf ein ganz irdisches Reich des kommenden Menschensohnes.

Kommen wir nun zu dem, was im Matthäusevangelium vom Aufstandskonzept des Jesus noch zusätzlich enthalten ist, wovon bei Markus noch nichts steht. Dieses Evangelium des Matthäus wurde nach dem des Markus geschrieben und muss als eine spezifisch erweiterte Fassung für Judenchristen betrachtet werden. Jesus wird uns nun als *Davidssohn* herausgestellt und deshalb auch besonders gesetzestreu, was in der das Zentrum dieses

Evangeliums darstellenden Bergpredigt seinen Ausdruck findet, die aber unzweifelhaft aus einer Predigt des Täufers heraus entwickelt ist, denn sie liegt genau auf dessen Argumentationslinie.

Diese Predigt enthält aber Einschübe des essenischen Aufstandskonzeptes. Einer dieser eingeschobenen Texte ist der vom Beten. Dort taucht im 6. Kapitel erstmalig das Vaterunser auf. Dieses Gebet ist echter Jesustext, aber gerade dadurch eine ganz diffizile Angelegenheit. Auch wenn es aus der Basis der vertrauensvollen Zuwendung innerhalb der Familie heraus entwickelt ist, es enthält nach der Anrufung Gottes als erste und wichtigste Bitte die nach dem Kommen des Gottesreiches, welches für Jesus im Rahmen seiner Mission aber ein ganz irdisches gewesen sein muss.

Auch der Abschnitt vom Schätzesammeln und den Sorgen ist ein direkter Jesustext. Er reicht von Mt. 6,19: *Ihr sollt euch nicht Schätze sammeln auf Erden, wo sie die Motten und der Rost fressen ... * bis Mt. 6,33: *Trachtet zuerst nach dem Reich Gottes ... so wird euch das alles zufallen.* Unter dem Gesichtspunkt der Aufstandsvorbereitung, ist das kein Aufruf zur Selbstlosigkeit oder sogar Unbekümmertheit, sondern eine Zielorientierung der Verschwörer auf den ihnen bevorstehenden Kampf, was unterschwellig auch gegen die Versuchung dieser Kämpfer gerichtet ist, für sich selbst eventuell Beute machen zu wollen.

Wenn das irdische Gottesreich wirklich erkämpft ist, dann ergibt sich der Rest sowieso. Erhellend dazu (Mt. 6,27): *Wer ist unter euch, der seines Lebens Länge eine Spanne zusetzen könnte ...* Das weist auf die Härte und die Risiken des bevorstehenden Kampfes hin, für den man sein Leben als Einsatz einbringen musste. Deshalb also der Hinweis (Mt. 6,25): *Sorgt nicht um euer Leben, was ihr essen und trinken werdet; auch nicht um euren Leib, was ihr anziehen werdet ...*

Jesus weist in seinen auf die Verschwörung zielenden Gleichnissen zwar auch auf den Fleiß bei der Arbeit hin und auf die Vorratshaltung und Vorsorge. Hier weist er aber die zukünftigen Kämpfer ein, die den Kopf frei haben müssen. Der Verschwörer Jesus verwirft hier für seine Kämpfer das geistige Hemmnis der Sorge (Mt. 6,34): *Darum sorgt nicht für morgen, denn der morgige Tag wird für das Seine sorgen. Es ist genug, dass jeder Tag seine eigene Plage hat.*

Im 8. Kapitel kommt für uns dann die Verkündigung Jesu dazu. Die Verse 11 und 12: *Aber ich sage euch: Viele werden kommen von Osten und von Westen und mit Abraham und Isaak und Jakob zu Tisch sitzen; aber die Kinder des Reiches werden hinaus gestoßen in die Finsternis; da wird sein Heulen und Zähneklappern.*

Es ist die Geschichte vom Hauptmann von Kapernaum. Er meint da mit den *Kindern des Reiches* unmissverständlich Rom und diejenigen, die Rom anhängen. Das ist eine weitere Stelle, wo der Essenermissionar durchscheint. Da streiten die Kinder des Lichtes gegen die Kinder der Finsternis.

Die anschließende Passage vom Ernst der Nachfolge ist zwar sehr dunkel formuliert. Jesus macht aber klar, dass es bei dem, was er verfolgt und wozu er missioniert um mehr geht, als nur um innere Umkehr im Sinne des Täufers. Es geht um die Rekrutierung von Personal für den Tag des Gerichts der essenischen Lehre, der Abrechnung mit Rom. Es geht um eine geheime Verschwörung. Wozu stünden sonst solche Sätze da. (Mt. 8,20): *Die Füchse haben Gruben und die Vögel unter dem Himmel haben Nester; aber der Menschensohn hat nichts, wo er sein Haupt hinlege.* Im Kampf schaut man auch nicht zurück. Extrem (Mt. 8,22): ... *Folge du mir und lass die Toten ihre Toten begraben!*

Im Kapitel 10 beruft Jesus nun die zwölf Jünger. Sie werden namentlich aufgeführt. Es sind ausdrücklich Zeloten und Sikarier benannt. Er schickt sie aus zur Missionierung, verbietet ihnen aber, bei den Samaritern und bei den Heiden zu missionieren. Es geht offensichtlich darum, potentielle Parteigänger für die Sache der Essener, die natürlich nur strenggläubig und auch abstammungsmäßig nur Kinder Israels sein dürfen, ausfindig zu machen. Über die früheren Kämpfe und verhängten drastischen Sanktionen um die Reinhaltung der jüdischen Sache kann man beispielsweise noch bei Esra und Nehemia nachlesen. Jesus die Idee einer umfassenden Heidenmission unterzuschieben scheint unmöglich. Er fährt einen ganz scharfen nationalistisch und religiös motivierten Kurs. Sogar die Samaritaner, die doch auch mit zu Israel gehören sind verfemt.

Die Aussendung der Apostel, um die Religion der Nächstenliebe zu verkündigen, steht nun deutlich unter dem Spruch Jesu (Mt. 10,14-15): *Und wenn euch jemand nicht aufnehmen und eure Rede nicht hören will, so geht heraus aus diesem Hause oder dieser Stadt und schüttelt den Staub von euren Füßen. Wahrlich, ich sage euch: Dem Land der Sodomer und Gomorrer wird es erträglicher ergehen am Tage des Gerichts, als dieser Stadt.*

Das ist nun Klartext, wie wir ihn bei Markus nur angedeutet fanden. Es sind die essenische Vorschriften. Wer den Missionaren der Essenerverschwörung im Dienste des Menschensohnes die kalte Schulter zeigt, wird verflucht und verdammt. Die Ansage kommender Verfolgung bekommt nun auch ihren Sinn (Mt. 10,15-16): *Siehe, ich sende euch wie Schafe mitten unter die Wölfe. Darum seid klug wie die Schlangen...*

Die Rede über die Verfolgung und das Martyrium seiner Anhänger, die Jesus anschließt, und in der er sie darauf einschwört, bis zum Ende zu beharren, enthält die Ankündigung, dass der Menschensohn noch zur rechten Zeit kommen wird (Mt. 10,23): *Wenn sie euch aber in einer Stadt verfolgen, so flieht in eine andere. Wahrlich ich sage euch: Ihr werdet mit den Städten Israels nicht zu Ende kommen, bis der Menschensohn kommt.* Genau das war die Methode, nach welcher die Zeloten und Sikarier im Judäischen Krieg in den Jahren 66-70 gegen die Römer verfuhren. Beispiel: Die Abläufe um die Eroberung der Stadt Gischala in *Die Geschichte des Judäischen Krieges* des Flavius Josephus (IV,2,1-5).

Jesus schwört nun hier bei Matthäus bei der Erläuterung des Unterschiedes zwischen Menschen- und Gottesfurcht seine Nachfolger in sehr nachdrücklicher Weise auf Gott ein (Mt. 10,28): *Und fürchtet euch nicht vor denen, die den Leib töten, doch die Seele nicht töten können; fürchtet euch aber viel mehr vor dem, der Leib und Seele verderben kann in der Hölle.* Damit werden die Jünger ganz fest auf die Heiligkeit der Mission eingeschworen, deren Gottgewolltheit, auch deren Legitimation durch den jüdischen Glauben begründet und mit der Furcht vor Gott noch einmal zementiert.

Die natürliche Folge einer Entzweiung um der Sache willen, die daraus entstehen kann und, wie wir sehen, auch Jesus direkt betrifft, dessen Familie auch hier durchaus nicht mit seiner Mission einverstanden ist (Mk. 3), spiegelt Jesus nachfolgend an der Entzweiung in der Familie wider und stellt die Sache über die Familie. Seine Mission ist (Mt. 10,34): *Ihr sollt nicht meinen, dass ich gekommen bin, Frieden zu bringen auf die Erde. Ich bin nicht gekommen, Frieden zu bringen, sondern das Schwert.*

Hier grenzt sich Jesus nicht nur deutlich von der befriedenden Grundtendenz der Botschaft des Täufers ab, sondern er verlangt von denen, die ihm nachfolgen, dass sie sich von ihrer Familie und allen anderen sozialen Bindungen lösen sollen.

Auch bei Matthäus finden wir das Gleichnis vom Sämann, eine Einweisung, welchen Sinn Gleichnisse haben, die Deutung des Gleichnisses vom Sämann, das Gleichnis vom Unkraut unter dem Weizen, von Senfkorn und Sauerteig, die Deutung des Gleichnisses vom Unkraut und das Gleichnis vom Fischnetz. Ich verzichte darauf, sie alle einzeln analysieren zu wollen. Mehr als bei Markus ist aus dieser Gleichnisflut über die Mission auch nicht herauszulesen. Dass sie die Mission des Aufstandskonzeptes in sich tragen wird auch hier noch vermittelt, obwohl das wichtige Gleichnis vom Wachsen der Saat hier schon fehlt. Manche der zusätzlichen Gleichnisse sind aber noch deutlicher im Sinne der Menschensohnverschwörung. Zum Beispiel das Gleichnis vom Unkraut unter dem Weizen (Mt. 13,24-30). Es ist ganz Endzeitvision. Jesus appelliert damit an die Geduld seiner Jünger. Die möchten alle, welche sich Jesus und seiner Mission entgegenstellen, am liebsten sofort bestraft sehen. Jesus vertröstet sie mit diesem Gleichnis, dass der Menschensohn das am Ende der Tage schon richtig sortieren wird. Dann bekomme jeder das, was er verdient. Zu voreiliges und unbesonnenes Handeln verdirbt die Mission. Da spricht der Stratege. Das ebenfalls neue Gleichnis vom Fischnetz ist in dieser Hinsicht noch anschaulicher. Erst muss der Fang eingebracht werden, ehe man die Fische ausliest.

Der Täufer stellt noch die Alternative. Er fordert die Wandlung und bietet sie als Chance. Die spätere Paulus untergeschobene Version der christlichen Religion verspricht bei Umkehr und ausreichender Festigkeit des Glaubens neben dem gerechten Gericht noch die Gnade Gottes. Dem Menschensohnverkünder Jesus ist alles noch Vorbestimmung. Unkraut ist Unkraut. Gut oder Böse, alles oder nichts. Keine Gnade. Nirgends. Wenn es um alles geht, und darum geht es, wenn man einen Aufstand plant, dann kann man nicht schachern.

Der anschließende Text Jesu kommt wieder verräterisch unbeteiligt erzählend daher (Mt. 16,27-28): *Denn es wird geschehen, dass der Menschensohn kommt in der Herrlichkeit seines Vaters mit seinen Engeln, und dann wird er einem jeden vergelten nach seinem Tun. Wahrlich, ich sage euch: Es stehen einige hier, die werden den Tod nicht schmecken, bis sie den Menschensohn kommen sehen in seinem Reich.* Die Zuhörer haben damals schon verstanden, was das eigentlich bedeuten sollte.

Das danach folgende Gleichnis von den Arbeitern im Weinberg (Mt. 20,1-16) ist eine viel umstrittene Angelegenheit. Es geht um den Lohn der Arbeit. Wer mehr und länger gearbeitet hat, erwartet einen höheren Lohn als ihn die erhalten, die nicht so lange und also weniger gearbeitet haben. Das mit der Entlohnung lässt sich ganz gut einrichten, solange es um Geld geht, weil es das in verschieden großen Stückelungen gibt.

Wenn es aber nur einen Lohn gibt, der für alle gleich ist, weil er nun einmal nicht zu stückeln ist, dann kommt es zum Konflikt. Wer sich auf den Glauben einlässt, der erhält die Verheißung auf das Himmelreich. Die sich von Anfang an dazu bekennen, erhalten genau das gleiche, wie die, welche erst sehr spät zum Glauben kommen. Mehr als Paradies gibt es nicht. Da gibt es keine verschieden gestuften Klassen mehr. Wer wollte mit Gott dem Allmächtigen schachern? Dieses Gleichnis von den Arbeitern im Weinberg muss ein authentisches sein und ist Jesus direkt zuzuschreiben, denn es passt in seine Mission. Für den Täufer war es nicht verwendbar. Seine Zuhörer wären ihm mit dem Argument, dass zur Umkehr ja noch Zeit ist, davongelaufen. Dieses Gleichnis ist auch nichts für Erbsenzähler. Gerade die Wahl eines für alle gleichen Geldstückes als Lohn bewirkt, dass man es so schwer begreift. Dabei ist es sehr einleuchtend, wenn man die Bezugsebene wechselt und das Geld ausklammert.

Angenommen, Noah hätte bei seinen Mitbürgern mit seiner Sintflutprophezeiung Gehör gefunden. Er beginnt zusammen mit seinen Söhnen den Bau der Arche und mit der Zeit stoßen immer mehr Helfer zu ihm, die auch gerettet werden wollen. Sie helfen ihm. Die Arche wird größer gebaut. In dem Moment, an dem die Sintflut kommt, gehen sie alle hinein, um sich zu retten. Keiner würde nach einem Unterschied fragen. Der Lohn ist die versprochene Rettung.

So auch hier. Jesus missioniert für den Aufstand. Er braucht dafür alle Kräfte. Er verheißt hier allen das Reich Gottes auf Erden, auch wenn sie erst spät, aber eben nicht zu spät dazu stoßen. Wichtig ist nur, dass sie sich bereit erklären und auch bereit sind. Der Herr des Weinberges ruft sie dann schon noch rechtzeitig, wenn ihre Hilfe erforderlich wird.

Die Anweisungen zur ständig erforderlichen Wachsamkeit sind nun ausgeweitet. Man soll sich auf den Tag vorbereiten, um nicht überrascht zu sein und Gnade vor dem Menschensohn zu finden. Das Gleichnis vom treuen und vom bösen Knecht taucht hier neu auf, um das zu beleuchten. Dem folgt im 25. Kapitel das Gleichnis von den klugen und den törichten Jungfrauen. Es geht wieder um Vorsorge, bereit zu sein für den Empfang des Menschensohnes. Die Vorratshaltung ist damit deutlich angesprochen, und sie wird aufgabenmäßig genau so den Frauen zugeteilt, wie den Männern in den sie betreffenden Texten der Kampfauftrag.

Nun zum Lukas-Evangelium. Dieses Evangelium des Lukas ist als ein aus dem des Markus heraus entwickeltes Evangelium für Heidenchristen zu betrachten. Es muss auch etwas später als das nach Matthäus niedergeschrieben worden sein. Bei ihm ist mehr von dem geglättet, worüber man bei den beiden anderen noch stolpert. Es gibt also zu den gerade aufgeführten Texten nur ganz wenige Ergänzungen, aber andererseits Verdrehungen in den Texten, die beweisen, dass der gläubige Abschreiber nicht mehr wusste, was wirklich an geheimer Information in dem enthalten war, was er da verarbeitete.

Ein Beispiel für eine Verdrehung: Es steht bei Lukas im 10. Kapitel, nach der Rückkehr der ausgesandten Jünger, die ihrem Rabbi und Lehrer freudig mitteilen, dass sie mit ihrer Mission erfolgreich waren, dass das bei Jesus in eine Danksagung an Gott mündet, weil er noch nicht weiß, dass diesem anscheinenden Erfolg keine Nachhaltigkeit beschieden war. Die galiläischen Städte Chorazin, Bethsaida und Kapernaum wurden aber von Jesus in diesem Evangelium schon vorher verdammt, weil Lukas der Zusammenhang der Verwünschung mit der in Wirklichkeit missglückten Jüngermission nicht mehr bekannt gewesen sein kann. Erst die Zusammenschau von Markus 6, Matthäus 10 und Lukas 10 ergibt für uns die Motivation, die Jesus dazu veranlasste in Jerusalem sein Glück zu versuchen, weil sich der Erfolg in Galiläa nicht einstellte. Jesus zieht nun nach Jerusalem, kommt aber erst im 20. Kapitel dort an, so dass man sich an die hier im 10. Kapitel als Fremdkörper stehenden und dazu noch falsch verhackstückten Begründungen nicht mehr erinnert, was aber im Zusammenhang mit der Verschwörung sehr wichtig ist.

Was wir bei Lukas nun breit ausgemalt finden, ist die Szene in der Synagoge in Nazareth, der Markus und Matthäus noch keine Bedeutung beimessen. Bei Lukas steht es so, was Jesus dort gelesen haben soll (Lk. 4,18-19): *Der Geist des Herrn ist auf mir, weil er mich gesalbt hat, zu verkündigen das Evangelium den Armen; er hat mich gesandt, zu predigen den Gefangenen, dass sie frei sein sollen, und den Blinden, dass sie sehen sollen, und den Zerschlagenen, dass sie frei und ledig sein sollen, zu verkündigen das Gnadenjahr des Herrn.* Dieser Text, den Jesus da bei Jesaja las, mag zufällig gewesen sein. Näher liegt, dass ihn Jesus zielgerichtet aussuchte. Nicht umsonst steht da, dass er die Stelle *fand*, was eine *Suche* voraussetzt. Was man Jesus angeblich übel nimmt, ist nicht der Text, sondern sein Zusatz (Luk. 4,21): ... *Heute ist dieses Wort der Schrift erfüllt vor euren Ohren.* Man wirft Jesus, der davon nicht abrücken will, nach einem heftigen Streit im Zorn aus der Synagoge und schleppt ihn auf einen Berg, um ihn hinab zu stürzen, was wohl die in Nazareth übliche Form der Steinigung war. Jesus entwischt ihnen aber.

Dass Jesus entwischt, ist aber kaum ein Wunder, wenn man dem Grund nachgeht. Es ist nämlich keinesfalls eine Gotteslästerung, die Jesus da beging.

Das Jesajawort bezieht sich nämlich auf eine Passage des Mosaischen Gesetzes und entsprach der eigenmächtigen Ausrufung dieses Gnaden- oder Sabbatjahres, denn es steht bei Mose (3. Mose 25,10): *Und ihr sollt das fünfzigste Jahr heiligen und sollt eine Freilassung ausrufen im Lande für alle, die darin wohnen; es soll ein Erlassjahr für euch sein. Da soll jeder von euch wieder zu seiner Habe und zu seiner Sippe kommen ...* Das ganze 25. Kapitel regelt dann bei Moses die Details der Vorbereitung und die Vorratshaltung zu diesem heiligen Jahr. Wir finden das auch an anderer Stelle wiederholt (5. Mose 15,1ff): *Alle sieben Jahre sollst du ein Erlassjahr halten.* Da geht es vorrangig um den Schuldenerlass.

Jesus verkündete dort in der Synagoge, was eigentlich nur dem Hohepriester des Jerusalemer Tempels in Abstimmung mit dem König zugestanden hätte. Selbst wenn man das beim Entwurf dieser Regelung überhaupt einmal beabsichtigt hatte, es steht vor allem darin, dass es nur zentral organisiert werden konnte und auch nur bei entsprechend vorbereitender Vorratshaltung verkündet werden durfte. Was Jesus dort tat bedeutete nichts anderes als den Aufruf zum Aufstand der Benachteiligten. Bei einer Gotteslästerung hätte man Jesus bestimmt getötet. Hier scheinen sich aber nach der Verkündigung die Armen mit den Reichen in die Haare geraten zu sein, was die Rettung Jesu erklärt. Dass eine solche Aktion zu dieser Zeit unmöglich durchzuführen war, dürfte einleuchten. Unter den Bedingungen der römischen Herrschaft erfüllte schon die Verkündung der Absicht den Tatbestand des Aufstandes, selbst für den Hohen Rat oder die Tetrarchen.

Was uns aber hier verschwiegen wird, ist, dass der Text bei Jesaja abweichend vom Zitat bei Lukas tatsächlich so lautet (Jesaja 61,1-2): *Der Geist Gottes des Herrn ist auf mir, weil der Herr mich gesalbt hat. Er hat mich gesandt, den Elenden gute Botschaft zu bringen, die zerbrochenen Herzen zu verbinden, zu verkündigen den Gefangenen die Freiheit, den Gebundenen, dass sie frei sind und ledig sein sollen; zu verkündigen ein gnädiges Jahr des Herrn <u>und einen Tag der Vergeltung unseres Gottes</u>, zu trösten alle Trauernden.*, was ganz klar auf die Menschensohnverschwörung hinweist. Man hat demnach das Zitat verkürzt, um den dort erfolgten essenischen Aufstandsaufruf Jesu zu verdecken.

Das Lukas-Evangelium enthält aber auch neue Informationen zum Aufstandskonzept des Jesus. Wir finden da eine spezielle Umdeutung einer wichtigen Textpassage. Was Jesus auch hier nur seinen Jüngern vermittelt, ist aus Matthäus entwickelt und zwar aus der Passage über Menschenfurcht und Gottesfurcht, was im Zusammenhang mit dem Bekenntnis zum kommenden Messias steht, den Jesus lehrt: (Mt. 10,28): *Und fürchtet euch nicht vor denen, die den Leib töten, doch die Seele nicht töten können; fürchtet euch aber viel mehr vor dem, der Leib und Seele verderben kann in der Hölle.* Bei Lukas (Luk. 12,5) heißt es nun plötzlich: *... Fürchtet euch vor dem, der <u>nachdem er getötet hat</u>, auch Macht hat, in die Hölle zu werfen. Ja, ich sage euch, vor dem fürchtet euch.*

Darüber wird normalerweise hinweg gelesen, weil man von Gott und seiner Allmacht ausgeht. Die Sache hat nur einen Haken. Bei Mose (5. Mose

21,22-23) steht: *Wenn jemand eine Sünde getan hat, die des Todes würdig ist, und wird getötet und man hängt ihn an ein Holz, so soll sein Leichnam nicht über Nacht an dem Holz bleiben, sondern du sollst ihn am selben Tag begraben. – denn ein Aufgehängter ist verflucht bei Gott -* ... und die Juden kennen ihre Gesetze genau! Jesus warnt hier ganz eindeutig vor der herrschenden sadduzäischen Priesterschaft, welche sich und den Herrschern über diese Besonderheit im Gesetzeswerk des Mose auch unwiderruflich Verfügung darüber haben, was nach dem Tode mit einem geschieht, weil sie sich damit Zugriff auf die Seelen und deren Schicksal im Jenseits gesichert haben. Das ist zu dieser Zeit keineswegs vergessen, sondern höchst aktuell. Die Römer haben sogar die Strafe der Kreuzigung darauf ausgerichtet, die dadurch erst als so schimpflich betrachtet wurde. Im Galaterbrief (Gal. 3,13) steht es: *Christus aber hat uns erlöst von dem Fluch des Gesetzes, da er zum Fluch wurde für uns; denn es steht geschrieben (5. Mose 21,23): Verflucht ist jeder, der am Holz hängt.*

Das ist eine entscheidende Stelle für den christlichen Glauben, weil er sich damit ganz vom Judentum trennt. Die spätere paulinische Theologie baut gerade auf dieser durch Jesu Auferstehung überwundene Mosaische Gesetzespassage auf, die hier bei Lukas angeblich noch von Jesus beschworen wird und der seine Mitverschwörer davor warnt. Weder der Täufer, noch Jesus wagten sich an dieses Tabu. Erst Paulus unterstellt man, diese Lehre entwickelt zu haben, was er genau betrachtet zu seinen Lebzeiten als todeswürdige Gotteslästerung niemals geäußert, geschweige denn niedergeschrieben haben dürfte. Dass das keine haarspalterische Aufblähung von Scheinproblemen ist, ergibt sich daraus, dass dieser Problemkreis noch die mittelalterliche Gesetzgebung zur Todesstrafe beeinflusste.

Es ist daran erkennbar, dass der normale Dieb oder Räuber an den Holzgalgen vor der Stadt kam und hängen blieb, bis er von den Raben gefressen oder verfault war. Der landete bestimmt in der Verdammnis der Hölle. Der Raubritter wurde geköpft. Der hatte damit durch dieses Hinrichtungsprivileg des Adels (zumindest über das Fegefeuer) noch seine Chance auf das Himmelreich. Solche Abgründe tun sich manchmal in der Praxis auf, nur weil in einem Satz unserer Bibel bei einer Textwiederholung unauffällig ein paar ansonsten ganz unbedeutende Worte geändert sind.

Das ganze 16. Kapitel ist bei Lukas ein störender, wenn nicht sogar verstörender Einschub, der uns den schon zum Sohn Gottes gemachten Jesus dieses Evangeliums ins Zwielicht stellt. Es ist das Gleichnis vom unehrlichen Verwalter. Dieses Gleichnis ist von einer völlig anderen Denkart, als alle vorhergehenden Gleichnisse. Es gibt auch in allen Evangelien kein zweites, welches so stark gegen elementare christliche Grundsätze gerichtet ist, wie dieses. Den Kern dieses Gleichnisses (Luk. 16,1-13) welches Jesus ausdrücklich nur seinen Jüngern erzählt, bilden die Verse 1 bis 8, deren Inhalt ungefähr folgendem entspricht: *Man beschuldigt einen Verwalter bei seinem Herrn anonym der Untreue. Er verschleudere dessen Vermögen. Der Herr kündigt ihm daraufhin und verlangt eine Abrechnung. Die Existenz des tatsächlich treuen Verwalters wäre damit vernichtet. Der sorgt also vor und sichert sich über eine Verschwörung mit den Schuldnern seines Herrn ab, indem er sie besticht, was ihn zwar zur Veruntreuung zwingt, ihn aber in Unkenntnis seiner zum eigenen Schutz erforderlichen Machenschaften in den Augen seines Herrn rehabilitiert. Im Gleichnis lobt am Ende der Herr seinen Verwalter. Kein Fluch der bösen Tat, sondern Lob und Ehrung.*

Das sagt nichts anderes aus, als dass sich Verbrechen lohnt. Hier scheint deutlich die Essenerquelle durch. Der Schlüsseltext (Luk. 16,8) lautet: *...denn die Kinder dieser Welt sind unter Ihresgleichen klüger als die Kinder des Lichts.* Diese Konstellation des Kampfes der Kinder des Lichtes gegen die der Finsternis, welche der essenischen Lehre innewohnt, ist hier angesprochen. Wenn es hart auf hart kommt, muss jeder selbst sehen, wie er zurechtkommt. Um zu bestehen, soll im Dienst der Sache kein Mittel gescheut werden. Die bloße Warnung, dass sich die Kinder des Lichtes vor den subtilen und heimlichen Machenschaften der anderen in acht nehmen sollten, greift hier zu kurz.

Jesus belehrt hier nicht nur, sondern er weist auch ein. Der Grundsatz vom Zweck, welcher die Mittel heilige, drängt sich förmlich auf. Eine gute Sache müsse auch ein Guter hinterlistig angehen dürfen, weil die Welt so schlecht ist. Am Ende rechtfertigt allerdings so eine Sichtweise aber jede Untat. Der dem Gleichnis folgende Vers 9 bezeugt nun: Man soll sich mittels des Mammons Freunde schaffen, was direkt auf das Gleichnis zurückweist. Es wird damit nochmals darauf hingewiesen, sich mit Geld, dem persönlichen Verzicht auf den Mammon, also mittels Spende des Besitzes das ewige Heil zu sichern. Das wird hier zwar ganz im Sinne der urchristlichen gemeinsamen Besitzlosigkeit verkündigt, muss aber, den offensichtlichen Missionierungshintergrund Jesu betreffend, noch als die ursprüngliche Aufforderung zur Füllung der Kriegskasse gesehen werden, wozu jedes Mittel erlaubt ist. Die nachfolgende Passage beweist aber, dass dieses Gleichnis trotz seiner schon abgefälschten Aussage auch im Auge der Redakteure vor seiner Platzierung zumindest noch eine zusätzliche Lackierung benötigte. Ab Vers 10 steht etwas von der absoluten Treue bis ins Kleinste. Es wird also darauf verwiesen, im Kreis der Eingeweihten, der miteinander Verschworenen und Guten, nicht so zu handeln wie der Verwalter. An diesem Gleichnis lässt sich allerhand nachvollziehen: Als konspirativ-schulender Text der Essener für Eingeweihte entworfen, wird er umgeformt, in das Lukas-Evangelium eingebaut und anschließend mittels Ergänzung nochmals abgefälscht. Das Gleichnis vom ungetreuen Verwalter ist trotz dieser nachgeschobenen Ergänzungsversuche zu seiner Entschärfung ohne Zweifel ein Anschlag auf die Ethik des Christentums. Was in diesem Gleichnis noch alles steckt, darauf komme ich später noch einmal zurück. Sicher bin ich mir aber, dass es sich um eins der wichtigsten Originalgleichnisse des Jesus handelte.

Bei Lukas steht aber noch mehr, was nicht in unsere Vorstellungen vom Jesus unseres Kinderglaubens passt. Da steht auch die berühmte Stelle, in der

Jesus nach dem Reich Gottes befragt wird. Sie enthält noch mehr Sprengstoff in Hinsicht auf das Aufstandskonzept und lautet:

(Luk. 17,20-21): *Als er aber von den Pharisäern gefragt wurde: Wann kommt das Reich Gottes?, antwortete er ihnen und sprach: Das Reich Gottes kommt nicht so, dass man's beobachten kann; man wird auch nicht sagen: Siehe, hier ist es!, oder: Da ist es! Denn siehe, das Reich Gottes ist mitten unter euch.*

Fußnote (Lutherbibel 2006): *Luther übersetzte noch: Das Reich Gottes kommt nicht mit äußerlichen Gebärden ... sehet, das Reich Gottes ist inwendig in euch.*

Originalfußnote Luthers dazu (Lutherbibel 1534): *(Eusserlichen) Das ist / Gottes Reich stehet nicht jnn wercken / die anstette / speise / kleider / zeit / person gebunden sind / sonder im Glauben und liebe frey.*

Wie die Zeiten sich ändern. Luther verweist noch auf die Innerlichkeit des Glaubens und dass der Mensch nur durch seinen Glauben und sonst nichts der ewigen Seligkeit teilhaftig werden kann. Dieser Text bei Lukas ist aber seltsamerweise eine der ganz eindeutigen Textstellen, welche keine Auslegung benötigen, weil einmal tatsächlich Jesu Klartext verwendet wurde. Jesus sagt genau das, was er meint und Luther übersetzte es inhaltlich exakt. Jede Fußnote ist hier überflüssig. Der Menschensohn wird das Gottesreich auf Erden errichten, aber er kann das nur, wenn die, welche mit und für ihn kämpfen, die Vorstellung von diesem Reich schon in sich tragen.

Wir sollen jetzt glauben, dass das Gottesreich nicht mehr *inwendig in uns*, sondern irgendwie *unter uns* (?) ist. Die katholische Kirche verweist in ihren Bibelversionen sogar auf noch etwas anderes, nämlich auf sich, die Kirche als Institution des Gottesreiches: *...Denn seht, das Reich Gottes ist in eurer Mitte.* Die Bibelverballhornung (in heutigem Deutsch) bringt das so: *...Denn schon jetzt richtet Gott mitten unter euch seine Herrschaft auf!* Es klingt in Unkenntnis der wahren Information Jesu fast wie eine Drohung. Auch die Fachleute schlagen sich, wie man sieht, nur mühsam und mit wechselndem Erfolg durchs Dickicht. Während bei Markus und Matthäus erst die Apokalypse hereinbricht, bevor das Reich Gottes beginnt, bietet uns hier Lukas den geistigen Weg als Ausgang. Aber nur scheinbar. Wer sich darauf einlässt, muss die durch die paulinische Theologie später verheißene Erlösung durch den Glauben an Christus opfern. Der himmlische Christus würde nämlich für die Errichtung dieses Gottesreiches nicht mehr gebraucht.

Jesus weist hier den Menschen auf sich selbst zurück, statt wie wir immer noch glauben, auf das Jenseits zu verweisen. Im Grunde genommen scheiden sich hier die Weltanschauung der Sadduzäer und der Pharisäer von der der Essener. Während über die ursprünglichen Religionsvarianten mittels der Gottesidee der Welt, ihrer Existenz und Funktion ein ihr innewohnender Sinn unterstellt wird, der unveränderlich feststeht, ganz gleich, welche Form das in der Wirklichkeit annimmt, wird über die Menschensohnverschwörung der Essener angesichts der römischen Fremdherrschaft impliziert, dass es dem Menschen zukommt, selbst Einfluss auf die Wirksamkeit dieses Prinzips zu nehmen und im göttlichen Auftrag das Erforderliche zu unternehmen. Ob nun als alles umstürzende Neugestaltung oder nur Wiederherstellung einer verlorenen Ordnung, es ging um die Überwindung unhaltbar gewordener gesellschaftlicher Zustände, und zwar mit Gewalt.

Wenn Schwarmgeister wie Thomas Münzer diesen Text in Luthers ursprünglicher Übersetzung wörtlich nehmen und das Gottesreich gleich errichten wollen, es mit unbotmäßigem Personal und unvorbereitet versuchen, dann endet es meist in einer solchen Apokalypse wie der des Großen Deutschen Bauernkrieges von 1525.

Marx vertrauend wurde das mit dem irdischen Himmelreich des Lukasevangeliums später mehrfach ohne Gott versucht und es ging auch da oft, wenn auch nicht immer, aber doch meist, recht blutig zu und zu Ende. Man muss aber bei Marx beachten, dass er, im Gegensatz zu Münzer, materialistisch an die Problematik herangehend von einer anderen Basis aus argumentierte. Da bei seinem philosophischen Ansatz infolge der Verwerfung der Gottesidee auch die Sinnhaftigkeit der Welt in der Luft hing, orientierte er als Ziel auf die Schaffung dieses Sinnes durch den Menschen, bzw. die Menschheit selbst, was einen ungleich viel radikaleren Bruch mit überkommenen Vorstellungen erforderte als die von Jesus missionierte noch religiös untersetzte Variante der Essener. Dabei ist denen, die es unternehmen, die Welt verändern zu wollen, kein Vorwurf zu machen. Sie hatten Jesus ganz richtig verstanden. Genau so hatte er es gemeint. Hier wird tatsächlich die durch den Menschen mit Hilfe Gottes erreichbare Befreiung verkündet. Jesus weist aber mit seinen begleitenden Gleichnissen darauf hin, dass man das richtig vorbereiten muss: Vorsichtig, geheim, diszipliniert und auch mit ausreichenden Kräften und vor allem mit den erforderlichen Reserven.

Was uns hier bei Lukas für ein Kuckucksei gelegt wurde, haben weder Hieronymus, noch Erasmus gemerkt. Streng genommen wird nämlich die später unter dem Namen des Paulus verbreitete Lehre von der Erlösung nun gar nicht mehr gebraucht.

Luther ahnt es wohl, findet aber nicht den Mut, es zu verdammen, zumindest so zu fälschen, wie es heute in den modernen amtlich abgesegneten Bibelversionen steht. Weglassen konnte er es nicht. Die Bibel war Luthers einziges Fundament, von dem er nicht herunter konnte, ohne seine Reformation zu verraten. Es war für ihn heiliger tradierter Text und damit unantastbar. Zudem stand jedes Wort von ihm zu der Zeit unter Kontrolle und Kritik seiner Gegner, die ihn ihrerseits bereits verdammt hatten.

Seine Fußnote bezeugt uns, welche Denkrichtung er uns empfiehlt, und die wir einschlagen müssen, um dem zu entgehen, was wirklich in diesem Text steht, damit man auch auf der theologisch vorgegebenen christlichen Denklinie bleibt. An solchen Texten lässt sich erst ermessen, welche ungeheure geistige Leistung Luthers Bibelübersetzung auch nach heutigen Maßstäben noch darstellt. Erst spät nach Luther, Anfang des 20. Jahrhunderts, beginnt das dann jeder auf seine Weise auszudeuten und damit zu angeblich höheren Zwecken zu fälschen. Dabei steht doch schon bei Matthäus ganz deutlich (Mt. 12,28): *Wenn ich aber die bösen Geister durch den Geist Gottes austreibe, so ist ja das Reich Gottes zu euch gekommen.* Der böse Geist, den Jesus meint, ist die Besessenheit von der Idee, dass man nichts ändern könne und sich unbedingt unter den nun einmal bestehenden Bedingungen einrichten müsse, worauf vor allem der Täufer vorrangig orientierte.

Die folgenden Verse 22-37 des 17. Kapitels enthalten nun bei Lukas statt der Bestätigung der heute dort versuchten theologischen Bedeutungsverbiegung unerwarteterweise Klartext zu meiner Deutung des voranstehenden Textes zum Gottesreich: Wenn der Zeitpunkt gekommen ist, der Aufstand begonnen hat, dann muss man auch innerlich darauf vorbereitet sein. In diesem Moment ist alles andere nebensächlich. Jesus fordert eine vollständige innere Wandlung des Menschen, die ihn auf das eine Ziel ausrichtet, das Gottesreich auf Erden anzustreben und zu errichten, ganz gleich was auch passiert. Er weist sehr deutlich auf die Unberechenbarkeit der damit verbundenen Vorgänge hin, und dass das Schicksal des Einzelnen nicht immer den Vorstellungen entsprechen wird, die Demjenigen selbst vorschweben.

Auch das bezeichnet ganz deutlich den Punkt, in dem sich Jesus und der Täufer unterscheiden. Der Täufer ruft mit seiner Umkehr über die *Metanoia* zum Zusammenhalt unter den bestehenden Umständen auf, zum Frieden der Duldung unter menschlichen Bedingungen. Jesus predigt dagegen die Ideologie des gemeinsamen Widerstandes, seine als geistige Neugeburt angepriesene Lehre ist die der Befreiung von diesen Umständen, wobei zwar offen bleibt, wie das Ergebnis dieser Befreiung aussehen würde. Man kann aber aus Jesaja (Jes. 11,10-16) zurückschließen, dass es sich nicht um die Verwirklichung von Vorstellungen gehandelt haben kann, die wir heute damit verbinden. Der Täufer und Jesus verfolgten demnach tatsächlich zwei miteinander unvereinbare Ziele, und müssten demnach damals gegeneinander argumentiert haben. Dass es dabei um eine konkret erwartete Aktion ging, geht auch aus der Beschreibung der Erwartungshaltung der Jünger auf dem Anmarsch auf Jerusalem hervor. Sie lauschen den Ausführungen Jesu und sind ganz davon hingerissen (Luk. 19,12): ... *denn er war nahe bei Jerusalem und sie meinten, das Reich Gottes werde sogleich offenbar werden.*

Das ist aber auch bei Lukas noch nicht alles, was auf die Verschwörung hinweist. Jesus fragt beispielsweise hier beim Abendmahl seine Jünger, ob es ihnen bei ihm jemals schlecht ergangen sei und sie bestätigen ihm: Niemals. So ruft er nun dazu auf, dass jeder alles verkaufe, was er habe, darunter unsinnigerweise auch den Mantel, und sich dafür ein Schwert kaufe, damit auch ein Grund dafür da sei, ihn gemäß der Schrift zu den Übeltätern zu rechnen, und man endlich zum Schluss komme. Es wäre unbegreiflich, weshalb man sich plötzlich bewaffnen sollte, wenn man keine Verschwörergruppe wäre, die den gewaltsamen Umsturz plant. Offiziell ist Jesus mit seinen Jüngern an diesem Tag doch nur nach Jerusalem gekommen, um das Passa, ein religiöses Fest zu begehen. Die Jünger weisen aber plötzlich zwei Schwerter vor, die sie schon bei sich haben. Jesus merkt, dass er zu weit gegangen ist und bricht die Veranstaltung ab (Luk. 22,38): ... *Er aber sprach: Es ist genug.*

Jesus, nach seiner Verhaftung vor dem Hohen Rat gestellt, gesteht nun geradezu demonstrativ, der Christus zu sein. Das klingt hier bei Lukas wirklich nach: *Wie oft soll ich es denn noch sagen?* Es geht nun zu Pilatus und die Anklage wird hier überhaupt erstmals konkret wiedergegeben. (Luk. 23,2): *Wir haben gefunden, dass dieser unser Volk aufhetzt und verbietet, dem Kaiser Steuern zu geben, und spricht, er sei Christus, ein König.*

*

Fassen wir nun vorläufig zusammen, was uns die Evangelien der Synoptiker an verwertbaren Basisinformationen zur Mission des Jesus von Nazareth lieferten:

- *Jesus von Nazareth ist ein Missionar und Organisator einer auf längere Sicht angelegten umfangreichen Aufstandsverschwörung der Essener gegen die römische Herrschaft.*
- *Seine Aufgaben: Überzeugungsarbeit. Anwerbung von Sympathisanten, Anwerbung von Missionaren, Erkundung der Stimmung im Lande, Geldsammlung für den Aufstand zur Finanzierung von Aktionen.*
- *Beschaffung von Waffen, Anlegen von Verstecken und Vorräten. Schulung der Anhänger.*
- *Die Aktion zur Anlegung von Vorräten ist bestens getarnt. Die Verschwörer begründen sie mit der Vorbereitung eines Sabbatjahres im Sinne von 3. Mose 25.*
- *Jesus rekrutiert seine Anhänger sichtlich aus den unteren sozialen Schichten des Gebietes, aus dem er stammt, veranstaltet Praktika, bei denen sie das anwenden, was er ihnen beibringt. Diese Selbständigkeit dieser ihm nachgeordneten Beauftragten, sichert eine breitere Basis und erhöht die Erfolgsgarantie der Sache, die er missioniert.*
- *Seine konspirative Arbeit ist getarnt durch ambulante medizinische Betreuungen im Rahmen eines religiös überformten Wanderpredigertums.*
- *Wer Jesus folgt, der Verschwörung beitritt, muss sich von seiner Familie lösen, seinen Besitz verkaufen und das gesamte Geld in die gemeinsame Kriegskasse einzahlen.*
- *Um diese Geldzahlungen nach außen hin zu rechtfertigen, werden Massenspeisungen für Arme veranstaltet, bei denen für die Verschwörung geworben wird.*
- *Die offensichtlich mit Jesu gezielter persönlicher Ansprache verbundene Mission wohlhabender Kreise gleich welcher Herkunft zielt auf die materielle Absicherung und Schaffung von Versammlungsstätten, Vorratsräumen und Verstecken.*

Noch einmal einige der wichtigsten Aussagen der synoptischen Evangelien dazu zusammengefasst: In den ihm zuordenbaren Texten macht Jesus deutlich, dass es bei dem, was er verfolgt und wozu er missioniert um mehr geht, als nur um innere Umkehr im Sinne des Täufers. Es geht um die Rekrutierung von Personal für den Tag des Gerichts der essenischen Lehre, der Abrechnung mit der römischen Fremdherrschaft. Da muss dann alles andere hintanstehen. Da schaut man nicht zurück. (Mt. 8,22). Es geht aber auch gegen die inländischen Unterdrücker, wie bei Lukas im 4. Kapitel steht, als Jesus in der Synagoge zu Nazareth als Ziel seiner Mission ein Sabbatjahr einfordert. Es bedeutete nichts anderes als den Aufruf zum Aufstand der Armen und Benachteiligten, wenn die Reichen nicht gutwillig auf Privilegien und Besitz verzichten wollen. Der Abschnitt von den unnützen Sorgen (Mt. 6,19) ist unter dem Gesichtspunkt der Aufstandsvorbereitung, die auch eine Zentralisierung der Mittel und Ressourcen vorsah, kein Aufruf zur Selbstlosigkeit oder sogar Unbekümmertheit, sondern eine Zielorientierung für die Kämpfer. Der Sieg des Aufstandes ist das Ziel, nicht irgendwelche Beute. Dieser Text ist ganz eindeutig eine Einweisung der Kämpfer, ihr Leben für die Sache zu wagen (Mt. 6,25+27). Die Aussendung der Apostel, steht unter dem bedrohlichen Spruch Jesu (Mt. 10,14-15). Wer demnach den Missionaren der Esserverschwörung im Dienste des *Menschensohnes* die kalte Schulter zeigt, wird verflucht und verdammt. Die Ansage kommender Verfolgung bekommt dadurch auch ihren Sinn (Mt. 10,15-16). Wie geheim die Verschwörung organisiert ist, ergibt sich auch aus der Abgegrenztheit der einzelnen Verschwörergruppen, die Jesus klein hält, weil es im Verratsfall dann auch nur eine kleine Gruppe trifft (Mt. 18,20): *...wo zwei oder drei versammelt sind in meinem Namen, da bin ich mitten unter ihnen.* Wozu gäbe es sonst solche Unterweisungen (Mt. 8,20): *Die Füchse haben Gruben und die Vögel unter dem Himmel haben Nester; aber der Menschensohn hat nichts, wo er sein Haupt hinlege.* Von Jesus wird auch auf die ständige Bereitschaft hingewiesen (Mk. 13,28-37), besonders die Verse 35-36: *...so wachet nun; denn ihr wisst nicht, wann der Herr des Hauses kommt, ob am Abend oder zur Mitternacht oder um den Hahnenschrei oder am Morgen, damit er euch nicht schlafend finde, wenn er plötzlich kommt...*

Insbesondere weist er aber auf die Verbindung zwischen Wachsamkeit, Bereitschaft und Geheimhaltung hin (Luk. 12,39-40): *Das sollt ihr aber wissen: Wenn ein Hausherr wüsste, zu welcher Stunde der Dieb kommt, so ließe er nicht in sein Haus einbrechen. Seid auch ihr bereit! Denn der Menschensohn kommt zu einer Stunde, da ihr's nicht meint.* Das Kommen des *Menschensohnes* mit dem überraschenden nächtlichen Überfall auf das Eigentum eines Besitzenden zu vergleichen, wäre unter dem ethischen Aspekt einer Glaubensvermittlung wohl eine ziemlich abwegige Vorstellung.

Die Aussendung der Jünger zur Rekrutierung erfolgt auch auf einer ganz konkreten partikularistischen Basis (Mt. 10,5-6): *...Geht nicht den Weg zu den Heiden und zieht in keine Stadt der Samariter, sondern geht hin zu den verlorenen Schafen aus dem Hause Israel.* Wie das die Versammlung des Hohen Rates sah, erhellt sich uns unmissverständlich aus der Einschätzung der Mission des Jesus von

Nazareth, die dann in der entlarvenden Feststellung gipfelt, die uns verrät, dass es diese Verschwörung tatsächlich gegeben haben muss (Joh. 11,48): *Lassen wir ihn so* (weiter wirken), *dann werden sie alle an ihn glauben, und dann kommen die Römer und nehmen uns Land und Leute.*, woraufhin man beschloss, Jesus zu beseitigen. Dass Jesus auch unter der Beobachtung des Herodes stand, geht aus Luk. 13,31 hervor, wo er von einigen Pharisäern vor dessen Tötungsabsicht gewarnt wird.

Dass hinter dem mit der Bildung der Urchristengemeinde in Jerusalem verkündeten Armutsgebot des einzelnen zugunsten der Gemeinschaft ursprünglich etwas anderes steckte, wird uns auch in den Evangelien mitgeteilt. Die bei allen Synoptikern auftauchende Geschichte von dem reichen Jüngling (Mk. 10,17-21/Mt. 19,16-26/Luk. 18,18-27), der sich zwar zu Jesus bekennen, aber nicht von seinem Vermögen lassen will, wird von Jesus mit dem Gleichnis vom Kamel und dem Nadelöhr bedacht. Er verurteilt den Reichen aber nicht, und er verspricht auch dem Besitzlosen nicht den Himmel, sondern nur denen, die ihm alles opfern, später das Reich Gottes (auf Erden). Dazu gehört auch die Geschichte vom Scherflein der Witwe (Mk. 12,41-44/Luk. 21,1-4): Dort geht es ganz deutlich nicht darum, dass das Opfer der Witwe, weil sie alles spendete was sie besaß, ihr später höher angerechnet wird als dem Reichen, der trotz höherer Spende diese Vermögensabgabe kaum spürt. Es ist eindeutig, der Appell an die Reichen, dass sie mehr geben sollen. Es geht nur um eins: Die Füllung der Kriegskasse für den Aufstand zur Errichtung des Gottesreiches. Jesu Mitarbeiter sind sehr eifrig bei der Sache, aber sie verstoßen oft gegen die religiös stark überformten Umgangsformen und Vorschriften des Judentums. Ihre Raubeinigkeit führt regelmäßig zu Reibereien.

Das Alter Jesu wird allgemein auf Anfang Dreißig angenommen, obwohl er durchaus älter gewesen sein könnte. Er ist auf alle Fälle der Älteste von ihnen. Die wichtigsten seiner Jünger sind zwischen zwanzig und fünfundzwanzig Jahre alt. Sie sind alles kräftige junge Leute. Das ist schon eine ziemlich rabiate Truppe, die unter Jesu durch die Lande zieht. Nach eigenen Angaben fressen und saufen sie, ignorieren das Sabbatgebot, sind schmutzig und intolerant, drohen sogar Feuer zu legen. Sie halten die Fastengebote nicht ein, sind teilweise bewaffnet. Werden sie zur Rede gestellt, nimmt sie ihr Anführer auch noch in Schutz. Er wird ab und zu ganz schön ruppig. Sie geben sich mit Asozialen (Sündern) ab und sogar mit den allgemein verachteten Zollpächtern der römischen Administration. Das kommt nicht überall gut an. Die Bedächtigen halten sich reserviert zurück. Jesus spricht es selbst aus, als er gegen das Desinteresse derer wettert, die seiner Verschwörung angesichts der römischen Besatzungsmacht immer noch zögerlich gegenüberstehen. (Mt. 11,16-19): *Mit wem soll ich aber dieses Geschlecht vergleichen? Es gleicht den Kindern, die auf dem Markte sitzen und rufen den anderen zu: Wir haben euch aufgespielt und ihr wolltet nicht tanzen; wir haben Klagelieder gesungen und ihr wolltet*

nicht weinen. Johannes ist gekommen, aß nicht und trank nicht; so sagen sie: Er ist besessen. Der Menschensohn ist gekommen, isst und trinkt; so sagen sie: Siehe, was ist dieser Mensch für ein Fresser und Weinsäufer, ein Freund der Zöllner und Sünder! ...
Die Truppe stammt aus der Gegend, aus der auch Jesus kommt, und sie sind alle untereinander versippt und verschwägert. Die Donnersöhne sind seine Cousins. Der Zwilling gehört wohl auch zur Familie. Der Rest kennt sich untereinander schon von früher. Petrus und Andreas sind Brüder. Alles im gleichen Alter. Feuerköpfe. In wie weit sie bei dieser Geheimbündelei schon das Geheimzeichen des Fisches verwenden, welches für uns neben dem Kreuz zum Symbol des Christentums wurde, kann nur vermutet werden. Fischer und Fische spielen in der Ikonografie des christlichen Glaubens von Anfang an eine große Rolle. Dabei ist das keine Zusammenrottung von Ungebildeten. Auch wenn uns der Vater Jesu als *Handwerker* bezeichnet wird, ist sicher, dass zumindest Jesus eine höherwertige Ausbildung erfahren hatte. Neben Aramäisch, seiner Muttersprache muss er Hebräisch beherrscht haben, denn er liest in den Synagogen aus der Tora. Falls Jesus jemals eine seriöse Art der Reform des jüdischen Glaubens, oder überhaupt eine religiöse Mission beabsichtigt hätte, dann fänden wir in seiner Umgebung Schriftgelehrte, Priester, Synagogenvorsteher, Älteste, Honoratioren, reiche Kaufleute, Mitglieder des Königshofes, eventuell auch ein Mitglied des Sanhedrins. Diese Leute werden aber ab und zu sogar von Jesus verprellt, wenn er mit ihnen zusammentrifft. Im Evangelium des Lukas wird das am deutlichsten.

Selbst aus der Örtlichkeit, wo Jesus seine Mission begann, lassen sich Rückschlüsse auf diese Mission ziehen. Auch wenn wir das ganze Gebiet als von den Römern beherrscht ansehen, Kapernaum und Bethsaida befanden sich in verschiedenen Tetrarchien. Sie lagen damals im Grenzgebiet der damaligen Herrschaftsgebiete des Herodes Antipas und des Philippus, wo sich auch eine Zollgrenze befand. Wer erst einmal auf dem See Genezareth war, befand sich im *„Niemandsland"* eines Dreiländerecks, was natürlich Verschwörern bei Verfolgung eine größere Auswahl der Rückzugsmöglichkeiten bot, die Jesus nachweislich nutzte.

Diese beiden Missionen, die des Täufers und die des Jesus laufen nebeneinander her. Dabei ist die des Täufers gerade dazu gedacht, das zu neutralisieren, was Jesus betreibt. Als eigenständige Gruppe betreiben der essenische Sonderbeauftragte Jesus und seine Jünger, die man fälschlich für eine Gruppe der Täufer hält, unter dieser Tarnung die Verschwörung. Es wird deutlich an der Rückfrage (Mk. 2,18). Die zu Jesu engeren Umgebung gehörenden Personen sind oder waren Jünger des Täufers. Auch der Täufer schult, und seine Jünger missionieren ebenfalls, aber es ist eine religiöse Angelegenheit. Wer ihnen folgt ist zu staatstreuem und frommem Verhalten verpflichtet. Jesus bezieht seine besten Leute über den Täufer. Sie sind zur Tarnung durch dessen Schule gegangen, verfolgen aber entgegengesetzte Ziele. Es muss aber auch getarnte Leute des Sanhedrins unter diesen Jüngern geben. Nicht umsonst wird uns Judas von Anfang an als der Verräter bezeichnet. Auf der Seite der Essenerverschwörung des Jesus aus Nazareth finden wir alle, die uns in den Evangelien als an Jesus Glaubende aufgeführt werden. Leute, die am Rande des sozialen Feldes leben, Entrechtete, Kleinpächter, Unterdrückte, Tagelöhner, Arbeitslose, Arme, Kranke, Gebrechliche, Sünder, Asoziale, Bettler, Obdachlose, Kleinkriminelle, entlaufene Sklaven und wohl auch gesuchte Räuber und Verbrecher. Es sind die Ausgegrenzten, welche auch der Tempelglauben abgeworfen hat, weil an ihnen nichts zu verdienen ist. Sie sind nicht nur gegen Rom, sondern auch gegen ihre eigene Oberschicht.

Der Konflikt spitzt sich zu. Mit der Dauer der Verschwörungsvorbereitungen des Jesus nimmt auch seitens der sich bedroht fühlenden Herrschenden die Nervosität zu. Es wird vermutet: Die Essener wollen vor dem Passafest des Jahres 30 in Jerusalem in die Offensive gehen. Die alljährlich zu erwartende große Menge der Gläubigen, die das Passa in Jerusalem zu feiern gedenkt und zum Haupttheiligtum, dem Tempel strebt, ist nicht durch Ordnungskräfte zu kontrollieren. Nur der eindeutig religiöse Zweck der Wallfahrt wirkt ordnend und befriedend.

Auch Jesus wird von seinen Anhängern anscheinend gedrängt, nicht länger zu warten, sich nach Jerusalem zu begeben und den Aufstand auszulösen. Dort brüskiert er nach Aussage der Evangelien mit seinen Auftritten im Tempel die Hohepriester und die führende Schicht Jerusalems. Jesus soll den Aufstand predigen. Er geht nach Angabe aller Evangelien in den Tempel und wirft den Geldwechslern ihre Tische um. Der Eklat ist da. Er fällt auf. Man hört ihm zu. Er predigt gegen die, welche ihn mäßigen wollen. Es fällt ihm nicht schwer. Glauben ist inzwischen zum Geschäft geworden. Er muss nur sagen, was alle denken, die sich ungerecht behandelt fühlen. Seitens des Sanhedrins wird nun Jesus gefangen genommen und seine Hinrichtung in die Wege geleitet. Jesus wird beseitigt, aber offiziell nicht als Anführer einer Verschwörungsbewegung, sondern als Einzelperson, die sich anmaßte, die Königswürde anzustreben. Die Anhängerschaft wird nicht verfolgt. Diese Taktik vermeidet die Erwähnung der Verschwörung, um keinen Aufstand zu provozieren. Die Anklage wird zu einer privaten Sache gemacht, die nur Jesus angeht, denn die Anhängerschaft wird weitgehend ignoriert und obwohl man sie kennt, auch nicht verfolgt, was uns am Beispiel des Petrus demonstriert wird. Es liegt nahe, dass Jesus den Aufstand noch gar nicht auslösen wollte, es ihm aber vom Sanhedrin unterstellt wird und seine Beseitigung demnach ein Präventivschlag der Herrschenden war, um ihm zuvorzukommen.

Es muss sogar als offen angesehen werden, ob Jesus je im Jerusalemer Tempel predigte oder eine „Tempelreinigung" vornahm. Wir wissen es auch nur aus den Evangelien. Das sind Auftritte, die eher dem Täufer zuzuordnen wären, der für seine Botschaft unbedingt ab und zu solche öffentliche

Präsenz brauchte. Jesus musste solche Auftritte aber unbedingt vermeiden, um sich und seine Mission nicht zu verraten, solange er nicht auf starke Kräfte zurückgreifen konnte, die ihn unterstützen. Von einer entsprechenden Mobilmachung der Verschwörer zum Passa des Jahres 30 berichten die Evangelien der Synoptiker nämlich nichts.

Für den, dem die vorstehenden Ausführungen zur wirklichen Mission des Jesus von Nazareth zu abwegig erscheinen, hier noch zwei stützende Ergänzungen aus essenischen Dokumenten, wie sie uns Israel Knohl übertragen und damit zugänglich gemacht hat, und welche uns verdeutlichen, was hier hinter der religiösen Fassade des Essenertums tatsächlich verbarg. Das ist zum einen die Festlegung in der essenische Gemeindeordnung: *...dass alle Festlegungen dieser Regel nur bis zur Ankunft des Messias gelten.* Das klingt sehr unverfänglich. Zum anderen ist es eine diesen Passus ergänzende Richtlinie aus der sogenannten *Damaskusschrift* der Essener, die ihr *Lehrer der Gerechtigkeit* bis dahin zu beachten hat: *Dieses sind die Richtlinien des Weges für den Lehrmeister in diesen Zeiten, was sein Lieben und Hassen betrifft: Insgeheim ewiger Hass für die Verderbten ... wenn auch im Augenblick demütig vor dem Unterdrücker; doch aber ein Eiferer für Gottes Gesetz, das kommen wird, voll Erwartung des Tages der Vergeltung.* Knohl schreibt dazu: *„Hier haben wir die Anweisung zu einem Doppelleben! Ein Mitglied der Sekte soll sich nach außen hin gegenüber den Verderbten die über ihn herrschen, demütig betragen wie ein Sklave seinem Meister gegenüber; insgeheim aber muss er diese Männer hassen und den Tag der Rache erwarten, an dem er offen gegen sie zu Felde ziehen wird. Der Pazifismus der Essener war nur eine vorläufige Friedfertigkeit und endete am Tag der Vergeltung."* Wie dieser Tag langfristig vorzubereiten ist, predigt uns Jesus in seinen Gleichnissen, wie wir sie schon bei Markus (Mk. 4,1-34) finden, ganz klar. Dieser Gleichniskomplex ist inhaltlich ein komplettes Konzept für eine konspirative Aufstandsvorbereitung, die von uns heute allerdings theologisch umgedeutet wird. Das Reich Gottes ist für Jesus ein ganz irdisches, was der *Menschensohn* auf Erden errichtet, wenn die Römer besiegt, zumindest vertrieben sind. Dass dieses zu erringende Gottesreich des *Menschensohnes* ein irdisches ist, steht bei Lukas (Luk. 17,20-21), auch wenn es heutzutage im Interesse des christlichen Glaubens wieder falsch übersetzt wird. Luther traf den richtigen Sinn, aber er wollte es nicht wahr haben. Erst Münzer, den wir als Schwarmgeist sehen, verstand Jesus richtig, was folgerichtig zu den gleichen katastrophalen Auswirkungen führen musste, wie Ende des 1. Jahrhunderts in Palästina, wenn die gegnerischen Kräfte stärker sind, als die der Verschwörer. Auch wenn es jetzt ein sehr umfangreiches Zitat ist, um begreiflich zu machen, welche Vorstellungen für Jesus hinter dem Ziel des Gottesreiches des *Menschensohnes* auf Erden steckten, muss ich einen zugehörigen Basistext zitieren, weil normalerweise davon immer nur ein- bis zwei Sätze herausgerissen als Schlagworte benutzt werden, was mit der Zeit zu völlig abwegigen pazifistischen Auslegungen dieses Textes führte. Der Messias und sein Friedensreich (Jesaja 11,1-5 u.11-16):

Und es wird ein Reis hervorgehen aus dem Stamm Isais und ein Zweig aus der Wurzel Frucht bringen. Auf ihm wird ruhen der Geist des Herrn, der Geist der Weisheit und des Verstandes, der Geist des Rates und der Stärke, der Geist der Erkenntnis und der Furcht des Herrn. Und Wohlgefallen wird er haben an der Furcht des Herrn. Er wird nicht richten nach dem, was seine Augen sehen, noch Urteil sprechen nach dem, was seine Ohren hören, sondern wird mit Gerechtigkeit richten die Armen und wird rechtes Urteil sprechen den Elenden im Lande, und er wird mit dem Stabe seines Mundes den Gewalttätigen schlagen und mit dem Odem seiner Lippen den Gottlosen töten. Gerechtigkeit wird der Gurt seiner Lenden sein und die Treue der Gurt seiner Hüften. [...] Und der Herr wird zu der Zeit zum zweiten Mal seine Hand ausstrecken, dass er den Rest seines Volkes loskaufe, der übrig geblieben ist in Assur, Ägypten, Patros, Kusch, Elam, Schinae, Hamat und auf den Inseln des Meeres. Und er wird ein Zeichen aufrichten unter den Völkern und zusammenbringen die Verjagten Israels und die Zerstreuten Judas sammeln von den vier Enden der Erde. Und der Neid Ephraims wird aufhören und die Feindschaft Judas ausgerottet werden, dass Ephraim nicht mehr neidisch ist auf Juda und Juda nicht mehr Ephraim feind ist. Sie werden sich stürzen auf das Land der Philister im Westen und miteinander berauben alle, die im Osten wohnen. Nach Edom und Moab werden sie ihre Hände ausstrecken und die Ammoniter werden ihnen gehorsam sein. Und der Herr wird austrocknen die Zunge des Meeres von Ägypten und wird seine Hand gehen lassen über den Euphrat mit seinem starken Wind und ihn in sieben Bäche zerschlagen, sodass man mit Schuhen hindurchgehen kann. Und es wird eine Straße da sein für den Rest seines Volks, das übrig geblieben ist in Assur, wie sie für Israel da war zur Zeit, als sie aus Ägyptenland zogen.

Das ist der Hauptinhalt dessen, was Jesaja verkündet. Die gemeinsam mit den Lämmern Gras fressenden Löwen u.ä. (Verse 6-10) habe ich bei [...] weggelassen. Es ist die Vision eines Reiches, in dem die getrennten Reiche Israel und Juda wieder vereint sind unter der starken Hand des messianischen Königs und in welchem ein innerer Frieden ähnlich einer stark idealisierten Form der *pax romana* herrscht. Alle Angehörigen des in der Diaspora zerstreuten Volkes werden zurückkehren und man wird die Nachbarvölker im weiten Umkreis der Herrschaft dieses Messiasreiches unterwerfen, damit sie ihm dienen. Es ist genau das, was nach den Überlieferungen der Bibel die davidische Epoche Israels ausmachte, in der anschließend Salomo die Macht übernahm. Das Messiasreich ist das Modell der antiken Despotie, wie sie im Vorderen Orient von Anfang an nachweisbar ist, trotz Wechsel der herrschenden Völkerschaften in ihrer Struktur stets gleich blieb und auch von Rom damals immer noch praktiziert wurde. Man kann nur in Kategorien träumen, die man kennt. Die Essener stützten sich nachweisbar auf die Texte des Jesaja, wie ihre zahlreichen Abschriften der Texte dieses Propheten beweisen. Von einem Friedensreich, in dem es keine Hierarchie gibt, sozusagen alle gleich sind, konnte später nur der utopische Kommunismus träumen, nachdem er Gott abgeschafft zu haben glaubte. Wenn wir Jesus als den sehen wollen, der er wirklich war, dann müssen wir voraussetzen, dass seine Vorstellungen vom Gottesreich des *Menschensohnes* dem gerade zitierten Bild des Jesaja entsprachen und man die Ideen dazu aus dessen Schriften entnahm.

Bis hierher ist es die Geschichte der Mission des Rabbi Jehoshua bar Joseph aus Bethsaida. Was nun folgt, ist die Geschichte von Jesus Christus, dem Messias. Sie wird uns theologisch in den paulinischen Apostelbriefen und als historischer Bericht in der Apostelgeschichte des Lukas vermittelt. Mit dem Jesus von Nazareth, dem Verschwörer, hat das, was anschließend unter dem Namen Jesus Christus alles unternommen wurde, absolut nichts mehr zu tun.

Aus den Büchern des Papstes Benedikt XVI. zu Jesus ist zu entnehmen, dass eine historisch-kritische Untersuchung der irdischen Existenz Jesu zwar Aufschluss über seine Zeit geben kann, dass man aber deshalb Jesus Christus damit nicht näher käme. Jesus Christus und seine Bedeutung für uns könne man nur aus dem Glauben heraus aus der Bibel ermitteln. So löst er uns den theologischen Christus vom historischen Jesus ab und erklärt damit nur noch einmal, was uns auch die paulinischen Apostelbriefe zu vermitteln suchen, ohne es zu begründen. Er trennt dabei nach bewährtem Brauch der katholischen Kirche die Person vom Amt, wie sie üblicherweise auch das Amt von der Person des Priesters trennt. Es kann der katholischen Kirche demnach rückschließend auch völlig gleich sein, wer, oder was Jesus als Mensch einmal war. Wichtig ist nur, dass er die Rolle des Gottessohnes annahm und auch ausfüllte.

Ideelle Überzeugungen sind meist mit Machtfragen verbunden. Die Entschiedenheit, mit der die Kirche alles das ignoriert, was zur Aufklärung historisch unbequemer Tatbestände um die Person des historischen Jesus beitragen könnte, ist deshalb aus dem, was sie sein und uns vermitteln will durchaus verständlich, weil sie es nicht benötigt.

Um aber fester zu untermauern, dass der irdische Jesus aber tatsächlich diesem bei Jesaja formulierten Ziel mit einer ganz realen Methodik nachging, muss ich noch einmal auf das Gleichnis vom unehrlichen Verwalter zurückgreifen (Lk. 16,1-13), welches Jesus lt. Lukas ausdrücklich nur seinen Jüngern erzählte. Hier nun noch einmal die ausführliche und kommentierte Inhaltsangabe:

Man beschuldigt einen Verwalter bei seinem Herrn anonym der Untreue. Er verschleudere dessen Vermögen. Der Herr teilt seinem Verwalter das mit und verlangt eine Abrechnung, kündigt ihm aber schon seine Entlassung an. Nicht nur die unbewiesene Unterstellung der Untreue ist ungerecht, sondern auch die sofortige Suspendierung ohne Beweis. Das wird nun zum auslösenden Moment für die sich nun tatsächlich erforderlich machende Untreue des Verwalters, der seine Existenz und auch seinen

Kopf retten muss. Der Verwalter ist sich keiner Veruntreuung bewusst, aber wenn einer so wie er die Schuldner seines Herrn uneigennützig und nur auf effektive Erfüllung seiner übertragenen Aufgabe mit harter Hand unter seiner Kontrolle hält, dann kann deren geballtes Lügenzeugnis ihm das Genick brechen, wenn der Herr ohne zu prüfen denen mehr glaubt, als ihm. Sein Sturz würde ihn und seine Familie ganz vernichten. Er sorgt also vor und erlässt den Schuldnern einzeln und nacheinander einen Teil ihrer Schulden, um sie damit zu bestechen.

Da der Herr offensichtlich selbst keine Übersicht über sein Vermögen hat, ist am Ende zwar eine Abrechnung da, die mit den belegten und auch bestätigten Schuldscheinen übereinstimmt, die Schuldner aber zu Komplizen des Veruntreuers macht. Ganz gleich, ob der Herr nun seinen Verwalter entlässt oder nur vermahnt, in Zukunft ertragreicher zu wirtschaften: Der hat sich abgesichert. Wird er entlassen, dann kann er die Schuldner erpressen und steht nicht mit leeren Händen da. Bleibt er, hat er sie sogar noch fester in der Hand. Im Gleichnis lobt der Herr seinen Verwalter, weil der nachweisen kann, dass er das Gut seines Herrn nicht verschleuderte, sondern nachweislich gegen Zins verlieh. Kein Fluch der bösen Tat, sondern Lob und Ehrung.

Ersetzen wir im Gleichnis jetzt den „*Herrn*" durch den römischen Prokurator, den „*Verwalter*" durch den jüdischen Steuerpächter (Zöllner) und die „*Schuldner*" durch die steuerpflichtigen Juden, dann wissen wir, worüber hier informiert wird. Es ist die bereits damals allgemein übliche sehr einträgliche „*Doppelte Buchführung*" der verachteten judäischen Steuerpächter der Römer, die sich mit solchen Methoden aufgrund ihrer Position zwischen Rom und den Steuerpflichtigen kräftig bereicherten. Sie zogen nämlich bedeutend mehr Steuern ein, als sie vorher an die römische Administration an Steuerpacht gezahlt hatten. In den richtigen Zusammenhang gestellt, erübrigt sich nach dieser Unterweisung jede Erklärung. Ausgehend von dieser Information, die das schlechte Gewissen der Zöllner zum ergiebigen Ansatzpunkt für jede Art Schutzgelderpressung macht, ist manches auch besser zu begreifen, was uns an den Verhaltensweisen Jesu und seiner Jünger manchmal so befremdlich vorkommt. Daraus ist zu entnehmen: *Die Gesamtdurchführung der Vorbereitung der essenischen Verschwörung erfolgte demnach unter einer straff organisierten Leitung, denn es wurde nach aller Wahrscheinlichkeit auch mit Methoden gearbeitet, die man heute als Schutzgelderpressung bezeichnen würde.*

Die Verschwörer befinden sich dabei allerdings in der Nachnutzung einer durchaus langen und keineswegs ehrenrührigen Tradition. Auch König David trieb bekanntlich in seiner Fluchtzeit vor der Übernahme der Macht Schutzgelder ein. Die Aufstandsvorbereitung erforderte die Nutzung jeder Form der Finanzierung. Es wird auch verdächtig oft von Zöllnern in den Evangelien berichtet, die bereuen. Dieses Gleichnis bietet uns wirklich Klartext zum Verständnis der damaligen Situation.

Es gibt aber auch Texte in den Evangelien, deren Inhalt sich nur über die spezielle jüdische Geschichte erschließt. Jesus, der in den Evangelien generell auf die Einhaltung des Gesetzes verweist, weist andererseits aber auf die Notwendigkeit der Übertretung des Mosaischen Gesetzes bezüglich des Sabbats für die Zeit des Aufstandes hin. Im Kampf um die Existenz geht es um mehr. Jesus sagt es mehr als deutlich. (Mt. 12,8): *Der Menschensohn ist ein Herr über den Sabbat.* Diese Aussage erscheint uns im Zusammenhang mit dem Aufstandskonzept der Essener zu stark in den Vordergrund gestellt.

Dem lag aber ein historisches Ereignis zugrunde, dessen Wiederholung man unbedingt vermeiden musste. Am Sabbat herrschte nämlich auch Waffenruhe. Beim Zusammenbruch des Reiches Alexanders des Großen besetzte deshalb auch Ptolemäus I. Soter, einer der Diadochen und Begründer der nach ihm benannten ägyptischen Herrscherdynastie, an einem Sabbat kampflos Jerusalem, was einen durchaus unwillkommenen harten und vor allem dauerhaften Herrschaftswechsel für die Juden bedeutete. Flavius Josephus erwähnt es als Beispiel für jüdische Gesetzestreue, die über allem stehe, in seiner Schrift „*Gegen Apion*", wo er sich auf das Mosaische Gesetz bezieht. Wer also die Mission des historischen Jesus jetzt immer noch auf die Verkündung der reinen Nächstenliebe reduzieren will, dürfte damit auf dem Holzweg sein.

Ohne dem vorgreifen zu wollen, was speziell im Johannesevangelium noch Ergänzendes zur Menschensohnverschwörung steht, möchte ich abschließend wenigstens auf etwas eingehen, was bei solchen Vorgängen sehr wichtig ist und auch damals nicht außer acht gelassen wurde. Wir finden bei Johannes eine Szene beschrieben, die eindeutig auf geheime Verhandlungen hinweist, die mit der Aufstandsvorbereitung der Essener in Verbindung zu bringen sind, auch wenn man das alles theologisch heute ganz anders interpretiert.

Nikodemus, der Jesus nach Johannes nachts ganz gezielt aufsucht, tut dies keineswegs, um sich in das noch gar nicht bestehende Christentum einweisen zu lassen. Er wird (Joh. 3,1-21) in Wirklichkeit davon informiert, dass Jesus nicht gegen den jüdischen Glauben und seine Institutionen antritt, sondern nur auf der irdischen Ebene gegen die Fremdherrschaft. Nicht umsonst weist Jesus dabei auf die geistige Wiedergeburt hin, der sich seine Anhänger unterziehen müssen. Hier wird von ihm direkt auf den Täufer Bezug genommen, denn diese Wiedergeburt aus Wasser und Geist (Joh. 3,5) verknüpft Jesus in der durch die Wassertaufe übernommenen Verpflichtung zur geistigen Umkehr im Sinne der *Metanoia* des Täufers mit der irdischen Befreiungsbewegung der Essener. Jesus missioniert hier ganz klar für den *Menschensohn*, als den er sich selbst aber nicht sieht. Das sind hier tatsächlich Jesus direkt zuordenbare und als authentisch anzunehmende Argumente, welche auf eine Kooperation mit der Täuferlehre hinauslaufen, um Nikodemus zu gewinnen, denn Jesus betont, dass die Welt durch den Menschensohn gerettet und nicht, dass sie von ihm in einem himmlischen Sinn gerichtet werden soll. Dass Jesus hier Nikodemus belehrend von einer falschen

Vorstellung von sich und seiner Mission abzubringen versucht, wird an seiner vorwurfsvollen Zwischenfrage deutlich (Joh. 3,10): *… Bist du Israels Lehrer und weißt das nicht?* Genau genommen wirbt Jesus hier um die Gunst der pharisäischen Partei, in deren Auftrag der Täufer gegen ihn agitiert. Er will zumindest, dass sie ihn tolerieren sollen, wenn sie sich ihm schon nicht anschließen wollen. Es ist eine geheime Verhandlung. Das erschließt sich daraus, dass Nikodemus nachts zu Jesus kommt. Es wird uns gleichzeitig aber auch mitgeteilt, dass die Initiative von der pharisäischen Seite ausgegangen sein muss, die hier heimlich Verbindung zu Jesus aufnimmt, genauere Informationen bekommen will und einen politischen Kompromiss sucht.

Das mag jetzt unwahrscheinlich klingen, dass Jesus versucht haben könnte, Nikodemus die Vereinbarkeit dieser sich ausschließenden Konzepte, welche er und der Täufer verfochten, nahe zu legen. Durch welchen schmalen Grat die Argumentationslinie des dem traditionellen Staatswesen des Judentums verpflichteten Täufers aber von der der Essener getrennt war finden wir beispielsweise bei Maleachi (Mal. 3,19) wo steht: *Siehe, ich will meinen Boten senden, der vor mir her den Weg bereiten soll …,* was auf den Täufer hinzuweisen scheint, denn es wird bei Mal. 3,19 darauf hingewiesen: *Denn siehe, es kommt ein Tag, der brennen soll wie ein Ofen. Da werden alle Verächter und Gottlosen Stroh sein, und der kommende Tag wird sie anzünden …* Zugleich aber die Verheißung (Mal. 3,20): *Euch aber, die ihr meinen Namen fürchtet, soll aufgehen die Sonne der Gerechtigkeit …* Damit ist der Grund für die Mission des Täufers gelegt, die auf die Umkehr der *Metanoia* abzielt, was aber nicht weiter erwähnenswert wäre, wenn mit dieser Mission nicht ein ganz konkrete Absicht verfolgt worden wäre.

Bei Maleachi geht der Text nämlich weiter. Dort steht dann anschließend (Mal. 3,22-23): *Gedenkt an das Gesetz meines Knechtes Mose, das ich ihm befohlen habe … an alle Gebote und Rechte! Siehe, ich will euch senden den Propheten Elia, ehe der große und schreckliche Tag des Herrn kommt.* Das ist es, worauf der Jesus der Synoptiker uns einzuschwören versucht, das Gesetz und den Aufstand. Nicht umsonst wird in den Offenbarungsszenen Jesu vor Petrus, Johannes und Jakobus auf die Wiederkehr des Elia orientiert. Es ist die Ideologie der Menschensohnverschwörung der Essener. Beide, Jesus und auch der Täufer, berufen sich auf die gleiche Quelle, aber sie interpretieren es jeweils anders.

Am Ende wird das dann nach mehr als vierzig Jahren im ersten Kapitel des Markus-Evangeliums so zusammengebacken, wie es nun dasteht. Aus dem Gegeneinander des Täufers und des Jesus von Nazareth wird ein Nacheinander und aus Kontrahenten werden dadurch im Nachhinein Verbündete gemacht. Besonders muss darauf hingewiesen werden, dass beim Zitat der Lesung des Jesaja in der Synagoge in Nazareth lt. Lukas der Satz (Jes. 61,2b): *…und einen Tag der Vergeltung unseres Gottes …* weggelassen wurde. Jesus rief in Nazareth zwar das Gnadenjahr aus, muss dabei aber auch die Aufstandsverschwörung offenbart haben, die mit dem *Tag der Vergeltung* gekoppelt war, was man aber bei der Übernahme dieses Textes in das Evangelium weggelassen hat, was tatsächlich schon bei der Niederschrift des Evangeliums über die gezielte Abfälschung der ursprünglichen Aussage zur pazifistischen Umdeutung der tatsächlichen Absichten Jesu benutzt wurde.

Das ist jedoch keineswegs ein Einzelfall, wo man so verfuhr. Es gibt nämlich noch weitere Stellen in den Evangelien, wo man abmildernd die ursprüngliche Aussage durch Kürzungen abänderte und verfälschte. Konzentriert findet sich das bei Lukas (Lk. 7,18-23) in der unverständlichen Antwort, die Jesus dem Täufer auf seine Anfrage aus der Gefangenschaft gibt, ob er der Messias sei. Abgesehen davon, dass es diese Anfrage aus der Gefangenschaft kaum gegeben haben kann, weil der Täufer erst fünf Jahre nach Jesu Hinrichtung gefangen gesetzt und geköpft wurde, vermittelt doch auch der bei Matthäus (Mt. 11,2-6) dafür ausgesuchte Text im Hinblick auf seine eigentlichen Quellen eine ganz andere Aussage, wie es uns Ranke-Heinemann zwar herausarbeitet, aber dann anders interpretiert, weil sie bei ihrer Analyse auch auf ein anderes Ziel orientiert ist: (Lk. 7,22): ... *Geht und verkündet Johannes, was ihr gesehen und gehört habt: Blinde sehen, Lahme gehen, Aussätzige werden rein, Taube hören, Tote stehen auf, Armen wird das Evangelium gepredigt.* Diese Antwort, die Jesus dem Täufer geben lässt, ist nach ihrer Analyse eine Kombination aus drei Zitaten aus dem Propheten Jesaja, nämlich Jes. 29,18f., ferner Jes. 35,3 f. und wieder, wie in der Synagoge von Nazareth, Jes. 61,1. Bei allen drei Zitaten wurden die unmittelbar zuvor stehenden oder folgenden Rache- und Vergeltungsworte der zitierten Originale weggelassen. Bei Jes. 29,19 steht nämlich anschließend an den verwendeten Text: *Denn es wird ein Ende haben mit den Tyrannen ... und es werden alle vertilgt werden, die darauf aus sind, Unheil anzurichten ...* Bei Jes. 35,3 steht zuvor: *Seid getrost, fürchtet euch nicht! Seht, da ist euer Gott! Er kommt zur Rache; Gott, der da vergilt, kommt und wird euch helfen.*, und bei Jes. 61,2b: *... und einen Tag der Vergeltung unseres Gottes...* Zusammengefasst: Sobald die Blinden sehen, Lahme gehen, Taube hören und Tote auferstehen, dann ist die Zeit des *Tages der Vergeltung* der Essener gekommen. Das muss als die tatsächliche Botschaft Jesu an seine Anhänger gewesen sein.

Die Prophetenbücher der Tora enthalten die verschiedensten Texte zum sogenannten *Tag des Herrn:* (Amos 5,18): *Wehe denen, die des Herrn Tag herbeiwünschen! Denn des Herrn Tag ist Finsternis und nicht Licht, ...* (Jes. 2,12): *...Denn der Tag des Herrn Zebaoth wird kommen über alles Hoffärtige und Hohe und über alles Erhabene, dass es erniedrigt werde ...* (Joel 2,11): *... Ja, der Tag des Herrn ist groß und voller Schrecken, wer kann ihn ertragen?* Auch Hesekiel (Hes. 7) verkündet den Tag des Herrn als Tag des Zornes und des Jammers, an dem ein Unglück auf das andere folge. Die Verkündung des großen Gerichtstages des Herrn ist auch bei Zefania der Tag von Gottes Zorn, dessen Beschreibung das ganze 1. Kapitel umfasst. Er ist der Tag des Grimmes, der Trübsal, der Angst, des Wetters, des Ungestümes und der Finsternis. Da steht auch u. a. ganz konkret, was von Jesus als *Tempelreinigung* berichtet wird (Zef. 1,11): *...denn das ganze Krämervolk ist dahin, und alle, die Geld wechseln, sind ausgerottet.* Bei Maleachi finden wir das personell konkretisiert (Mal. 3,23): *Siehe, ich will euch senden den Propheten Elia, ehe der große und schreckliche Tag des Herrn kommt.*, und im apokryphen Sirachbuch wird dem Propheten Elia von Gott versprochen, dass er als Ausführender für diese ausdrücklich strafende Mission ausersehen sei (Sir. 48,10). Das ist es, was der Mission des Verschwörers Jesus von Nazareth zugrunde lag.

In den Texten der späteren Apostelbriefe ist nach Jesu Auferstehung und Himmelfahrt als Christus dann dieser *Tag* allerdings schon ein Ziel, ein Tag, auf den man hoffen soll, dem man freudig entgegensehen kann, denn es ist der Tag, an dem Christi, der himmlische Messias mit Gewissheit wieder erscheinen wird. Das steht so im Philipperbrief (Phil. 1,6 und 1,10), auch im 1. Korintherbrief (1. Kor. 1,8) und im 2. Korintherbrief (2. Kor. 1,14). Hier wird deutlich, wie man mit Hilfe zurückdatierter Verheißungen den neuen Glauben schmackhaft machen wollte, denn es ist kaum anzunehmen, dass die Theologie der später geschriebenen Evangelien wieder hinter die der Apostelbriefe zurückgefallen sein sollte. Hier waren spätere Korrektoren des 2. Jahrhunderts in den Apostelbriefen am Werk.

In den Evangelien ist der *Tag des Herrn* noch nicht so hoffnungsfroh umgedeutet. Dort wird er uns als der Tag der Wiederkunft Christi vermittelt, aber als der Tag der Parusie. Bei Mt. 7,22 wird von *jenem Tage* geschrieben, und dass er für Manchen ein böser Tag, ein Tag des Gerichtes werde. Dass es der Tag des Kommens des Menschensohnes ist, steht dann bei Mt. 24,36: *Von dem Tage aber und von der Stunde weiß niemand, auch die Engel im Himmel nicht, auch der Sohn nicht, sondern allein der Vater.*, was aber auch bedeutet, dass es der *Tag des Herrn* der Propheten sein muss, denn auch bei Lukas finden wir beispielsweise (Lk. 10,12): *...Es wird Sodom erträglicher ergehen, an jenem Tage, als dieser Stadt.* Auch der 2. Petrusbrief liegt auf dieser Linie (2.Petr. 3,10): *Es wird aber der Tag des Herrn kommen wie ein Dieb; dann werden die Himmel zergehen mit großem Krachen; die Elemente aber werden vor Hitze schmelzen, und die Erde und die Werke, die darauf sind, werden ihr Urteil finden.* Auch auf diese Weise erhellt sich, was der Mission des Jesus von Nazareth tatsächlich ursprünglich zugrunde lag.

Diese Auslegung bestimmter Bibelstellen mag ungewöhnlich erscheinen. Es gibt aber kaum andere Deutungsmöglichkeiten, wenn man auch Jesus nicht als religiösen Schwärmer, sondern als tatsächliche historische Person annehmen will und dabei die realpolitischen Gegebenheiten der damaligen Zeit als Basis nimmt.

Die Apostelgeschichte des Lukas

Wir wissen aus den Evangelien, was bis zur Hinrichtung des Jesus aus Nazareth alles geschah, und nun auch, was damit bezweckt war, aber wie die Glaubensgemeinschaft der Christen entstand, liegt weiter im Dunkel. Die Apostelgeschichte des Lukas informiert uns nun, wie das entstand, was wir unter dem Christentum verstehen, und vor allem, wie seiner Ausbreitung begonnen haben soll. Es wird berichtet, wie es nach der Kreuzigung Jesu zur Gründung der neuen Sekte der Urchristen kam, deren weitere Geschichte, und hauptsächlich die Heidenchristenmission des Paulus von Tarsus. Weil Jesus fehlt, tritt nun ein Teil der nun zu Aposteln ernannten Jünger Jesu und vor allem der neu dazu stoßende Saulus/Paulus, ihre Aktivitäten und Schicksale in unseren Gesichtskreis.

Tasten wir uns nun auf der Grundlage der gerade aus den Evangelien der Synoptiker gewonnenen Erkenntnisse an diese Geschichte heran, denn die tatsächliche Mission des Jesus von Nazareth unterscheidet sich in ihrer Zielstellung so stark von dem, was am Pfingsttag des Jahres 30 in Jerusalem verkündet wurde und zur Bildung der neuen Sekte führte, dass auf den ersten Blick gar kein Zusammenhang anzunehmen wäre, wenn nicht auf Jesus hingewiesen würde.

Es fehlen uns mindestens vierzig Jahre Bericht von dem, was sich vom Moment der Auferstehung Jesu bis zur Erarbeitung der Evangelien ereignet hat. Die Apostelbriefe berichten zwar aus dieser Zeit, enthalten aber nur wenig von dem, was in Jerusalem, dem Zentrum, wo alles begann, damals passierte. Sogar die Apostelgeschichte hält sich betreffs dessen, was inhaltlich wirklich missioniert wurde, sehr zurück. Im Falle der sofortigen Niederschrift der Evangelien direkt nach den Ereignissen, wäre das verständlich. Nun besteht aber diese Lücke dieser vierzig Jahre zwischen dem zuletzt in den Evangelien Berichteten und dessen Niederschrift, denn auch die Apostelgeschichte wurde erst nach den Evangelien erstellt, was in den Jahren nach 70 und nach der Niederwerfung des judäischen Aufstandes erfolgte. Die in ihr verarbeiteten Fakten sind aber älter als die Evangelien. In Lukas, dem Autor der Apostelgeschichte, haben manche den Arzt des Paulus sehen wollen, der ihn auf seinen Missionsreisen begleitet haben soll, aber es ist zweifelhaft. Lukas erwähnt nirgendwo in seiner Apostelgeschichte den regen Schriftwechsel des Paulus und nimmt auch kaum auf Ereignisse Bezug, die mit diesen Briefen in Zusammenhang stehen. Paulus richtete seine Reisetätigkeit nach Aussage der Briefe doch sehr stark danach aus, wo er Probleme sah, die sein Eingreifen erforderlich machten. Es wird deshalb allgemein vermutet, dass der zusammenstellende Redakteur und Autor der Apostelgeschichte des Lukas nur persönliche Tagebuchaufzeichnungen dieses Arztes verwendete.

Wie er zu diesem Tagebuch kam wäre dann die nächste Spekulation. Lt. der Paulusbriefe war Lukas einer seiner treuesten Mitarbeiter, der bis zuletzt noch bei ihm war, was auf Rom hinweist. Zumindest der Endredakteur der synoptischen Evangelien muss aber früher Kontakt zu diesem Berichterstatter gehabt haben, zur Zeit der Niederschrift noch leben, und zwar in Rom.

Es ist, wie von mir schon einmal vermutet, der Jünger Johannes, der infrage käme. Wie er nach Rom kam, hat uns Flavius Josephus nachgewiesen und ich werde diesen Nachweisen später noch genauer nachgehen. Man hat es bisher, ob nun mit oder ohne Absicht, nur übersehen. Wichtig ist nur, dass ihn Josephus für uns tatsächlich historisch nachweist. Die behutsame Art, mit der die Person des Johannes trotz seiner ständigen Präsenz in der Apostelgeschichte zurückgenommen ist, muss man als ein weiteres Indiz werten. Es bestätigt uns aber auch dort, dass er seine Finger im Spiel hatte. Er steht immer etwas im Schatten. Manche Vorkommnisse werden aber erst verständlich, wenn man sie mit Johannes in Verbindung bringt.

Geschrieben hat Johannes die Apostelgeschichte aber nicht. Es ist nicht sein Stil, wenn man den Vergleich zum Johannes-Evangelium zieht. Es müssen andere gewesen sein, die es unter seiner Leitung taten. Es ist zwar nicht sein Stil, aber es ist das von seiner Grundhaltung geprägte Gedankengut, die Preisgabe nur ihm noch bekannter Fakten, und die schon in den Evangelien der Synoptiker zu erkennende, auch der Apostelgeschichte zugrunde gelegte strategische Linie, welche auch dieser Bericht atmet. Der Koordinierende der Gesamtaktion zur Erstellung der Evangelien und der Apostelgeschichte weicht aber in diesen Schriften an entscheidenden Punkten ganz deutlich von Paulus und der heute verfügbaren Endfassung der ihm zugeschriebenen Lehre ab, so dass anzunehmen ist, dass die paulinische Theologie vor der Ausfertigung dieser genannten Schriften noch gar nicht bis zur der uns heute vorliegenden Form der Texte ausgearbeitet war. Wichtig ist aber vor allem der Hauptgrund, weshalb die Apostelgeschichte geschrieben wurde. Wenn auch die später entstehenden Christengemeinden vorrangig danach verlangen, mehr von Jesus zu erfahren, sie brauchen, nachdem in den Evangelien der Lebenslauf Jesu niedergeschrieben wurde, auch die zeitliche Anbindung der Entwicklung des Christentums an ihre Zeit. Man könnte annehmen, dass das Aussterben der Augenzeugen diese Niederschrift erforderlich machte. Der Inhalt der Apostelgeschichte deutet aber auch auf andere Motive hin.

Die Spur des Paulus verliert sich leider in den Wirren der Christenverfolgung des Nero um 64. Das entnehmen wir aber nur aus der Apostelgeschichte, weil anschließend nichts mehr über ihn berichtet wird. Bis zum Auszug der Judenchristenzentrale aus Jerusalem, vor der Einschließung der Stadt im Jahre 70, ist wohl immer noch eine lose Bindung der Gemeinden zu ihr vorhanden. Mit dem anschließenden Fall Jerusalems ist die Christenheit aber um ihr mystisches Zentrum und damit wahrscheinlich auch um die dort bewahrten

Basisinformationen zu ihrer Geschichte gebracht worden. Die Apostelgeschichte, die das überbrückt und als Fortsetzung des Lukas-Evangeliums zu betrachten ist, schließt zwar an, benutzt aber keine vorgegebenen Legendenvorlagen zu Jesus mehr, wie im Evangelium, sondern liefert uns einen ziemlich trockenen reportageartigen Bericht. Sie ist trotzdem eine komplizierte Montage aus verschiedensten Informationen und Fakten, welche wir als die Entstehung und den Siegeslauf der christlichen Religion interpretieren. Was sich allerdings an historischen Vorgängen erst aus ihrer Gesamtschau und unter Berücksichtigung der tatsächlichen Mission des Jesus von Nazareth aus der Apostelgeschichte zurückschließen lässt, eröffnet uns erst den Blick auf den tatsächlichen Ablauf der Ereignisse.

Ich werde nun eine kurze, kritisch-kommentierende Auswertung der Apostelgeschichte versuchen und sie erst danach genauer auf bestimmte inhaltliche Dinge hin untersuchen, weil die in ihr verarbeiteten Informationen in einer Form ineinander verflochten sind, die nur durch schichtweise Abtragung verständlich gemacht werden können. Es ist auch anzunehmen, dass gleich zu Anfang eine mehrfache Komplettüberarbeitung des Gesamttextes erfolgte und man auch bei der Weiterverbreitung weniger sorgfältig verfuhr, so dass sich Abschreibfehler einschlichen, die auch zu entscheidenden Inhaltsverfälschungen führten.

Während die Evangelien bezüglich der Himmelfahrt des Jesus sehr zurückhaltend sind, der Himmelfahrtsbericht bei Markus sogar als eine späte Ergänzung entlarvt wurde, Matthäus sie ganz ausspart, bei Lukas ein Text steht, den man eher als letzte Worte auf dem Totenbett lesen würde, und auch Johannes die Himmelfahrt verschweigt, liefert uns die Apostelgeschichte des Lukas den einzigen wirklichen Himmelfahrtsbericht. Weil nun aber im Neuen Testament die Apostelgeschichte direkt im Anschluss an das Johannes-Evangelium eingeordnet ist, welches zwar die Auferstehung, aber keine Himmelfahrt enthält, liest man es als die Fortsetzung dieses Evangeliums, was die Apostelgeschichte aber keinesfalls ist.

Gleich am Anfang macht Lukas nun eine Bestandsaufnahme der wichtigsten Personen. Im 1. Kapitel zählt er auf, wer alles dazu gehört (Apg. 1,13-15). Es handelt sich da neben den übergebliebenen Jesusjüngern um eine Versammlung von ungefähr 120 Leuten. Es ist keineswegs nur ein trauerndes Grüppchen, was wir da finden. Judas fehlt. Er wird hier letztmalig kurz erwähnt. Sein Tod ist mysteriös. Er fällt hin und platzt. Bei Matthäus erhängt sich Judas beispielsweise noch. Markus vergisst ihn ganz und Johannes weiß auch nach dem Verrat nichts mehr von ihm zu melden. Auch der plötzliche Auftritt des Petrus, der nun die Führung an sich reißt, ist ungewöhnlich. Dieser begriffsstutzige Haudrauf der Synoptiker soll plötzlich Charisma entwickelt haben?

Die Apostelversammlung muss nach Wegfall des Judas wieder vervollständigt werden. Dessen ungeheuerlicher Vertrauensbruch wird gar nicht erst ausgewertet, sondern nur als Grund für die Neuwahl seines Nachfolgers angeführt.

Hat niemand Angst, dass sich weitere Verräter unter den Jüngern befinden? Dieser Judas und seine verwerfliche Tat werden sonst nirgendwo mehr thematisiert, als hätte es ihn nie gegeben. Paulus kennt ihn bekanntlich gar nicht, was darauf hindeuten würde, dass Judas als Person erst mit der Erarbeitung der Evangelien erfunden wurde, und hinter dem Verrat Jesu etwas anderes steckt.

Man stellt zwei Kandidaten auf und wirft das Los. Es fällt auf Matthias. Das sieht sehr stark nach der personellen Vervollständigung einer Organisationsstruktur aus, und nicht nach Religion. Die nun folgende Pfingstgeschichte lebt von der Predigt des Petrus, der hier erstmalig die Auferstehung Jesu berichtet und selbst bezeugt, dabei zur Umkehr und Buße aufruft und seltsamerweise auch zur Taufe, woraufhin man die neue Sekte gründet. Die vergrößert sich schlagartig. Es werden an dem Tag dreitausend neue Mitglieder geworben und es werden immer mehr. Man betet von nun an gemeinsam, wirft allen Besitz zusammen, hält die Mahlzeiten gemeinsam und verbrüdert sich. Alle warten auf den *Menschensohn*, der versprochen hat, bald wieder zu kommen, und zwar vom Himmel. Petrus predigt aber offensichtlich und vorrangig die Buße und Umkehr, wie der Täufer. In Wirklichkeit wird hier aber offensichtlich den angeworbenen Mitgliedern der Essenerverschwörung erstmals die Chance geboten, in die Öffentlichkeit zu treten. Ihnen wird so über den Beitritt zu der neuen Organisation die Möglichkeit zur straflosen Legalisierung gegeben.

Petrus und Johannes werden von nun an immer wieder zusammen erwähnt. Es ist auch erstaunlich, wie gut Petrus als einfacher Fischer hier die Schrift kennt. Er predigt. Ist es noch derselbe? Mal wird er Petrus genannt und ein andermal Kephas. Die Namensverwendung wechselt im Text der Apostelgeschichte aber stets so willkürlich, dass vorerst kaum eine Zuordnung oder Trennung möglich scheint, es den Abschreibern wohl auch egal war, welchen Namen sie verwendeten, weil sie, wie auch wir, das nur als Synonyme des gleichen Namens betrachteten.

Die Obrigkeit lässt Petrus und Johannes gefangen setzen (Apg. 4). Man braucht keine Schwarmgeister. Da sich nun schon fünftausend zu der neuen Sekte bekennen, macht das obrigkeitliche Maßnahmen erforderlich. Die Gefangenen werden befragt und sie berufen sich auf Jesu Lehre. Der war zwar ein Missionar der Essener, aber davon spricht keiner. Petrus und Johannes predigen in seinem Namen, aber wohlweislich nicht die Lehre vom *Menschensohn*, sondern die von der baldigen Wiederkehr Jesu vom Himmel. Das ist etwas anderes. Aufruf zur Buße und Umkehr in der Hoffnung auf baldigen himmlischen Eingriff in das irdische Geschehen sind erlaubt. Das hat schon der Täufer gepredigt und scheint es noch zu predigen, denn wir haben das Jahr 30, in dem der Täufer noch lebt und auch noch frei ist.

Zumindest Johannes und Andreas waren nach dem Bericht des Johannes-Evangeliums vorher Jünger des Täufers. Aber der Täufer soll schon hingerichtet sein, weil er Herodes beleidigt hat. Auch hier stimmt schon einmal etwas prinzipiell nicht. Wer sich auf des Täufers Lehre beruft, befindet sich aber, wie nicht nur aus der Apostelgeschichte, sondern auch aus den Evangelien hervorgeht, zu dem Zeitpunkt noch auf der sicheren Seite der Argumentation. Der Täufer predigte das Weltgericht Gottes. Die Neuen predigen, dass der gen Himmel gefahrene Jesus Christus, das dann im Auftrag Gottes durchführt. Die Jesusfraktion ist nach der Apostelgeschichte nun tatsächlich eine Spielart der Täufersekte, was sie zu Jesu Lebzeiten nie war. Auf alle Fälle sind die Neuen eine verdächtige Gruppierung. Unter dem Gebot, (die Lehre des Täufers?) nicht mehr im Namen Jesu zu predigen, werden Petrus und Johannes wieder aus der Haft entlassen.

Die innerhalb der Sekte rückhaltlose Gütergemeinschaft wird neu beschworen und die absolute Armut des Einzelnen zur Bedingung gemacht. Das wird uns aber extrem überzogen vermittelt. Im 5. Kapitel ist es drastisch dargestellt. Das Ehepaar Ananias und Saphira spendet zwar sein Eigentum, aber sie wagen es, einen Notgroschen für sich zurückzubehalten. Petrus hält ihnen das vor und sie bestreiten es auch nicht, aber beide fallen anschließend in Erkenntnis dieser Sünde gleich tot um.

Das Armutsgebot ist ein eisernes, von Anfang an. Es verwundert jedenfalls beim Vergleich mit Luk. 19,1-10. Dort kehrte Jesus beim Oberzöllner Zachäus ein, welcher daraufhin nur die Hälfte seines Besitzes den Armen zu spenden versprach, und sich nur verpflichtete, zu Unrecht eingezogene Steuern vierfach zurückzugeben. Der hatte bestimmt anschließend noch genug Geld. Jesus lobte und segnete ihn aber schon auf diese reine Absichtserklärung hin samt seinem Haus.

Das muss eine andere Lehre sein, und keineswegs die Liebesreligion, die nach Auferstehung und Himmelfahrt Jesu Boden zu gewinnen versucht und das auch nach außen vorgibt, wenn die Zurückhaltung des Notgroschens für deren Bekenner tödlich ist. Solche Disziplinverstöße, wenn man sie in den ursprünglichen Zusammenhang mit dem *Menschensohnverschwörung* der Essener setzt, wurden demnach auch mit dem Tode bestraft, was sich sogar mit der Berufung auf die Heiligkeit der Tarnung mit der Aktion Sabbatjahr rechtfertigen ließ.

Die Apostel Petrus und Johannes bewirken nun Wunderheilungen. Sie kommen erneut ins Gefängnis. Aber selbst das Wachpersonal ist schon auf ihrer Seite. Während man die Apostel eingesperrt glaubt, lehren sie schon wieder im Tempel. Es kommt zur erneuten Festnahme und zum Verhör vor dem Hohen Rat. Die Standpunkte verhärten sich. Petrus bezichtigt den Hohen Rat, Jesus ermordet zu haben. Es ist klar, dass man es nicht durchgehen lassen kann und erwägt ein neues Exempel: Die Tötung der Apostel. Hier greift nun Gamaliel, ein Schriftgelehrter und Pharisäer ein.

Dieser Gamaliel ist historisch als der Enkel Hillels, des gemäßigten Vorstehers des Sanhedrins zur Zeit des Menachem-Aufstandes nach dem Tode Herodes des Großen nachgewiesen.

Er bringt zwei Beispiele gleicher Art aus der Vergangenheit, wo auch die Anführer religiöser Gruppen, die sich als Messias ausgaben, hingerichtet wurden. Er zählt auch Jesus zu dieser Art Heilsbringer. Auch wenn jetzt diese Apostel getötet würden, im nächsten Moment bildeten sich wieder neue Gruppen. Er rät von zu strengen Maßnahmen ab. Was dort (Apg. 5,36-39) steht, kann aber nicht alles gewesen sein, worüber Gamaliel den Sanhedrin informierte und wozu er geraten haben mag. Nicht umsonst lässt er die Angeklagten erst aus dem Saal bringen, bevor er sich mit dem Tribunal darüber berät. Petrus und Johannes werden wieder freigelassen. Es bleiben Fragen offen. Anscheinend ist nicht der gesamte Hohe Rat in alles das eingeweiht, was seine Führung hinter den Kulissen zu arrangieren versucht.

Die neue Sekte geht nach dieser Prinzipklärung nun an den Aufbau der Organisation ihrer neugegründeten Gemeinschaft. Es gibt angeblich Gezänk betreffs der gleichmäßigen Verteilung des Liebesmahles. Dazu ist ein Apostel nicht da, dass er sich um die Verteilung der Nahrungsmittel kümmert. Da käme er nicht mehr zur Verkündung der Lehre. Es werden deshalb sieben *„Armenpfleger"* aus der Gemeinde gewählt. Das sind sie: Stephanus, Philippus, Prochorus, Nikanor, Timon, Parmenas und Nikolaus. Diese sieben neuen Köpfe tauchen nun unter der Tarnung der Sozialarbeit ins Licht der Öffentlichkeit. Sie versuchen sich nämlich weniger in Armenpflege, sondern in Agitation zu profilieren.

In Wirklichkeit taucht hier aus der zweiten Reihe eine oppositionelle Gruppe mit Führungsanspruch aus der Verschwörermasse auf, die den neuen Schmusekurs der plötzlich auf den Himmel vertröstenden Liebesreligion ihrer obersten Führung nicht mit tragen wollen. Sie sind griechische Juden. Ihnen reicht der angebotene Kompromiss nicht, welcher in einer heute als urkommunistisch zu bezeichnenden Variante einer Vereinigung Gleichberechtigter in einem sozial abgesicherten Netz bestanden haben muss.

Der politische Putsch zur Vereinnahmung der Verschwörer stellt sich damit als eine nur unzureichende Palastrevolte heraus, denn das Aufstandspotential besteht weiter, weil weder die Römer verjagt sind, noch das Gottesreich des Messias errichtet wurde. Dass diese Sekte nur durch fortlaufende finanzielle Unterstützung von außen funktionieren konnte, sieht man auch an den Bemühungen, seitens der Mitglieder wirklich allen Besitz gespendet zu bekommen und auch ständig zusätzliche Mittel für die *Armen* in Jerusalem aufzutreiben.

Stephanus ist einer dieser *Pfleger*, der besonders eifrig agitiert. Man erkennt das seitens der Tempelpriesterschaft, tut aber offensichtlich nichts dagegen. Es kommt zur Kontroverse des Stephanus mit Juden verschiedener Synagogen und Landesgruppen. Lukas zählt da fünf auf. Es scheinen nicht nur kleine Grüppchen um einen Synagogenvorsteher zu sein. Sie beschuldigen Stephanus, er predige gegen das Gesetz Mose und behaupte, dass Jesus diese heilige Stätte (den Tempel?) zerstören werde und die Ordnung ändern wolle. Sie bringen ihn vor den Hohen Rat.

Das ist eine völlig neue Strategie. Nicht der Rat klagt an, sondern der Rat lässt anklagen. Man ist irritiert, Stephanus predigt offen gegen den Tempelkult und befindet sich damit auf dem sicheren Boden der großen Propheten, die auch dagegen waren. Als er in der Rage seiner Anklage der Priester aber ausruft (Apg. 7,56): ... *Siehe, ich sehe den Himmel offen und den Menschensohn zur Rechten Gottes stehen,* kommt es zum Tumult. Stephanus wird zur Stadt hinaus gejagt und da gesteinigt. Er hat sich selbst verraten. Er vertritt und missioniert demnach immer noch die Essenerverschwörung vom irdischen Reich des Menschensohns, welche nachweisbar auf den Aufstand gegen Rom orientierte.

Während die Apostel und ihre Anhänger immer einmütig im Tempel beteten (Apg. 3,46), predigten Stephanus und seine *Armenpfleger* in den Synagogen, so wie vorher schon Jesus, was ein bezeichnendes Licht auf die Führung der Urchristen wirft und einen Hinweis auf deren neue Auftraggeber gibt. Es sollte hier sichtlich etwas wieder in Ordnung gebracht werden. Man hat endlich den Beweis und verfolgte nun die Neuen, weil sie verkappte Verschwörer wären. Aber nicht der Hohe Rat ist jetzt der Verfolger, sondern die jüdische Glaubensgemeinschaft. Der Hohe Rat hat sich aus der Schusslinie zurückgezogen. Er verurteilt nur noch. Die Täter werden ihm gebracht.

Hier, an der Schnittstelle vom 7. zum 8. Kapitel tritt Paulus erstmals auf, wird aber noch nach seinem ersten Vornamen Saulus genannt. Er beaufsichtigt angeblich die Steinigung des Stephanus und betreibt im Anschluss daran die erste Christenverfolgung in Jerusalem. Wer nicht flieht, kommt ins Gefängnis. Verwunderlich ist daran, dass die Apostel nicht fliehen und anscheinend auch nicht verfolgt werden. Saulus scheint nur die zu verfolgen, die zu Stephanus gehörten, also die *Armenpfleger* und deren Anhänger.

Einer der neuen Armenpfleger, Philippus, flieht nach Samarien und predigt. Er hat Zulauf. Die Zentrale in Jerusalem wird stutzig. Philippus ist kein Apostel. Petrus und Johannes, die beiden Unzertrennlichen, machen sich auf den Weg und verleihen nun ihrerseits den neuen Gläubigen die Kraft des Heiligen Geistes, damit die Taufe des Philippus auch rechtens wäre. Es heißt über den Einsatz des Petrus und des Johannes in Samarien wörtlich:

(Apg. 8,16-17): ... *denn sie waren allein getauft auf den Namen des Herrn Jesus. Da legten sie die Hände auf sie und sie empfingen den Heiligen Geist.*

Philippus führte demnach tatsächlich die ursprüngliche essenische Mission Jesu weiter, denn er tauft im Namen Jesu, während die Apostel seit dem Pfingsttag im Namen Gottes taufen, wie schon der Täufer. Diese Korrektur der Taufe durch die Apostel war aber der entscheidende Schnitt, welcher die essenischen Verschwörer von der neuen Sekte *des Weges* trennte, wie sie sich nun nannte, während wir glauben aus diesem Text sei nur zu entnehmen, dass jetzt das Christentum Samarien erreicht hätte.

Die Apostel müssen aber tatsächlich aufpassen, dass ihnen die Sache nicht entgleitet. Es sieht ganz nach einem von Philippus ausgelöstem Aufstand aus, der von Petrus und Johannes noch im letzten Moment wieder befriedet werden konnte. Dass diese beiden Apostel mit dem Sanhedrin und Saulus zusammenarbeiten, drängt sich auf, denn sie wohnen in Jerusalem und werden weder bedroht noch verfolgt. Es ist mindestens ein Akt einer Disziplinierung, welcher bei Übernahme dieser Verschwörer in die neue Sekte praktiziert wurde, was in Samarien passierte.

Wir finden Philippus als nächstes fernab auf der Straße von Jerusalem nach Gaza, wo er angeblich einem hohen äthiopischen Beamten bekehrt, den Kämmerer der Königin von Äthiopien, der in Jerusalem war, um im Tempel zu beten. Wie das frühe Christentum nach Äthiopien kam, ist uns nun erklärt.

Philippus zieht weiter und man sieht ihn in der Gegend von Aschdod, von wo er predigend durch die Städte zieht, bis er Cäsarea erreicht Es beweist, dass es hier in Wirklichkeit um etwas anderes ging, als um eine neue Erlösungslehre. Die Verfolgung der nicht befriedeten Verschwörer hat ihren Aufstand im Lande zur Folge. Es ufert zum Flächenbrand aus. Es zeigt sich, wie gut Jesus vorgearbeitet hat. Die Sache muss anders angepackt werden.

Saulus begibt sich nun nach *Damaskus*, statt die Vertriebenen im Inland weiter zu verfolgen. Diesen Auftrag muss man als einen vorgeschobenen betrachten. Saulus wird hier nur aus der direkten Verfolgungsaktion herausgenommen, weil man ihn anderweitig einsetzen will. *Damaskus*, wohin er abgestellt wird, das war die Siedlung und auch die Zentrale der Essener in *Qumran* welches lt. Knohls Ermittlungen damals den Tarnnamen *Damaskus* trug. Es scheint ein geheimdiplomatischer Auftrag gewesen zu sein.

Die in diesem Zusammenhang überlieferte große, ihn angeblich bekehrende Christusvision des Saulus, die ihm hier zugeschrieben wird, aber von ihm selbst nirgendwo bezeugt ist, kann man deshalb kommentarlos übergehen. Es wird berichtet, dass Saulus sich in *Damaskus* von dem Jünger Ananias in die neue Lehre einführen lässt. Das ist im 9. Kapitel alles sehr gut, aber vor allem ganz anders erklärt. Verräterisch ist die anfangs abwehrende Haltung des Ananias, der sich vorher weigert, der direkt an ihn ergehenden Weisung Gottes nachzukommen, sich um Saulus zu kümmern.

Hier greift Gott direkt ein, obwohl es Jesus zukäme, der doch Saulus gerade erschienen sein soll. Das bedeutet, dass Ananias im direkten Auftrag des Sanhedrins oder eher der Tempelpriesterschaft handelt. Er ist demzufolge ein bereits installierter Mann des Sanhedrins bei den Essenern, der das dortige Umfeld kennt und Saulus bei den Essenern bei der Erledigung einer Mission unterstützen soll. Das lässt sich nur so entwirren, dass man in Jerusalem der Hohe Rat das strategische Konzept tatsächlich verändert hat. Saulus/Paulus, nach eigenem späterem Bekenntnis angeblich ein Schüler des Gamaliel, wurde aus der Aktion Verfolgung zurückgezogen. Er wechselt auch den Namen, ist in Qumran sozusagen inkognito, und nachdem er mit dem bereits dort befindlichen Ananias eine uns vorenthaltene geheime Mission erfolgreich beendet hat, soll er anscheinend in die Führung der neuen Jerusalemer Sekte eingeschleust werden. Der Ankläger als Überläufer.

Mit einer entsprechend empfehlenden Legende trifft er nämlich wieder in Jerusalem ein. Die Apostelgeschichte spricht von seiner Verfolgung durch die strenggläubigen Juden in *Damaskus*, dass Paulus nur wenige Tage dort war, und dass ihn seine Jünger retteten. Dagegen steht aber ein eigenes Zeugnis im 2. Korintherbrief, welches man ohne Not hätte unterschlagen können, weil es in keinerlei Zusammenhang mit anderen Berichten steht, und nur Unstimmigkeit stiftet

(2. Kor. 11,32): *In Damaskus bewachte der Statthalter des Königs Aretas die Stadt der Damaszener und wollte mich gefangen nehmen. Und ich wurde mit einem Korb durch ein Fenster die Mauer hinunter gelassen und entrann seinen Händen.*

Dieser Aretas überfiel aber erst im Herbst des Jahres 35 das Herrschaftsgebiet des Herodes, mit dem er sich erst von da an im Kriegszustand befand. Es könnte demnach eine ganz normale Flucht vor den kommenden Ereignissen gewesen sein, was aber auch nicht der Fall war. Nicht nur der Autor der Apostelgeschichte, verwendet hier eine gezielte Schutzbehauptung, sondern auch Paulus wird hier ohne Not etwas unterstellt, wie sich aus dem Ablauf der folgenden Ereignisse noch ergeben wird.

Man hatte den offensichtlich zurückgerufen, den man erst nach Qumran geschickt hatte. Das ist auch daraus zu schließen, dass der Hohe Rat sich nicht mehr für Paulus und sein Treiben interessiert. Man hätte ihn wenigstens wegen des Seitenwechsels zur Rechenschaft ziehen, oder verwarnen können. Davon verlautet aber in der Apostelgeschichte nichts. Der Verdacht liegt nahe, dass Paulus das alles zumindest in vorheriger Abstimmung, wenn nicht sogar im Auftrag wenigstens eines Mitgliedes des Hohen Rates durchführte. Auch in den Apostelbriefen steht nichts von diesbezüglichen Sanktionen, obwohl Paulus später offen zugibt, anfangs die Christen verfolgt zu haben.

Der Zurückgekehrte hat aber sofort andere Sorgen. Die griechischen Juden verstehen nach seiner Rückkehr angeblich die neue Situation nicht und verfolgen ihn nun. Sie glauben nicht an seine Bekehrung. Hier wird uns indirekt der Beweis geliefert, dass er vor seiner Abreise nach *Damaskus* keineswegs die Sektenmitglieder verfolgte, sondern nur die griechischen *Armenpfleger*, die tatsächlichen Anhänger Jesu und deren Parteigänger. Zumindest diese Parteigänger sind demnach in Jerusalem noch präsent. Um ihn nicht zu verlieren, wird Paulus weiter nach Tarsus, seiner Heimatstadt geschickt.

Etwas an der ganzen Sache bleibt mysteriös. Es muss dabei etwas schief gegangen sein, aber es scheint nichts von Bedeutung zu sein. Es wird uns verschwiegen. Die Apostelgeschichte bezeugt es uns (Apg. 9,31): *So hatte nun die Gemeinde Frieden in ganz Judäa und Galiläa und Samarien...* Warum erst, nachdem Paulus zurück ist und auch weggejagt?

Die Rückkehr des Paulus aus *Damaskus* erfolgte auch keinesfalls nach so kurzer Zeit, wie es uns die Apostelgeschichte berichtet, sondern erst später, und zwar unmittelbar, nachdem Herodes den Täufer köpfen ließ. Es ist zu vermuten, dass man ihn nicht nur denen, die sich mit der neuen Sekte zu Jesus bekannten, sondern auch den Täufern als neues Oberhaupt verordnen wollte. Der Grund für die Hinrichtung des Täufers war, dass Herodes befürchtete, dass sich der Täufer erneut öffentlich gegen ihn stellt, was er unmittelbar vor dem bevorstehenden militärischen Angriff des Aretas nicht dulden konnte. Bei Markus im 6. Kapitel finden wir den Grund. Der Täufer hatte sich in die Privatangelegenheiten des Königshauses eingemischt. Herodes musste das als Majestätsbeleidigung ahnden, tat es aber erst unter dem Zwang der äußeren Bedrohung durch Aretas.

Auch nach Flavius Josephus ist die Sachlage ganz klar: Der Täufer hat zwar Herodes schon im Jahre 28 der Blutschande bezichtigt. Die politische Situation spitzt sich aber erst im Jahre 35 soweit zu, dass Herodes etwas gegen ihn unternehmen muss. Die wegen der Heirat der Herodias erforderliche Verstoßung seiner ersten Frau hatte unter dem Vorwand von Grenzstreitigkeiten für Herodes den Ausbruch von Kampfhandlungen zwischen ihm und seinem bisherigen Schwiegervater, dem König Aretas zur Folge. Dieser Krieg findet im Winter 35 zu 36 statt. Herodes ließ deshalb den Täufer im Herbst 35 gefangen setzen und hinrichten.

Hier klafft eine zeitliche Lücke von knapp fünf Jahren, in welchen die Unterhändler des Hohen Rates (Paulus und Ananias) in *Damaskus* gewesen sein müssen. Die im 2. Korintherbrief behauptete Verfolgung durch Aretas war demnach entsprechend dem Schema: *Der Feind meines Feindes ist mein Freund*, eine Schutzbehauptung gegenüber Herodes. Es ist sogar anzunehmen, dass Paulus in *Damaskus* gar nicht verfolgt wurde. Sein Rückruf erfolgte direkt nach der irgendwann erwarteten Hinrichtung des Täufers, was meine Nachfolgevermutungshypothese stützt, die übrigens auch in den *Pseudoclementinen* belegt ist. Auch Pinchas Lapide geht davon aus, dass Paulus mindestens drei Jahre in dem als „Damaskus" bezeichneten Qumran verbrachte, ehe er nach Jerusalem zurückkehrte.

In den nun in der Apostelgeschichte berichteten Wunderheilungen übertrifft Petrus Jesus sogar in der Wunderwirksamkeit. Die Vision, die Petrus dann in Verbindung mit der *„Einladung"* des Hauptmanns Kornelius hat, begründet die ab dem 10. Kapitel so ausführlich beschriebene, und später angeblich von Paulus später so erfolgreich durchgeführte Heidenmission und ordnet deren Beginn damit für uns unmotiviert Petrus zu.

Im 11. Kapitel bekommt Petrus, nachdem er glücklich wieder in Jerusalem angekommen ist, nun geharnischte Vorwürfe wegen dieser Heidentaufe. Petrus, der sich aber auf sechs Brüder berufen kann, die mit ihm in Cäsarea waren und die bestimmt froh sind, lebendig davongekommen zu sein, überzeugt die Jerusalemer Apostel von der Richtigkeit seines Handelns. Die Heidenmission ist von nun an kein Tabu mehr. Für die christliche Geschichtsschreibung ist nach der Überwindung der Samaritanerschwelle das Christentum nun auch für Heiden erlaubt, was aber selbst aus der Apostelgeschichte nachweisbare andere Ursachen hatte und dieses Korneliusmärchen nicht brauchte, welches eigentlich nur im Zusammenhang mit den Auseinandersetzungen der einzelnen Parteien um die Trennung des Judentums von den Christen am Ende des 1. Jahrhunderts noch eine Rolle gespielt haben muss.

Die Gründe für die Heidenmission des Paulus wurden, wie man auch aus der Apostelgeschichte entnehmen kann, unbeabsichtigt gelegt und ergaben sich nicht zufällig, sondern infolge der Austreibung der *„Armenpfleger"* aus Jerusalem. Ursache waren, nach der Befriedung der von Philippus ausgelösten Aufstände die nachfolgenden Umtriebe des Nikolaus von Antiochia. Zu der Zeit war aber Paulus noch nicht einmal nach *Damaskus* abgestellt, geschweige denn, dass man ahnen konnte, was er später tat. Das geschah alles sogar noch vor seiner *„Bekehrung".*

Der Text des Kapitels 11 der Apostelgeschichte (Apg. 11,19): *Die aber zerstreut waren wegen der Verfolgung, die sich wegen Stephanus erhob, gingen bis nach ... Antiochia und redeten auch zu den Griechen und predigten das Evangelium vom Herrn Jesus.,* schließt eigentlich direkt an Kapitel 8, Vers 3 an: *Saulus aber suchte die Gemeinde zu zerstören, ging von Haus zu Haus, schleppte Männer und Frauen fort und warf sie ins Gefängnis.*

Zwischen diesen beiden Sätzen ist nun der Aufstand in Samarien, die Bekehrung des Saulus und die Korneliusbekehrung eingeschoben. Das ist ein mit dreieinhalb Kapiteln ziemlich umfangreicher Text, den man entfernen könnte, ohne dass einem etwas in der Apostelgeschichte fehlen würde.

Seltsam ist nur, dass die darin enthaltene Rede des Petrus vor Kornelius schon die komplette paulinische Lehre in ihrer vollendeten Fassung des 2. Jahrhunderts und auch schon die erst sehr viel später von Paulus unter dem Drang der zu befriedigenden Neugier seiner Anhänger von ihm entwickelte Erlösungsverheißung enthält, die dem Jesus der synoptischen Evangelien noch fremd gewesen sein muss, weil sie sonst dort stehen müsste.

Aus der Analyse, dessen, was sich in Antiochia, wo die Bezeichnung *Christen* erstmals erscheint, aber tatsächlich ereignete, ergibt sich nämlich ein anderes Bild über die Entstehung der sogenannten Heidenmission. Sie war eine offensichtliche Panne der Anfangszeit, die sich nicht mehr verhindern ließ. Sie hatte mindestens fünf Jahre Zeit, sich zu festigen und konnte nicht mehr ohne Gewalt zurückgeführt werden, was Rom erneut zum Eingreifen veranlasst hätte. Aus ihr entsprang unbeabsichtigt das Heidenchristentum. Barnabas, der eigentlich die Umtriebe des Nikolaus von Antiochia im Auftrag der Jerusalemer Zentrale unterbinden sollte, holt sich nun den nach Tarsus abgeschobenen Paulus nach Antiochia zu Hilfe, weil es in Antiochia plötzlich ein unerwartetes Problem gab, das er nicht allein zu bewältigen wagte. Die bisher rein jüdische Verschwörung rekrutierte sich unter den Bedingungen der Mischbevölkerung Antiochias nicht nur aus griechischen Juden, sondern auch aus heidnischen Griechen, weil auch die Verwandtschaftsbindungen der Verschwörer quer durch diese Religionsgruppen liefen.

Unter dem Erfolgszwang zur Befriedung unter dem religiösen Schirm der neuen Sekte und dem Druck der Verhältnisse übernimmt man nun dort auch diese Heiden in die neue jüdische Sekte. Es fällt anfangs nicht so stark ins Gewicht, weil das politische Ziel ihrer Befriedung vorrangig ist. Die Verschwörer in Antiochia werden von ihnen mit übernommen, wie bereits vor ihnen Johannes und Petrus die Philippus-Anhänger in Samarien übernahmen, was auch da schon für strenggläubige Juden ein Eklat gewesen sein muss. Erst daraus entspringt als unerwünschter Nebeneffekt die Heidenchristenmission. Das Korneliusmärchen erweist sich damit als eine gezielt eingefügte Tarnkappe einer religiösen Deutung für die in Antiochia nur unzureichend bewältigte brisante politische Situation.

Kaum ist aber Paulus wieder im Einsatz, greift Herodes auf die Jerusalemer Zentrale der Sekte zu, lässt Jakobus, den Bruder des Johannes köpfen, auch Petrus einkerkern. Petrus kommt aber unerwartet bei Nacht wieder frei und flieht in den Untergrund. Johannes hilft ihm dabei. Diese ganze plötzliche Verfolgerei ist mysteriös, weil offensichtlich grundlos und unmotiviert, selbst unter dem Aspekt, dass Herodes gegen Aretas gerade eine militärische Niederlage erlitt und nun gegen weiteres leitendes Personal der Täufer vorging. Dass sie mit den Vorgängen um die Damaskusmission des Paulus im Zusammenhang stand, liegt nahe.

Aber auch Johannes wird nun der Boden in Jerusalem zu heiß. Er legt sich den Beinamen Markus zu und geht mit Barnabas und Paulus nach Zypern auf Missionsreise. Auch er muss mit diesen Dingen zu tun gehabt haben. Paulus entlarvt nun auf Zypern einen Propheten mit Namen Barjesus, der etwas anderes als Paulus predigt.

Die Jünger des Täufers, die schon länger unterwegs sind, wissen noch nichts von Jesus und der mit seiner Kreuzigung und Auferstehung verbundenen Erlösungsverheißung, die auch Paulus in Anlehnung an die Pfingstverkündung nun als Erweiterung der Täuferlehre missioniert haben muss. Die predigen immer noch nur die Buße und Umkehr, um vor Gott Gnade finden zu können. Die neue Lehre verlangt im Gegensatz zu ihnen aber weniger und verspricht mehr. Da bewirkt schon allein der feste Glaube die Erlösung. Der Zulauf der von den Täuferjüngern vorbereiteten Massen zum Christentum wäre sonst nicht zu begründen.

Dieser Barjesus kann eventuell sogar ein Anhänger der vertriebenen *„Armenpfleger"* gewesen sein. Nicht umsonst wird (Apg. 11,19-20) darauf hingewiesen, dass die Geflohenen auch auf Zypern missionierten.

Die beginnende Missionstätigkeit für das Christentum ist sowieso nie genau zu definieren. Sie findet in einer Grauzone zwischen der gezielt neutralisierenden Umdeutung einer Verschwörung und der Verkündung einer neuen Heilslehre statt. Aller Wahrscheinlichkeit nach war sie eine Befriedungsaktion, die auf den Fersen der vertriebenen echten Verschwörer erfolgte, um deren Einfluss auf die in der Diaspora lebenden Juden zu unterlaufen und damit zu neutralisieren.

Im Philipperbrief scheint deutlich durch, dass es Paulus noch mit ausgeschwärmten Aufrührern im Sinne der Essener zu tun hat, die weiterhin zum Aufstand schüren, und auch noch selbst gegen Rom kämpfen wollen, wie aus deren Charakterisierung deutlich wird. (Ph. 3,17-20): *...Sie sind die Feinde des Kreuzes Christi. Ihr Ende ist die Verdammnis, ihr Gott ist der Bauch ... sie sind irdisch gesinnt. Unser Bürgerrecht aber ist der Himmel, woher wir auch erwarten den Heiland, den Herrn Jesus Christus,* ... Er bekämpft sie seinerseits mit der neuen Lehre, die nun auf den Himmel verweist.

Auch der Galaterbrief (Gal. 1,6-9) richtet sich gegen diejenigen, die ein anderes Evangelium predigen als das des Paulus. Da scheinen es auch nicht die Täufer, sondern die Jesusanhänger zu sein. Er verflucht sie nämlich, wenn auch mit nur mäßigem Erfolg, denn noch in der Offenbarung des Johannes wird über die Nikolaiten auf Nikolaus von Antiochia verwiesen, dessen Gedankengut in Kleinasien sogar noch um 100 aktuell gewesen sein muss.

Auch die Korinther bekommen ihren Bescheid (1. Korr. 15,19): *Hoffen wir allein in diesem Leben auf Christus, so sind wir die elendesten unter allen Menschen.* Das ist an die gerichtet, die auf einen irdischen Messias und dessen irdisches Gottesreich warten. Es müssen demnach immer wieder die aus Jerusalem Vertriebenen für den Aufstand werben, denn Paulus scheint gegen andere in religiöser Absicht Missionierende toleranter gewesen zu sein, wie sich aus (1.Kor. 16,12) ergibt, wo er auf Kephas und Apollos hinweist.

Selbst im Römerbrief finden wir noch Formulierungen, die uns bezüglich dessen, was Paulus missioniert haben soll, stutzig machen sollten. (Röm. 3,7): *Wenn aber die Wahrheit Gottes durch meine Lüge herrlicher wird zu seiner Ehre, warum sollte ich dann noch als ein Sünder gerichtet werden?* Schon damals heiligt demnach der Zweck die Mittel, obwohl dahinter eher vermutet werden kann, dass Paulus aus der Sicht der Judenchristen wegen seiner Heidenmission als Lügenapostel angesehen wurde. Was anfangs von den anderen Aposteln gepredigt wurde, und ob sie nach der Domestizierung der Verschwörer im judäischen Raum überhaupt nötig hatten zu predigen, wissen wir nicht.

Johannes trennt sich jedenfalls nach der Missionierung Zyperns von Paulus und Barnabas und kehrt zurück. Der Grund wird nicht angegeben. Paulus nimmt es ihm aber übel, wie wir später erfahren. Was nun folgt ist die Beschreibung eines Siegeslaufes der Christenmission, wenn auch mit Hindernissen. Paulus und Barnabas fahren weiter nach Kleinasien und kommen über Perge nach Antiochia in Pisidien. In der dortigen Synagoge informiert Paulus die Gemeinde der Juden über die neue Lehre. Sie werden aber von ihren jüdischen Glaubensgenossen, zu denen sie immer noch zählen, angegriffen. Das Verteidigungsargument des Paulus ist, dass man zwar den Juden das Evangelium zuerst gepredigt habe, sie es aber von sich gewiesen hätten (Siehe Kreuzigung Jesu), so dass man es eben den Heiden predigen müsse, weil die Juden das ewige Leben anscheinend nicht haben wollten. Das bringt den beiden zwar einen großen Zulauf unter den Heiden, zwingt die Apostel aber zur Abreise. Die strenggläubigen Juden trachten ihnen wie überall nach dem Leben. Paulus wird sogar einmal gesteinigt. Er überlebt. Das ist wirklich ein Wunder. Es ist ein Reisebericht, der nur beweisen soll, wie das Christentum nach Kleinasien kam.

In Antiochia hat sich inzwischen herausgestellt, die Zentrale der Christen in Jerusalem will vom Gesetz des Moses immer noch nicht so viel nachlassen, wie man es den heidnischen Verschwörern unter dem Zwang der Umstände zugestehen musste, damit sie sich vom essenischen Verschwörertum zu Mitgliedern der friedlichen Sekte der jüdischen Christen bekennen. Die Forderung nach der unbedingten Beschneidung ist die, ob dann einer dazu gehört oder nicht. Das wurde dort inzwischen von Leuten aus Jerusalem gelehrt, und den neuen Heidenchristen in Antiochia ganz klar gepredigt (Apg. 15,1): *...Wenn ihr euch nicht beschneiden lasst nach der Ordnung des Mose, könnt ihr nicht selig werden.*

Paulus und Barnabas stellen sich dagegen, weil es sich nicht durchsetzen lässt, ohne Aufruhr zu verursachen, der in den Aufstand münden würde, den man mittels dieser Zugeständnisse überhaupt erst verhindert hat, und werden deshalb nach Jerusalem zitiert. Was man dort abhält, das nennt sich Apostelversammlung, ist aber eher als Gerichtshof geplant.

Der Streit, ob man ohne Beschneidung selig werden kann, zieht sich ergebnislos hin, bis plötzlich der eigentlich schon lange auf der Flucht befindliche Petrus in die Debatte eingreift. Er erinnert an seine Worte zu Cäsarea (Korneliusbekehrung), womit die Heidenmission angestoßen worden sei. Er ist dafür, das Heil ohne Beschneidungszwang zu verkünden.

Es geht bei diesem Streit aber vorrangig um den Verlust der regelmäßig von den neuen Gemeinden in Jerusalem eingehenden Spenden, der dann droht, wovon wir bisher noch gar nicht informiert waren. Die Geldsammlungen des Jesus werden demnach weiter betrieben, das Geld aber nun zentral nach Jerusalem zur Finanzierung der Zentrale und der dortigen Gemeinde der neuen Sekte eingezogen. Nun schlägt sich auch Jakobus der Gerechte, der Bruder Jesu, auf diese Seite und rät von allen unter den Heidenchristen Unruhe machenden Beschlüssen ab, mahnt aber ein Mindestmaß einzuhaltender Regeln aus dem Gesetz an, die er auch aufführt.

Die Apostelversammlung beschließt daraufhin das Problem der Beschneidung der Heidenchristen fallen zu lassen, was einem glatten Bruch des Mosaischen Gesetzes entspricht und demnach einem höheren politischen

Zweck, der für das Beschlussgremium existenziell gewesen sein muss, untergeordnet war, der uns aber nirgendwo im Neuen Testament genannt wird.

Die nächste Missionsreise wird geplant. Paulus will wieder Barnabas mitnehmen und der wiederum auch Johannes. Es scheint aber unter den Aposteln immer noch nicht alles bereinigt zu sein. Paulus verübelt es Johannes immer noch, dass er ihn bei der ersten Reise unterwegs verlassen hat. Sie geraten scharf aneinander und überwerfen sich nun endgültig. Ihre Auffassungen von der Mission sind offensichtlich unvereinbar. Ihre gegensätzlichen Ansichten sind zwar durch das Apostelkonzil sanktioniert, bestehen aber weiterhin. Bezeichnenderweise geht nämlich Johannes anschließend mit Barnabas auf eine Missionsreise nach Zypern, von der uns aber kein Bericht vorliegt. Er will wohl etwas regeln, woran ihn Paulus bei der ersten Reise hinderte. Es wird dann ab dem 16. Kapitel nur von Paulus und Silas berichtet, wie sie in Kleinasien die bestehenden Gemeinden festigen und ihnen die Sendschreiben mit den Konzilsbeschlüssen übergeben. Von dem, was Barnabas und Johannes auf Zypern betreiben, kein Wort, obwohl Barnabas heute als Apostel Zyperns verehrt wird.

Die Reise der Apostel Paulus und Silas geht inzwischen nun auch durch das innere Kleinasien. Warum nicht missioniert wird, steht da nur verworren. Es wäre anzunehmen, dass die Basis fehlt, keine Diasporajuden dort leben und natürlich keine Synagogen vorhanden sind, welche normalerweise als Ausgangspunkt für die Mission genutzt werden. Die Apostel landen in der Troas und setzen anschließend nach Mazedonien über.

In Unkenntnis des wahren Auftrages der Missionare waren damals Missverständnisse unausbleiblich. In der Stadt Thyatira kommt es zum Eklat. Die Bürger fühlen sich von den Missionaren belästigt. Sie brauchen keinen Aufruhr durch jüdische Heilsprediger, die neue Ordnungen predigen, die keiner haben will. So lautet jedenfalls die Anklage. Ausgehend von meiner Unterstellung, dass die Mission auf den Spuren der Verschwörer zu deren Befriedung stattfindet, wäre es aber nur ein Indiz dafür, dass die Kunde von der Verschwörung noch nicht bis dahin gelangt war.

Paulus und Silas werden auf richterliche Anordnung ergriffen und wie bei Ruhestörern verfahrensüblich: entkleidet, verprügelt und anschließend eingekerkert. Am nächsten Tag werden sie aber frei gelassen. Es steht da zwischendrin eine schöne Geschichte von einem Erdbeben und der Bekehrung eines Kerkermeisters zum Christentum, auch von der Angst der Obrigkeit vor Gott. Die Freilassung hatte aber einen viel handgreiflicheren Grund. Paulus und auch Silas müssen sich nämlich auf ihr römisches Bürgerrecht berufen haben, welches zumindest Paulus nach eigener Aussage schon von Geburt her besessen haben will. Das rettet sie. Rom ist überall und wer gegen römische Bürger vorgeht, bekommt den harten Knüppel Roms zu spüren. Gott, das ist hier für alle der Kaiser in Rom.

Die Reise der beiden geht weiter durch Mazedonien. In Thessalonich finden sie endlich wieder eine Synagoge der Juden. Auch dort scheinen die Verschwörer noch nicht angekommen zu sein. Paulus lehrt demnach vorbeugend und gewinnt Anhänger seiner Sache unter den Juden, aber auch unter den Griechen. Auch hier: Aus der vorhandenen Organisation der jüdischen Religion heraus missionieren sie die Heiden für die neue Sekte, was zwangsläufig zu Zerwürfnissen mit den Diasporajuden führt. Daraus entsteht ein von den Juden angezettelter Aufruhr, bei dem man die Gastgeber der Missionare vor Gericht schleppt. Die Missionare werden zwar nicht ergriffen, aber beschuldigt, in Jesus einen Gegenkönig zum römischen Kaiser zu predigen.

Das reicht, um die Stadt gegen sie aufzubringen. Die Gastgeber der Missionare werden nur gegen Kaution wieder frei gelassen. Noch in der Nacht werden Paulus und Silas nach Beröa in Sicherheit gebracht. Dort kennt man sie noch nicht und nimmt sie freundlich in der Judengemeinde auf. Es beginnt das gleiche Spiel. Es werden Anhänger gesammelt. Das erfahren die Thessalonicher und kommen nun, um vor den Missionaren zu warnen. Paulus wird sofort weitergeschickt und gleich bis Athen gebracht.

Paulus in Athen. Er predigt in den Synagogen und auf dem Markt. Er gerät dabei an die Philosophen, an Epikuräer und Stoiker. Man schleppt Paulus auf den Areopag. Das ist der Gerichtsplatz. Es ist nicht sicher, weswegen Paulus angeklagt war. Man hört sich an, was er zu sagen hat, denn er hat sich wahrscheinlich etwas weit aus dem Fenster gelehnt (Apg. 17,16): *... in Athen ... ergrimmte sein Geist in ihm, als er die Stadt voller Götzenbilder sah.*

Paulus behauptet nun allerdings, den Altar des *Unbekannten Gottes* in Athen gefunden zu haben. In dessen Namen predige er und legt die Lehre Jesu dar. Der Gottlosigkeit kann man ihn nun nicht mehr anklagen. Als er sich aber bei der Darlegung dessen, was er missioniert in die Auferstehungsgeschichte und ihre Mystik zu vertiefen beginnt, bricht man die Verhandlung ab. (Apg. 17,32): *Als sie von der Auferstehung der Toten hörten, begannen die einen zu spotten; die anderen aber sprachen: Wir wollen dich darüber ein andermal weiterhören.*

Stellt man dem beispielsweise Platons Vorstellungen gegenüber, die damals auch schon seit fast 400 Jahren verbreitet waren, der Körper und Geist trennte, und so bereits vor Zeiten die menschliche Seele als unsterblich, ungeschaffen und unvergänglich definierte, ist diese Reaktion verständlich. Es sind gesittete und aufgeklärte Menschen. Wer die Kerngedanken eines Platon und Aristoteles und ihrer Nachfolger verinnerlicht hat, der sieht sofort, dass hier ein mystischer Schwärmer mit in ihren Augen noch unausgegorenen Vorstellungen am Werke ist. Damit gibt man sich nicht ernsthaft ab. Auch der Gerichtshof wollte nichts mehr davon wissen, nachdem der Anklagevorwurf der Gottlosigkeit ausgeräumt war. Sollen die ihm nachlaufen, die es glauben nötig zu haben. Es ist unter ihrem Niveau (Apg. 17,18): *...Was will dieser Schwätzer sagen?*

Ganz so stimmt das aber nicht. Ganz gleich, wer da missionierend unterwegs war, er weiß was er will und erkannte auch ganz nüchtern, wie ihn die anderen sahen. (1.Korr. 1,22-23): ... *die Juden fordern Zeichen und die Griechen fragen nach Weisheit, wir aber predigen den gekreuzigten Christus, den Juden ein Ärgernis und den Griechen eine Torheit.*

Die Vermutung, dass hier jemand in einer politischen Befriedungsmission unterwegs ist, drängt sich immer wieder auf. Der Zulauf zum Christentum, der nun aus der unterdrückten zumindest vom Wohlstand ausgegrenzten Masse der Bevölkerung erfolgt, die in ihrem Leben und für ihr Leben einen Sinn sucht, also Arme, Kranke, Sklaven, Frauen, Menschen, die an den Rand des sozialen Feldes abgedrängt sind, wird aber nun schlagartig verständlich.

Der Verzweiflung, welche sich in diesen Bevölkerungsschichten angesichts ihrer sozialen Lage zwangsläufig immer wieder in umstürzlerische Ideen verwandelt, wurde über das Christentum eine mystische Hoffnung, die für alle galt entgegengesetzt. Der satte und mit sich selbst zufriedene politisch engagierte Wohlstandsbürger des römischen Reiches widmete sich bei Bedarf nach geistiger Nahrung der Philosophie. Der braucht Jesus und seine Botschaft nicht.

Paulus zieht lieber weiter nach Korinth. Dort trifft er den aus Rom ausgewiesenen Juden Aquila mit seiner Frau Priszilla, und man erfährt erstmalig von einer Judenverfolgung durch Kaiser Claudius in Rom. Paulus predigt nun in Korinth den Juden das Christentum. Es gibt wieder Differenzen. Paulus sagt sich von den Juden los und predigt nun den Griechen. Ein neuer Statthalter kommt aus Rom. Es ist Gallio. Die gesamte Judenschaft Korinths verklagt nun Paulus bei ihm. Gallio will nur wissen, ob es sich dabei um eine kriminelle Anklage handelt. Es ist für ihn kein Kriminalfall. Es geht ihn nichts an. Paulus bleibt unbehelligt. Er bleibt sogar noch eine Weile da und fährt dann mit dem Ehepaar Aquila nach Kleinasien.

In Kenchera lässt sich Paulus das Haar scheren, weil er ein Gelübde getan hat, von dem wir nichts wissen, wovon er sich aber erst wieder freisprechen lassen muss. Er war also auch ein Nasiräer, ein gottgeweihter strenggläubiger Jude, wie bereits Jesus und dessen Bruder Jakobus. Nun reist er über Cäsarea nach Jerusalem. Es ist anzunehmen, dass er Bericht erstattet und auch Spendengelder zu überbringen hat. Anschließend kehrt er nach Antiochia zurück und beginnt seine dritte Missionsreise Richtung Kleinasien.

Paulus sieht sich nun plötzlich mit Problemen konfrontiert, an die er nie gedacht hätte. Der große und weltbekannte Dianatempel von Ephesus gibt manchem Handwerker Arbeit und Brot. Paulus predigt gegen die Götzenbilder. Damit bringt er die Silberschmiede und sonstigen Handwerker der Stadt gegen sich auf, die ihren Lebensunterhalt mit der Anfertigung von Götterstatuetten, Tempelnachbildungen und ähnlichem bestreiten. Zwei Mitarbeiter des Paulus werden von ihnen ergriffen. Paulus, der ihnen zu Hilfe kommen will, wird zurückgehalten. Mit Mühe wird der Aufruhr gütlich beigelegt.

Stundenlang demonstrieren die Einwohner von Ephesus und schreien fast zwei Stunden lang auf dem Theaterplatz der Stadt: *Groß ist die Diana von Ephesus!*, damit niemand zu Worte kommen kann.

Das nenne ich antiken Humanismus und griechisch-römische Disziplin. Wer gegen den Judenglauben auftritt, wird sogar von den eigenen Leuten gleich an Ort und Stelle ermordet. Siehe Stephanus. Die hier schreien nur dagegen. Niemand liegt daran, sich vor dem römischen Statthalter wegen Anstiftung zum Aufruhr verantworten zu müssen. Man schafft es die Bevölkerung zu beruhigen. Wer sich finanziell geschädigt fühlt, soll sich auf dem Zivilklageweg an die Gerichte wenden. Die Römer machen sonst nicht viel Federlesens und kreuzigen schnell.

Es folgt nun die nächsten Reise des Paulus in die Troas, nach Mazedonien und Griechenland. Es wird davon berichtet, welche Städte besucht werden und dass Paulus eigentlich nach Jerusalem will, von Milet aus aber nach Ephesus geht, um dort vor den Ältesten eine Rede zu halten, da dies die zentrale Stelle ist, an der alle Informationen aus Kleinasien und Griechenland für Paulus zusammenlaufen. Paulus, der auch in Jerusalem neuen Ärger erwartet und auch genug falsche Anschuldigungen, gibt den Ältesten in Ephesus Rechenschaft über die letzten drei Jahre seiner Mission, beschwört nochmals seine eigene Uneigennützigkeit im Dienst der Sache, schwört sie auf Eigenständigkeit in Glaubenssachen ein, warnt vor Irrlehren, womit er wohl die der auf Jesu essenischer Menschensohnverschwörung basierenden der *Armenpfleger* meint, und verabschiedet sich sehr endgültig von ihnen. Was ihm auch für Unbill bevorsteht, er hat hinter sich reinen Tisch gemacht und sich nichts vorzuwerfen.

Als sein Schiff in Tyrus ankommt, raten ihm Jünger, die er dort trifft, ab, nach Jerusalem zu gehen. Paulus reist weiter nach Cäsarea. Ein Prophet der aus Jerusalem kommt, weissagt Paulus sogar Gefangenschaft. Paulus reist trotzdem nach Jerusalem, wo man ihn erst einmal freundlich aufnimmt, ihn aber gleich darauf beschuldigt, gegen das Judentum zu predigen: (Apg. 21,21): *...ist aber berichtet worden über dich, dass du allen Juden, die unter den Heiden wohnen, den Abfall von Mose lehrst und sagst, sie sollen ihre Kinder nicht beschneiden, und auch nicht nach den Ordnungen leben.*

Auch wenn Paulus die ihm vorgeworfene religiöse Verfehlung nicht begangen hat, hat er kaum Möglichkeiten, sich dagegen zu wehren. Er wird nun in voller Absicht mit einer religiösen Aufgabe betraut, die man als Bußstrafe ansehen muss. Das muss, am Umfang der von ihm zu leistenden Dienste gemessen, für ihn auch eine empfindliche finanzielle Strafe bedeutet haben. Diese Aufgabe kann er nicht ablehnen um seinen Gegnern nicht noch einen weiteren Grund zur Anklage zu liefern.

Dadurch wird er aber sichtlich gezielt längere Zeit in Jerusalem festgehalten, was als eigentliches Ziel der Maßnahme angesehen werden muss. Inzwischen wird die Strategie zu seiner Beseitigung vorbereitet, Zeugen gegen ihn aufgeboten und er wird auch bedroht. Im Galaterbrief findet sich ein Text, der etwas erhellt, was zu dieser Anklage in Jerusalem geführt haben muss. (Gal. 5,1-6): *Zur Freiheit hat uns Christus befreit! So steht nun fest, und lass euch nicht wieder das Joch der Knechtschaft auflegen. Siehe, ich, Paulus, sage euch: Wenn ihr euch beschneiden lasst, so wird euch Christus nichts nützen. Ich bezeuge abermals einem jeden, der sich beschneiden lässt, dass er das ganze Gesetz zu tun schuldig ist. Ihr habt Christus verloren, die ihr durch das Gesetz gerecht werden wollt, und seid aus der Gnade gefallen. Denn wir warten im Geist durch den Glauben auf die Gerechtigkeit, auf die man hoffen muss. Denn in Christus Jesus gilt weder Beschneidung noch Unbeschnittensein etwas, sondern der Glaube, der durch die Liebe tätig ist.*

Dieser Text, der wohl zur Erläuterung der während des Apostelkonzils getroffenen Festlegungen zur Trennung von Judenchristen und Heidenchristen entworfen sein muss, beweist uns aber auch, wie weit sich im Laufe der Jahre die Ansichten, welche nun der Heidenmission zugrunde lagen, von denen der judenchristlichen Zentrale Jerusalems und vom ursprünglichen Basisansatz des vergeistigten Messias der Urchristen entfernt hatten. Der Galaterbrief beleuchtet so schlaglichtartig die Situation. Die Heidenmission ist den Judenchristen eine Entgleisung. Sie wollen sie nicht mehr. Nachdem die Urchristengemeinde Jerusalems auch finanziell auf festem Grund steht, wird das Geld, welches Paulus über die Kollekte eintreibt, nicht mehr gebraucht. Es ist für sie nicht nur Heidengeld, sondern Ketzergeld. Es ist unrein im Sinne der jüdischen Religion, die für die Urchristengemeinde Jerusalems, was auch heute noch aus der historischen Überlieferung nachweisbar ist, immer noch die Basis ihres Glaubens war.

Paulus wir nun ganz direkt angegriffen. Er wird öffentlich bezichtigt, Nichtjuden Zutritt zum Tempel ermöglicht zu haben. Darauf steht die Todesstrafe der Steinigung. Paulus flieht. Die Menge will ihn lynchen. Die römische Wache tritt in Erscheinung, verhaftet Paulus und führt ihn ab. 40 Sikarier verschwören sich nun gegen ihn, um ihn zu töten.

Das verwundert. Es dürfte sie nicht mehr geben. Das müssten doch jetzt Judenchristen sein. Paulus war zwar einer der Männer, die ursprünglich im Auftrag des Sanhedrins wirkten, aber er ist jetzt nicht nur dort plötzlich in Ungnade, sondern auch bei den eigenen Leuten. Und nicht nur bei denen, sondern auch bei den dort untergekrochenen und immer noch unterschwellig agierenden Verschwörern Jesu. Alle diese Gruppierungen trachten ihm nach dem Leben.

Während im Korneliusmärchen der Apostelgeschichte angeblich Petrus in aller Ruhe und auch im direkten Auftrag Gottes an den Römern die Taufe vollzogen haben will und sogar das Abendmahl mit ihnen gehalten haben soll, wird hier über den rasenden Fanatismus der plötzlich wieder auftauchenden Sikarier deutlich, welche Gotteslästerung die Ausgießung des Heiligen Geistes auf die Heiden auch dreißig Jahre nach Einsetzung des Christentums für strenggläubige Juden tatsächlich noch dargestellt haben muss.

Paulus macht nun sein römisches Bürgerrecht geltend. Der römische Oberst Klaudius Lysias lässt ihn deshalb auch an den Statthalter Felix nach Cäsarea überstellen. Es setzt nun ein unergiebiges Gezerre ein, was dazu inszeniert wird, Paulus auf juristischem Wege zu beseitigen. Paulus, vor die Wahl gestellt, sich in Jerusalem dem Gericht vor dem Hohen Rat zu stellen, der nach der Darstellung des Paulus keinen Grund zur Klage hat, oder vor des Kaisers Gericht, wofür erst recht kein Grund vorliegt, beruft sich auf den Kaiser.

Der neue Statthalter Festus bestätigt das nach eingehender Beratung (Apg. 25,12): ... *Auf den Kaiser hast du dich berufen, zum Kaiser sollst du ziehen.* Paulus muss nach Rom. Er predigt dann nach Angabe der Apostelgeschichte noch zwei Jahre in Rom ungehindert das Christentum. Was danach mit ihm geschieht, wissen wir nicht. Nero beginnt zu der Zeit mit der Christenverfolgung.

Man glaubt zwar, aus der Apostelgeschichte vor allem aus den Reiseberichten von der Mission des Paulus ein lebendiges Bild von den damaligen Vorgängen und auch von den Lebensbedingungen im damaligen römischen Reich zu gewinnen, was aber die Darstellung der Entstehung und Ausbreitung des Christentums betrifft, bestehen für mich erhebliche Zweifel an dem, was berichtet wird. Das ist im Ursprungsgebiet Palästina alles immer noch die nur unzureichend befriedete Essenerverschwörung. Aber nicht nur darüber befinde ich mich im Zweifel. Es sind auch die Akteure und deren Identität, worüber manchmal ein Schleier der Ungewissheit zu liegen scheint. Das betrifft nicht nur Petrus und Kephas, sondern vor allem Paulus.

Wer war Paulus tatsächlich?

Den größten Raum nimmt in der Apostelgeschichte die Berichterstattung über die Missionstätigkeit des Apostels Paulus ein. Schon seit der Aufklärung wird Paulus deshalb als der eigentliche Begründer des Christentums angesehen. Das basiert aber weniger auf der Apostelgeschichte, sondern auf dem Inhalt der ihm zugeschriebenen Apostelbriefe. Trotz vieler Bemühungen ist es aber bisher nicht gelungen, diesen Paulus, der beginnend bei der Apostelgeschichte bis zu den ihm zugeschriebenen echten und auch den sogenannten unechten Apostelbriefen durchgängig im Neuen Testament präsent ist, historisch nachzuweisen.

Es gibt ausgehend vom 2. Jahrhundert bei den Kirchenvätern und in der apokryphen Literatur zwar viele Hinweise auf die Person des Paulus, aber sie bauen nur auf dem auf, was an Legenden schon seit dem 1. Jahrhundert über ihn umgelaufen sein muss, auf dem, was man ganz gezielt über ihn in Umlauf gab und auch, was sich an polemischem Material gegen ihn im Laufe der Zeit an religiösem Schriftgut ansammelte. Wer Paulus angeblich war, dazu findet man auch eine Menge Literatur. Es sind aber meist nur Zusammenstellungen aus den Texten des Neuen Testamentes und späterer apokrypher Schriften, die ganz gezielt der Person des großen Apostels gerecht werden wollen.

Es sind unüberprüfbare und um meist persönliche Details nachgebesserte Berichte und damit selbstbespiegelnde literarische Auswalzungen dessen, was in der Schrift steht. Es sind Versuche, durch ständige Wiederholung den historisierenden Beweis für etwas anzutreten, was man gern so hätte, wie man es sich gern vorstellt.

Es gibt auch nur zwei genauere historische Angaben an denen man die Figur des Paulus festmachen kann. Das ist die Statthalterschaft des *Lucius Junius Gallio,* welche in Korinth in die Zeit zwischen 51 und 52 fiel und die auf das Jahr 49 datierbare von Kaiser *Claudius* veranlasste Ausweisung der Juden aus Rom, in deren Folge Paulus in Griechenland auf die aus Rom ausgewiesenen Aquilas trifft. Wir haben leider keine Möglichkeit, ihren Wahrheitsgehalt an weiterem historischem Material zu prüfen, oder es mittels solcher Angaben zu ergänzen, weil diese Angaben nirgendwo anders als in der Apostelgeschichte mit Paulus in Verbindung gebracht wurden und historische Quellen aus dieser Zeit von ihm nichts zu überliefern scheinen.

Dieses Schicksal historischer Unüberprüfbarkeit trifft aber anscheinend auch die ganzen Mitarbeiter des Paulus welche in der Apostelgeschichte und auch später in den Apostelbriefe auftreten, und von denen historisch auch nichts überliefert ist. Eine von der bisherigen Literatur über Paulus abweichende, ziemlich umfangreiche Recherche zum tatsächlichen Paulus findet sich bei Hermann Detering (*Hermann Detering, „Der Gefälschte Paulus - Das*

Urchristentum im Zwielicht", Patmos Verlag). Detering weist in dieser Untersuchung nach, dass es für die Person des Paulus ein historisch nachweisbares Vorbild gab, und dass es sich bei dem Paulus des Neuen Testamentes um *Simon Magus*, den samaritanischen Magier der Apostelgeschichte gehandelt haben muss. Dieser *Magus* ist aber historisch nachgewiesen.

Ich werde mich nachstehend zwar auf Detering stützen, aber nur auf die wichtigsten von ihm aufgeführten Fakten beziehen, die wirklich unverzichtbar sind. Dieser Paulus ist nämlich mehrfach identifizierbar. Es gibt ihn sogar in drei voneinander unabhängigen Versionen:

- Einmal als den historischen *Simon Magus,* den uns Flavius Josephus nachweist, dessen Tätigkeit man sich über die Parallelen des Lebenslaufes zum Paulus der Apostelgeschichte und den historisch zu wertenden Hinweisen auf die damaligen Umstände in den paulinischen Apostelbriefen herausfiltern muss,
- dann als die Kunstfigur des *Saulus/Paulus* der Apostelgeschichte, die ein religiöses Zerrbild des historischen Vorbildes *Magus* darstellt, und zuletzt
- als den *Apostel Paulus* der christlichen Kirche, den man uns über die theologische Vervollständigung seiner Apostelbriefe zum Hauptapostel und Begründer des Christentums zusammengebaut hat.

Paulus tritt für uns erstmals an der Schnittstelle vom 7. zum 8. Kapitel der Apostelgeschichte im Neuen Testament auf, wird aber noch nach seinem ersten Vornamen Saulus genannt. Er beaufsichtigt angeblich die Steinigung des Stephanus und empfindet angeblich Gefallen an dessen Tod. Im Anschluss daran betreibt er die erste Christenverfolgung in Jerusalem. Wer nicht flieht, wird von Paulus ins Gefängnis geworfen. Es ist eine umfassende Beschreibung des Tätigkeitsfeldes dieses Saulus.

Ganz unmotiviert wird uns nun direkt anschließend im 8. Kapitel der Apostelgeschichte, nachdem uns Saulus/Paulus gerade erstmalig noch als überzeugter Christenverfolger vorgestellt wurde, im Zusammenhang mit den von Philippus ausgelösten Wirren in Samarien nun der samaritanische *Zauberer Simon* als *Simon der Magier* oder auch *Simon Magus* episodisch als dort agierender anfänglicher Widersacher der Jerusalemer Apostel Johannes und Petrus vorgestellt, der sich ihnen aber, nachdem er von dem bekehrt wurde, was Petrus und Johannes mit Hilfe des Heiligen Geistes bewirkten, ihnen dann doch unterwirft, förmliche Abbitte leistet und damit als abgehandelte Figur aus der Apostelgeschichte spurlos verschwindet.

Von diesem Magus hört und liest man dann im Neuen Testament nichts mehr. Es gibt in der christlichen Literatur nur noch apokryphe Aussagen über ihn und sein Schicksal. Es bleibt für uns ein Rätsel, warum er überhaupt erwähnt wurde.

Dafür hat nun Paulus, der neu eingeführte Christenverfolger angeblich eine Christusvision, als er auf dem Weg nach Damaskus ist, um dort die Christen zu verfolgen, welche zu seiner Bekehrung führt, so dass er in Damaskus im Sinne der Christenmission arbeitet und bei seiner Rückkehr nach Jerusalem sofort als Missionar in die Christengemeinde aufgenommen wird. Das wollen aber anscheinend diese Jerusalemer Christen nicht, so dass er sich vor ihnen sogar in Sicherheit bringen muss. Um ihn nicht zu verlieren, wird Paulus gleich weiter nach Tarsus, seiner angeblichen Heimatstadt geschickt.

Etwas an der ganzen Sache bleibt mysteriös. Es muss dabei etwas schief gegangen sein, aber es wird uns verschwiegen. Die Apostelgeschichte (Apg. 9,31): *So hatte nun die Gemeinde Frieden in ganz Judäa und Galiläa und Samarien...*

Warum diese Verkündigung so eines plötzlich das ganze Land umfassenden Friedens, wie man ihn doch normalerweise erst nach langen Verhandlungen oder erst nach einem überragenden militärischem Sieg verzeichnen kann, und warum erst, nachdem Paulus zurück ist und auch weggejagt? Und warum im Zusammenhang mit Paulus? Es ist, wie ich bereits vermutete, irgendeine diplomatisch bedeutsame Mission, welche er erfolgreich erledigt haben muss, so dass man ihn zum Dank nicht nur denen, die sich mit der neuen Sekte zum himmlischen Messias Jesus bekannten, sondern auch den Täufern als neues Oberhaupt verordnen wollte, und es muss auf alle Fälle mit der Christenmission verbunden gewesen sein.

Dazu eine erhellende Information aus einer aus judenchristlich-ebionitischen Kreisen hervorgegangenen Überlieferung, der sogenannten *Pseudoclementinen*. Sie benennt den *Simon Magus* als fähigsten Schüler *Johannes des Täufers*. Der Täufer habe es aber nicht mehr geschafft, den Magus vor seinem Tode als Nachfolger einzusetzen, weil der zu dieser Zeit in *Ägypten* (?) gewesen sei, so dass es *Dositheos* gelang vorerst die Leitung der Täufersekte zu übernehmen. Es handelt sich nämlich bei dem Simon der *Pseudoclementinen* um den gleichen *Simon* der uns gerade als *Simon der Magier* oder als *Simon der Zauberer* in der Apostelgeschichte beggnete, der mit Petrus und Johannes in Samaria in Konflikt kam.

Detering weist in seiner o.g. Schrift ziemlich detailliert nach, dass der Lebenslauf dieses *Simon Magus* starke Parallelen zu dem des Paulus aufweist. Auch Paulus kehrte bekanntlich, wenn auch aus *Damaskus,* nach Jerusalem zurück, nachdem Herodes Antipas den Täufer köpfen ließ. Der entscheidende und für uns wichtigste Unterschied besteht aber darin, dass der Magus im Gegensatz zu Paulus bei Josephus auch als historische Person nachgewiesen ist.

Dieser Magier, auch wenn er nur im 7. Kapitel des 20. Buches der *Jüdischen Altertümer* des Josephus erwähnt wird, hatte, wie nach der Apostelgeschichte auch Paulus, mit dem römischen Landpfleger Judäas, Felix, zu tun und muss auch eine bedeutende Persönlichkeit gewesen sein.

Bei Josephus war der Magus ausgerechnet für Felix selbst in einer äußerst diffizilen Eheangelegenheit auf Cypern unterwegs, wovon wir sogar noch bei Tacitus in seinen Historien einen Nachhall finden. Auch Paulus war nach der Apostelgeschichte auf Cypern. Josephus erwähnt dagegen Paulus nirgendwo und auch die Apostelgeschichte berichtet nichts von seinem Ende. Ob das in Rom ihm zugeschriebene verhältnismäßig gut ausgestattete Grab des Paulus tatsächlich das seine, oder doch das des Magus ist, möchte ich nicht diskutieren. Die so umfangreich ausgemalten Missionsreisen des Paulus, und auch die Reise nach Rom, könnten genau so gut dem Magus zuzuschreiben sein, ohne dass sich das irgendwie auf den christlichen Glauben auswirken würde.

Detering zieht nun die Schlussfolgerung, dass dieser Simon Magus ursprünglich das Vorbild für die Paulusfigur dargestellt haben muss, deren negative und auch unwillkommenen, aber damals wahrscheinlich noch allgemein bekannten Eigenmächtigkeiten man bei seiner Umbenennung weiterhin dem Original (Simon dem Magier) anlastete, und dessen für das Christentum wünschenswerten Missionsresultate nun unter dem Namen Paulus summiert und weiter ausgebaut wurden.

Diese Doppelung *Paulus/Simon Magus* ist im Rahmen des damit verfolgten Zieles durchaus verständlich. Man schnitt damit die unerwünschte Vergangenheit der bereits verstorbenen historischen Person von der anschließend vorgezeigten, aber ebenfalls als verstorben geltende Phantomfigur ab. Es hatte fast die gleiche Wirkung wie die heutige Verleihung einer neuen Identität. Es ist die Chance eines Neubeginnes, in diesem Fall aber nur für deren akzeptierbare Ideen. Wem das als eine zu gewagte Hypothese erscheint, der ziehe die Parallele zu Jesus, den man damals auch im politischen Interesse aus einem führenden essenischen Aufstandsverschwörer nach seiner Hinrichtung zum himmlischen Messias und Begründer einer neuen Sekte umfunktionierte.

Die vorher bestehende Kritik an den unliebsamen Komponenten in den Lehren des Magus, nachdem sie anschließend an ihre Reinigung unter dem Namen des Paulus als Apostelbriefe verbreitet wurden, musste nun zwangsläufig ins Leere führen. Nach seinem Tode konnte sich der Magus nicht mehr dagegen wehren und Paulus konnte es nicht, weil er doch eine Kunstfigur war. Paulus, das Phantom, gewinnt nun an Bedeutung und wird von da an in der Apostelgeschichte zum Organisator der Heidenchristenmission ausgebaut, während der historisch nachgewiesene Simon Magus, dessen Aktionen man nun beliebig umdeuten kann, zur Unperson wird.

Was daraus am Ende wirklich entstand, war wohl kaum vorgesehen. Wir können es aus den paulinischen Apostelbriefen entnehmen, deren erste Niederschrift von den Theologen zwar ca. 20 Jahre nach den Basisereignissen angenommen wird, die aber nachweisbar erst nach ihrer erst spät bezeugten Auffindung in der Mitte des 2. Jahrhunderts schrittweise ihre endgültige heutige Form und den in ihnen deutlich spürbaren Feinschliff erhielten. Es erschließt sich auch daraus, dass die in ihnen enthaltene Theologie nun eine Weiterentwicklung der der Evangelien ist, auf der sie beruht, und ohne die sie nicht vollständig wäre.

Obwohl diese Briefe darüber hinaus zu einer Zeit ausgefertigt worden sein sollen, zu der Juden und ihre sektenchristlichen Glaubensgenossen sich noch als eine gemeinsame Glaubensgemeinschaft definierten, tritt in ihnen doch unübersehbar der abgrenzende Tenor der späteren christlichen Kirche zutage, was auch der Magus zu seinen Lebzeiten unmöglich niedergeschrieben haben kann, weil es noch als todeswürdige Ketzerei galt.

Als starkes Indiz zu diesen Annahmen gilt beispielsweise auch, dass die dazu noch angeblichen ausgerechnet vom Erzketzer Marcion „*aufgefundenen*" Paulusbriefe ausschließlich in Griechisch abgefasst sind, dazu noch in einer Form dieses Griechisch, die erst im 2. Jahrhundert Verwendung fand. Paulus, der lt. der Apostelgeschichte ein Schüler des Gamaliel war, müsste als Jude doch aus der hebräischen Tora zitieren, aber er zitiert in seinen Briefen ausschließlich aus der griechischen Fassung des Alten Testamentes des 2. Jahrhunderts. Es galt aber um jeden Preis die Wirren der Ausbreitung des Christentums als religiöse Aktion ohne politischen Hintergrund und auch als bereits seit dem 1. Jahrhundert fundiert darzustellen, wozu jedes Mittel genutzt wurde.

Als sicher muss aber angenommen werden, dass es mindestens diesen sehr tatkräftigen und auch rigoros im Auftrag des Sanhedrin im Einsatz befindlichen Missionar gegeben haben muss, der den Auftrag hatte, die drohende Aufstandsbewegung der Menschensohnverschwörung im Zaum zu halten, und der das, wenn auch nicht immer mit legalen Mitteln auch versucht haben muss.

Durch die Erfindung des Paulus machte man dann aus einer Person zwei, welche man beide im Text beließ. Wir können uns deshalb auch heute noch aussieben, wer dieses historische Vorbild für das fiktive und manchmal schon penetrant positiv dargestellte Paulusphantom war. Es war *Simon Magus*. Er muss eine sehr bekannte und auch prägnante Figur gewesen sein. In ihm sahen die frühkirchlichen Berichterstatter sogar den geistigen Vater der gnostisch-marcionitischen Häresie. Marcion, wenn er von seinem geistigen Vater spricht, bezieht sich aber stets auf Paulus und nirgendwo auf Simon Magus, was unter Berücksichtigung des eben Dargelegten nicht verwundern dürfte.

Auch nach judenchristlich-ebionitischer Überlieferung in den *Pseudoclementinen* müssten Simon und Paulus miteinander identisch gewesen sein. Detering, auf dessen Recherchen ich mich hier stütze, begründet das damit, dass Simon Magus dort namentlich genannt und bekämpft wird, dass seine ihm vorgeworfenen Häresien marcionitisch, aber die Worte, die man ihm in den Mund legt, seltsamerweise die des Paulus sind. Da die paulinische

Theologie eine christliche ist, und die ebionitische noch die einer jüdischen Sekte, ist das auch nicht verwunderlich.

Es spricht demnach auch in diesem Falle mehr für die Identität Magus/Paulus, als dagegen. Gleichzeitig wird nun verständlich, warum Josephus die christliche Lehre in den Texten um das *testimonium flavianum* schon am Ende des 1. Jahrhunderts, wie wir noch sehen werden, unter dem Namen *Paulina* getarnt personifiziert.

Eigenartig ist nun die Namensgebung des Phantomapostels Paulus von Tarsus. Der Name *Saulus* ist die latinisierte Form des Namens *Saul,* was an den legendären König Saul, den Vorläufer des Königs David erinnert. Der war ein Großer, ein Held, aber doch ein nicht eben folgsamer im Sinne des Glaubens, weil er sonst nicht samt seiner Familie von Samuel verflucht worden wäre, was auch sehr gut auf den historischen Magus passt.

Der zweite Name dieses Apostels lautet nun *Paulus,* was wörtlich übersetzt „Der Kleine" heißt. Das ist zwar ein Rätsel, aber Detering hat sich dankenswerterweise auch auf diese Spur begeben und herausgefunden, dass auch Simon Magus noch andere Namen hatte, aus denen er uns nun eine weitere Brücke zwischen diesen Figuren baut. Sein *Simon Magus* hat im griechischen Text des Josephus auch den Beinamen *Atomos,* den uns die deutsche Übersetzung der von mir verwendeten Ausgabe des Josephus unterschlägt. Das ist nicht nur die Bezeichnung für etwas Unteilbares, sondern vorrangig für etwas sehr Kleines. *Simon Atomos* wäre dann *Simon der Winzling, der Kleine,* der in Latein dann *Simon Paulus* heißt.

Bei der im Zuge der Etablierung des Christentums zur Staatsreligion des Römischen Reiches im 3. Und 4. Jahrhundert erfolgenden textlichen Umarbeitung der Schriften des Neuen Testamentes wird heute Irenäus, Epiphanius und auch Eusebius eine verfälschende Überarbeitung unterstellt, die sie im Zuge der Zurückweisung der Gnosis an diesen Schriften vorgenommen hätten. Ein nicht unbeträchtlicher Teil dieser von ihnen als *„Herstellung der Ordnungsmäßigkeit"* bezeichneten Aktionen dürfte auch die Apostelbriefe betroffen haben, die sich uns noch heute tatsächlich als theologische, ethische und rituelle Gebrauchsanweisungen darbieten und auch allerhand detaillierte Vorschriften enthalten, die bei Beginn der christlichen Mission, wie sie uns im Neuen Testament unter dem Namen des Paulus verkauft wird, kaum schon von Bedeutung gewesen sein können. Man sollte deshalb alles mit äußerster Vorsicht behandeln, was theologisch in den Apostelbriefen dem widerspricht, was uns die Evangelien vermitteln, wenn man sich dem geistigen Ursprung, dem Ausgangspunkt des Christentums zu nähern beabsichtigt.

Zum Abschluss noch der Versuch einer Rehabilitation des Magus, den man uns als historische Figur hinter dem Phantom Paulus zu verbergen versucht. Es ist anzunehmen, dass den Apostelbriefen zur Zeit der Niederschrift der Apostelgeschichte noch gar nicht die Bedeutung zuerkannt wurde, die sie heute beanspruchen, weil sie auch noch nicht die heutige Aussage hatten. Man kann auch im Vergleich der Apostelgeschichte mit den Paulusbriefen noch heute nachvollziehen, dass die Geburt des Paulusphantoms nicht ohne Schwierigkeiten abgelaufen sein kann. Wenn man die ganzen über Paulus in der Apostelgeschichte verbreiteten Abwertungen beiseite lässt, wird uns dieser Hauptakteur als der absolute Idealist in Glaubensangelegenheiten vorgeführt, der aber auch gleichzeitig genau so ein absoluter Realist in der Beurteilung seines gesellschaftlichen Umfeldes war.

Erkennbar ist es daran, dass er sich vollinhaltlich der Verkündung der neuen Ideologie des christlichen Glaubens verschreibt, mit Wundertaten aber sehr zurückhält und auch von sich weist, übernatürliche Kräfte zu haben. Dabei war, gemessen an dem, was er wirklich durchsetzte, unter den von mir herausgearbeiteten Gesichtspunkten seine Mission eine rein politische. Im Widerstreit mit seinen Mitaposteln um die von ihm als politisch befriedende Notwendigkeit angesehene sogenannte Heidenmission und den Zwängen, denen er dabei ausgesetzt war, entwickelte er sich schrittweise zu einem Luther auf Wanderschaft und damit zu einem Reformator, der am Ende das, was schließlich zu unserem Christentum führte, tatsächlich begründet haben muss. Er versuchte nämlich im Namen des von ihm missionierten Christus die Macht des Priestertums zu brechen, nachdem ihm langsam bewusst wurde, im Dienst wessen ganz privater Machtinteressen er eigentlich eingesetzt war, und wie man ihn zu benutzen versuchte. Die Härte der Verfolgung durch seine Gegner am Ende seiner Laufbahn ist nur dadurch zu begründen, dass er das Mosaische Gesetz für die Heidenchristen tatsächlich verworfen haben muss.

Behalten wir vorläufig im Auge, dass Paulus ein anderer war, als der, den uns die Apostelbriefe vorzugaukeln versuchen, sondern ein Beauftragter des Hohen Rates, der mindestens im gleichen Range wie Johannes stand, und im Auftrag des Hohen Rates konkrete Aufträge abzuarbeiten hatte, bei denen es kaum um glaubensmäßige Auslegungen der Tora, sondern um konkrete Dinge der Tagespolitik ging, und dass auch seine Mitstreiter und Gegner zu weit in die Zwänge dieser Politik eingebunden waren, als dass sie als die Heiligen agiert hätten, zu denen sie uns unsere Religion inzwischen gemacht hat. Um zu klären, was aufbauend auf diesen Erkenntnissen an weiterer historischer Substanz über die tatsächlichen Vorgänge bei der Etablierung des Christentums in der Apostelgeschichte steckt, werde ich sie nun auf der Grundlage dieser Unstimmigkeiten nun noch einmal durchforsten.

Was in der Apostelgeschichte wirklich steht

Während sich der reine Berichtszeitraum der Evangelien auf kaum mehr als zwei Jahre beschränkt, haben wir es in der Apostelgeschichte mit ca. 34 Jahren Christenmission zu tun. Die Menge der Fakten und die Turbulenz der Ereignisse machen es schwer, herauszufinden, was außer der Chronik der Entwicklung der christlichen Religion in der Apostelgeschichte an tatsächlicher historischer Information steckt, wie es einzuordnen ist und welche Mechanismen und Motivationen dem zugrunde lagen, um die wahrscheinlichen historischen Vorgänge nachvollziehen zu können.

Was wir in der Apostelgeschichte als vorrangig und ausführlich beschrieben zu finden glauben, sind religiös motivierte Vorgänge und Aktionen. Entscheidende für den Ablauf der Ereignisse wichtige Informationen verschwanden dagegen oft in angehängten Halbsätzen, oder werden gar nicht erwähnt. Man muss sich diese Hintergründe aus den Ereignissen erschließen. Ganz sicher stimmt einiges an diesem Bericht nicht, denn es wird darin auch ziemlich unverschämt drauflos gelogen, und zwar zu höheren Zwecken. Nicht nur im zeitlichen Ablauf passt vieles nicht zusammen. Auch personell und sachlich gibt es Unstimmigkeiten.

Das betrifft nicht nur die Figur des Paulus, wie ich gerade nachzuweisen versuchte. Die Motivationen der Akteure sind stellenweise nicht nachvollziehbar. Die Umgestaltung der essenischen Aufstandsverschwörung des Jesus von Nazareth zu einer pazifistischen Liebesreligion ist in einer Form dargestellt, die in sich widersprüchlich ist, weil kaum über die auslösenden Ursachen und wahren Gründe der durchgeführten Maßnahmen informiert wird, was die Autoren der Apostelgeschichte aber auch nicht beabsichtigten, sondern sogar zu verbergen suchten. Sie realisierten das über Umdeutungen damals noch bekannter und deshalb nicht zu ignorierender Vorgänge und auch über Abfälschungen, die nicht nur mit der Doppelung agierender Personen arbeitete, wie gerade am Beispiel des *Simon Magus* und die von ihm abgelöste Phantomfigur des *Paulus* demonstriert, sondern auch mit absichtlicher personeller Zusammenfassung historisch belegter Akteure.

Um den historisch relevanten Inhalt herauszuarbeiten, bleibt mir nichts anderes übrig, als manches in anderer Zusammenstellung zu wiederholen, um es werten zu können. Ich werde mich dabei auf die Hauptpersonen und deren Motivationen beschränken, so weit sie sich aus den von ihnen veranlassten und in der Apostelgeschichte beschriebenen Ereignissen heraus ermitteln lassen. Die Apostelgeschichte ist sichtlich auch zu anderen Zwecken als zur Aufwertung der Heidenchristenmission geschrieben worden, obwohl das ihr Inhalt zu sein scheint. Ich werde nun den offensichtlichsten Unstimmigkeiten nachgehen:

Judas verschwindet und niemand will sich mehr an ihn und seine Tat erinnern. Es hat auch niemand Angst, dass es noch mehr Verräter geben könnte. Ananias schult angeblich den Saulus zum Paulus um. Petrus hat mit ihm aber schon vorher die Kontroverse wegen des Notgroschens, woran Ananias vor Schreck stirbt. Jakobus, der *Donnersohn* wird mit Petrus eingesperrt. Der Grund wird nicht genannt. Jakobus wird hingerichtet, Petrus flieht. Paulus wird plötzlich nach Tarsus vor den eigenen Leuten in Sicherheit gebracht. Johannes wechselt unmotiviert den Namen. Simon Petrus, der ein grobgestrickter Charakter ist, entwickelt Charisma und Führungsqualitäten und wird plötzlich und unmotiviert wechselnd einmal als Kephas und einmal als Petrus bezeichnet. Dass darüber hinaus die sogenannte Heidenmission sehr zwiespältig vermittelt wird und der tatsächliche Grund für deren anscheinende Dringlichkeit, aus der im Endeffekt alle beschriebenen Ereignisse resultieren, nirgends angeführt ist, das sind nur einige der wichtigsten Sachen, die wenigstens einer Untersuchung bedürfen.

Simon Petrus und Simon Kephas

Um das gleich anfangs etwas zu entwirren, muss man, nachdem sich Paulus als Simon Magus entpuppte, auch die Identität der anderen handelnden Personen besser noch einmal etwas genauer betrachten. Im Galaterbrief steht etwas, was stets überlesen wird, aber als entscheidende Basisinformation zur Entschlüsselung verschiedener Unstimmigkeiten der Apostelgeschichte anzusehen ist. Simon Magus (Paulus) schreibt da an die Galater, wie er zum Christentum kam. Er bezeugt einen längeren Aufenthalt in *Damaskus*, was, wie wir jetzt wissen, nur die Siedlung mit der essenischen Zentrale *Qumran* am Toten Meer gewesen sein kann und berichtet: (Gal. 1,18-19): *Danach ... kam ich hinauf nach Jerusalem, um Kephas kennenzulernen, und blieb fünfzehn Tage bei ihm. Von den anderen Aposteln aber sah ich keinen außer Jakobus, des Herrn Bruder.* Kephas war es demnach, der ihn nach seiner Rückkehr empfing.

Der Magus (Paulus) missioniert anschließend und ausschließlich in der Diaspora und war bekanntlich immer unterwegs, um die Heidenmission zu betreiben. (Gal. 2,1-7): *Danach, vierzehn Jahre später, zog ich abermals hinauf nach Jerusalem ... und besprach mich ... über das Evangelium, das ich predige unter den Heiden ... mit denen, die das Ansehen hatten, damit ich nicht etwa vergeblich liefe, oder gelaufen wäre ... Denn es hatten sich einige falsche Brüder mit eingedrängt und neben eingeschlichen, um unsere Freiheit auszukundschaften, die wir in Jesus Christus haben, und uns zu knechten. Denen wichen wir auch nicht eine Stunde und unterwarfen uns ihnen nicht, damit die Wahrheit des Evangeliums bei euch bestehen bliebe ... mir haben die, die das Ansehen hatten, nichts weiter auferlegt. Im Gegenteil, als sie sahen, dass mir anvertraut war, das Evangelium an die Heiden, so wie <u>Petrus</u> das Evangelium an die Juden, [...]* (Gal. 2,9-10): *und da sie die Gnade erkannten, die mir gegeben war, gaben <u>Jakobus</u> und*

Kephas und Johannes, die als Säulen angesehen werden, mir und Barnabas die rechte Hand und wurden mit uns eins, dass wir unter den Heiden, sie aber unter den Juden predigen sollten ... Es ist das Apostelkonzil, worauf sich dieser Text bezieht. Hier werden uns ausdrücklich Jakobus, Kephas, Johannes und Petrus als die benannt, welche das Judenchristentum missionieren. Hier wird uns aber auch vermittelt, dass Kephas und Petrus zwei verschiedene Personen sind. Es besteht auch keine Veranlassung, das geheim zu halten. Petrus ist aber nicht anwesend, weil er zu diesem Zeitpunkt schon geflohen und untergetaucht ist. Es ist deutlich: Bei der Handschlagszene fehlt Petrus, aber Kephas ist da. Dass hier etwas nicht stimmt, beweist der hier von mir weggelassene Vers 8, der das überdecken soll, und im Bibeltext sogar deutlich als eine spätere Einfügung gekennzeichnet ist.

Nun bedeuten die Namen *Petrus* und auch *Kephas* das gleiche, nämlich *Fels*. Es ist das gleiche, einmal auf Griechisch und einmal auf Aramäisch. Wir haben es in den Evangelien mit dem Jesusjünger *Simon* zu tun, den man Jesus im Markus-Evangelium unbegründeterweise zu *Petrus (Fels)* umbenennen lässt und der ihn im Johannes-Evangelium überflüssigerweise von *Simon Petrus* zu *Kephas (Fels)* umbenennt. Warum gibt es aber dann in diesem Apostelbrief beide Personen, und in den Evangelien nur einen Jünger, der einmal den einen Zusatz, und das andere Mal beide Zusatznamen trägt? Auch im 1. Korintherbrief wird uns bezeugt, dass Petrus und Kephas ganz sicher zwei verschiedene Personen waren. Zum Beweis das Auferstehungszeugnis des Magus (Paulus): (1. Kor. 15,5): ... *und dass er gesehen worden ist von Kephas und den Zwölfen.* Kephas war demnach kein Jünger Jesu, denn nur Petrus gehört bei der Aufzählung immer mit zu den Zwölfen.

Kephas muss auch einen höheren Rang haben als die anderen Apostel. Er wird uns immer getrennt und zuerst genannt, sogar bei den Anklagen der Jerusalemer Apostelgruppe, die wir in den Apostelbriefen finden. Und noch eins: Falls es Judas je gab, sah auch er nach dieser Information gemeinsam mit den anderen den Auferstandenen, denn Matthias wird erst später gewählt. Der ersetzt nämlich in Wirklichkeit nicht Judas, sondern Jesus. Das steht alles im Widerspruch zur Apostelgeschichte.

Der *Simon Petrus*, den man später rückwirkend zum ersten mythischen Papst der katholischen Kirche ernannt hat, war nach den Evangelien kein zölibatärer Mönch und auch kein Schriftgelehrter, sondern Fischer. Er war verheiratet. Jesus heilte seine Schwiegermutter. Bei den Synoptikern ist er der erste Jünger Jesu. Jesus überträgt ihm Vollmacht zu lösen und zu binden, im Himmel, wie auf Erden. Er verheißt ihm die Schlüssel des Himmelreichs, und er weist ihn in der gleichen Szene als Satan zurück, der ihn zu verführen versuche. Petrus ist zeitweise sehr kleingläubig und dann wieder draufgängerisch fanatisch. Dem Knecht des Hohepriesters haut er bei der Gefangennahme Jesu ein Ohr ab. Das sieht alles sehr nach Bodyguard aus. Er verschwört sich, mit Jesus gemeinsam in den Tod zu gehen, und verleugnet ihn daraufhin dreimal hintereinander, um nicht dessen Schicksal teilen zu müssen. Das hat nichts mit Feigheit zu tun. Ein guter Bodyguard würde noch heute so handeln, solange er für sich noch eine Chance sieht, seinen Herrn zu retten. Märtyrertum hätte ihm da nichts genützt. In den Evangelien leuchtet ein, was der *Simon Petrus/Kephas* tut und auch denkt. In der Apostelgeschichte tritt uns aber gleich zu Anfang ein ganz anderer Petrus entgegen. Er spielt dort plötzlich eine andere Rolle. Es ist aber eine seltsam gespaltene. Er kommt innerhalb der Apostelgeschichte an Wirkungskraft und Wundertätigkeit nicht nur an Jesus heran; er überflügelt ihn sogar. Aber man gewinnt den Eindruck, er macht manchmal die Schmutzarbeit und ist ein andermal der, welcher sehr autoritär die Führung übernimmt. Sehr sympathisch ist er jedenfalls nicht. Als seine Arbeit getan ist, verschwindet er spurlos aus der Apostelgeschichte. Petrus ist nach Aussage des Galaterbriefes nur einer der Apostel der Judenchristen. In der Apostelgeschichte wird uns aber berichtet, dass *Petrus* von Gott über die Korneliusgeschichte zum Initiator der Heidenmission gemacht wurde. Geht man davon aus, dass uns in der Apostelgeschichte zwei verschiedene Personen unter dem Namen Petrus vermischt wurden, dann würde das allerhand aufklären. Wir hätten es danach, wie schon bei der Lesung vermutet, nicht mit einer Person zu tun, die einmal als *Petrus* und dann wieder als *Kephas* bezeichnet wird, sondern mit zwei Personen, einem *Simon Petrus* und einem *Simon Kephas*.

Nehmen wir den Situationsbericht am Anfang der Apostelgeschichte, wo uns aufgezählt wird, wer sich versammelt hat: (Apg. 1,13-14): *... Petrus, Johannes, Jakobus und Andreas, Philippus und Thomas, Bartholomäus und Matthäus, Jakobus, der Sohn des Alphäus, und Simon, der Zelot und Judas, der Sohn des Jakobus. Diese alle waren stets beieinander einmütig im Gebet samt den Frauen und Maria, der Mutter Jesu, und seinen Brüdern.*

Es geht weiter (Apg. 1,15): *Und in den Tagen trat* Petrus *auf unter den Brüdern – es waren aber eine Menge beisammen von etwa hundertzwanzig ...*

Tauscht man hier den Namen Petrus im Vers 15 durch Kephas aus, dann bekommt der Text Sinn. Kephas stößt hier zu den verwaisten Jüngern dazu und übernimmt die Führung. Er ist nicht der Jünger Simon Petrus, sondern ein anderer, der hier neu dazukommt.

Wer war Kephas? Es gab ihn tatsächlich. Sein richtiger Name lautete *Simon Kephas bar Gamaliel*. Er ist eine im damaligen Judentum nachweisbare Person und war da keineswegs unbedeutend. Er war einer der Söhne des Gamaliel der Apostelgeschichte und stammte damit aus der Dynastie des Religionsführers und Sanhedrinfürsten Hillel. Hillel war sein Urgroßvater, dem sein Sohn Simon als Simon I. folgte. Dessen Sohn war Gamaliel I. welcher dann der Vater dieses *Simon Kephas* war. Auch Simon Kephas folgte im Jahre 50 nach dem Tode seines Vaters Gamaliel im Amt, was er bis zum Jahre 70 inne hatte. Sie waren alle nacheinander Fürsten des Sanhedrins. Zur Unterscheidung von seinem Großvater wird *Simon Kephas* im überlieferten

Schrifttum als *Simon II.* bezeichnet. Flavius Josephus berichtet in seiner Autobiografie, der *Vita,* sogar sehr ausführlich, wie er es später auf äußerst unliebsame Weise mit diesem mächtigen Simon II. (Kephas) zu tun bekam, dem er sogar unterstellte, ihn ermorden zu lassen, falls er dessen Befehlen nicht unverzüglich Folge leisten sollte.

Wenn man die Ereignisse der Apostelgeschichte unter diesem Aspekt liest, ergibt sich zwangsläufig, was damals tatsächlich passiert ist, bzw., was damals beabsichtigt war und wie man es durchgeführt hat. Die Entstehung der sogenannten Urchristensekte entpuppt sich danach als ein von langer Hand vorbereiteter Putsch, mit dem man seitens der religiösen und politischen Führung die essenische Menschensohnverschwörung nach dem erfolgreich verlaufenen Enthauptungsschlag seitens der damaligen jüdischen Religionsführung im Interesse der Erhaltung der *pax romana* zu neutralisieren versuchte. Um das, was tatsächlich geschah herauszufiltern, muss man nun allerdings die Aktivitäten des Petrus und des Kephas der Apostelgeschichte voneinander trennen. Ausgehend vom Charakterbild des unbesonnenen Haudrauf der Evangelien, haben wir es nämlich in der Apostelgeschichte ab und zu mit einem versierten Strategen zu tun, was überhaupt nicht zum Charakterbild des Petrus passt. Sobald es also um Dinge geht, die mit diplomatischem Geschick untersetzt sind, wäre eher Kephas als Akteur anzunehmen, und bei mit Gewalt untersetzten Vorgängen, unbesonnenen Aktionen, Wundern und auch Bestrafungen eher Petrus.

Gehen wir den Text also nochmals durch. Die Apostelgeschichte beginnt mit dem Bericht von der Himmelfahrt Jesu, nachdem er seinen Jüngern die entsprechende Vollmacht erteilt hat, seine Zeugen zu sein. Für die Wahrheit dieses Berichtes stehen nur die da aufgezählten Jünger Jesu gerade, auch Petrus, denn erst bei Apg. 1,15 taucht nun Kephas auf, unterrichtet sie von dem, was mit Judas in der Zwischenzeit geschah und organisiert die Wahl des Matthias zur Vervollständigung der Zwölfzahl der Apostel. Es ist eine Einweisung durch einen sichtlich übergeordneten Bevollmächtigten, der hier dazu stößt *(und sich vielleicht sogar verbeten haben kann, als Himmelfahrtszeuge Jesu benannt zu werden).* Nun folgt der Bericht vom Pfingstwunder, welches ein Nebeneffekt der Maßnahme war, alle Verschwörer an einem Ort zusammenzurufen *(Es war nicht der Tempel!),* um das zu veranstalten, was organisatorisch als nächste Aktion geplant war (Apg. 2,1-12) und auch anschließend durchgeführt wurde.

Die Beschreibung des vor dem Auftritt des Kephas angeblich erfolgenden *Pfingstwunders* erklärt sich ganz einfach aus der Aufgeregtheit der Versammelten, die sich, nachdem man sie dorthin bestellt hatte, vorher in den wildesten Vermutungen und Gerüchten über den Zweck dieser Versammlung ergingen und sich infolge ihrer da geäußerten Vermutungen deshalb auch gegenseitig bezichtigten, eventuell sogar betrunken zu sein, bis endlich Kephas mit den zwölf Aposteln erscheint, um ihnen zu verkünden, weshalb man sie überhaupt herbestellt hat. Nun folgt die Pfingstpredigt des Kephas als Offenbarung des himmlischen Messias Jesus Christus (Apg. 2,14-36). Dieses als Ausgießung des Heiligen Geistes auf die Welt bezeichnete Ereignis ist die Verkündigung des himmlischen Messias und enthält gleichzeitig eine moralische Verurteilung derer, die Jesus hingerichtet haben.

Auf die sichtlich bestellte Anfrage aus der Masse der Versammelten heraus, was man denn nun tun müsse, empfiehlt Kephas dann die Buße und die Taufe, und wohl auch alles andere, was danach in Angriff genommen wurde, als schon fertiges Konzept. Daraufhin gründet man nun die erste Gemeinde mit Gütergemeinschaft, gemeinsamem Gebet und dem Ritus des Brotbrechens (Apg. 2,37-47) in Verbindung mit dem schon bestehenden Ritus des Salzbundes. Das ist ganz eindeutig die offizielle Gründung einer neuen Sekte als Seitenzweig im Rahmen der Täuferbewegung.

Kephas geht anschließend in Begleitung des Johannes zum Tempel, um das, was er eingeleitet hat absegnen und damit legalisieren zu lassen. Kephas heilt dort vor dem Tempeltor einen Lahmen und hält eine Predigt, welche man als die Antrittsrede des neuen Oberhauptes der gerade gegründeten neuen Sekte ansehen muss (Apg. 3,1-26). Es steht da zwar nichts von einem Empfang des neuen Oberhauptes Kephas durch die Priesterschaft, aber man scheint die neue Sekte vorerst zumindest zu dulden. Die Organisation nimmt nun ihre Arbeit auf. Man beobachtet aber, was sie treiben.

Kephas und Johannes werden deshalb auch unter dem Vorwand festgenommen und über Nacht inhaftiert, weil sie angeblich öffentlich die von den sadduzäischen Priestern des Tempels geleugnete Auferstehung von den Toten lehrten. Der Hohe Rat wird zusammengerufen und verhört am nächsten Morgen Kephas und Johannes (Apg. 4,1-22).

Es ist ganz klar nur eine Befragung. Man kann ihnen aber nichts nachweisen, denn bekanntlich verfechten die Pharisäer im Gegensatz zur sadduzäischen Priesterschaft die Auferstehung, wie sich auch später aus der am Ende der Apostelgeschichte überlieferten Verhandlung des Hohen Rates gegen den Magier (Paulus) erweist. Schlimm ist nur, dass die Basis der neuen Sektenlehre aber gerade unbestreitbar auf der Auferstehung ihres himmlischen Messias beruht. Das Ergebnis der anschließenden geheimen Beratung des Rates ist deshalb trotzdem eine Verwarnung. Den Aposteln wird verboten, (die Lehre des Täufers?) im Namen Jesu zu lehren. Man will sichtlich keine charismatischen Nachfolger Jesu, sondern höchstens innerhalb der Täufer eine Gruppierung dulden, die sich dem friedlichen Gedächtnis des Jesus und der Hoffnung auf einen himmlischen Messias widmet, unabhängig von dessen Auferstehung und anschließender Entrückung in den Himmel.

Die Apostel berufen sich aber auf das, was sie selbst gesehen und gehört hätten, was nur beweist, dass sie auf Standpunkten beharren, auf die sie aus triftigen Gründen nicht verzichten können, woraufhin sie nochmals vermahnt und sogar bedroht werden.

Die Apostel berichten anschließend vor ihren Anhängern von den bestehenden Differenzen mit dem Hohen Rat. Das Gebet der Gemeinde (Apg. 4,23-31) beweist nun, dass die neue Gruppierung das auch so sieht, wie die Apostel und sich bestimmte Dinge nicht vorschreiben lassen will. Die Verschwörer, welche man zu Mitgliedern dieser neuen Gruppierung gemacht hat, sind also keineswegs so weit gezähmt, dass sie sich nun alles verbieten lassen würden. In Fortsetzung des Textes vom Gemeindegebet erfolgt nun (Apg. 5,12-16) der Bericht von den Wundertaten der Apostel, was der Grund für eine erneute Einkerkerung von Aposteln ist, aus der sie angeblich durch einen Engel des Herrn befreit wurden (Apg. 5,17-24). Hier steht der indirekte Beweis, dass die öffentliche Ordnung gefährdet war, weil auch schon die von den neuen Ideen angegriffen waren, welche für die Aufrechterhaltung dieser Ordnung standen. Wer eingekerkert war, steht nicht im Text. Die befreiten Apostel lehrten aber anschließend direkt im Tempel. Es ist nun eine doppelte Übertretung. Erstens lehren sie, was ihnen untersagt ist, und zweitens tun sie es an heiliger Stätte.

Bedingt durch den wachsenden Zulauf zu der neuen Sekte und dem damit verbundenen öffentlichen Aufsehen empfiehlt es sich aber, seitens des Hohen Rates vorsichtiger an die Klärung der Angelegenheit heranzugehen. Es wird ausdrücklich darauf hingewiesen, dass die nun erfolgende Vorladung und Vorführung der Angeklagten vor den wieder zusammengetretenen Hohen Rat ohne Gewaltanwendung erfolgte. Es stehen demnach vor dem Rat anscheinend nicht nur die gefangen gesetzten Apostel, sondern es muss sich auch eine größere, wenn nicht gar bedrohliche Menge von Sektenmitgliedern dort versammelt haben.

Nun ist es Petrus der, ermutigt durch die hinter ihm stehenden Massen, nun seinerseits den Rat direkt anklagt, Jesus getötet zu haben. Das predigte zwar schon Kephas in der Pfingstpredigt. Dort war es aber nur Bestandteil der abgrenzend allgemein-verurteilenden Definition zur Gründung der neuen Sekte gedacht. Hier klagt Petrus aber die Mitglieder des Hohen Rates direkt und damit persönlich des Mordes an. Nachdem die Situation dadurch eskaliert, weil man sich nun seitens des Rates verpflichtet sieht, die Apostel zu töten, wird die Szene durch das Eingreifen des Gamaliel auf die bekannte Weise befriedet, was den Aposteln aber trotzdem die harte Bestrafung der Geißelung nicht erspart, denn sie haben den Hohen Rat direkt beschuldigt. Wen es genau traf, steht da nicht. Petrus hat es da ganz bestimmt mit erwischt, aber Kephas nicht. Der war bei diesem Aufruhr bestimmt nicht mit dabei und auch Johannes wird sich da herausgehalten haben.

Es lässt sich nur anhand der Textinhalte und logischen Abläufe trennen, aber Kephas ist auf alle Fälle der, dem der Bericht der Ereignisse um Judas, die Nachwahl des Matthias und die Organisation der Pfingstverkündigung zugeordnet werden müssen. Er bewirkt auch die Heilung des Lahmen, hält seine Antrittsrede vor dem Tempel und er steht dann auch mit Johannes bei der ersten Verhandlung vor dem Hohen Rat. Bei dieser ersten Befragung versucht nämlich Kephas dem Hohen Rat beizubringen, dass er bei der von ihm veranlassten Verkündigung deshalb von bestimmten Standpunkten nicht ablassen kann, weil sonst das Ziel der Befriedung der Verschwörer nicht erreicht werden kann. Da er aber kein Gehör findet, laviert er zwischen den ihm bekannten gegensätzlichen religiösen Ansichten der Parteien des Sanhedrins, legt sich auf Linie von der Auferstehung fest, welcher der pharisäische Teil des Hohen Rates und auch sein Vater Gamaliel anhängt, und kommt mit einer Verwarnung frei.

Der Wortführer derer, die das zweite Mal vor dem Hohen Rat stehen, ist aber nicht Kephas, sondern Petrus. Dort finden wir wieder den Feuerkopf der Evangelien, der über das Ziel hinausschießt. Bei Apg. 4,13 steht zwar, dass Petrus und Johannes als ungelehrte und einfache Leute zu Jesu Jüngern gehört hätten. Das muss aber eine Ergänzung späterer Zeit sein, als die Trennung zwischen den Personen Kephas und Petrus nicht mehr bekannt gewesen sein kann. An dieser Stelle stehen nämlich nicht Petrus und Johannes, sondern Kephas und Johannes vor dem Rat. Es ergibt sich aus dem Inhalt. Kephas demonstriert nämlich bei der ersten Befragung vor dem Hohen Rat ein diplomatisches Kunststück, welches im kompletten Gegensatz zu dem steht, was Petrus bei der zweiten Verhandlung gegen die Gruppe der dort angeklagten Apostel verbockt, so dass sie nur durch das persönliche Engagement des Gamaliel noch einmal mit dem Leben davon kommen. Es wäre auch ein Eklat gewesen, der zu weiteren Konsequenzen geführt hätte, wenn Gamaliel bei diesem Tribunal öffentlich gegen seinen eigenen Sohn verhandelt haben würde, nachdem dieser den Hohen Rat und damit auch seinen Vater des Mordes bezichtigt hätte. Der Simon Kephas kann deshalb keinesfalls der Simon Petrus sein, der hier vor Gericht stand. Es wäre auch kaum möglich gewesen, Gamaliel öffentlich ausgerechnet über religiöse Umtriebe seines Sohnes befinden zu lassen, ohne dass auf einen solchen Skandal auch in anderen historischen Überlieferungen besonders hingewiesen worden wäre.

Aus den in der Rede des Gamaliel enthaltenen Begründungen lässt sich sogar indirekt auf die tatsächlichen Hintergründe der Aktion zur Befriedung der Menschensohnverschwörung der Essener zurückschließen: (Apg. 5,37): *Danach stand Judas der Galiläer auf in den Tagen der Volkszählung und brachte eine Menge Volk hinter sich zum Aufruhr; und der ist auch umgekommen und alle, die ihm folgten, wurden zerstreut.* Wenn es Menschenwerk sei, dann habe es keinen Bestand, und falls es Gottes Wille sei, sollte man dagegen nicht streiten.

Dieser Judas der Galiläer ist historisch verbürgt. Bei Flavius Josephus steht dazu in seinen *Jüdischen Altertümern* (XVIII,1,1): *... Judas dagegen, der aus der Stadt Gamala gebürtig war, reizte ... das Volk ... zum Aufruhr ...* <u>*Gott werde aber dann bereit sein, ihnen zu helfen, wenn sie ihre Entschlüsse tatkräftig ins Werk setzten,*</u> *... und je unverdrossener sie dieselben ausführten.* Das ist das, worauf sich Gamaliel bezieht und es ist auch die Strategie der Essener, auf deren Basis auch Jesus argumentierte. Gamaliel weiß genau, dass die Angeklagten zu den Verschwörern gehörten, denen man aber für ihre nun erreichte Friedfertigkeit ein Minimum an Zugeständnissen machen muss. Nach dem Rat des Gamaliel zur gütlichen Einigung, erfolgt nun durch die Gemeinde die sogenannte Wahl der sieben Armenpfleger. Dass sich hier die immer noch Widerständigen zu erkennen geben und zu profilieren beginnen, nachdem die Masse der Verschwörer zur Ruhe gebracht wurde, habe ich bereits abgehandelt. Nachdem man weiß, wer sich weiterhin quer stellt, erfolgt nun die Herstellung der Ordnungsmäßigkeit innerhalb der Sekte.

Nach dem Verhör und der anschließenden Steinigung ihres Wortführers Stephanus erfolgt die Verhaftung und Austreibung derer, die sich nicht der neuen Linie unterwerfen wollen, im Namen der Obrigkeit durch den Magus (Saulus). Kephas tritt zwar nicht mehr öffentlich in Erscheinung, aber er ist auf alle Fälle derjenige, der von Anfang an die Fäden in der Hand hält und auch in Abstimmung mit seinem Vater Gamaliel die neue Sekte überwacht.

Die Umbildung der Verschwörung nach der Hinrichtung Jesu konnte aber kaum ohne tatkräftige Mithilfe des bis dahin als seine Jünger getarnten höher qualifizierten Personals der bereits übergelaufenen zweiten essenischen Führungsebene und der untergeschobenen Leute des Sanhedrin erfolgen, wozu man auch und vor allem Johannes zählen muss, wie sich über seine ständige Präsenz im Zirkel der Macht zurückschließen lässt, und wie es uns auch im Johannes-Evangelium angedeutet wird (Joh. 1,35-39).

Es ist auch Kephas und nicht der längst auf der Flucht befindliche Petrus, der den Aposteln beim Konzil des Jahres 48 aus ganz pragmatischen Gründen vorläufig zur Heidenmission rät. Sogar Jakobus der Bruder Jesu schließt sich seiner Empfehlung an. Die Argumentation des Kephas ist es, der auch er nachgibt. Wer, wenn nicht einer dessen Verbindungen höher als die ihren angebunden waren, hätte die Apostel zu diesen einschneidenden Entschlüssen ihres Konzils, welche sogar das Mosaische Gesetz im Interesse der *pax romana* brachen, zwingen können?

Simon Kephas tritt im Jahr 50, nach dem Tod seines Vaters Gamaliel, dessen Nachfolge an und amtiert von da an wie dieser als Fürst des Sanhedrins. Sein Nachfolger im Vorsitz der Urchristenzentrale ist nun Jakobus, der Herrenbruder. Es ist also nicht verwunderlich, dass weder Simon Petrus, noch Simon Kephas von da an in der Apostelgeschichte weiter erwähnt werden.

In seiner neuen Position braucht Simon II. Kephas nun eine ganz saubere Weste, die man sich aber im politischen Geschäft nicht immer bewahren kann, wenn es um Macht geht. Kephas räumt demzufolge nach Übernahme seines neuen Amtes unter früheren Gegnern auf, sobald sie ihm gefährlich werden können, ohne dabei selbst in Erscheinung treten zu müssen. Deshalb soll am Ende auch Simon Magus (Paulus) aus dem Wege geräumt werden, denn er hatte nachweisbare Differenzen mit Kephas. Das wissen wir aber nur aus den Apostelbriefen. Die Judenchristen missionieren anders als er. Ihnen steht angeblich das Gesetz höher als Jesu Lehre, was sich aber aus dem Beschluss des Apostelkonzils widerlegen lässt. Leicht könnte jetzt gesagt werden, in den Evangelien steht doch deutlich, dass das Gesetz für den Menschen gemacht ist und nicht der Mensch für das Gesetz. Diese Evangelien gibt es zu dieser beschriebenen Zeit aber noch nicht.

Simon Magus (Paulus) hat nämlich einmal einen großen Fehler begangen. Er hat sich nach dem Apostelkonzil nach Johannes auch mit Kephas direkt angelegt. Es steht im Galaterbrief. Durch die Besonderheit, dass Heiden und Juden vor allem in den Städten eng beieinander wohnen, auch zwangsläufig, wie beispielsweise in Antiochia, zur gleichen Zeit am gleichen Ort missioniert wird, kommt es zu Basiskonflikten. Der Magus schreibt: (Gal. 2,11-14): *Als aber Kephas nach Antiochia kam, widerstand ich ihm ins Angesicht, denn es war Grund zur Klage gegen ihn. Denn bevor einige von Jakobus kamen, aß er mit den Heiden; als sie aber kamen, zog er sich zurück und sonderte sich ab, weil er die aus dem Judentum fürchtete. Und mit ihm heuchelten auch die anderen Juden, so dass selbst Barnabas verführt wurde, mit ihnen zu heucheln. Als ich aber sah, das sie nicht richtig handelten nach der Wahrheit des Evangeliums, sprach ich zu Kephas öffentlich vor allen: Wenn du, der du ein Jude bist, heidnisch lebst und nicht jüdisch, warum zwingst du dann die Heiden, jüdisch zu leben.*

Diese öffentliche Bloßstellung des Kephas ist es auch, die am Ende dem Magier (Paulus) im übertragenen Sinne das Genick bricht. Simon Kephas ist von hoher Abkunft. Den beleidigt er nicht ungestraft. Als Simon Kephas als Simon II. die Nachfolge seines Vaters Gamaliel im Sanhedrin antritt, lässt er von den Vorstehern der Jerusalemer Christengemeinde unter Jakobus die Beseitigung des Magiers in die Wege leiten. Der Magus (Paulus) rettete sich aber bekanntlich nach Rom. Auch wenn ich mich auf den *Magier* beziehe, der Text des Neuen Testamentes enthält an diesen Stellen immer den Namen *Paulus*, obwohl dort *Simon Magus* stehen müsste. Ich beziehe mich jedoch ausschließlich auf historische und in diesem Zusammenhang vor allem personelle Fakten aus den Apostelbriefen und der Apostelgeschichte zu dieser schillernden Figur, und man sollte das deshalb keineswegs mit dem vermischt sehen, was der von ihm abgeleiteten Phantomfigur Paulus in den ihm zugeschriebenen Apostelbriefen später an theologischem Material untergeschoben wurde.

Die Heidenmission, ihre wahren Ursachen und Gründe

Wie aus der Apostelgeschichte ersichtlich, breitete sich das Christentum, oder brach vielmehr der *Menschensohnaufstand* der Essener nach der Hinrichtung des Jesus trotz aller vorläufigen Versuche der rigorosen Bekämpfung des

Aufstandspotentials auf der Route des Philippus flächenbrandartig aus. In Samaria hatten es Petrus und Johannes angeblich noch mit letztem Einsatz bändigen können, obwohl die gesicherten historischen Überlieferungen von blutigen Aktionen der Römer und der Hinrichtung von Rädelsführern berichten, was am Ende sogar zur Amtsenthebung des Pilatus führte.

Man wechselt also in Jerusalem die Strategie. Der Magus (Paulus) wird aus der Verfolgung der Aufständischen herausgenommen und zu den Essenern nach *Damaskus* geschickt.

Der Grund, weshalb man von Jerusalem aus einen Unterhändler nach *Damaskus* schickte, welches der eigentliche Deckname für *Qumran* war, bestand in den dringend erforderliche Verhandlungen mit den Essenern, um die Gefahr der weiteren Ausuferung des über die *Armenpfleger* und ihre landesweite Aufstandsauslösung bereits begonnenen Bürgerkrieges zu bannen. Es wird gehofft, sie auf diesem Wege zum Verzicht auf weitere Aktionen zu bringen und auch ihre Leute davon abzuhalten. Dort wird der Magus bekanntlich über den bereits installierten Verbindungsmann Ananias legitimiert und naheliegend auch als Verhandlungsführer akzeptiert.

Die Aufdeckung der von ihnen organisierten Menschensohnverschwörung hatte die Essener im Jahre 30 gerade erneut ins politische Zwielicht gestellt. Welcher Art die entsprechenden Verhandlungen waren, die Ananias und sein Partner, der Magus in Qumran führten, kann man nur ahnen, und auch, welche eventuellen Sanktionen der Römer im Auftrag des Herodes oder des Sanhedrin sie Qumran androhten, wenn sie nicht ihre Aufstandsführer zurückpfiffen und sich auch nicht einer gewaltlosen, Befriedung unter der Aufsicht der dazu gegründeten Jerusalemer Sektenzentrale unter Kephas, die im Auftrag des Hohen Rates agiert und auch von der Hohepriesterschaft gestützt ist, beugen würden. Aus der allgemeinpolitischen Lage muss auch den Essenern erkennbar gewesen sein, dass der Aufstand, welcher durch die Hinrichtung Jesu und den darauffolgenden Putsch des Kephas von den *Armenpflegern* ausgelöst wurde, keinen Erfolg haben konnte. Sie hatten ihn zwar vorbereiten lassen, aber wohl kaum in der Absicht, ihn zu dieser Zeit schon auszulösen. Die Hinrichtung Jesu hatte auch sie überrascht. Was anderes als die Aufnahme von Verhandlungen hätte man bei den Essenern zu erledigen gehabt? Warum schickte man den Magus nicht dem Philippus hinterher? Das lässt sich nur so erklären, dass man in Jerusalem seitens des Hohen Rates strategisch weiter dachte, und eine für alle erfolgversprechendere Strategie wählte. Statt das Land in einen Bürgerkrieg zu stürzen, galt es mit der Gegenseite zu einem Kompromiss zu kommen.

Der Unterhändler, angeblich Paulus, in Wirklichkeit aber *Simon der Magier*, den man uns sogar als den besten Schüler des Täufers und als dessen Favoriten in der Nachfolge überliefert hat, wird hier aus der Aktion der direkten Verfolgung der widerspenstigen Verschwörer zurückgezogen und als offensichtlich fähiger Mann in die Aktion ihrer Vereinnahmung zu der neuen

Sekte eingebaut. Hier offenbart sich auch, dass die Menschensohnverschwörung der Essener von Jerusalem auf verschiedenen Ebenen zu unterlaufen versucht wurde.

Der Täufer war demnach tatsächlich von Gamaliel gegen diese Verschwörung angesetzt. Er muss die von Gamaliel weiterbetriebene Toraschule des Hillel geleitet haben, aus welcher auch die maßgebenden Vertreter für die Entstehung, Herausbildung und weitere Ausbreitung des Christentums hervorgingen, wie Kephas und der Simon Magus (Paulus), und, wie aus dem Johannes-Evangelium hervorgeht, auch der Jesusjünger und spätere Apostel Johannes.

Der Magus übernimmt bei seinem Aufenthalt in Qumran gemeinsam mit Ananias nun die Zentrale der Essener unter die Hoheit der dem Sanhedrin nachgeordneten Jerusalemer Sektenzentrale. Diese Aktion war aber an Bedingungen verknüpft, die wir nicht kennen. Die Essener behielten auf alle Fälle weiterhin ihren Namen, denn auch Josephus kennt später nur Essener.

Die Bedingungen, zu denen sich die Essenerzentrale dazu bereit fand, ihre Aktivitäten zumindest zeitweise einzustellen, waren offensichtlich geheim. Das führte allerdings im Nachhinein innerhalb des Führungskreises der Jerusalemer Zentrale zu Schwierigkeiten, zu denen ich noch kommen werde. Dass damals in *Damaskus* anschließend öffentlich für das Christentum missioniert worden sein soll, ist kaum wahrscheinlich, weil unnötig, sondern nur der Vorwand für den von da an überwachenden Verbleib der beiden Verhandlungsführer in Qumran. Auch Pinchas Lapide zieht in seiner Schrift *„Paulus zwischen Damaskus und Qumran"*, Kapitel VIII, die Schlussfolgerung, dass Paulus nur dort gewesen sein kann, wenn er auch andere Schlussfolgerungen aus diesem Aufenthalt zieht.

Dass es sich nur um eine Art Stillhalteabkommen und keineswegs um eine Kapitulation oder Unterwerfung gehandelt haben kann, erschließt sich auch daraus, dass wir in den späteren Aufstandsjahren in dieser Gegend eine zu allem entschlossene religiöse Gruppierung im Sinne der echten Jesusverschwörer finden. Die Essener, die sich in ihre Wüstensiedlungen am Toten Meer zurückgezogen hatten, gehörten später zu den Judenchristen, obwohl von keiner weiteren Mission als dieser des Magus berichtet wird. Diese Gruppierung, deren harter Kern sich am Ende des Aufstandes der Jahre 66-74 und nach der Eroberung ihrer Zentrale Qumran, in der Festung Masada verschanzte, ist nach Josephus aus der Argumentation ihres Anführers heraus klar als eine der Menschensohnverschwörer zu identifizieren, was beweist, dass die Stillhaltepolitik der Essenerzentrale schon in den dreißiger Jahren nur wieder eine Verlagerung ihres prophetischen Tages der Vergeltung auf einen späteren Termin beinhaltete. Diese *Bekehrung* der Essener erwies sich damit als eine politische Entscheidung, die nur einer Art zeitweiligem ideologischem Waffenstillstand entsprach. Die Textpassage (Apg. 9,31), dass nun endlich Frieden herrschte, obwohl gar kein Grund zum Streit vorhanden zu sein schien, ist das Indiz für die erfolgreich durchgeführte Vereinnahmung der essenischen Zentrale. Ein indirektes Indiz für diese Hypothese ist im Römerbrief enthalten. Dort wird uns vom Magus (Paulus) eröffnet, dass er seine Aufgabe im Osten des römischen Reiches als erfüllt ansähe, den Schwerpunkt seiner Mission nach Westen verlagern will, und auf der Durchreise nach Spanien Rom besuchen will (Apg. 15,19 und 23-24). Der Osten wird nun nicht mehr erwähnt. Es ist das Einflussgebiet der Essener, mit denen er das Stillhalteabkommen ausgehandelt hatte, welches dann von der Jerusalemer Zentrale aus direkt überwacht wurde.

Dieser hier von mir dem Magus unterstellte Einsatz in Qumran, sieht zwar ganz danach aus als sei er ein Renegat. Er steigt aber hier im Namen seiner Auftraggeber nur methodisch um. Er bekämpft die Sikarierverschwörer nicht mehr, sondern er versucht sie zu den Urchristen zu übernehmen und damit zu befrieden. Das ist am aussichtsreichsten, wenn man deren Führung am Sitz ihrer Zentrale für diese Neuausrichtung gewinnen kann, was auf eine bedeutendere Rolle des Ananias hinweisen würde, dem der Magus als Unterhändler da zugeordnet war.

Wir finden hier nämlich wieder ein sich gegenseitig in der Mission stützendes Zweigespann, wie bereits in Samaria, wo es Petrus und Johannes waren, welche gemeinsam auftraten. Auch in Antiochia finden wir anschließend diesen bewährten Mann, der auch der angebliche Paulus des Apostelkonzils war, und Barnabas als Zweiergruppe, und auch später wird meist zu zweit missioniert, wie Johannes und Barnabas in Zypern, was immer auf gegenseitige Kontrolle und damit auf einen politischen Auftrag hindeutet.

Der Simon Magus, muss diese Aufgabe in Qumran sehr gut gelöst haben, so dass man ihn für weitere wichtige Aufgaben einzusetzen beabsichtigte. Mit einer entsprechend empfehlenden Legende trifft er nach Jahren wieder in Jerusalem ein. Die Apostelgeschichte spricht von seiner Verfolgung durch die strenggläubigen Juden, dass er nur kurze Zeit (Es steht da etwas von mehreren Tagen.) in *Damaskus* war, und dass ihn seine dortigen Jünger die Flucht vor den ihn da ansässigen und verfolgenden Juden ermöglichten. Demnach gab es nun dort Christen im Sinne der Jerusalemer Sekte. Für ihn war die Existenz dieser Christen aber nach den in Wirklichkeit mindestens fünf Jahren seines dortigen Aufenthaltes, was sich aus den historischen Eckdaten seiner An- und Abreise ergeben, so selbstverständlich, dass er diese Helfer in seinen Apostelbriefen gar nicht erwähnt.

Er erwähnt dort nur seinen Verfolger, was wir aber auch als vorgeschoben ansehen müssen (2. Kor. 11,32 gegen Apg. 9,20-25). Aretas überfiel im Winter 35 das Herrschaftsgebiet des Herodes. Es könnte demnach eine ganz normale Flucht des Magus vor den kommenden Ereignissen gewesen sein, was aber auch nicht der Fall war. Der Unterhändler durfte die Wahrheit, dass man ihn zurückrief, nicht schreiben, um kein Staatsgeheimnis aufzudecken und in der Apostelgeschichte wird diese Wahrheit unter einem religiösen

Vorwand mit einer Lüge zugedeckt, um die Gläubigen nicht zu beunruhigen. In Jerusalem ist man misstrauisch, aber Barnabas, ein Vetter Jesu, setzt sich angeblich für den Zurückgerufenen ein. Das steht so in der Apostelgeschichte. Und wir finden den Magus später auch mit Barnabas gemeinsam in Antiochia. Im Galaterbrief (Gal. 1,18) steht aber ausdrücklich, dass er bei seiner Rückkehr erst bei Kephas, dem Sohn des Gamaliel war, um ihn kennen zu lernen, und sonst niemand traf. Man hat ihn demnach offensichtlich zurückgerufen und unter der Absicht, dass niemand merken soll, wer da ankam, unauffällig außer Sichtweite abgestellt. Das ist, wie schon erwähnt, auch daraus zu schließen, dass der Hohe Rat ihn wegen des Seitenwechsels nicht zur Rechenschaft zieht, oder mindestens verwarnt, obwohl der Magus (Paulus) offen bekennt, anfangs die Christen verfolgt zu haben (1. Kor. 15,9), was ihn aber nie zu belasten scheint und damit nicht nur die Annahmen zu seinem Auftrag bei den Essenern bestätigt, sondern auch, dass er nie die Seiten zu wechseln brauchte.

Dass die dem Magier unterstellte Theologie, welche für uns die paulinische ist, auf dem Basiskonzept des Kephas aufbaute, der die Umdeutung der Verschwörung der Essener in eine vergeistigte Variante der Täuferprophezeiung und als politisches Kalkül seiner Palastrevolte am Pfingsttag des Jahres 30 proklamierte, ist kaum zu bestreiten. Man nimmt als Christ auch nicht wahr, dass die neue Sekte eigentlich gar keinen Namen hat. Sie müssen als eine Spielart der Täufer betrachtet worden sein, da man sie sonst hätte der Gotteslästerung anklagen müssen.

Erst mit Antiochia beginnt die Spaltung, denn nun bekommen sie einen Namen, der sie definiert und damit abgrenzt (Apg. 11,26): *...In Antiochia wurden die Jünger zuerst Christen genannt.* Es ist sogar als sicher anzunehmen, dass die Bezeichnung *Christ* damals nur für Heidenchristen verwendet wurde, um sie abgrenzend zu den voll dem Gesetz verpflichteten Juden und den von ihnen noch nicht abgespaltenen und nun zu den Täufern als Untergruppe gerechneten Judenchristen als dritte Fraktion der neuen Sekte zu kennzeichnen, wenn nicht sogar als Mitglieder zweiter Klasse.

Die Heidenchristenmission resultierte daraus, dass Nikolaus die Aufstandsverschwörung des Jesus von Nazareth in Antiochia weiterbetrieb. Wenn Nikolaus um 30 vertrieben wurde, und der, dem man ihre Umdeutung zuschreibt, erst 35 aus *Damaskus* zurückkam, dann sind das fünf Jahre, in der sich die Verschwörung in Antiochia ausbreiten und vor allem verfestigen konnte.

Für die Ereignisse nach der Flucht der *Armenpfleger,* und dass es dadurch zu Aufständen kam, finden sich historische Belege bei Josephus. Er bezieht sich in seinen *Jüdischen Altertümern* auf den von Philippus in Samarien ausgelösten Aufstand (XVIII,4,1): *Unterdessen hatten auch die Samariter sich empört, aufgereizt von einem Menschen, der sich aus Lügen nichts machte und dem zur Erlangung der Volksgunst jedes Mittel recht war. Er forderte das Volk auf, mit ihm den*

Berg Garizin zu besteigen, der bei den Samaritern als heiliger Berg gilt, und versicherte, er werde dort die heiligen Gefäße vorzeigen, die von Moyses daselbst vergraben worden seien. Diesen Worten schenkten die Samariter Glauben, ergriffen die Waffen, sammelten sich in einem Dorfe mit Namen Thirathaba und zogen immer mehr Menschen an sich heran, um in möglichst großer Anzahl auf den Berg rücken zu können. Pilatus jedoch kam ihnen zuvor und besetzte den Weg, den sie zurücklegen mussten, mit Reiterei und Fußvolk. Diese Streitmacht griff die Aufrührer an, hieb eine Anzahl von ihnen nieder, schlug den Rest in die Flucht und nahm noch viele gefangen, von welch Letzteren Pilatus die Vornehmsten und Einflussreichsten hinrichten ließ.

Nach der blutigen Niederschlagung dieser für einen Aufstand erfolgten Zusammenrottung wird nun der Landpfleger Pilatus bei Vitellius, dem ihm übergeordneten Statthalter von Syrien verklagt. Begründet wird die Zusammenrottung der Samariter damit, dass sie sich nicht gegen Rom, sondern gegen Pilatus aufgelehnt hätten. Vitellius enthebt daraufhin Pilatus seines Amtes und schickt ihn im Jahr 36 nach Rom. Er soll sich vor dem Kaiser Tiberius verantworten, wozu es aber nicht mehr kommt, da Tiberius schon vor der Ankunft des Pilatus stirbt.

Zur Ehrenrettung des Pilatus muss gesagt werden: Er verschonte auch hier im Gegensatz zu Varus die Masse der Bevölkerung und ließ nur die Rädelsführer hinrichten, was darauf hinweist, dass hier von ihm eine ähnliche Verfahrensweise angewendet wurde, wie bereits im Jahre 30 in Jerusalem bei der Hinrichtung Jesu.

Ein gemeinsames miteinander abgestimmtes Vorgehen des Pilatus mit der vom Hohen Rat dominierten Urchristenzentrale in Jerusalem ist deshalb naheliegend. Herodes Antipas, als Marionette von Roms Gnaden hält sich ganz zurück, und auch der Hohe Rat hält sich im Hintergrund. Pilatus, der zu Hilfe gerufen, anschließend gewaltsam eingreift, wird, wohl aufgrund der Rückfrage des Quirinius nach den Ursachen dieses Aufstandes, dann von ihnen zum Sündenbock gemacht. So entgehen sie vorerst einer näheren Untersuchung der wahren Hintergründe des Aufstandes durch die Römer, den zu verhindern sie verpflichtet waren, und damit auch den für sie sonst unvermeidlich zu gewärtigenden Sanktionen Roms.

Der Umstand, dass uns das Lukas-Evangelium, welches verdeckt davon auch berichtet, dieses Ereignis in Jesu Zeit vorverlegt, hat bisher verhindert, den offensichtlichen Zusammenhang herzustellen. Dort steht nämlich: (Lk. 13,1): *Es kamen aber zu der Zeit einige, die berichteten ihm von den Galiläern, deren Blut Pilatus mit ihren Opfern vermischt hatte.*

Das wird meist in der Form gedeutet, dass Pilatus die Galiläer während ihrer friedlichen Opferhandlungen überfallen und töten ließ. Näher liegt aber die Annahme, dass er die (lt. Josephus) marodierenden und plündernden Aufständischen während einer ihrer Aktionen angriff und sie töten ließ, so dass sich ihr Blut mit dem ihrer soeben von ihnen getöteten und beraubten vorherigen Opfer unter der dortigen Bevölkerung mischte. Es scheint zwar so, als handle es sich bei Lukas um einen anderen Vorfall. Da der ansonsten sehr auf genaue Beschreibung versessene Josephus aber nur von dieser einzigen Aktion des Pilatus außerhalb Jerusalems und in diesem Gebiet berichtet, muss es sich um das gleiche Ereignis gehandelt haben.

Da man sich bei der Befriedung der essenischen Verschwörung auf das Gebiet der Tetrarchien des damaligen Palästina konzentrierte und deren Bewältigung, wie gerade am Beispiel demonstriert, alle verfügbaren Kräfte band, blieben entferntere Gebiete außerhalb der Wahrnehmung der Zentrale. So auch die Aktivitäten des Nikolaus in dem damals zu den größten Städten der Antike gehörenden Antiochia, welches nicht zum judäischen Gebiet und den Tetrarchien gehörte. Barnabas, der die Befriedung der Verschwörer nach dem von Petrus und Johannes in Samaria angewandten Schema, und nach dem Abschluss des Stillhalteabkommens mit den Essenern in Qumran, nun in Antiochia durchführen soll, holt sich deshalb den Gewährsmann, der schon dieses Abkommen mit den Essenern aushandelte, aus Tarsus zu Hilfe.

Ohne ideologische Unterstützung der inzwischen neutralisierten essenischen Zentrale und auf sich allein gestellt geben die Verschwörer auch in Antiochia nach, was bei entsprechendem Rückhalt seitens Qumran sonst kaum friedlich abgelaufen wäre. Die beiden Apostel gründen daraufhin in Antiochia Christengemeinden und deuten die Aufstandsmission in die Liebesreligion um. Allerdings droht durch diese Variante der Vereinnahmung die Gesamtaktion der Kontrolle der Jerusalemer Zentrale zu entgleiten, weil in Antiochia entgegen dem von Jesus lt. den Evangelien ausdrücklich erlassenem Verbot auch heidnische Griechen mit zu den Verschwörern unter Nikolaus gehörten, die man zwangsläufig mit aufnahm, um sie zu neutralisieren. Diese neue theologisch getarnte Ausweichlinie zur Befriedung der Sikarier ermöglichte nun ungewollt die erleichterte Aufnahme von Heiden in die jüdische Religion. Die im operativem Dienst tätigen Apostel scheinen keinen anderen Ausweg aus dieser verzwickten Situation gesehen haben, weil der vorrangige politische Zweck der Vereinnahmung die Befriedung im Sinne der *pax romana* war. Die Jerusalemer Christenzentrale, wollte aber unbedingt auch an den orthodoxen Ansichten der jüdischen Religion festhalten, und gedenkt sie auch durchzusetzen, um auch unter den Bedingungen der Römerherrschaft zumindest den theologischen Einflussbereich des Tempels in Jerusalem zu erhalten und zu sichern, der, was nicht vergessen werden darf, auch ein finanzielles Einzugsgebiet hatte, was es zu erhalten galt, was dann zu den finanziellen Regelungen im Ergebnis des Jerusalemer Apostelkonzils führte.

Auch wenn der Magier uns im Neuen Testament zur Unperson degradiert wird, die an seiner Stelle agierende Paulusfigur wird uns in der Apostelgeschichte auch als ziemlich schillernder Charakter beschrieben und keineswegs schon als der alles überragende Apostel, wie ihn uns die später *„aufgefundenen"*, ihm zugeschriebenen Apostelbriefe vorführen, was man unter dem Aspekt als verständlich akzeptieren kann, dass hier, wie bereits vermutet, ursprünglich tatsächlich der unerwünschte Magier am Werke war, dessen Beinamen *Atomos* man später durch seine in Latein vorgenommene Übersetzung in *Paulus* ersetzte.

Am Ende der Apostelgeschichte wirft uns auch Lukas, in Wirklichkeit aber der Redakteur Johannes, obwohl er uns das positiv zu beurteilende Phantom des Magiers uns als Paulus von ihm abtrennte, scheinbar aus der jüdischen Glaubensgemeinschaft trotzdem förmlich mit Hilfe Jesu hinaus. Er lässt Paulus von Jesus sagen (Apg. 22,21): *Und er sprach zu mir: Gehe hin; denn ich will dich in die Ferne zu den Heiden senden.* Paulus, der im Tempel Jesus im Gebet um Hilfe anfleht, wird nach der Apostelgeschichte von dem angeblich so zurückgewiesen. Man beachte aber, dass es sich bei dem, was hier in der Apostelgeschichte steht, um eine nirgendwo bestätigte Unterstellung eines weitgehend anonymen Evangelisten von einer Vision einer von ihm erfundenen Kunstfigur handelt. Erst wenn man den bombastischen Anfang der Offenbarung des Johannes gegen diesen Text stellt, in welchem ebenfalls ein visionärer Auftritt Jesu beschrieben wird, merkt man den Unterschied und damit auch die Absicht, was wiederum auch auf die federführende Redaktion des Johannes auch für die Apostelgeschichte schließen lässt. Dieser in der Apostelgeschichte praktizierte Hinauswurf des Magiers Paulus aus dem Judentum, auch wenn er nie stattgefunden haben kann, ist für uns Nachkommen der Heidenchristen allerdings sehr erfreulich, weil daraus die Mission und unser heutiges Christentums entsprang.

Auch wenn im Galaterbrief steht (Gal. 1,16): ... *dass er* (Gott) *seinen Sohn offenbarte in mir, damit ich ihn durchs Evangelium verkünden sollte unter den Heiden* ..., es ist in der Apostelgeschichte nur der passende Vorwand, um diesen Rausschmiss zu präsentieren. Dass man dem Magier seine Verdienste um die Heidenmission später direkt absprach und über das später in die Apostelgeschichte eingefügte Korneliusmärchen tatsächlich nicht *Petrus*, sondern tatsächlich *Simon II. (Kephas)* zuschob, hatte andere Gründe, und zielt auch auf etwas anderes, obwohl es gut mit in das hineinzupassen scheint, was von mir gerade dargelegt wurde. Ich werde bei der Behandlung des Hebräerbriefes noch darauf zurückkommen.

Die Intrige um die Ermordung des Ananias

Die Apostelgeschichte enthält noch eine weitere Begebenheit, die mit der Qumran-Aktion des Magiers zusammenhängt, und ohne diese gar nicht erklärbar wäre. Sie wurde auch absichtlich über mehrere Kapitel verteilt, damit sie nur Eingeweihten zugänglich war. Es ist der Bericht von den Ereignissen zwischen der Hinrichtung des Täufers, der Rückkehr des *Simon Magus* aus *Damaskus*, seiner Flucht nach Tarsus und die anschließende angebliche Verfolgung der Jerusalemer Apostel durch Herodes. Die zugehörigen Episoden sind bereits erwähnt. Sie sind einzeln betrachtet unlogisch oder unmotiviert im Text verteilt und werden deshalb auch einzeln und in anderem Sinn gedeutet. Ohne die von mir vorgenommene Trennung der Personen Petrus und Kephas wäre das auch kaum zu entschlüsseln. Die zugehörigen Episoden ergeben auch erst nach einer Neusortierung einen Gesamtsinn, der sich einem aber auch dann erst stufenweise erschließt und uns zusätzliche Hintergrundinformationen zur damaligen Geheimdiplomatie liefert:

Der Magier kommt nach Jahren wieder aus *Damaskus* zurück und erhält nun in Jerusalem im Vorstand der neuen Sekte eine entsprechende Funktion. Das geschieht unmittelbar nach der Hinrichtung des Täufers, die nach den Berichten des Josephus erst fünf Jahre nach der Kreuzigung Jesu erfolgte. Was der Magus in Qumran für eine Aufgabe zu erledigen hatte, dürfte nur denen, die es unmittelbar betraf, bekannt gewesen sein. Es lässt sich aus dem Galaterbrief zurückschließen. Die griechischen Juden, in denen wir die Fraktion der *„Armenpfleger"* sehen müssen, die noch verdeckt der Verschwörung des Jesus anhängen, greifen ihn an.

Der Magier verfolgte sie früher. Nun stellen sie ihm nach. Sie sind Sikarier, und man bringt Simon Magus, der doch aus Samaria stammen sollte, beschleunigt über Cäsarea nach Tarsus, seiner angeblichen Heimatstadt in Sicherheit. Es ist wirklich seine Sicherstellung ins Ausland, die in Samarien, der tatsächlichen Heimat des Magus nicht zu gewährleisten gewesen wäre.

In Jerusalem räumt Herodes nun angeblich auf. Er lässt jedenfalls ohne Begründung Jakobus *Donnersohn* hinrichten. Anschließend wird Petrus von ihm gefangen gesetzt. Petrus bekommt aber die Möglichkeit zur Flucht in den Untergrund und entgeht so seiner Hinrichtung.

Es könnte nun durchaus angenommen werden, dass es sich hier nach der Hinrichtung des Täufers durch Herodes um eine *„Restberäumung"* im Umfeld des Täufers unter weiteren potentiellen Gegnern des Herodes Antipas gehandelt habe. In diese Geschichte spielt aber ein Fememord mit hinein, der uns zwar nur verdeckt mitgeteilt wird, die Ereignisse aber in ein anderes Licht stellt, und uns vor allem die tatsächlichen Motivationen der Handelnden liefert.

Im 5. Kapitel wird uns nämlich die Geschichte des Ananias und seiner Frau erzählt. Der da berichtete Tod des Ananias und seiner Frau steht mit Petrus in Verbindung, der sie anklagt. Weil aber nur der Tetrarch und die Römer die Todesstrafe verhängen können, verwundert es, dass Petrus straffrei ausgeht. Das mag jetzt verwirrend sein, denn Petrus klagt sie doch nur an. Es fragt sich aber, unter welchen Bedingungen man nach einer Beschuldigung gleich tot umfallen kann. Das ist aber bei einer Steinigung, die man hier annehmen muss, durchaus nicht nur möglich, sondern beabsichtigt.

Im 9. Kapitel ist von Ananias in *Damaskus* die Rede, der von Gott den Auftrag erhält, Simon Magus (Saulus) zu „bekehren", was er anfangs nicht will, aber dann doch tut. Den hatte ich schon als Mann des Sanhedrins bei den Essenern identifiziert. Er muss mit dem Magier nach der Beendigung dieser Aktion aus *Damaskus* wieder mit nach Jerusalem zurückgekehrt sein. Bringt man nun diesen Ananias mit ins Spiel und auch Kephas, dann bekommt das, was berichtet wird, alles plötzlich einen Zusammenhang. Wenn Ananias und der Magier bei den Essenern im Auftrag der judäischen Führung ihrer geheimdiplomatischen Mission nachgingen, die Verhandlungen mit der Zentrale der Essener zu führen, dann war Kephas zumindest über seinen Vater Gamaliel darüber informiert, denn er nimmt den Zurückgekehrten anschließend lt. dessen eigenem Zeugnis im Galaterbrief bei sich auf.

Konspirative Dinge werden aber besser nicht öffentlich, auch wenn sie von ganz oben abgesegnet sind. Der Magier selbst (Paulus) berichtet seltsamerweise nie davon, dass er von Ananias geschult wurde, obwohl es die Apostelgeschichte behauptet. (Gal. 1,11-12): *Denn ich tue euch kund, ..., dass das Evangelium, das von mir gepredigt ist, nicht von menschlicher Art ist. Denn ich habe es nicht von einem Menschen empfangen oder gelernt, sondern durch eine Offenbarung Jesu Christi.* Was den Magier und Ananias miteinander verband, war die als Mission getarnten Verhandlungen mit den Essenern zur Befriedung ihrer Aufständischen. Das war so geheim, dass der Magus sogar seine Zusammenarbeit mit Ananias verschweigen musste. Nach der Rückkehr des Magiers muss es bei aber seiner Eingliederung in die Christenzentrale zu einer Panne gekommen sein, welche die konspirative Verbindung zwischen den Führenden enttarnte. Auch die Hinrichtung des Jakobus *Donnersohn* (des Bruders des Johannes) muss damit zusammenhängen, weil sie zwar ganz vordergründig berichtet, aber kein Anlass dazu benannt wird.

Bemerkenswert ist beispielsweise, dass alle Jünger des Jesus bei der Pfingstoffenbarung mit auf die neue Linie des Kephas umschwenken. Sie waren entweder bereits eingeschleuste Leute des Sanhedrins, oder man hatte ihnen Straffreiheit zugesichert, wenn sie die Verschwörung mit zu domestizieren helfen. Offensichtlich gab es aber zumindest nach der Hinrichtung des Täufers nun Machtkämpfe um neue Positionen unter ihnen, denn sie müssen sich gegenseitig als Konkurrenten gesehen haben. Davon ausgehend muss diese Geschichte um den Magier, Petrus und Jakobus als Ganzes und als Intrige interpretiert werden, in die auch Johannes mit verwickelt war, die mit Hinrichtung des Jakobus *Donnersohn* beginnt, mit der Steinigung des Ananias und seiner Frau, der Einkerkerung und Flucht des Simon Petrus weitergeht, den Magier zur Flucht nach Tarsus zwingt und Johannes zu seinem Namenswechsel und zum Verlassen Jerusalems veranlasst.

Als Ursache können wir eine bereits bestehende Rivalität zwischen Johannes, dem sichtlich engstem Mitarbeiter des Kephas und dem nun nach fünf Jahren wieder auftauchendem Magier (Paulus) um die Gunst dieses Kephas annehmen. Dass Johannes gern aus dem Hintergrund die Fäden zieht, kann man aus den verschiedenen seiner Aktionen zurückschließen. Er beauftragte wohl seinen Bruder Jakobus *„Donnersohn"*, dass er und seine Leute dem Magier, dem neu erstrahlenden Stern und Überläufer, der in ihren Augen ein verdächtiger Renegat und Konkurrent um die Gunst des Kephas ist, etwas anhängen, um ihn auszuschalten, oder zumindest zu diskreditieren.

An den Magier selbst wagen sie sich nicht direkt heran. Bei ihrer Suche nach einem Ansatzpunkt stoßen sie auf die Verbindung des Magus über Ananias zu Qumran. Wovon sie nichts wissen, ist die konspirative Verbindungslinie von Gamaliel über Kephas, den Magier und Ananias zu Qumran. Das ist die unterschwellige Verbindungslinie des Sanhedrins zur Zentrale der Essener, die nicht aufgedeckt werden darf, weil sonst die politischen Hintergründe zu etwas bekannt würden, wovon im Neuen Testament nirgends Klartext steht, man sich aber trotzdem mit Hilfe des Josephus und Israel Knohls Untersuchungen herausfiltern kann. Es können nur die mit den Essenern auf diplomatischem Wege nur notdürftig bereinigten Probleme gewesen sein, die mit der zeitweiligen Befriedung von deren Menschensohnverschwörung zusammenhingen.

Wie schon bei der Gegenüberstellung der Missionen des Täufers und der des Jesus erwähnt, war bereits die gegen die essenischen Aufstandsprediger gerichtete Aktion des Täufers vom Sanhedrin konspirativ gesteuert, zumindest von dessen Führung und damit von Gamaliel, in dessen Auftrag der Täufer wohl missionierte. So auch hier die anschließende, aber offensichtlich misslungene Installation des Magiers zur neuen Führungsfigur der Täufer. *„Donnersohn"* Jakobus enttarnte wohl einen Zipfel dieser Beziehungslinie zur Zentrale der Essener, welche bekanntlich auch nach Josephus weiterhin ihren Namen behielten, sich also wohl nur unter bestimmten Bedingungen dem Diktat der Jerusalemer Zentrale, und auch nur auf Zeit zu beugen gedachten.

Für Kephas, der wohl nicht mit in diese sich neu entspinnende Intrige innerhalb der Gruppe seiner früheren Mitarbeiter eingeweiht war, und bei dem Jakobus *Donnersohn* nun den Magier anschwärzte, ist nun dieser Jakobus mit seinen Hintergrundwissen zu einer Gefahr geworden. Falls auch noch die Verbindungen des Ananias bis zu ihm, zu Kephas, bekannt würden, geriete er in Erklärungsnot. Kephas der Sohn des Gamaliel, will aber nicht, dass die geheimen Abmachungen bekannt werden, und auch seine Karriere nicht aufs Spiel setzen. Er veranlasste wohl über Herodes die Hinrichtung des Jakobus *Donnersohn*.

Dazu gehörte nicht viel. Man brauchte ihn nur von höherer Warte der Menschensohnverschwörung zu bezichtigen, wie beispielsweise schon Stephanus, was wohl auch so praktiziert wurde. Der kurze Prozess erklärt sich auch ganz einfach aus dem Gefahrenpotential, welches diese Bewegung der Essener in den Augen der Führenden immer noch verkörperte.

Aber auch Ananias ist für Kephas nun ein unbequemer enttarnter Mitwisser, an den er nicht auf gleiche Weise herankommt. Die Position des Ananias muss aber höher angebunden gewesen sein, als die Beziehungen des Kephas damals reichten, um ihn beseitigen zu lassen. Es ist anzunehmen, dass er der Verbindungsmann der sadduzäischen Seite des Hohen Rates, also der des Tempels und damit der Hohepriesterschaft war. Sie waren zumindest gleichrangig. Kephas wendet deshalb den Kunstgriff der falschen kriminellen Beschuldigung an und veranlasst damit die Beseitigung des Ananias.

Dazu informiert er den von alledem nichts ahnenden Petrus, dass Ananias bei der Abgabe seines Besitzes an die Gemeinschaft einen Notgroschen unterschlagen hätte. Petrus beschuldigt daraufhin Ananias dieses kriminellen Vergehens. Ananias fällt um und ist tot. Das passiert bei jeder Steinigung, die ich hier voraussetze, auch in der Reihenfolge. Die Frau des Ananias ereilt nämlich gleich darauf das gleiche Schicksal. Sicher ist sicher. Damit wird vermieden, dass sie noch etwas sagen, was niemand wissen soll, und auch ein Prozess umgangen, bei dem untersucht werden kann, worum es geht.

Wieso bei dieser Passage der Apostelgeschichte sofort *„die jungen Männer des Petrus"* da sind, um Ananias wegzutragen und zu begraben, und diese Truppe danach auf die ebenfalls nichts ahnende Saphira *wartet*, um sie auch *„wegzutragen"* (Apg. 5, 6+9), ist nun verständlich. Petrus ist auch hier mit einer sehr praktischen Funktion betraut. Vom Bodyguard Jesu stieg er demnach zum Leiter der Ordnungstruppe zur Überwachung der neuen Sekte auf, was ganz auf der Linie seiner Begabungen gelegen haben dürfte.

Die Hinrichtung des Ananias muss auf einen konkreten Fall zurückgehen, dessen Hintergrund dem entsprochen haben muss, was ich gerade rekonstruiert habe, aber immer versucht wurde zu verheimlichen. Sie gehörte zwar noch zur Überlieferung, welche berichtet werden musste. Da aber den Grund dafür unbedingt zu verheimlichen war, wurde sie umgedeutet und ist uns deshalb in der Apostelgeschichte mehrere Kapitel vorher eingebaut worden, sogar noch vor dem Erscheinen des Saulus, damit niemand vermuten soll, dass etwas anderes bestraft wird als die Zurückhaltung des Notgroschens. Musste diesem Ananias wirklich noch eine namentlich genannte Ehefrau angedichtet werden, oder war er tatsächlich eine bedeutende Person seiner Zeit? Von manchen Hauptfiguren des neuen Testamentes wissen wir, dass sie verheiratet waren, auch Kinder hatten, aber sogar die Namen der Ehefrauen sind uns nicht immer bekannt. Ausgerechnet diese *Sünder* haben vollständige Namen.

Wie aus der Passionsgeschichte hervorgeht, verfügten nur der Tetrarch und die Römer über die höhere Gerichtsbarkeit. Normalerweise wird aber innerorganisatorischen Dingen amtlicherseits nicht so streng nachgegangen. Das mosaische Gesetz erlaubte beispielsweise, genau so wie das damals geltende römische Recht, dem Familienoberhaupt bei internen Angelegenheiten durchaus die Gewalt über Leben und Tod in der Familie. Und die neue Gemeinschaft der Christen ist eine große Familie. Petrus fühlt sich deshalb sicher und bleibt, statt zu fliehen.

Weil Ananias aber mehr als nur ein einfaches Mitglied der Christengemeinde war, kommt es zur Gefangennahme des Petrus, der davon am meisten überrascht gewesen sein muss. Dass seine Hinrichtung des Ananias ein Fememord war, konnte er nicht wissen. Er bekommt wohl auch nur deshalb die Gelegenheit zur Flucht, weil er nichts über die Hintergründe dessen weiß, was er veranlasste und wer ihn benutzte. Er könnte aber bei einer Untersuchung der Umstände um Ananias unbewusst etwas ausplaudern. Da ist es besser, ihm zu drohen und dann eine Fluchtmöglichkeit zu bieten. Johannes war es jedenfalls, bei dem sich Petrus vor der Flucht verabschiedete und der ihm wohl auch sagte, wohin er zu fliehen hatte (Apg. 12,12).

Von nun an ist uns im Neuen Testament nichts mehr von Petrus überliefert, was historisch stimmig zu ihm passt. Seine Briefe hat er nicht geschrieben und auch, dass er anderwärts oder sogar in Rom gewesen sein könnte, ist nirgends bezeugt. Erst Josephus berichtet in seiner *Vita* wieder von ihm, wo man es aber bislang nicht zur Kenntnis nimmt. Dazwischen liegen über 30 Jahre. Da stellt er ihn uns nämlich als Bruder des Johannes und Führer einer diplomatischen Mission vor, was ein bezeichnendes Licht auf die Verworrenheit der damaligen Vorgänge wirft und wenn man das Umfeld der berichteten Ereignisse betrachtet, auch erklärt, weshalb Petrus damals die Hinrichtung erspart blieb.

Der Magier, der durch diese Intrige um Ananias eventuell auch als Mann des Sanhedrins enttarnt wurde, brachte sich wohl nun selbst vor den eigenen Leuten nach Tarsus in Sicherheit. Diese Flucht ist jetzt endlich motiviert. Kephas hätte ihn sonst schon damals ganz sicher auch geopfert, wie es sich uns aus dem Ende der Apostelgeschichte zwingend ergibt.

Der Hauptgrund, der zu dieser ganzen Intrige geführt hat, wird in der ganzen Apostelgeschichte nicht genannt. Es ging ganz vordergründig um die Nachfolge des hingerichteten Täufers, was durch diese Intrige verhindert wurde. Der Magier trat nämlich im Auftrag des Sanhedrins in Jerusalem genau zu dem Zeitpunkt dazu an, die Täufer und die Christen unter einem Dach zu vereinigen, nachdem Herodes im Jahre 35 den Täufer köpfen ließ. Er schaffte es aber nicht, die für ihn vorgesehene Position zu halten, so dass er in Antiochia später mit einer neuen Strategie wieder ganz von vorn beginnen musste.

Meine Annahme: Es waren nicht nur die echten Nachfolger Jesu, die Sikarier unter Leitung der griechischen „*Armenpfleger*", die sich gegen ihn stellten, es waren auch die Jünger des Täufers, die ihn nicht akzeptierten.

Die geplante Vereinigung der beiden Gruppen schlug fehl. Die Täufersekte wollte anscheinend in Unkenntnis der tatsächlichen Auftraggeber ihres hingerichteten Propheten kein neues Oberhaupt von Sanhedrins Gnaden, was wohl ebenfalls mit aufgedeckt wurde, und die Sikarier wollen sich nicht mit unter die bußfertigen Täufer subsummieren lassen, woraufhin man die Absicht zu dieser Vereinigung vorerst aufgegeben zu haben scheint.

Diese neue namenlose Judenchristensekte, das ist unterschwellig alles noch die Menschensohnverschwörung des Jesus, und nur schlecht getarnt. Das ist Machtkampf. Die Fraktion der sieben *„Armenpfleger"* und deren Anhänger, waren nur die sichtbare oppositionelle Gruppe. Selbst in der Offenbarung des Johannes findet sich ein Nachhall. Johannes wettert da gegen die Nikolaiten. Das sind die Parteigänger des Nikolaus, der nach seiner Flucht vor Saulus anfangs in Antiochia wirkte. Diese Abtrünnigen waren es, die anschließend von Barnabas und dem Magier in Antiochia missioniert wurden. Sie waren demnach die echte, die irdische Jesusfraktion.

Untersuchen wir nun, welche Rolle Johannes bei der Intrige um Ananias spielte. Auch er hatte ein Interesse daran, den Gegenspieler, den für ihn zu einflussreichen Magus zu beseitigen. Er muss in ihm einen Konkurrenten gesehen haben, sonst wäre er später nicht bei der Zypernmission und im Anschluss an das Apostelkonzil mit ihm zusammengestoßen.

Der Magus wird in Jerusalem bezichtigt und muss sich vor dem Tribunal des Apostelkonzils rechtfertigen. Die Apostelgeschichte verschweigt den Namen des Anklägers. Nur einer der uns als Jerusalemer *Säulen* bezeichneten Apostel kam dafür infrage. Der Herrenbruder Jacobus konnte es kaum sein und Kephas vermittelte doch dann den Kompromiss. Es bleibt nur Johannes. Unmittelbar danach geraten der Magus und Johannes nämlich wieder aneinander, überwerfen sich endgültig und missionieren von da an getrennt. Es ist deshalb anzunehmen, dass Johannes einer der *„falschen Brüder"* war, die dem Magus während seiner Abwesenheit in Antiochia theologisch ins Handwerk pfuschen wollten, aber keinen Erfolg hatten.

Kephas, in dessen Auftrag Johannes gegen Magus antrat, denn die Auswirkungen der Heidenmission drohten nicht nur politisch, sondern auch theologisch auszuufern, konnte aber nicht zulassen, dass sein Interessenvertreter nun zum dritten Mal vom Magus in die Defensive gedrängt wurde. Er tritt anschließend in Antiochia selbst gegen Simon Magus an, um dessen Einfluss einzudämmen. Der fühlt sich aber dort so sicher, dass er Kephas, der ihm doch übergeordnet ist, als Heuchler öffentlich bloßstellt.

Unter Berücksichtigung dieser ganzen Verwicklungen muss man tatsächlich annehmen, dass die Intrige um die Hinrichtung seines Bruders Jakobus *Donnersohn*, den Fememord an Ananias, die Flucht des Petrus und die des Magus ursächlich von Johannes ausgelöst wurde, der gehofft hatte dadurch in der neuen Organisation eine einflussreichere Stelle einnehmen zu können, wenn er den Magus beseitigen könnte. Wir finden im Jerusalem des Jahres 48, zu dem das Apostelkonzil in Jerusalem angesetzt wird, einen gegenüber dem Jahr 30 schon sehr geschrumpften kleinen Personenkreis an der Spitze der Urchristen, welche die Führung stellen. Es sind:

- *Als Vorstand: Simon Kephas (30 bis 50): der Sohn Gamaliels I., des Fürsten des Hohen Rates.*

- *Den späteren Nachfolger des Kephas im Amt des Vorstandes (50 bis 62): Jakobus der Gerechte, der Bruder des gerade gekreuzigten Missionars der illegalen Messiasbewegung der Essener. Ein Nasiräer, ein Gottgeweihter.*
- *Johannes, den ehemaligen Jünger Jesu und vormaligen Jünger des Täufers, einen Mann des Sanhedrins im Dienste des Kephas.*

Ich erlaube mir, Simon Petrus, genau wie auch Simon Magus und Barnabas mit zum Fußvolk zu zählen, auch wenn sie die Wortführer derer waren, die vorgeladen waren. Der Magus war wohl gerade dabei, in den Führungskreis aufzusteigen. Johannes, der sich in seiner Funktion bedroht gefühlt haben muss, leitete die bekannte Intrige ein, was auch im Endeffekt, wenn auch anders als geplant, zur Verdrängung des Magus (Paulus) führte.

In den Jahren nach 70, zum Zeitpunkt der Erarbeitung der Evangelien lebte dann von diesem Führungspersonal nur noch Johannes. Die anderen beiden fielen Intrigen zum Opfer: Jakobus wird später zumindest mit Billigung des Kephas hingerichtet, weil er in der Aktion zur geplanten Beseitigung des Magus versagte, Kephas während der Belagerung Jerusalems durch die Römer von Aufständischen ermordet.

Dass es sich bei dem Gremium der Zentrale der Christenapostel in Jerusalem um eine Gruppe von Herren mit nicht besonders geradlinigem Lebenslauf handelte, sondern auch um ein ganz gemütlich eingerichtetes Gemeinwesen einer sehr herrschsüchtigen Gruppe gehandelt haben muss, die sich an den Fleischtöpfen gut eingerichtet hatte, und sich weniger dem Glauben, als dem eigenen Wohlergehen verpflichtet sah, aber in alles einzumischen versuchte, geht aus einer rechtfertigenden Rückfrage des Magiers (Paulus) hervor, die so lautet:

(1.Kor. 9,1-6): *Bin ich nicht frei? Bin ich nicht ein Apostel? Habe ich nicht unseren Herrn Jesus gesehen? ... Denen, die mich verurteilen, antworte ich so: Haben wir nicht das Recht, zu essen und zu trinken? Haben wir nicht auch das Recht, eine Schwester als Ehefrau mit uns zu führen wie die anderen Apostel und die Brüder des Herrn und Kephas? Oder haben allein ich und Barnabas nicht das Recht, nicht zu arbeiten? Wer zieht denn in den Krieg und zahlt sich selbst den Sold? Wer pflanzt denn einen Weinberg und isst nicht von seiner Frucht? Oder wer weidet eine Herde, und nährt sich nicht von der Milch der Herde?* Er zitiert am Ende sogar das Gesetz (5. Mose, 25,4): *Du sollst dem Ochsen, der da drischt, nicht das Maul verbinden.* Dieser letzte Satz beweist sogar, dass Simon Magus (Paulus) in einem ganz konkreten Auftrag und im Dienst der Zentrale unterwegs war und nicht etwa aus innerer religiöser Berufung im Geiste eines Jesus Christus.

Im Bericht vom Apostelkonzil steckt aber noch mehr. Es wird zwar das Problem der Beschneidung in den Vordergrund gestellt, aber es muss vor allem um die Festlegung der Kollekte gegangen sein, die der Magier als Gegenleistung nun von den Heidenchristen eintrieb und an die Jerusalemer Zentrale ablieferte, denn aus irgendeinem Topf musste die in Jerusalem nun als Sekte etablierte und ganz in Endzeiterwartung im Gebet verharrende Großgemeinde finanziert werden. Er unternahm dazu mehrere sehr ausführlich beschriebene Missionsreisen, gründete Heidenchristengemeinden und sammelt lt. der Apostelbriefe nachweisbar ziemlich fordernd Gelder als Kollekte ein, die er auch regelmäßig nach Jerusalem überbringt oder überbringen lässt.

Die mit dem Konzil erklärte Verbindlichkeit dieser schon vorher betriebenen Geldsammlungen (Apg. 11,29) sind nun als Dissenssteuer deklariert, damit er den Heiden ein erleichtertes Christentum predigen darf. Dass es sich dabei um die Weiterführung der schon von Jesus betriebenen Geldsammlungen handelte, die aber nun zentral verwaltet und auch zu anderen Zwecken verwendet werden, ist ziemlich offensichtlich. In 1. Kor. 16,1-4 ist ziemlich deutlich beschrieben, wie das organisiert wurde.

In den verschiedenen modernen Ausgaben der Bibel heißt diese Abgabe (2. Kor. 9,5) entweder *Spende, Almosen, Segensgabe* oder auch *Liebeswerk*. 2. Kor. 9,12 heißt das dann *Opfergabe* oder *Sammlung*. Das im Original stehende griechische Wort bedeutet *Geldsammlung*. Luther übersetzte das 1534 noch ganz direkt als <u>Steuer, die dem Mangel der Ebioniten, der (armen) Heiligen (in Jerusalem) abhelfe</u>, was es am besten treffen dürfte. Ein Hinweis dazu, dass diese Steuer beauflagt wurde, ist deutlich im Römerbrief enthalten, wo darauf hingewiesen wird, dass <u>die Heiden Schuldner der Armen unter den Heiligen Jerusalems</u> sind. (Rö. 15,27): ... *Denn wenn die Heiden an ihren geistlichen Gütern Anteil bekommen haben, ist es recht und billig, dass sie ihnen auch mit leiblichen Gütern Dienst erweisen.*

Man könnte daraus zwingend schließen, dass deshalb der Römerbrief tatsächlich schon früh und vom Magus (Paulus) geschrieben wurde. In wie weit das vielleicht aber auch nur eine spätere Ergänzung zur Festigung der Macht der Kirche war, welche diese einträgliche Praxis nun für sich weiternutzte, werden wir wohl nie wissen.

Auch in Apg. 11,29-30 wird uns eine Sammlung bestätigt. Im 2. Korintherbrief wird auch auf den Wettbewerb, die Bereitschaft zur Spende zwischen diesen Gruppierungen gesetzt. Die Kapitel 8 und 9 des 2. Korintherbriefes beschäftigen sich sogar ausschließlich mit der Notwendigkeit dieser Geldsammlungen. Der Magier müsste deshalb, wenn man sie aus den namentlichen Erwähnungen in den ihm zugeschriebenen Briefen zusammenrechnen wollte, fast 50 Mitarbeiter gehabt haben.

Man regierte aber damals, wie die Beschwerde des Magus beweist, von Jerusalem auch schon ab und zu in Dinge hinein, die gar nicht zu regeln waren, mittels derer man sich allerdings profilieren konnte, und war auch sehr auf den eigenen Machterhalt im Clinch dieser Gruppe bedacht. Das ist alles noch der Führungskreis, der den Auftrag hat, die Menschensohnverschwörung unter Kontrolle halten, und keineswegs eine Gruppe von Heiligen im Auftrag Christi, die da agierte.

Gamaliel muss ihnen über Kephas den notwendigen, aber unerwünschten Magier eingeschleust haben, der sich dann zunehmend als eigenwilliger und durchsetzungsfähiger erwies, auch mit dem Anwachsen seiner Auslandsorganisation zusehends mächtiger und auch selbstherrlicher wurde, bis man keinen anderen Ausweg mehr sah, als ihn zu beseitigen.

Wir bekommen sogar mitgeteilt, wie stark man ihm, der es mit dem ernst meint, womit er beauftragt war, zusetzt. Seine Meinung, die man durchaus als authentisch annehmen kann, über die Jerusalemer Zentrale der ihn bekämpfenden *Überapostel:*

(2. Kor. 11,12-15): *Was ich aber tue, das will ich auch weiterhin tun und denen den Anlass nehmen, die einen Anlass suchen, sich zu rühmen, sie seien wie wir. Denn solche sind falsche Apostel, betrügerische Arbeiter und verstellen sich als Apostel Christi. Und das ist auch kein Wunder; denn er selbst, der Satan, verstellt sich als Engel des Lichts. Darum ist es nichts Großes, wenn sich auch seine Diener verstellen als Diener der Gerechtigkeit; deren Ende wird sein nach ihren Werken.*

Neben diesen Machtkämpfen innerhalb dieser Gruppe gibt es noch weitere Sachverhalte, die nicht ignoriert werden können und erhellen, welchen Zwängen und Umständen selbst die Herrschenden bei der Durchsetzung ihres Konzeptes nicht ausweichen konnten und denen sie gerecht werden mussten, um ihre Herrschaft abzusichern.

Man könnte sich gut vorstellen, dass damals die Gefahr bestand, dass die auf dem Apostelkonzil besprochene Gesetzeslockerung für die Heidenchristen anschließend auch von den Judenchristen gefordert wird. Auch die könnten dann darauf bestehen, auf ihre Beschneidung zu verzichten. Das hätte aber bedeutet, den für sie verbindlichen Bund Abrahams mit Gott zu brechen. Gleichzeitig ist das Gotteslästerung und bewirkt die Ausstoßung der Judenchristen aus der Glaubensgemeinschaft der Juden, das Verbot den Tempel zu betreten und letztendlich die allumfassende Deklassierung, wenn nicht sogar Vertreibung dieser sich als Christen und damit als Ketzer Bekennenden aus der jüdischen Gemeinschaft. Dieses Risiko würde kein Jude eingehen. Der rein jüdische Teil dieser Sekte würde sich wieder auflösen. Damit verliert man aber die Kontrolle über die soeben über diese Sekte vereinnahmten und zu befriedenden Sikarier, was doch der eigentliche Grund zur Gründung dieser neuen Gruppierung war. Es wird also der Kompromiss geschlossen, die Mission zu trennen, um die Kontrolle über die Bewegung zu behalten, und bildet aus den heidnischen Mitgliedern die Untergruppe der Christen. Erst wenn im Inland die Organisation gefestigt ist, wird man weitersehen.

Der nach der finanziellen Konsolidierung dem Magus von den Ältesten der Jerusalemer Zentrale gemachte Vorwurf zielt auf seine Ermordung. Man versucht seitens des Sanhedrins reinen Tisch zu machen und glaubte wohl, dass sich mit dem Enthauptungsschlag sich die Auslandsmission ebenso in der Bedeutungslosigkeit verlaufen würde, wie die Täuferbewegung nach der

Hinrichtung des Täufers. Auch Jakobus, der Bruder Jesu, hat wohl keinen anderen Ausweg mehr gesehen, seinen Stuhl als Vorsteher der Jerusalemer Zentrale zu behalten, als der Forderung des schon als Simon II. im Sanhedrin residierenden Kephas nachzukommen.

Weil er aber gerade bei dieser Aktion versagte und ihm der Magier entrann, fällt er selbst der nächsten Säuberungsaktion des Jahres 62 zum Opfer. Aus der Form, wie das geschieht, enttarnt uns das Josephus in seinen *Jüdischen Altertümern* auch als einen politischen Mord, in den auch Simon II. (Kephas), weil noch im Amt, wenn auch nicht als treibende Kraft, aber zumindest zustimmend verwickelt gewesen sein muss, was aufgrund der dabei gezeigten Brutalität auch meine Hypothesen der Ereignisse um den Ananiasmord stützt.

Die Apostelgeschichte erweist sich damit als eine Fundgrube für uns bisher fehlende Fakten, aber auch als das verlogenste Buch des Neuen Testamentes. Nur über die Hinweise des Josephus, die nun Paulus zugeschriebenen Rechtfertigungen des Magiers, die widersprüchliche Berichterstattung zu bestimmten Ereignissen und die Zusammenarbeit der Akteure in den Paulus zugeschriebenen Apostelbriefen lässt sich einigermaßen entzerren, was uns mitgeteilt wird, wovon wir aber andererseits ohne dieses Lügenmärchen gar nichts wüssten.

Zusammenfassend kann man sagen: Im judäischen Raum ist die neue Sekte weiterhin unterschwellig eine religiös getarnte nationale Widerstandsbewegung. Zu erkennen ist diese Besonderheit der Judenchristen daran, dass in Palästina die Bewegung der Zeloten und der Sikarier nie in den Griff zu bekommen war.

Was für ein Geniestreich dieser Putsch zum Pfingstfest des Jahres 30 aber trotz aller späteren Querelen wirklich war, ergibt sich aus den Konsequenzen des damit verbundenen Angebotes, welches man gar nicht wahrnimmt, was sich aber aus dem Ablauf der Ereignisse zwangsläufig ergibt. Der Übertritt zu dieser Sekte bedeutete über die Taufe gleichzeitig, dass die Verschwörer abschworen. Der unverhältnismäßig schnelle und zahlreiche Mitgliederzulauf ist damit erklärt. Die Kombination mit der zusätzlich bei der Sektengründung erfolgenden gleichberechtigten Aufnahme der Frauen, nahm dann der Verschwörung sofort ihre Militanz.

*

Zum Schluss noch ein Hinweis, der im Zusammenhang mit der Analyse der überlieferten Texte unbedingt beachtet werden muss: Am Beispiel bestimmter Berichte muss angenommen werden, dass manche der überlieferten antiken Schriften gar nicht zur reinen Lesung oder zum direkten Vortrag bestimmt waren, sondern ihren Verfassern nur als Ideenskizze zum Vortrag dienten und verschlüsselte Botschaften als unauffällige Notierungen zu bestimmten Ereignissen enthielten, die für sie zur Überlieferung wichtig erschienen, aber aus verschiedenen Gründen unerwünscht und für Wissende sogar gefährlich waren. Dazu zählen außer der *Apostelgeschichte des Lukas,* die noch zu behandelnden Texte der drei Geschichten des Flavius Josephus um sein *Testimonium Flavianum* und ganz bestimmt auch das *Evangelium nach Johannes.* Diese Texte wären dann nur Merkzettel für die in ihnen enthaltenen Andeutungen zu bestimmten unliebsamen Vorkommnissen für Eingeweihte gewesen. Der Autor hätte dann entsprechend seinem jeweiligen Publikum bei seiner Lesung die eine oder andere Sache daraus entwickelt, oder auch nicht. Schon die Evangelien der Synoptiker erwiesen sich als Sammelbecken verschiedenster Überlieferungen, die keineswegs nur das enthalten, was man in ihnen heute offiziell zu lesen glaubt. Wie gut diese Verschlüsselung funktionierte, sieht man daran, dass außer den Evangelien der Synoptiker vor allem die Apostelgeschichte für Außenstehende und Gläubige über Jahrhunderte und auch heute noch als unverfängliche geschichtliche Überlieferung zur Entstehung des Christentums angesehen wurde, obwohl aus der Apostelgeschichte unter nur ganz wenigen zusätzlichen Schlüsselinformationen der wahre historische Ablauf zu rekonstruieren gewesen wäre, zumal das Aufstandskonzept der Essener noch deutlich in den Evangelien enthalten ist. Der damit zwingend vorausgesetzte gleitende Übergang der Kontinuität der Lehre von Lehrer zu Schüler, der wiederum Lehrer seiner Schüler gewesen wäre, wurde aber anscheinend schon sehr früh unterbrochen, so dass wir, nun hilflos im Nebel stochernd, zwischenzeitlich auf allerhand Irrwege geraten sind. Diese Sichtweise muss im Hinblick auf die damaligen Verhältnisse in Betracht gezogen werden. Die Autoren unliebsamer Schriften riskierten nicht selten Verbannung oder sogar die Todesstrafe. Um die Erinnerung und damit die Überlieferung zu bewahren und abzusichern, blieb ihnen nur die unverdächtige getarnte Verschlüsselung ihrer Texte.

Die Apostelgeschichte wurde bei der Umarbeitung des Magus zu Paulus in Unkenntnis der späteren Weiterentwicklung dieser Kunstfigur zum Hauptapostel des Christentums nur unzureichend korrigiert. Es zeigt sich darin, dass man den Entwicklungsweg des Magus und dessen Beurteilung in der Geschichte belässt und nun Paulus zuschreibt. Es ist immer noch eine Demontage des Paulus, indem er als Aufsichtsführender bei der Steinigung des Stephanus als brutaler Christenverfolger abgestempelt und anschließend unglaubwürdig gemacht wird. Die drei ihm nun zugeschriebenen Berichte einer Jesuserscheinung vor Damaskus, die er nie hatte und von der man in seinen Briefen auch nichts findet, widersprechen sich nämlich nicht nur, sondern der Magus benötigte diese Bekehrung auch nicht, da er nie die Seiten wechselte, sondern im Dienst seiner Auftraggeber bei seiner weitgehend politisch geprägten Mission nur immer methodisch umsteigen musste.

Man wies ihm sogar über die Christusvision im Tempel nach, dass er auch für Jesus nur für die Heidenmission von Interesse wäre, und ließ sogar das den Abschluss bildende unergiebige juristische Gezerre, mit dem in Wirklichkeit der Magus beseitigt werden sollte, vollinhaltlich in dieser Geschichte.

Die Vita des Josephus, Jochanan bar Levi, Simon Petrus und Simon Kephas

Um die historische Anbindung der Apostelgeschichte und der Evangelien etwas stärker zu untermauern möchte ich noch ein paar Informationen zu dem ausschließlich von Josephus so radikal abgewerteten *Jochanan bar Levi* und auch der Personen ergänzend anfügen, die in der Apostelgeschichte zu seinem Umfeld gehörten.

Greifen wir dazu auf die *Vita*, die Autobiografie des Josephus zurück, die er ungefähr zwanzig Jahre nach seinem Kriegsbericht niederschrieb. Dort sind dieser Johannes von Gischala und seine Leute immer noch Dreh- und Angelpunkt aller Berichte aus der galiläischen Zeit des Josephus. Auch wenn es so aussieht, als hätten der Kriegsbericht und auch die Vita des Josephus nichts mit dem Christentum zu tun, da es sich aber bei diesem Johannes von Gischala um den uns aus den Evangelien bekannten und bezüglich seiner Bedeutung für die Herausbildung des Christentums immer noch zu Unrecht sehr unterschätzten Jesusjünger Johannes handelt, der zeitweise auch als Apostel zur Zentrale der Urchristen in Jerusalem gehörte, muss man das aber in diesem Zusammenhang betrachten, auch wenn seitens der christlichen Geschichtsschreibung das, was Josephus über Johannes schreibt, aus naheliegenden Gründen immer noch ignoriert wird.

Vollziehen wir also die Ereignisse Ende der 60er Jahre, von denen Josephus im *Judäischen Krieg* berichtet noch einmal aus der Sicht der *Vita:* Als Josephus in Galiläa eintrifft, macht er sich erst einmal mit der Lage vertraut und schreibt dann über die Stadt Gischala:

(V 43-45): *…Mit Gischala verhielt es sich aber folgendermaßen: Als Johanan, Sohn des Levi sah, dass einige von seinen Mitbürgern hochfliegende Pläne hegten, von den Römern abzufallen, versuchte er sie zurückzuhalten … Er konnte jedoch nichts ausrichten, … die Nichtjuden der Umgebung nämlich, die Leute von Gardara, von Kafar Aganai und von Tyros sammelten eine große Streitmacht, überfielen die Bewohner Gischalas und nahmen Gischala im Sturm; nachdem sie es niedergebrannt und zusätzlich noch dem Erdboden gleich gemacht hatten, kehrten sie nach Hause zurück. Johannes aber, hierüber erzürnt, bewaffnete alle seine Leute, griff die eben genannten Völkerschaften an und schlug sie vernichtend; er baute Gischala stärker wieder auf und befestigte es um der künftigen Sicherheit willen mit Mauern.*

Johannes war demnach gegen den Krieg mit Rom und auch keinesfalls ein Räuberhauptmann, obwohl er nach dem Kriegsbericht von Anfang an gegenüber Josephus ziemlich skrupellos zu handeln scheint. Er blockiert nämlich die in Obergaliläa lagernden kaiserlichen Getreidevorräte für seine Region, als sie Josephus für sich als strategische Reserve unter seine Kontrolle bringen will. Das geschieht aber keineswegs so selbstherrlich, wie es uns

Josephus gern darstellen möchte, sondern über eine Abstimmung, als sich Josephus bei Johannes in Gischala befindet, um sich angeblich eine Übersicht über die Lage zu verschaffen. Bei dieser Abstimmung wird Josephus nach eigener Angabe nur deshalb überstimmt, weil sich sogar seine beiden aus Jerusalem mitgekommenen Priester der Meinung des Johannes anschließen, was Josephus auf Bestechung durch Johannes zurückführt, aber nicht beweisen kann.

Da es sich hierbei aber um die Einziehung römischer Vorräte in einem aufständischen Gebiet handelt, ist die Reaktion des Johannes und der Begleiter des Josephus nachvollziehbar, die Rom keinen weiteren Vorwand für zusätzliche Sanktionen liefern wollen. Sie haben nämlich keine Verfügungsberechtigung über diese in Galiläa lagernden Vorräte der Römer. Da lässt man lieber die Finger davon und verweigert auch Josephus den Zugriff.

Nachdem dieser Versuch des Josephus, über den organisatorischen Weg die Macht in Gischala zu übernehmen, fehl schlug, schickt Josephus seine beiden Mitgesandten wieder nach Jerusalem zurück. Helfer, die ihm bei dem Versuch, seinen Auftrag zur Übernahme der Macht zu realisieren, in den Rücken fallen, kann er nicht mehr gebrauchen.

Auch wie sich Johannes über den Ölhandel Geld beschaffte, berichtet uns Josephus in seiner *Vita* noch einmal. Da liest es sich dann so:

(V 75-76): *... als er* (Johannes) *gewahr wurde, dass ... in Caesarea zwei Sextare für eine Drachme verkauft werden, in Gischala jedoch achtzig Sextare für vier Drachmen, schickte er alles verfügbare Öl* (nach Caesarea), *wobei er den Anschein erweckte, meine Erlaubnis zu haben. Das ließ ich ihm aber nicht freiwillig durchgehen, sondern aus Furcht vor der Menge, um nicht, wenn ich nein sagte, von ihr gesteinigt zu werden. Und so zog Johannes, weil ich mich gefügt hatte, aus dieser Machenschaft mit Leichtigkeit einen Riesengewinn.*

Johannes war also nicht nur geschäftstüchtig, sondern auch einflussreicher als Josephus. Er hätte sonst nicht in einer öffentlichen Versammlung das Ölmonopol gegen den Willen des Josephus an sich reißen können.

Bei seiner Ankunft bringt Josephus aus Jerusalem auch kein Heer mit und beabsichtigt auch nicht zu kämpfen. Erst die Umstände bringen es mit sich, dass er Galiläa zur Verteidigung aufrüstet:

(V. 77-79): *Als ich aber meine Mitgesandten von Gischala nach Jerusalem entlassen hatte, kümmerte ich mich um den brauchbaren Zustand der Waffen und um die Befestigung der Städte. Seit ich mir die größten Draufgänger unter den Banditen hatte kommen lassen, sah ich, dass es nicht anging, sie zu entwaffnen; ich könnte aber die Bevölkerung dafür gewinnen, ihnen einen Sold zu zahlen, indem ich sagte, es sei besser, freiwillig Weniges zu geben, als zuzusehen, wie ihre Habseligkeiten von den Banditen geplündert würden. Und nachdem ich sie eidlich verpflichtet hatte, nicht eher in das Gebiet einzudringen, als sie gerufen würden, oder etwa ihren Sold nicht erhielten; nun entließ ich sie mit der Maßgabe, sich weder mit den Römern anzulegen noch mit den* (heidnischen) *Nachbarvölkern; denn ich war vor allem um den Frieden in Galiläa besorgt.*

Ein unzuverlässiges Söldnerheer aus Banden, die nur mühsam im Zaum gehalten werden konnten, das waren also die von Josephus mit 100.000 Mann so hoch bezifferten Truppen zur Verteidigung Galiläas. Wie er für eine zahlenmäßig so starke Truppe den Sold auftreiben wollte, bleibt ein Rätsel.

Es entspinnt sich nun ein Intrigenspiel zwischen Johannes und Josephus, das seitens des Johannes von Verschwörungen gegen Josephus, Hinterhalten, Überfällen Bezichtigungen und auch Mordanschlägen geprägt ist, deren sich Josephus kraft der ihm aus Jerusalem verliehenen Vollmachten und auch viel Glück erfolgreich erwehrt.

Man sucht bei Josephus vergeblich eine genaue Angabe zum Alter seines Gegenspielers Johannes. In der *Vita* steht aber, dass ihm Johannes schrieb (V 85): *…ich solle ihm genehmigen, nach Tiberias hinabzuziehen, um sich in den dortigen Thermen einer Therapie zu unterziehen.*, was Josephus auch bewilligt. Johannes musste demzufolge schon bedeutend älter sein, als Josephus, wenn er glaubhaft machen kann, inmitten der politischen Wirren, wobei es um Sein oder Nichtsein Galiläas ging, eine Kur zu benötigen.

Johannes zieht aber nur deshalb nach Tiberias, um dort einen Mordanschlag auf Josephus zu verüben, weil er sonst nicht an ihn herankommt. Der Höhepunkt ist erreicht, als Johannes nun seine uns bisher von Josephus verschwiegenen Verbindungen in Jerusalem gegen Josephus auszuspielen beginnt:

(V 189-203): *Johannes bar Levi aber steigerte sich in einen Hass gegen mich; denn er ertrug nicht meinen Erfolg … seinen Bruder Simon aber … schickte er mit etwa hundert Bewaffneten nach Jerusalem zu Simon bar Gamaliel, sie sollten ihn bitten, die Bürgerschaft der Jerusalemer zu bereden, mir den Oberbefehl über die Galiläer abzunehmen und ihm die Befehlsgewalt über sie zuzuerkennen. Dieser Simon war aus der Stadt Jerusalem, aus sehr angesehenem Geschlecht, ferner aus der Richtung der Pharisäer, die in dem Ruf stehen, sich vor den anderen durch Genauigkeit im Beachten der väterlichen Gesetze auszuzeichnen. Er war ein Mann voll Einsicht und Verstandeskraft, fähig, mit seiner Bedachtsamkeit eine verfahrene Sache wieder in Ordnung zu bringen, ein alter Freund und Vertrauter des Johannes; mit mir war er jedoch damals uneins.*

Johannes ist demnach kein junger Mann, wie der Simon bar Giora, sein späterer Gegenspieler in Jerusalem, und er ist in Jerusalem nicht nur bekannt, sondern hat dort schon vorher Beziehungen in höchste Kreise der Herrschenden. Josephus bestätigt uns also bei allen Hasstiraden, mit denen er sich über Johannes auslässt nicht nur, dass Johannes angesehen ist, sondern auch, dass er als alter Freund des damals mindestens 65 Jahre alten Sanhedrinfürsten *Simon II. bar Gamaliel* und Bruder des zeitweiligen Hohepriesters *Jesus ben Gamala* gilt, was auf eventuelle Gleichaltrigkeit und ein höheres Alter dieser Personen schließen lässt.

Diese Information über die Freundschaft des Johannes und des Simon, einem der Söhne des vormaligen Sanhedrinfürsten Gamaliel, ist in Verbindung mit der ursprünglichen Haltung des Johannes noch wichtiger. Diesen

Simon kennen wir als Simon Kephas, dessen Identität man sich nur mit Hilfe des Josephus und dem Galaterbrief mühsam aus der Apostelgeschichte herausfiltern kann. Er trat bereits Anfang der fünfziger Jahre des 1. Jahrhunderts als Simon II. im Sanhedrin die Nachfolge seines Vaters an, verlor aber im Verlauf des Aufstandes des Jahres 66 im Zusammenhang mit der Auflösung des Sanhedrins in der neuen unübersichtlichen Herrschaftsstruktur zunehmend an Einfluss und wurde dann im belagerten Jerusalem sogar umgebracht.

Alles weitere, was mit diesen Vorgängen in Zusammenhang gebracht werden kann, und aus denen die ehemalige Zusammenarbeit des Johannes mit Kephas hervorgeht findet sich, wenn auch in ziemlich verschlüsselter Weise, in der Apostelgeschichte des Lukas dargestellt, wo es bisher noch nicht vermutet wurde. Hier haben wir zumindest über diese beiden Personen, den Johannes und den Simon Kephas, die Bestätigung einer direkten historisch wichtigen personellen Brücke zwischen Schriften des Josephus und denen der Apostelgeschichte des Neuen Testamentes.

Aufgrund der ihm übergeordneten Stellung des Simon II. bar Gamaliel muss ihn Josephus im Zusammenhang mit dem Versuch zu seiner Absetzung erwähnen, und er berichtet nun weiter: (V 193-203): ... *er* (Simon bar Gamaliel) *nun nahm ihre Bitte auf und beredete die Hohepriester Hanan und Jesus ben Gamala und einige ihrer Parteigänger, mich ... abzusägen. ... Es liege in ihrem Interesse, wenn ich* (den Befehl über) *Galiläa verlöre. ... Dies war der Rat des Simon; der Hohepriester Hanan jedoch legte dar, dass viele ... bezeugen, dass ich ein guter Feldherr sei; einen Mann jedoch anzuklagen, gegen den sie nichts Stichhaltiges vorbringen könnten, sei das Werk von Schurken. Als Simon das von Hanan zu hören bekam, bat er jene* (die Gesandten des Johannes) *Stillschweigen zu bewahren und ihre Überlegungen nicht unter die Leute zu bringen; er werde schon selbst dafür Sorge tragen, ... dass ich schleunigst aus Galiläa abberufen werde. Er ließ den <u>Bruder Johanans</u>* (Simon, den Leiter der Gesandtschaft) *kommen und wies ihn an, den Leuten um Hanan Geschenke zu schicken. ... Hanan und sein Kreis, vom Geld bestochen, einigten sich, mich aus Galiläa zu entfernen, ohne dass sonst jemand in der Stadt dies erführe. Sie beschlossen also Männer zu schicken von besonderer Herkunft und ebensolcher Bildung. ... Diesen gaben sie den Auftrag, sich in die Volksversammlung der Galiläer zu begeben, ...* (um angeblich herauszubekommen, warum Josephus so beliebt sei, in Wirklichkeit aber, um dort gegen Josephus Stimmung zu machen, wie aus der ihnen eingeübten umfangreichen Instruktion hervorgeht, die uns Josephus an dieser Stelle der *Vita* ebenfalls übermittelt).

Nach dieser von Josephus detailliert überlieferten spezifischen Auftragseinweisung der Rhetoriker gab man den Gesandten des Johannes (V. 200-203): *...vierzigtausend Silbermünzen aus öffentlichen Mitteln.* Ein Galiläer namens Jesus, der sich mit 600 Bewaffneten in Jerusalem aufhielt, bekam für seine Truppe drei Monate Sold und wurde unter den Befehl dieser Gesandten des Johannes gestellt: *...dreihundert Bürgern gaben sie ebenfalls Geld für die Verpflegung* *des ganzen und wiesen sie an, die Gesandten zu begleiten. Als diese sich bereit erklärt und zur Abreise fertig gemacht hatten, zog die Gruppe ... aus, ... sowie hundert Bewaffnete, nachdem sie ... folgende Anweisungen erhalten hatten: Würde ich die Waffen freiwillig niederlegen, sollten sie mich lebend nach Jerusalem überstellen; würde ich mich jedoch widersetzen, sollten sie mich ohne Bedenken töten. ... Sie hatten aber auch Johannes geschrieben, er solle sich zum Kampf gegen mich rüsten; den Bewohnern von Sepphoris und Arab aber sowie denen von Tiberias befahlen sie, Truppenverstärkung zu schicken.*

Josephus ist aber gewarnt (V. 204): *Als dies mir mein Vater geschrieben hatte – Jesus ben Gamala hatte es ihm hinterbracht, einer derer, die in jener Beratung dabei gewesen waren, ein guter Freund von mir, tat es mir äußerst weh zu erfahren, dass die Bürger* (Jerusalems) *mir gegenüber so undankbar geworden waren, dass sie aus Neid mich zu töten befohlen hätten.* (Dieser von Josephus erwähnte Jesus ben Gamala war der Bruder des Simon bar Gamaliel. Er war ein weiterer Sohn Gamaliels I. und im Zeitraum 64 - 65 Hohepriester in Jerusalem.)

Wir wissen, dass dieser Anschlag misslang. Der Bericht ist aber als schlüssiger Beweis dafür anzusehen, dass die von mir aus der Apostelgeschichte gezogenen Schlussfolgerungen über die Beziehung des Johannes zu Kephas den Tatsachen entsprach. Der Hohe Rat und die Priesterschaft waren nicht nur in die Vorgänge um die essenische Verschwörung des Jesus und die Gründung der Christensekte verwickelt, sondern sie waren verantwortlich für die Vorgänge, die sie letztlich sogar initiiert hatten, um den essenischen Aufstand im Jahre 30 zu verhindern und das Aufstandspotential von da an unter Kontrolle zu halten.

Simon II. bar Gamaliel (Kephas), steht nun in seiner Funktion als einer der verantwortlichen Köpfe des nach den Wirren des Aufstandes neu gebildeten Jerusalemer Hohen Rates erneut vor der Aufgabe, das inzwischen herangewachsene Aufstandspotential angesichts des zu erwartenden zweiten römischen Rückeroberungsversuches irgendwie zu befrieden.

Johannes, sein treuester Mitarbeiter, bekam das zwar in seinem Auftrag in Galiläa wohl als Hauptaufgabe zugewiesen, dessen Mission war aber stets geheim und kann auch dann nur einigen wenigen Eingeweihten des Hohen Rates bekannt gewesen sein. (Man erinnere sich an Apg. 5,34, wo Gamaliel I. in ähnlicher Lage den Sanhedrin in geschlossener Sitzung von der tatsächlichen Aufgabe der Apostel informiert haben muss, um deren Hinrichtung zu verhindern.)

Nun versucht Josephus, der von diesen ganzen Vorgängen nichts ahnt, und den die Bürgerschaft nach Auflösung des Hohen Rates mit gleichem Auftrag nach Galiläa schickte, Johannes aus dieser Stellung herauszudrängen. Die angebliche Gewissenlosigkeit des von Josephus gleichzeitig so hoch gelobten Simon bar Gamaliel hat also Ursachen, welche die ganzen Vorgänge in einem anderen Licht erscheinen lassen. Wir finden demnach in Jerusalem zwei Linien, auf denen man versuchte, den Aufstand in Galiläa zu befrieden, die aber in Konkurrenz um die Macht miteinander standen, was aber auch

Josephus nicht ahnen konnte und deshalb in allen diesen Fällen Bestechungen als Ursache annehmen musste.

Die brisanteste Information über Johannes steckt aber in der Mitteilung von dessen ablehnender Haltung zum Aufstand gegen Rom. Das ist im Lichte der nachfolgenden Rolle des Johannes in Jerusalem unverständlich. Wir müssen deshalb annehmen, dass Johannes tatsächlich von Simon II. (Kephas), und damit vom voraufgegangenen Sanhedrin in Galiläa als Überwachender eingesetzt war, der den Aufstand der Essener, denen man seitens der Führenden zu recht immer noch nicht traute, verhindern soll, als ihm plötzlich Josephus als Stratege vor die Nase gesetzt wird, weil in Jerusalem andere Leute mit an die Macht gekommen sind, bzw. mit hineinreden. Wie Johannes den Konflikt mit Rom zu lösen gedachte, wissen wir nicht. Sich nun unterzuordnen und dem sehr viel jüngeren Emporkömmling Josephus die bevollmächtigte Entscheidung über das Schicksal Galiläas zu überlassen, liegt ihm fern. Sie neutralisieren sich anschließend gegenseitig. Es wird deshalb auch nicht mit den Römern verhandelt.

Josephus gerät in Gefangenschaft. Vespasian erobert Galiläa und Johannes zieht sich nach Jerusalem zurück. Wie auch aus dem Kriegsbericht des Josephus über die Vorgänge im belagerten Jerusalem hervorgeht, muss Johannes dort auch schon vorher eine einflussreiche Persönlichkeit gewesen sein, denn er ist zum Zeitpunkt seiner Ankunft in Jerusalem schon akzeptiert und erringt seine am Ende alles beherrschende Position durchaus nicht durch Gewalt, sondern durch sein Verhandlungs- und Vermittlungsgeschick zwischen den führenden Parteigängern.

Josephus, damals schon Gefangener der Römer, hätte davon eigentlich nichts wissen können. Er berichtet aber, dass ihm nach der Eroberung Jerusalems eine größere Anzahl seiner dort in Gefangenschaft geratenen Familienmitglieder von Titus freigegeben wurden, die das alles miterlebt hatten. Unter der Annahme, dass sie nichts als das nackte Leben aus der Katastrophe retten konnten, lieferten sie entsprechend wütende und rachsüchtige Berichte über den ihnen natürlich verhassten Johannes, der dann sogar noch mit dem Leben davonkam.

Nach der Gefangennahme des Josephus und angesichts seiner eigenen hoffnungslosen Lage in Galiläa rettet sich Johannes zwar nach Jerusalem, aber erst als seine übergeordneten Auftraggeber entmachtet und ermordet werden, muss sich die Konzeption des bis dahin stets und vor allem glücklos im Dienst des Sanhedrins agierenden Johannes gewandelt haben. Er versucht sich in Jerusalem zum Diktator aufzuschwingen und gerät dann, nachdem er schon glaubte, die Macht endgültig errungen zu haben, mit Simon bar Giora wieder in die gleiche Patt-Situation, wie schon mit Josephus. Es wird wieder nicht verhandelt.

Diesmal gibt es aber keinen Ausweg für Johannes. Titus erobert Jerusalem und nimmt ihn gefangen. Dieser Anführer und Hauptakteur des jüdischen Aufstandes und auch des Endkampfes in Jerusalem, *Jochanan bar Levi* oder *Johannes von Gischala* war tatsächlich der ehemaligen Jünger Jesu Johannes, dessen Spur sich durch das ganze Neue Testament unserer Bibel verfolgen lässt.

In Simon bar Giora will man neuerdings den im Jahr 66 wieder aus dem Untergrund aufgetauchten Simon Petrus identifiziert haben. Das Charakterbild des Aufstandsführers Simon Bar Giora passt zwar hervorragend auf das Charakterbild des Leibwächters Jesu und späteren Kommandanten der Sicherheitstruppe der Urchristen; dem steht aber entgegen, dass der Berichterstatter Josephus, der damals auch erst 30 Jahre alt war, ihn im Kriegsbericht einmal als jungen Mann bezeichnet und vor allem einen ganz anders gearteten und auch schlüssigen Lebenslauf dieses Zelotenführers vorlegt. Simon Petrus müsste aber während der Kriegsereignisse, genau wie Johannes, mindestens zwischen 60 und 65 Jahre alt gewesen sein.

Weitgehend sicher sind nur die Identitäten der aufgeführten und in die Vorgänge verwickelten Mitglieder des Hohen Rates und die des Johannes. Wir finden ihn und Kephas in der Apostelgeschichte des Lukas und in den Apostelbriefen. Johannes selbst noch dazu in allen vier Evangelien. Er und Simon Petrus sind auch dort die Hauptakteure. Auch dieser Simon Petrus war auf alle Fälle existent und er war auch ein Jünger Jesu. Er war aber bestimmt nicht der Simon bar Giora.

Die uns übermittelten und von den Historikern des Christentums bisher missachteten Informationen des Josephus enthalten aber noch mehr. In (V. 190) nennt er uns beispielsweise als Leiter der Gesandtschaft des Jochanan dessen Bruder *Simon*, den er in (V. 195) nochmals erwähnt, als der von Simon Kephas instruiert wird, die Leute um den Hohepriester Hanan zwecks Einstimmung zur Absetzung des Josephus zu bestechen.

Dass Johannes außer seinem damals schon vor über 30 Jahren hingerichteten Bruder Jakobus noch weitere Geschwister gehabt hat, ist durchaus anzunehmen. Gerade dieser Bruder *Simon* des Johannes dürfte das historische Vorbild für den *Simon Petrus* der Evangelien, den Leibwächter Jesu und auch den späteren Führer der Ordnungstruppe der Jerusalemer Urchristen der Apostelgeschichte gewesen sein, der im Zusammenhang mit der Affäre um Ananias und *Donnersohn* Jakobus anschließend mit Hilfe des Johannes in den Untergrund ging.

Dass wir ihn ca. 30 Jahre später in Gischala bei seinem zweiten Bruder wiederfinden, der ihm bekanntlich bei seiner Flucht behilflich war, ist deshalb verständlich, und auch, dass ausgerechnet er von Johannes als Verhandlungsführer zu Kephas geschickt wurde, der ihn von früher kannte und ihn auch ganz unverblümt ohne weiteres anweist, seine Gegenspieler zu bestechen. Das weist auf ein sehr stabiles und auch schon vorher zwischen *Simon Petrus, Johannes* und *Simon Kephas* bestehendes hierarchisches Verhältnis hin. Ich halte das für keine Zufälligkeiten.

Dieser aus Gischala zu Simon II. (Kephas) geschickte Bruder Simon des Johannes passt sehr gut auf das Charakterbild des Simon Petrus der Evangelien und der Apostelgeschichte. Auch Simon muss erst gesagt werden, dass er bestechen soll und auch wen. Und auch hier befolgt er, was ihm aufgetragen wird buchstabengetreu. Er ist zwar zuverlässig, aber auch phantasielos wie schon in den Evangelien und auch in der Ananiasgeschichte, die dadurch sogar noch stärker untermauert wird.

Danach wäre es tatsächlich Johannes gewesen, der zur Aufdeckung der Hintergründe der Geheimmission *Qumran* seinen Bruder Jakobus auf seinen Intimgegner, den Magus (Paulus) angesetzt hätte, woraufh dann im Auftrag des Kephas mit der Hinrichtung des Jakobus *Donnersohn* durch Herodes und die Anweisung zum Fememord an Ananias und Saphira durch Petrus reagiert worden wäre.

Falls also die Evangelien und die Apostelgeschichte, wie ich vermute auf Johannes zurückgehen, ist es nicht verwunderlich, dass er diesem Dreigespann *Johannes, Jakobus* und *Petrus* der Evangelien und der Apostelgeschichte den ganzen Ruhm zuschreibt, denn sie werden uns als die exponierten Jünger vorgeführt, welche direkte Augenzeugen aller von Jesus in den Evangelien der Synoptiker überlieferten Fakten und wichtigen Ereignisse waren. Ganz besonders muss dabei auf die Offenbarungsszenen der synoptischen Evangelien hingewiesen werden. Nur diese drei Apostel sind die direkten Zeugen, und auch nur in diesen Szenen wird uns die Bestätigung der unmittelbaren Gottsohnschaft des Jesus vermittelt.

Es gibt aber noch mehr Besonderheiten, die sich erst im Zusammenhang mit der *Vita* aus den Texten zu eröffnen beginnen. Im Kriegsbericht haben wir ab und zu die Aufzählung von Personen, die damals Herrschaft ausübten oder zumindest traditionell über Herkunft oder herausragende Taten in den Vordergrund treten. Da entschlüpft uns mitunter in der Masse durch Überlesen allerhand Information. Ich möchte zumindest das noch einmal personell und politisch genauer unter die Lupe nehmen, was die Rolle des Johannes in Jerusalem betrifft, nachdem er aus Gischala zurück war.

Josephus berichtet uns nämlich, dass zu dieser Zeit ein starker Zulauf von Zeloten nach Jerusalem erfolgte, den man erst begrüßte, weil man sich eine Stärkung der Verteidigungskraft gegen die Römer davon versprach. Als sich jedoch diese Zeloten zu einer Gruppierung vereinigten, die sich als räuberisch und verbrecherisch erwies, weil sie erst die Angeseheneren und Vermögenden und auch die Priesterschaft erst einzukerkern begannen, um sie dann zu ermorden, sogar den Tempelbezirk besetzten, einen eigenen Hohepriester ernannten und den Tempel entweihten, also noch schlimmer wüteten als vor ihnen die Zeloten zu Beginn des Aufstandes des Jahres 66, versuchte man dem entgegenzuwirken.

Bezeichnenderweise finden wir nun *Simon II. bar Gamaliel (Kephas)* und seinen Bruder *Jesus ben Gamala* als die benannt, welche das fordern, woraufhin der Hohepriester Ananos das Volk gegen die Aufrührer im Tempel führt. Die blutigen Kämpfe stagnieren aber, nachdem man den Außenbezirk des Tempels erobert hat. Die Zeloten haben sich im Inneren des Tempels verbarrikadiert, ihn damit zwar entweiht, aber man scheut sich, das Volk den Tempel stürmen zu lassen. Hier führt uns Josephus nun Johannes in seinem Kriegsbericht als ständigen Begleiter und Ratgeber des Hohepriesters Ananos in die Handlung ein und beschreibt ihn uns aufgrund seiner Herkunft als Angesehenen. Ohne die *Vita* wüssten wir auch nichts von dieser Verbindung des Johannes zu Simon II., der uns in der Apostelgeschichte als Simon Kephas begegnete.

Dass man Johannes wie schon den Magier mit heiklen diplomatischen Missionen beauftragte, erweist sich auch hier wieder. Johannes bekommt nämlich den Auftrag, die Situation angesichts des bevorstehenden römischen Angriffs auf Jerusalem zu entschärfen. Man schickt ihn als Gesandten zu den Zeloten in den Tempel. Das ist ganz in der Tradition dessen, was schon im Jahre 30 die politische Linie der jüdischen Politik kennzeichnete.

Man setzte bestimmte Leute ein, welche dann auf geheimdiplomatischem Wege die bestehenden Probleme zu lösen hatten. Der Magier und Johannes waren dann diejenigen, welche die glühenden Kohlen aus dem Feuer holen sollten. Wir finden:

- *Johannes im Johannes-Evangelium als Vertrauensmann des Täufers, und damit des Gamaliel in der Jüngerschaft Jesu.*
- *Johannes als einen der Aufsichtshabenden für das Wohlverhalten der über den Pfingstputsch unter Führung des Kephas befriedeten Zeloten und Sikarier, dem Petrus zugeordnet war.*
- *Später Johannes als Überwacher der befriedeten Zeloten und Sikarier in Galiläa.*
- *Und nun Johannes wieder im Dienste des Simon Kephas, im Auftrag des Hohepriesters Ananos bei den Zeloten, um sie aus dem Tempel zu locken.*

Josephus bezichtigt Johannes aber nun des Verrates an seinen Jerusalemer Auftraggebern. Der Ablauf der Ereignisse legt das nahe. Die Zeloten rufen nämlich, statt sich zu ergeben, die Idumäer zu ihrer Hilfe herbei. Als deren Truppen vor den Toren Jerusalems eintreffen, verwehrt man ihnen aber den Einlass. In der folgenden Nacht öffnen ihnen jedoch die bisher im Tempel verbarrikadierten Zeloten im Schutze eines hereinbrechenden Unwetters die Stadttore von innen, so dass die Idumäer in die Stadt eindringen können, um sie zu erobern. Das war nicht so schwer, weil der Tempelbezirk ebenfalls eine Außenmauer besaß, die Idumäer also durch die Tore des Tempelbezirks in die Stadt einfallen konnten.

Im Verlauf der Kämpfe wurden anschließend die bisherigen Führenden Jerusalems gefangen genommen und ermordet. Unter ihnen der Hohepriester Ananos und Jesus ben Gamala.

Es gelingt zwar dann, die Idumäer davon zu überzeugen, dass sie den Falschen zu Hilfe kamen und gegenüber der friedlichen Bevölkerung schwere Blutschuld auf sich geladen haben, aber die von ihnen verübten Hinrichtungen lassen sich nicht mehr rückgängig machen. Die Idumäer ziehen daraufhin wieder ab. Wer diesen Gesinnungswandel bewirkte, lässt Josephus offen. Er schreibt nur, dass sich der Hochverratsvorwurf der Zeloten, dass die Hohepriesterschaft im Bunde mit den Führenden und dem Adel Jerusalem den Römern übergeben wollte nicht beweisen ließ. Wir finden jedenfalls anschließend Johannes mit seinen galiläischen Truppen als Beherrscher der Stadt mit angemaßten Rechten eines Königs und die weiterhin den Tempel besetzt haltenden Zeloten, zu denen allerdings lt. Josephus nun auch die Überlebenden der priesterlichen Herrscherschicht gestoßen sind.

Johannes war zwar stets eine von ihnen gern benutzte und an vorderster Front agierende Figur, wurde aber trotzdem nicht als ebenbürtig betrachtet. Auch hier sehen die Herrschenden ihn wieder als Usurpator, dem sie sich nicht unterordnen wollen, was uns Josephus als Äußerung des Sohnes des ehemaligen Hohepriesters, dem Priesters Eleazar sogar direkt mitteilt und damit dokumentiert.

Um der Gewaltherrschaft des Johannes zu entgehen, werden, diesmal vom Volk, befürwortet durch den neuen Hohepriester Matthias, abermals die Idumäer unter Simon bar Giora zu Hilfe gerufen und in die Stadt eingelassen.

Johannes befindet sich nun zwischen zwei Feuern. Während er sich der Truppen des Simon erwehren muss, die ihn und seine Truppen bedrängen, droht ihm Gefahr aus dem Tempel, denn die dort befindlichen Zeloten bekämpfen ihn ebenfalls. Dazu kommt noch, dass inzwischen die Römer unter Titus vor Jerusalem angelangt sind und mit der Belagerung der Stadt beginnen, nachdem man sie vor den Mauern erst einmal zurückgeschlagen hat.

Johannes gelingt es nun mit List unter dem Vorwand eines traditionellen religiösen Festes mit seinen Truppen den Tempel durch einen Handstreich zu besetzen. Seine daraufhin in die unterirdischen Gänge des Tempels geflohenen Gegner ergeben sich aber, nachdem er ihnen Begnadigung zugesichert hat. Er hat nun den Rücken frei, aber angesichts der römischen Gefahr will sich weder Johannes dem Simon bar Giora unterordnen, noch Simon dem Johannes. Aus dieser Patt-Situation können sie sich nicht mehr befreien, verteidigen aber nun beide Jerusalem gegen die Römer. Wie es endete, wissen wir bereits.

Die Kontinuität des Auftretens des Johannes und auch des Simon Petrus, für den der uns bisher unterschlagene Bruder (Simon) des Johannes Modell stand, und wie sie dort dargestellt sind, bilden im Neuen Testament sogar eine viel festere Klammer für die Gesamtheit des Textes als die Person des Jesus von Nazareth, so dass man diese Berichte des Josephus notwendigerweise als Tatsachen akzeptieren muss. Die Identifizierung zumindest des Johannes wäre aus ihnen ohne Weiteres schon früher möglich gewesen, aber im Interesse des christlichen Glaubens kaum erwünscht. Was sollte man sonst von Jesus und seiner Lehre denken, wenn einer sein Jünger nach vierzig Jahren plötzlich ins Licht der Geschichte tritt und dabei eine solche Rolle spielt. Vor allem bei Johannes möchte man es nicht glauben.

Aber man darf nicht vergessen, dass er sich selbst und auch seinen Bruder Jakobus als *Donnersöhne* bezeichnet (Mk. 3,17), auch wenn er das auf Jesus zurückführt. Johannes, der sich später selbst in seinem Evangelium als den Lieblingsjünger bezeichnet, muss unter Berücksichtigung, welche Mission die des Jesus von Nazareth wirklich war, sich natürlich in dem von Josephus berichteten Sinn als Pragmatiker tüchtig erweisen. Wir verfallen da wieder den uns eingeprägten religiösen Vorstellungen vom frommen und folgsamen Jünger, der dieser *Zebedäussohn* selbst nach den Synoptikern, selbst unter der Annahme, dass sie unter seiner Leitung geschrieben worden sein sollten, durchaus nicht gewesen sei kann.

*

Zum Schluss noch einige Bemerkungen zur Einschätzung der Glaubwürdigkeit des Josephus, die ich für wichtig halte, weil man sich mangels anderer Quellen vor allem auf ihn stützen muss. Es gibt, wie sich aus der Gegenüberstellung seiner verschiedenen Texte zu gleichen Ereignissen ergibt, eklatante Unstimmigkeiten zwischen seiner Berichterstattung im *Jüdischen Krieg* und seiner *Vita*, was allgemein bekannt ist.

Der Kriegsbericht wurde aber (nach V. 63 der *Vita*) von Kaiser Titus unterschriftlich bestätigt und auch veröffentlicht. Man folgt deshalb lieber den Darstellungen des Kriegsberichtes, weil die dagegengestellten Texte der *Vita* oft unwahrscheinlich sind, was die Zusammenhänge betrifft. Zwischen der Ausfertigung des weitgehend sachlichen Kriegsberichtes und der oft selbstdarstellerisch-übertreibenden *Vita* liegen ungefähr zwanzig Jahre, in denen sich Josephus natürlich allerhand unbequeme Erinnerungen zu neuen Lebenslügen umdeuten konnte.

Man muss aber feststellen, dass die kritisch nebeneinander gestellten Texte des Kriegsberichtes und der *Vita*, die für unsere Untersuchung von Interesse sind, uns durchaus ein genaueres Bild der Ereignisse bescheren. Es muss nicht unbedingt eine zielgerichtete Tendenz zur Verdrehung von Tatsachen hinter der Verschiedenheit dieser Schriften stecken. Schon der zeitliche Abstand der Erarbeitung macht das wahrscheinlich.

Im Kriegsbericht ging es um die panoramahafte Darstellung der Ereignisse. In der *Vita* will nun Josephus mit den genaueren Details auf sein gutes Erinnerungsvermögen hinweisen, zeichnet damit auch ein konkreteres Bild der nun besonders herausgearbeiteten Einzelheiten der Ereignisse, produziert aber dabei auch widersprüchliche Aussagen. Ihm gerät anscheinend die

Darstellung der Zusammenhänge zunehmend außer Kontrolle. Man muss aber dagegenhalten, dass auch der Kriegsbericht kein restlos der Wahrheit verpflichteter Text ist. Dort galt es den Krieg zu rechtfertigen. Als vordergründig nicht akzeptierbare Beispiele nicht übereinstimmender Fakten, welche den Teil betreffen, der uns hier interessiert, seien hier nur erwähnt:

- Im Kriegsbericht (II, 21) schreibt Josephus, dass Johannes ihn *zu bereden wusste, ihm den Wiederaufbau der Mauern seiner Vaterstadt anzuvertrauen...*
- In der *Vita* (V 43-45) berichtet er dann davon, dass Johannes diese Mauern zum Schutz vor den römerfeindlichen Nachbarstädten errichten ließ, da sie vorher von deren Truppen niedergerissen worden waren, weil Johannes die Bewohner Gischalas vom Aufstand gegen Rom abhielt.
- Dem steht wiederum (V 189) gegenüber: ... *In der Absicht, mich* (Josephus) *um jeden Preis aus dem Wege zu schaffen, versah er seine Heimatstadt Gischala mit Mauern.*

Da es mir bei meiner Untersuchung aber um die Herausarbeitung der historischen Kontinuität in der Durchsetzung politischer Ziele im Zusammenhang mit der Gründung der Urchristensekte und des damit in Verbindung zu bringenden Personenkreises, sowie der Feststellung ihrer Identität geht, habe ich mich mehr auf den Grundtenor seiner Berichte um Johannes im Zusammenhang mit Simon (Petrus) und Simon (Kephas) zu beschränken versucht, die durchaus widerspruchsfrei sind, wenn man sie im Lichte der jeweiligen zeitlich und politisch wechselnden Umstände betrachtet und dabei berücksichtigt, wovon Josephus nicht wissen konnte und er deshalb seinen Widersachern deshalb auch falsche Motivationen unterstellt. Vorrangig betrifft das die schon vorher bestehende Geheimmission des Johannes in Galiläa, von der er wahrscheinlich nie informiert war.

Weil Johannes und Kephas die Gegenspieler des Josephus waren, denen er zunehmend die Schuld daran zuschreibt, in Galiläa gescheitert zu sein, andererseits auch eine Bezichtigung des Justus von Tiberias vorgelegen haben muss, die Josephus des Landesverrates bezichtigte, ist es kein Wunder, dass Josephus alles aufbietet, sich rein zu waschen, denn als Überläufer ist er für die jüdische Seite bis zu seinem Tode immer noch ein Verräter, den sie totzuschweigen versuchten. Was aber deutlich geworden sein müsste, ist die historische Rolle, welche die beiden Schlüsselfiguren Johannes und Simon Kephas einst spielten, und woraus man darauf zurückschließen kann, welcher politische Hintergrund zur Entstehung der Christensekte führte und was uns in den Schriften des Neuen Testamentes tatsächlich beschrieben wird.

Dass noch viele andere Aspekte auf den Inhalt der Berichte Einfluss hatten, die man nicht außer acht lassen kann, sieht man beispielsweise daran, dass Josephus den Simon II. bar Gamaliel (Kephas) als geistig hochstehende und gerechte Führungsfigur lobend erwähnt, obwohl der seine Absetzung und sogar Beseitigung mit allen Mitteln betrieb. Simon II. (Kephas) ordnete nach dem, was Josephus aus Jerusalem übermittelt wurde, sogar seine Ermordung an, falls er sich nicht den getroffenen Anordnungen beugen sollte (V 200-204).

Das passt alles zu der von Simon II. veranlasste Säuberungsaktion, welche über die in der Apostelgeschichte berichteten ersten Intrige, zur Hinrichtung des Jakobus Donnersohn, zur Steinigung des Ananias und seiner Frau, und der Flucht des Petrus führten. Auch die von Josephus berichteten Ereignisse um die Hinrichtung Jakobus des Gerechten im Jahre 62, welcher in der zweiten Intrige versagte, bei der es angeblich um die Beseitigung des Paulus, aber in Wirklichkeit um die des Magiers ging, sollte in dieser Aufzählung nicht vergessen werden. Auch die wurde von Simon II. (Kephas) mit verantwortet. Genau genommen entging von allen, die von ihm verfolgt wurden, nur der Magier der Rachsucht dieses Simon II.

Einen weiteren und für Josephus ganz aktuellen Aspekt, welcher beweist, wie die tagespolitischen Umstände noch in lange zurückliegenden Ereignisberichte beeinflussend hineinspielen, die Josephus bei der Ausfertigung seiner *Vita* keineswegs unberücksichtigt lassen durfte, möchte ich wenigstens erwähnen: Als Josephus die *Vita* schreibt, ist beispielsweise der Sohn und Nachfolger dieses Simon II. bar Gamaliel (Kephas), Gamaliel II., als jüdischer Patriarch gerade dabei das Judentum im Auftrag und mit ausdrücklicher Unterstützung Kaiser Domitians wieder neu zu ordnen.

Dieser Gamaliel II. war nicht nur wegen seiner Herkunft, sondern auch über seine Funktion als Leiter der Gelehrtenschule in Javne sehr einflussreich. In Javne fand sich nämlich im Jahre 72 erstmalig wieder ein neuer Sanhedrin zusammen. Josephus kann demzufolge den Vater eines so einflussreichen Mannes, dem er in Rom eventuell sogar persönlich begegnet sein kann, in seinen Berichten nicht verunglimpfen, was er sonst zweifellos getan hätte.

Das Testimoniumproblem und die Erarbeitung der Evangelien

Wir haben über die Schriften des Josephus einige neue und vor allem konkrete personelle Anbindungen der Apostelgeschichte an die Historie des 1. Jahrhunderts erhalten, die bisher aus naheliegenden Gründen ignoriert wurden, denn dass bisher niemand darauf gestoßen wäre, ist kaum anzunehmen. Dazu musste aber erst der Inhalt der Apostelgeschichte auf das herunter gebrochen werden, was sie historisch Verwertbares enthält, was wiederum nur mit Hilfe der historischen Hinweise in den Paulus zugeschriebenen Apostelbriefen gelang, und der Identifizierung der Paulusfigur als die des von Josephus verbürgten Magiers. Gleichzeitig galt es, von Josephus parallel dazu übermittelte Informationen zu deuten, neu zu ordnen und auch einige persönliche Animositäten des Josephus, die in seine Berichterstattung einflossen, auf ihre Gründe zu untersuchen und ihren Einfluss auf seine Überlieferungen zu werten.

Ich hätte es gern einfacher dargestellt, da aber auch im geschichtlichen Komplex des 1. Jahrhunderts sich alle für meine Untersuchung wichtigen Berichte gegenseitig durchdringen und damit auch die Berichterstattung sogar rückkoppelnd korrigieren, fand ich keinen einfacheren Weg dazu, zumal ich mich dabei auf Pfaden bewegte, die nicht nur für Theologen, sondern auch für Historiker immer noch weitgehend mit Denkverboten belegt sind, weil man sich sonst schon längst mit diesen Widersprüchen näher beschäftigt hätte.

Eine Frage steht nämlich noch offen: Woher kommen überhaupt diese nachträglichen Schriften, die Evangelien und die Apostelgeschichte, die uns das berichten? Aufgrund der dünnen Faktenlage zum Nachweis der historischen Identität des neutestamentlichen Personenkreises halte ich es für notwendig, festzustellen, aus welchen Gründen diese Texte entworfen wurden und wer dazu fähig gewesen wäre, sie zu verfassen, was dann wiederum Rückschlüsse auf das Umfeld und die politische Situation derer schließen ließe, die uns das präsentieren.

Die späte Entstehung der Endfassungen der Evangelien nach dem Jahre 70 ist verbürgt. Die Evangelien der Synoptiker und die Apostelgeschichte sind ganz sicher als ein Komplex, wenn auch nacheinander, aber auseinander entstanden. Im Vergleich mit der jüdischen Religion enthalten die Evangelien nun noch zusätzliche, neu auftauchende Glaubenselemente, deren Herkunft für uns vorerst unverständlich sein muss.

So taucht in ihnen nun der Kult der Gottesmutter Maria auf. Bei der Suche, woher dieser Kult stammt, gibt es in der jüdischen Basisreligion überhaupt keine Hinweise, wenn man von Jesaja 7,14 absieht, was sich aber auch nur im Nachhinein und bei gutem Willen in diesem Sinn deuten lässt.

Es sind jedenfalls am Ende des 1. Jahrhunderts alle Texte erstellt, welche später für die neue Christenreligion zu ihrer theologischen Unterfütterung im Neuen Testament zusammengefasst werden. Aber es ist unbekannt, wer sie wirklich geschrieben hat. Auch das Wann und Wo sind uns nicht bekannt. Die Namensgeber der Evangelien müssen nicht deren Autoren sein. In solchen Fällen greift man am besten auf parallele Quellen zu.

Es gibt eine Quelle, aber es ist wiederum nur Josephus. Der ist zwar nicht unbedingt als neutral anzusehen, was aber manchmal auch von Vorteil sein kann. Der betreffende Text, den man zwar immer wieder ausführlich interpretiert, aber kaum nach dem abgesucht hat, was tatsächlich in ihm verborgen ist, steht im 3. Kapitel des 18. Buches seines Werkes *Jüdische Altertümer,* einem Geschichtsbuch des Volkes Israel. Hier liegt inhaltlich etwas Ungewöhnliches vor, worüber sich Fachleuten schon lange streiten. Er ist so gezielt platziert, dass er als Fremdkörper im Ablauf der historischen Berichterstattung erscheinen muss, und er enthält etwas, dem man bisher nie gründlich genug nachgegangen sein kann, weil es sonst schon irgendwo als Sensationsmeldung vermarktet worden wäre.

Der Einschub der dort stehenden drei Erzählungen an dieser Stelle, die weder mit der in diesem Werk der Geschichtsschreibung von Josephus gewählten Darstellungsweise, noch inhaltlich irgendeine Verbindung mit ihr aufzuweisen scheinen, und scheinbar auch keinen Bezug aufeinander haben, außer, dass sie richtig in die Zeit des Pilatus eingeordnet wurden, war von jeher unverständlich.

Der Anfang und das Ende der mittleren Geschichte legen nahe, dass sie schon immer zusammen, an dieser Stelle und auch in dieser Reihenfolge da standen. Es findet aber andererseits nirgendwo in den Schriften des Josephus ein ähnlich eklatanter Bruch der Erzählstruktur, oder ein ähnlich sinnlos wirkender Einschub. Der Gesamtinhalt weist jedoch auf die ursächliche Autorschaft des Josephus hin. Was für uns dabei wichtig ist, man kann einen sehr wichtigen örtlichen und vor allem inhaltliche Hinweise auf das daraus entnehmen, wonach wir suchen.

Worum geht es in diesen Geschichten. Die erste wird als *testimonium flavianum* bezeichnet. Sie gilt als Beweis für die tatsächliche historische Existenz der Person des Jesus von Nazareth. Ihre Platzierung durch Josephus in die Zeit des Pilatus ist richtig, entbehrt aber angeblich jeder andeutenden Verbindung zum übrigen Text und wurde deshalb immer als gesonderte Information und nur für sich allein untersucht. Sie wird demzufolge heutzutage als Fälschung aus späterer Zeit betrachtet. Die ihr folgende Decius-Mundus-Geschichte ist eine Lügengeschichte aus der gleichen Epoche und die abschließende Fulvia-Erzählung ist ein Gaunermärchen, was alle Tage und überall passiert sein könnte. Abweichend davon betrachte ich aufgrund ihres Inhaltes die drei da eingefügten Geschichten als einen untrennbar zusammengehörigen Komplex. Hier der Text des Testimoniums:

Um diese Zeit lebte Jesus, ein weiser Mensch, wenn man ihn überhaupt einen Menschen nennen darf. Er war nämlich der Vollbringer ganz unglaublicher Taten und der Lehrer aller Menschen, die mit Freuden die Wahrheit aufnahmen. So zog er viele Juden und auch viele Heiden an sich. Er war der Christus. Und obgleich ihn Pilatus auf Betreiben der Vornehmsten unseres Volkes zum Kreuzestod verurteilte, wurden doch seine früheren Anhänger ihm nicht untreu. Denn er erschien ihnen am dritten Tage wieder lebend, wie gottgesandte Propheten dies und tausend andere Dinge von ihm vorherverkündigt hatten. Und noch bis auf den heutigen Tag besteht das Volk der Christen, die sich nach ihm nennen, fort.

Die nachfolgende Decius-Mundus-Geschichte ist umfangreicher. Hier die verkürzte Nacherzählung:

Ein liebestoller junger Mann (Decius Mundus) *versucht in Rom um jeden Preis eine verheiratete Frau* (Paulina, die Gattin des Saturnius) *zu verführen und bietet ihr viel Geld. Sie weist ihn ab und beschimpft ihn. Er will nicht mehr leben und beschließt zu verhungern. Eine andere Frau, Ide* (die Mittlerin!), *hilft ihm und schmiedet ein Komplott, damit er sein Ziel doch noch erreicht, indem sie die tiefe Religiosität der zu verführenden Frau nutzt.* (Sie hängt dem Isis-Glauben an.) *Die Mittlerin ermöglicht die Sache mit Hilfe der geldgierigen Isispriester* (Der Gott Anubis wünsche Paulina im Tempel der Isis zu beehren.), *und sie macht dabei selbst ein gutes Geschäft. Der Verliebte erreicht nachts im Tempel unter Vorspiegelung falscher Vorstellungen bei der von ihm Begehrten, was er gewollt hat. Die Betrogene fühlt sich in ihrer Verblendung sogar geehrt und posaunt es aus. Der Verführer enthüllt ihr nach drei Tagen, was tatsächlich passiert ist und welchen schlechten Tausch sie aus seiner Sicht gemacht hat. Sie rächt sich indem sie es anzeigt. Der Täter wird nur verbannt* (Motiv: Liebe), *die Komplizen werden gekreuzigt* (Motiv: Habsucht).

Nun die Nacherzählung der dritten, der Fulvia-Geschichte. Wie schon erwähnt, ein Gaunermärchen:

Ein wegen Gesetzesübertretung aus seinem Vaterlande flüchtiger Gauner jüdischer Abstammung der sich in Rom befindet, beschwatzt zusammen mit drei weiteren Gaunern eine verheiratete Frau, die Fulvia, erst zum jüdischen Glauben überzutreten. Sie fordern von ihr dann ein größeres Opfer als Spende für den Tempel in Jerusalem. Was sie ihnen gibt, verprassen sie dann selbst. Der Gatte der Fulvia (der wie in der Decius-Mundus-Geschichte auch Saturnius heißt) *zeigt das an. Daraufhin verfügt der Kaiser die Ausweisung der Juden aus Rom. Anschließend wird durch die Konsuln eine Aushebung unter ihnen durchgeführt und 4000 von ihnen als Soldaten nach Sardinien geschickt.*

Sueton und auch *Tacitus* berichten beide von dieser in der letzten Zeile der dritten Geschichte erwähnten Rekrutierung in ihren Schriften. Zumindest diese Erwähnungen und die zeitliche Einordnung in die Pilatuszeit verankern diese Geschichten als historisches Dokument.

Josephus hat uns hier aber etwas für Eingeweihte verschlüsselt, was man als eine Flaschenpost durch die Jahrhunderte bezeichnen muss. Was es ist, bleibt uns allerdings verborgen. Da er ein sehr auf Vollständigkeit versessener Berichterstatter ist, muss der gesamte Texteinschub dieser drei Geschichten einen tieferen Sinn haben.

Das vorangestellte Testimonium ist eine singuläre Behauptung. Mehr nicht. Sie begründet das Vorhandensein des Christentums. Damit kann man allein absolut nichts anfangen. Anstatt sie nun in üblicher Weise endlos zergliedern und beweisen zu wollen, nehme ich sie als gesetzt und gehe zur nächsten Geschichte, um herauszubekommen, ob, und wie sie mit dieser ersten verknüpft ist.

Was enthält nun diese zweite, die Decius-Mundus-Geschichte: Sie beginnt nämlich mit einer Einleitung, in der steht, dass die Juden ein anderes Unglück traf. Das kann nun zweierlei bedeuten. Ist das vor ihr eingeordnete Testimonium Christi ein zusammenhangloser Einschub aus späterer Zeit, der den fehlenden Hinweis auf Jesus dort nachträglich untergebracht wissen will, dann bezieht sich dieser erste Satz der Decius-Mundus-Geschichte auf die vorhergehend von Josephus beschriebenen Aktivitäten des Pilatus aus dem 2. Abschnitt dieses Kapitels der jüdischen Geschichte. Dort trifft die Juden wirklich ein Unglück, denn Pilatus versucht sich am Jerusalemer Tempelschatz zu vergreifen.

Sollte sich dieser Hinweis auf das Testimonium beziehen, ist er sinnlos. Die Gründung einer Glaubensgemeinschaft auf der Basis der Wiederauferstehung eines Hingerichteten ist höchstens paradox, aber beim besten Willen nicht als Unglück für ein Volk zu bezeichnen. Auch die Decius-Mundus-Geschichte selbst ist kein Unglück, sondern eigentlich eine Klatschgeschichte von einer übertölpelten arglosen jungen Frau, die gerade infolge ihrer Prinzipienfestigkeit betrogen wird.

Die abschließende Fulvia-Erzählung wäre nur ein Gaunermärchen, was immer und überall so passiert sein kann, wird aber als Ursache für die verheerenden Folgen angegeben, welche für eine ganze Volksgruppe historisch verbürgt ist, was doch verwundern sollte.

Über die Deutung des Testimoniums gibt es eine umfangreiche Literatur, die bisher keine Klärung der Problematik bieten konnte, weil man nicht bereit war, bestimmte christliche Glaubensgrundsätze aufzugeben. Ich schlage deshalb vor, diesen Gordischen Knoten nicht mehr entflechten zu wollen, sondern wie es bereits Alexander tat, ihn einfach zu zerhauen.

Während bisher die Diskussion, und das Hauptaugenmerk der Untersuchung der Texte immer darauf hinausliefen, die Echtheit des Testimoniums zu erweisen oder es als Fälschung zu verwerfen, sollten wir es als Tatsache gesetzt hinnehmen, allerdings unter der Voraussetzung, dass es mit den zwei unmittelbaren Folgegeschichten zusammen gehört und mit ihnen zusammen eine verschlüsselte komplexe Botschaft für uns enthält.

Das Testimonium ist eine singuläre Aussage, die mit dem übereinstimmt, was uns die Evangelien und noch stärker die Apostelbriefe des Neuen Testamentes geballt und vordergründig zu vermitteln versuchen. Das ist die Einzigartigkeit und Einmaligkeit des Jesus Christus, seine Herausgehobenheit und Göttlichkeit. Es brüskiert uns aber als Christen, diesen Text zusammen mit den beiden anderen da zu finden, weil er wichtige Glaubensdinge und sogar Teile derzeitiger christlicher Glaubensbekenntnisse enthält, die man nicht gern der Diskussion preisgeben möchte. Was sich außerdem zu der wirklichen Mission des Jesus von Nazareth aus dem Text der Evangelien entnehmen lässt, steht sowieso konträr dagegen. Wir sollten uns aber davon nicht stören lassen.

Wenn uns heute jemand erzählen würde, dass vor sechzig Jahren in seiner Nachbarschaft das passiert sei, was im Testimonium Christi erzählt wird, dann hielten wir ihn, gelinde gesagt, für einen einfältigen Spinner. Heutzutage vor einem Gericht von einem Angeklagten vorgebrachte religiöse Argumente könnte sein Verteidiger höchstens strafmildernd verwenden, um auf Schuldunfähigkeit infolge religiöser Wahnvorstellungen zu plädieren. Selbst Pilatus hielt Jesus für einen unzurechnungsfähigen Glaubensfanatiker und die Apostel wurden auch in Athen ausgespottet. Der Prokurator Festus hält das Christentum, wie es ihm der Magier (Paulus) vorträgt, für unsinnig und sogar König Agrippa nimmt von ihm die Lehre vom Christus eher spöttisch-ironisch zur Kenntnis, was uns die Apostelgeschichte ganz deutlich überliefert und was man alles als glaubwürdige Verhaltensweisen vernünftiger Menschen annehmen muss.

Es gibt allerdings noch heute religiöse Sekten, deren Tradition ist auch nicht älter und auch nicht tragfähiger als die damalige der Urchristen. Die Entstehung von Glauben ist unberechenbar. Für einen in die christliche Lehre Uneingeweihten ist auch das Testimonium in seiner jetzigen Form unwahrscheinlich, widerspricht aller seiner Erfahrung, und muss für ihn deshalb auch nur eine unglaubwürdige Geschichte sein. Um das Rätsel um das Testimonium zu lösen, brauchen wir einen ganz neuen und vor allem tragfähigen Ansatz.

Die *Jüdischen Altertümer* sind in der Zeit ab 80 bis Mitte der neunziger Jahre geschrieben. Auch wenn Josephus die Handlung der drei Geschichten in die Zeit der Amtsführung des Pilatus und damit in die Regierungszeit des Kaisers Tiberius verlegt, alles weist darauf hin, dass es für ihn aktuell ist. Es muss sehr aktuell sein, weil er es uns nur verschlüsselt mitteilen kann. Es muss sich demnach um Informationen handeln, die ihre Wurzeln in der Zeit des Tiberius haben, deren Auswirkungen aber für die Zeit der Flavier

Bedeutung gewannen, und immer noch nicht ohne Risiko öffentlich verbreitet oder diskutiert werden konnten.

Josephus lebt in Rom unter dem Schutz und auch der Protektion der aufeinanderfolgenden flavischen Kaiser. Er ist ihr Historiker. Es ist inzwischen die Regierungszeit des Domitian. Vespasian, der Vater ist schon gestorben. Titus, ist wohl auch schon tot, als dieses Kapitel der *Jüdischen Altertümer* geschrieben wird. Domitian, dessen *Beihilfe beim Ableben seines älteren Bruders Titus* nie bewiesen, aber auch heute immer noch unterstellt wird, ist nun Kaiser.

Seinen *Judäischen Krieg* hat Josephus dem siegreichen Titus gewidmet und nicht dem immer in dessen Schatten stehenden Domitian. Domitian ist äußerst misstrauisch, was sogar seiner rigorosen Verfahrensweise gegenüber verschiedener seiner Familienmitglieder zu entnehmen ist. Er hat auch etwas gegen das Christentum, dem seine Familie nicht nur anhängt, sondern in dem sie zu dieser Zeit auch eine ziemliche Rolle spielt. Cassius Dio berichtet beispielsweise, dass Domitian ganz gezielt gegen die vorging, die *in die jüdischen Sitten verwirrt* waren.

Beginnen wir unter Beachtung dieser Aspekte und Besonderheiten am Ausgang des 1. Jahrhunderts mit der Analyse der Decius-Mundus-Geschichte: Schon der Name *Decius Mundus*, müsste allerhand Assoziationen wecken. Das ist aber nicht der Fall, weil wir es nicht mehr gewohnt sind, Namen eine Bedeutung zuzuweisen. *Decius* war der Name dreier römischer Konsuln aus dem Geschlecht der Decier (Vater, Sohn, Enkel), die sich jeweils in den Schlachten gegen die Latiner (340 v.u.Z.), die Samniten (295 v.u.Z.) und gegen Pyrrhos, den König von Epirus (279 v.u.Z.) für den Sieg des römischen Heeres den Totengöttern weihten und opferten. *Mundus* hat die Bedeutung von Weltall, Himmel, Erde, Menschheit. Es ist das, was wir im Allgemeinen als die Welt bezeichnen. Decius Mundus ist also der, welcher sich mit seinem Tod der Welt geweiht (geopfert) hat.

Nun hat sich Jesus von Nazareth nach der schon am Ende des 1. Jahrhunderts verfestigten christlichen Lehre, ebenfalls für die ganze Menschheit geopfert, was letztendlich die Heidenmission stützt. Jesu Sühneopfer ist die Garantie für die Erlösung. Die Basisidee ist aber schon älter. Der Decius Mundus in dieser Geschichte des Josephus weist nämlich auf den persischen Mithraskult hin, der im Römischen Reich schon lange bekannt und im 1. Jahrhundert stärker verbreitet ist. Auch der ist ein Erlöserkult, wie das Christentum. Auch Mithras wird von einem Vatergott ausgesandt, um die Welt zu retten. Er ist der Unbesiegbare.

Das passt auch viel besser auf den kommenden Pantokrator, den Weltenrichter, den Soter, den Heiland. Es gibt aber gleichzeitig auch Parallelen dazu aus noch älteren ägyptischen Mythen um Osiris, die zum Zeitpunkt der Niederschrift noch lebendig sind, und worauf sich Josephus wohl in diesem Fall über den Isiskult bezieht.

Kommen wir nun zur *Paulina*, dieser so Begehrenswerten. Auch wenn das auslegungsmäßig nun plump und zu direkt wirkt, die *Paulina* verkörpert *die Lehre des Paulus* vom mystischen Gottesreich des kommenden Christus, welches die Verheißung über Glaube, Liebe und Hoffnung in sich birgt. Dazu kommt nun das, was dem Christentum ungewollt untergeschoben wird. Es ist der Mithraskult, bzw. Osiriskult. Die drei Tage Wartefrist in der Geschichte weisen zwar deutlich auf die Zeit vom Tod bis zur Auferstehung Jesu hin.

Mithras ist aber auch ein Auferstandener, genau so, wie Horus als wieder auferstandener Osiris galt. Die Vermittlung zum Betrug der Paulina erfolgte, wie Josephus hier informiert, über Anubis durch den Isiskult. Was Mithras- und Isiskult verband, ist kaum noch bekannt. Nur dass sie parallel zueinander bestanden und beide den Jesusmythos vorgebildet enthielten, ist sicher.

Der Isiskult ist damals im römischen Reich nicht mehr so stark. Tiberius (14-37) hat ihn angeblich sogar zeitweise verbieten lassen. Zur Blüte kommt der Isiskult aber schon wieder unter Caligula (37-41). Domitian (81-96) lässt der Isis in Rom sogar einen Tempel errichten. Warum? Als sein Vater um das Kaisertum kämpfte, geriet Domitian in Gefahr, von den Truppen des Gegenkaisers Vitellius gefangen zu werden. Er flieht als Priester in der Maske des Anubis. Als Kaiser dankt er demnach später dem Isiskult auf diese Weise.

Schon was die im Tempel der Isis erfolgende Verehrung des Gottes Anubis mit dem Isiskult zu tun hat, ist für uns Heutige schleierhaft. Will man auf der Basis der Mythen der alten Ägypter fündig werden muss man die verschiedenen Isismythen gezielt daraufhin abklopfen. Es gibt da die Ehepaare der Göttergeschwister. Osiris und Seth sind Brüder, Isis und Nephtys Schwestern. Isis und Osiris sind ein Paar, Nephtys und Seth auch.

Die Beziehungen der vier laufen aber über Kreuz. Anubis ist nämlich der Sohn der Nephtys von Osiris. Seth tötet daraufhin Osiris. Isis kann anschließend nach den überlieferten Mythen nur mit Hilfe des Anubis die zerstückelte Leiche ihres ermordeten Mannes wieder zusammenflicken, um von Osiris posthum ihren Sohn Horus zu empfangen. Fragen wir lieber nicht, was das nun alles bedeutet. Die Götterwelt der Ägypter ist ein blutrünstiges Universum für sich.

Die Ähnlichkeit zwischen dem Kult der zwangsläufig alleinerziehenden Gottesmutter Isis mit ihrem Horusknaben und der Gottesmutter Maria mit dem Jesuskind ist zu eindeutig, um den Zusammenhang abzustreiten. Dazu war der Isiskult allen offen und verlangte nicht, anderen Göttern abzuschwören, wie es das Christentum aus der jüdischen Tradition übernahm und ebenfalls fordert. Die Christenverfolgung des Domitian bei gleichzeitiger Förderung des Isis-Kultes legt die Vermutung nahe, dass die Heidenchristen ihren Kult nun unter dem Deckmantel der Isis weiterbetrieben.

Erst die sehr spät entstandenen Evangelien des Matthäus und des Lukas enthalten erstmalig Angaben zu Maria, die sich später, wie schon vor ihr Isis, langsam über die *Gottesmutter* zur *Himmelskönigin* entwickelt, denn die zu den

Christen dazustoßenden Heiden vermissen im Christentum eine Göttin. Die spätere Umwandlung der Isisheiligtümer in Marienkirchen ist nach der Etablierung des Christentums zur Staatsreligion unter Theodosius I. (379-395) nur noch der letzte konsequente Schritt.

Was uns in der Indizienkette noch fehlt, ist das Bindeglied zwischen Isiskult und Mithraskult, was die behauptete Vermittlung überhaupt erst wahrscheinlich macht. Das erfordert einen weiteren Griff in die Trickkiste der Mythologie. Die Decius-Mundus-Geschichte weist den Weg:

Isis, Osiris und Horus sind eine ägyptische Göttertriade, mit strikter Aufgabentrennung. Während Osiris und seine Frau Isis als Totengötter fungieren und Osiris Herrscher der Unterwelt ist, beherrscht ihr Sohn Horus die Oberwelt. Die den Totengöttern gewidmete Opferung der Decier beweist den Zusammenhang, denn nach Plutarch (45-125) repräsentiert Horus, als erwachsener Göttersohn der Isis den im Pharao verkörperten Sonnengott.

Dieser Sonnengott ist aber zur damaligen Zeit im römischen Reich gleichzeitig auch mit dem aus dem persischen Raum übernommenen Mithras identisch. Wir finden im Lukas-Evangelium, welches ein Evangelium für Heidenchristen ist in der Geburtsgeschichte Jesu beispielsweise die Hirten auf dem Felde, an welche als erste die Verkündigung der Geburt des Heilandes erfolgte. Der auf jeden Fall ältere Mythos der Geburt des Mithras als Gott, allerdings aus eigener Kraft und aus einem Felsen, enthält ebenfalls die Mitteilung, dass dieses Wunder nur von Hirten beobachtet wurde, die ihm anschließend ebenfalls huldigten.

Was erst freudig als Glaubensbereicherung begrüßt worden sein mag, erweist sich aber später als nicht sehr erwünscht. Die Christen werden davon kaum erbaut gewesen sein, über ihren himmlischen Messias der Liebe plötzlich den kriegerischen Messias Mithras untergeschoben zu bekommen. Da spielen ganz konkrete politische Zwänge mit hinein. Die bisherige Weigerung der Christen für Rom Kriegsdienst zu leisten, die sie aus der jüdischen Tradition übernahmen, ist damit nicht mehr stichhaltig. Siehe auch die Aushebung der anschließend nach Sardinien verschifften Truppen. Bezeichnend ist auch, dass Tarsus, die angebliche Heimatstadt des Paulus (oder vielmehr das zeitweise Fluchtversteck des Magiers?) zu dieser Zeit ebenfalls eine Hochburg des Mithraskultes war.

Nun haben die Christen auch noch eine Gottesmutter, und zu allem Überfluss noch eine jungfräuliche. Alles weist auf die verdächtigen Gleichklänge des Marienkultes zum älteren Isiskult hin, genau wie die der Jesuslegende zum mit dem Osirismythos vermischten Mithrasmythos. Auf alle Fälle ist sicher, dass Maria außer dem Titel der *Gottesmutter* und *Himmelskönigin* von Isis nicht nur deren blauen sternengeschmückten Mantel, den Stern und die Mondsichel erbte, sondern auch deren umgetaufte Kultstätten. Einen direkten Hinweis dazu finden wir über diese Symbolik unvermutet auch in der Offenbarung des Johannes (Offenb. 12,1-3).

Der Kult des Mithras, der über die Parther ins römische Reich einsickerte, begann zur gleichen Zeit den Osiriskult zu überformen und damit zu verdrängen. Es lässt sich aus der langzeitig zunehmend wachsenden offiziellen Würdigung des Mithras zurückschließen: Die Parther betrachteten ihn als Sonnen- und Lichtgott. Die Römer bezeichneten ihn nun als *Sol invictus*, als *unbesiegten Sonnengott*. Noch im 4. Jahrhundert wird der 25. Dezember, der damalige Tag der Wintersonnenwende, als *natalis solis invicti* als der Geburtstag des unbesiegten Sonnengottes als Reichsfeiertag festgelegt. Das ist Mithras, der offiziell als *Das Licht der Welt* bezeichnet wird.

Das lässt man auch Jesus von sich selbst bezeugen (Joh. 8,12): *...Ich bin das Licht der Welt. Wer mir nachfolgt, der wird nicht wandeln in der Finsternis, sondern wird das Licht des Lebens haben.*, was eher auf die Einarbeitung des Mithraskultes in das Christentum hinweist, der sich mit der Zeit stärker durchzusetzen begann als seine ägyptische Parallele.

Auch die Festlegung des Wochenanfangs auf den Sonntag, den Tag des Mithras, erfolgt zu einer Zeit, als das Christentum noch keine Staatsreligion ist, sondern schon unter Aurelian (270-275), als der *dies solis invicti* zum Feiertag erhoben wird. Konstantin bestätigt das nur noch einmal, als er den *dies solis* als arbeitsfreien Tag einführt.

Auch beim jüdischen Kalender beginnt die Woche am *Sonntag*, aber der Feiertag ist der letzte Tag, der Sabbat. Die konstantinische Verfügung ist nur ein Indiz dafür, dass das Christentum schon damals seitens des römischen Imperiums nur aus rein machtpolitischen Erwägungen vom Judentum abgetrennt und zur neuen, nun selbständigen Staatsreligion erhoben wurde.

Dass sich Konstantin als Oberhaupt einer eher dem Mithras, als dem jüdischen Christus dienenden Kirche ansah, ergibt sich nicht nur aus den Berichten des Konzils von Nicäa, sondern auch aus der gleichzeitigen unübersehbaren Übernahme des Gepränges und auch der sonstigen rituellen Utensilien des Mithraskultes bei der Erhebung des Christentums zur römischen Staatsreligion. Selbst Kaiser Konstantin ließ auf unter seiner Herrschaft herausgegebene Münzen als Text noch dieses „*sol invictus*" prägen.

Nehmen wir nun die Fulvia-Geschichte besetzen sie neu und verlagern sie in spätere Zeit, in die Zeit, in der sie geschrieben wird. Fulvia stellt hier keine bestimmte Person dar. Wir können hier die Menschheit, das Volk allgemein setzen. Saturnius ist ihr Mann. Saturnius stand damals für den Staat, genau wie in der Decius-Mundus-Geschichte. Im Saturniustempel in Rom lagerte beispielsweise der römische Staatsschatz.

Der Gesetzesübertreter jüdischer Abstammung wäre ein Mensch gewesen, der sich, in Rom befindet und auf freiem Fuß ist. Nun muss er sich noch drei anderen verbünden, die ihn unterstützen, um die Fulvia zu übertölpeln. Warum er das nicht allein tut, was viel einfacher erscheint, weist auf die Größe des Vorhabens hin. Er gewinnt drei Gleichgesinnte, die ihm helfen. Die Vier übertölpeln nun die Fulvia, indem sie sie zur *Jüdischen Religion* überreden. (Selbst Josephus summierte nach seiner Darstellung zu seiner Zeit das Christentum noch zu den Essenern, der dritte Religionsrichtung des Judentums.)

Es erhebt sich nun die Frage: Was haben die Gauner denn da gemacht? Sie haben die Evangelien geschrieben und sie den Christen untergeschoben, denn erst durch die Erstellung der Evangelien erhält das Christentum seine Grundlagentexte und dazu gleich noch den Marienkult. Die Christuslegende erweist sich über seine Analogien zum Mithraskult auch als allgemein akzeptierbar und somit in der bestehenden religiösen Landschaft als passfähig. Die Täter haben wir nun. Sie sind uns längst bekannt. Ihre Namen lauten: *Johannes, Markus, Matthäus* und *Lukas*. Es sind die Evangelisten.

Josephus weist doch anscheinend unübersehbar auf sie hin. Weil nun keiner außer Johannes davon zu sofort identifizieren ist, und auch die Identität der Übrigen keineswegs stimmen kann, da die Zuteilung der Autorschaften erst später erfolgte, reicht uns das nicht. Suchen wir also weiter. Sehr wichtig ist die Aussage: Sie werden nicht bestraft. Ausbaden müssen es andere. Das verarbeitete Insiderwissen deutet auf mindestens einen jüdischen Augenzeugen.

Der kann Josephus nicht sein, denn er stellt uns doch erst dieses Rätsel und ist auch zu jung, um das Berichtete miterlebt zu haben. Am nächsten liegt nun die Vermutung, dass es Paulus wäre, weil sich Josephus doch auf die *Paulina* bezieht, worunter man die Lehre des Paulus, also das Heidenchristentum, verstehen soll. Was absolut dagegen spricht, ist nicht nur dessen historisch nicht belegbare Existenz, und dass die historische Identität des Paulus tatsächlich *Simon der Magier* war, sondern auch, dass in den Evangelien das fehlt was man zumindest als paulinische Theologie bezeichnen könnte. Stellenweise widerspricht das, was in den Evangelien steht, den paulinischen Apostelbriefen. In der Apostelgeschichte wird Paulus sogar verunglimpft und ihm seine Verdienste ganz gezielt entzogen.

Der Magus, auch wenn er überlebt haben sollte, fällt deshalb aus dem infrage kommenden Personenkreis für die Erarbeitung der Evangelien ganz heraus. Damit ist auch klar, dass keiner seiner Jünger oder Nachfolger etwas damit zu tun haben kann, also auch nicht sein Arzt Lukas oder sein Gehilfe Markus.

Das Einzige, was sich aus dem Begriff der *Paulina* bei Josephus ableiten lässt, bezieht sich auf die bereits am Ende des 1. Jahrhunderts schon christlich geprägte Tradition des Namens Paulus, und dass die um diese Person gesponnenen Legenden nun auf der Grundlage der Evangelien und mit der Ausfertigung der Apostelgeschichte konkretisiert und allgemein bekannt gemacht wurden.

Dieses Unternehmen ist das Werk anderer, deren tatsächliche Namen wir nicht kennen. Das Gaunerquartett der Fulvia-Geschichte aus ganz neutraler Sicht: Ein schriftgelehrter Augenzeuge aus der unmittelbaren Umgebung des

Jesus von Nazareth, der sich nach dem Jahre 70 in Rom befindet. Seine Kumpane: Eventuell die drei Flavierkaiser Vespasian, Titus und Domitian, denn es steht in der Fulvia-Geschichte, dass nur der Anstifter Jude ist. Seine Kumpane demnach nicht. Davon, dass sie bestraft werden steht in der Fulvia-Geschichte auch nichts. Es trifft nur die Juden allgemein. Nur so wären die konkret veranlassten Maßnahmen nachvollziehbar.

Vor allem, dass sie das Geld, welches für den Tempel in Jerusalem bestimmt war, dann selbst verprassen, weist auf diesen Personenkreis hin, denn die Flavier führten damals eine Judensteuer ein, nach der alle bisher für den Tempel in Jerusalem bestimmten Abgaben an sie nach Rom abzuführen waren.

Bisher bestand die Annahme, der Täufer, Jesus und Paulus seien die wichtigsten Personen gewesen, wenn es um die Entstehung des Christentums geht. Der wahre geistige Stratege war aber wohl ein anderer. Er hat die Evangelien im Auftrag der Flavier entworfen und auch betreut. Die eigentliche Arbeit, welche dem ins Leben gerufenem Christentum Dauer sicherte, hat er vollbracht.

Der einzige, der noch in Frage kommt, ist Johannes von Gischala, der ehemalige Jünger Jesu. Er ist als Gefangener in Rom, der einzige, der sich in der entsprechenden Position befinden könnte, das auch alles noch wissen kann, was uns in den Evangelien und der Apostelgeschichte übermittelt wird, und somit auch der, dem man zutrauen könnte, es auch intellektuell bewältigt zu haben. Die wichtigsten Begründer des Christentums heißen nun nach den von mir vorgenommenen Auswertung: *Simon II. (Kephas) – Jochanan von Gischala – Simon Magus.*

Erst auf der Basis der Arbeit dieser Männer vervollständigt dann ab der Mitte des 2. Jahrhunderts die neu entstandene christliche Kirche im Abwehrkampf mit der fast übermächtigen Gnosis ihre Theologie unter dem Namen des Paulus zu der heutigen Fassung über die Apostelbriefe, in denen sie diese festschreibt. Wenn Josephus auch viel nachgesagt werden kann, stimmt diese von mir verfochtene Deutung seines Rätsels, dann distanziert er sich mit den drei Geschichten um das Testimonium als gläubiger Jude von der ganzen Aktion, aus welcher die Erarbeitung der Evangelien des Neuen Testamentes hervorging.

In wieweit Josephus mit der erwähnten Verbannung des Decius Mundus auf die Verbannung des Johannes nach Patmos anspielt, ist nicht mehr zu ermitteln. Sollte das zutreffen, dann müsste es unter Domitian sogar Kreuzigungen im Zusammenhang mit der Erstellung der Evangelien gegeben haben. Unser wichtigster Beifang ist der fast zwingende Beweis, dass es sich bei der Örtlichkeit um Rom handelt, wo die Evangelien nach der Katastrophe des Jahres 70 entstehen, und wer der Augenzeuge ist, dem wir sie verdanken. Dabei hat sich auch ergeben, welche Quellen ursächlich für die neuen Glaubenselemente des Christentums gewesen sein müssen.

Nun erhebt sich die Frage, wie passt denn nun die erste Geschichte, das *Testimonium Christi* dazu. Lesen wir es einfach noch einmal. Steht irgendetwas darin, was man als Christ nicht unbesehen unterschreiben könnte? Der Text enthält allerdings Formulierungen und Behauptungen, die Josephus als orthodoxer Jude damals keineswegs so geschrieben haben kann. Er bezeichnet Jesus als den *Christus* und bezeugt dessen Auferstehung. Zudem taucht der Begriff des *Volkes der Christen* auf, der Josephus fremd gewesen sein muss, denn die Christen waren zu der Zeit für ihn noch eine jüdische Sekte.

Da die Judenchristen noch zu seinen Lebzeiten, und spätestens zehn Jahre nach der Niederschrift der soeben behandelten Texte des Josephus, aus den Synagogen ausgetrieben wurden, also für ihn schon eine zumindest bereits der Häresie verdächtige Gruppierung dargestellt haben müssen, ist ihm als strenggläubigem Juden kaum ein so ehrerbietiger Text über Jesus zuzutrauen.

Dass Jesus nicht der gewesen ist, den uns dieser Text beschreibt, wissen wir. Nicht einmal die Evangelien, sondern nur die Apostelgeschichte und davon ausgehend die Paulusbriefe, also die Kirche des 2. Jahrhunderts, verkündigen ihn uns so, wie es im Testimonium steht. Es ist zu vermuten: Anstelle des jetzigen *testimonium flavianum* hat ursprünglich bei Josephus ein anderer Text gestanden, ein zu den beiden nachfolgenden Texte passender. Dieser Text handelte auch von Jesus, aber in einer nicht so verehrenden, vielleicht sogar, aber nicht zwingend, in einer abwertenden oder verunglimpfenden Form.

Der Beginn der Decius-Mundus-Geschichte weist auf ein Unglück hin, welches die Juden traf und demzufolge in der vorangehenden Geschichte, dem Testimonium, dargestellt sein müsste. Das wäre nach der von mir erarbeiteten Hypothese zu den tatsächlichen Ereignissen so zu deuten, dass Josephus in der ersten Geschichte von der unverhofften Hinrichtung des Jesus von Nazareth durch Pilatus berichtet, auf den die Juden alle ihre Hoffnung gesetzt hatten, dass er sie zumindest nach seiner Auferstehung von der römischen Fremdherrschaft befreit.

Das Testimonium in seiner jetzigen Form ist ganz sicher eine Fälschung späterer Zeit. Diese Fälschung ersetzt aber nur den ursprünglichen Text, der sich zumindest mit der gleichen Problematik befasste. Die ursprünglich dort stehende Notiz war von Anfang an ein offensichtlich von Josephus angepappter Wegweiser, der den damaligen Leser auf die richtige Spur seines Rätsels führen sollte. Weil die späteren frommen Fälscher aber beim Tausch der Texte ehrlicherweise das Thema beibehielten, ging die Hauptinformation für uns zum Glück nicht verloren. Bemerkenswert ist auch die Konstruktion, die Josephus für die Einfügung der drei als literarisch einzustufenden Geschichten in seinem rein historisch berichtenden Text verwendet.

Er bindet die erste an die überlieferte Hinrichtung des Jesus von Nazareth unter Pilatus (was durch die Abfälschung des Testimoniumtextes etwas verdeckt wird) und die letzte an die ebenfalls historisch überlieferten Sanktionen gegen die Juden in Rom:

- Im *testimonium* standen die Fakten zu Jesus.
- In der mittleren Geschichte steht, was sich daraus bis zur Zeit des Josephus entwickelte,
- und in der letzten Geschichte kommt der Hinweis auf den Ort, die Akteure und die zeitliche Einordnung über die veranlassten Maßnahmen.

So etwas schreibt man nicht nieder, wenn man selbst daran beteiligt war. Josephus spielte demnach in der Aktion der Erarbeitung der Evangelien keine Rolle. Mit dieser ganzen Aktion hatte er nichts zu tun. Der arbeitet nach seinem Bericht über den Judäischen Krieg weiter an seinen *Jüdischen Altertümern*, einer Geschichte des Volkes Israel.

Was er darüber denkt, was von anderen auf dem Gebiet des Christenglaubens unternommen und ausgearbeitet wird, steht in den drei Geschichten um sein Testimonium. Er will es uns mitteilen, kann es aber nicht direkt und verschlüsselt es, um sich nicht ungewollt Repressalien auszusetzen, die bei der damals jederzeit wetterwendischen Politik der sich so schnell abwechselnden römischen Kaiser unbedingt zu erwarten waren. Er distanziert sich davon, ohne die Vorgänge direkt zu verurteilen. Aber nur dadurch wissen wir, dass die Erarbeitung der Evangelien von Rom ausgegangen sein muss. Die Indizienlage erlaubte es uns sogar, den geistigen Vater dieser Schriften personell einzugrenzen. Ohne die Texte des Josephus wüssten wir aber gar nichts von diesem Projekt. Wir sind ihm deshalb zu großem Dank verpflichtet.

Eine der weniger bekannten Schriften des Josephus, die von ihm erst spät, nicht vor dem Jahr 102, also noch nach seiner *Vita* herausgegeben wurde (heute unter dem Titel *„Gegen Apion"* bekannt), enthält übrigens ein so umfassendes Bekenntnis des Josephus zu seinem reinen jüdischen Glauben, dass ihm kaum unterstellt werden kann, er habe mit der abtrünnigen jüdischen Sekte der Nazarener, geschweige denn mit dem Heidenchristentum irgendwann überhaupt sympathisiert. Das schließt auch aus, dass er an der Erarbeitung von Texten für diese in seinen Augen ketzerische Sekte der Christen mit ihren terroristischen und umstürzlerischen Zielen mitgearbeitet haben könnte.

Die Rolle der Flavier

Begeben wir uns nun zu dem Punkt, an dem begonnen wurde, die Evangelien niederzuschreiben. Der Aussaat der Sikarier, den militant-religiösen Fanatikern des Judentums, die nach der Niederschlagung ihres Aufstandes in den Jahren ab 70 nun über das ganze römische Reich erfolgte, musste etwas entgegengesetzt werden, um sie zu neutralisieren.

Josephus hatte den beiden Anführern des Judäischen Aufstandes trotz der von ihm gezielt gewählten verunglimpfenden Darstellung mit seinem Kriegsbericht ungewollt ein großes Denkmal gesetzt, welches es aus rein tagespolitischen Gründen wieder niederzureißen galt, denn die nach dem Fall Jerusalems entronnenen Sikarier und Zeloten begannen nun den Ruhm der Taten ihrer Anführer in alle Welt und damit auch zu den Diasporajuden zu verbreiten.

Der bei Ranke-Heinemann stehende Text des *Tacitus,* wie Rom die Beweggründe der Aufständischen beurteilte, weist deutlich darauf hin, wie sich das in den Augen der Zeitzeugen widerspiegelte. Diese Ansicht muss eine offizielle gewesen sein, und dass man etwas dagegen unternehmen musste, damit die Funktion der Gesellschaft gewährleistet blieb, ebenfalls.

Es ging aber nicht darum, die jüdische Religion, auf der das basierte, generell zu bekämpfen. Das hatte nachweisbar zu keiner Zeit Erfolg gehabt. Selbst aus der babylonischen Gefangenschaft heraus war diese Religion wieder neu und sogar umfassender erstanden. Der Gott Jahwe der jüdischen Religion stand spätestens von da an über allen anderen Göttern, Völkern und Herrschern.

Die Auslöschung der jüdischen Staatsgebilde Israel im Jahre 722 v.u.Z. durch die Assyrer und Judäa im Jahre 587 v.u.Z. durch die Babylonier, und die damit jeweils verbundene Wegführung der Bevölkerung bedeutete in den Augen der damaligen Zeit eigentlich die Totalniederlage des Gottes Jahwe, der nun entweder inexistent geworden wäre, oder sich hätte den Göttern Assyriens unterordnen müssen.

Nicht so in der Vorstellung der jüdischen Religionsbewahrer. Erst in der babylonischen Gefangenschaft erlangt nun notgedrungen über die erforderliche Umdeutung der jüdischen Religion durch ihre Priester Jahwe seinen überragenden Status als Gott aller Götter. Indem man die eigene Niederlage als Strafe Jahwes an seinem Volk neu interpretierte und ihn nun neu als über allen Göttern und Herrschern stehend verankerte, wurden die Sieger, und damit auch deren Götter, zu Werkzeugen Jahwes degradiert, was man als einen außerordentlichen Qualitätssprung für diese Religion betrachten muss, welcher aber auch über den daraus zwangsläufig erwachsenden Anspruch des absoluten Vorranges Jahwes bei religiösen Reibereien zu politischen

Problemen und auch zu einer härter gehandhabten jüdischen Glaubenspraxis führen musste.

Auch die Nachfolger Alexanders des Großen bissen sich an dieser Religion vergeblich die Zähne aus. Selbst Pompejus, der nach ihnen die sogenannte syrische Provinz für Rom eroberte, bekam bei aller ihr gegenüber gezeigten Toleranz Ärger mit dieser Religion.

Nach Herodes des Großen Tod gab es einen nur mühsam niedergeschlagenen religiös motivierten Aufstand gegen Rom und auch danach gab es immer wieder solche Erhebungen, die aber kein größeres Ausmaß erreichten, bis im Jahre 66 der Aufstand ausbrach, der das gesamte Gebiet erfasste, was mit der nochmaligen Eroberung Jerusalems durch Rom endete.

Das jüdische Land war nun verwüstet, aber der extrem fanatisch-religiös geprägte Befreiungswille dieser Region, der engstens mit der dort herrschenden Religion verbunden war, ist auch nach dieser endgültigen Niederschlagung des Aufstandes der Jahre 66 bis 74 bei den Überlebenden nach wie vor voll wirksam und überall im Römischen Reich präsent, zumal die meisten Juden bereits vorher in der Diaspora lebten.

Militärisch war dem nicht beizukommen. Es galt deshalb die Aussaat der Sikarier durch eine sanfte Domestizierung in akzeptable Bahnen zu lenken, um die Widerspenstigen wieder in die Gesellschaft zu vereinnahmen, und damit den inneren Frieden zu gewährleisten. Was Fanatismus zu bewirken vermochte, hatte man gerade erlebt. Jerusalem musste dem Erdboden gleich gemacht werden. Der Tempel ist zerstört, aber die erneut in die Diaspora ziehenden Vertriebenen haben trotzdem nicht vor, sich zu ergeben. Im Gegenteil, sie hetzten schlimmer als zuvor. Man brauchte einen schon akzeptierten Pfahl vom gleichen Holz, um den neu aufsprießenden widerspenstigen Judenglauben wie an einem Spalier für Rom in eine staatskonforme Richtung zu ziehen.

Die jüdische Sekte der Christen, die in den letzten Jahrzehnten so viel Zulauf erhielt, bot sich hierfür an, weil dieser Zulauf sich über ein großes Bevölkerungsspektrum erstreckte und vor allem deren leicht beeinflussbare unteren Schichten erfasste, die auf die Arbeit ihrer Hände Angewiesenen, Minderbemittelte, Unterdrückte und auch die Hefe der Bevölkerung, Arme, Kranke, dazu die Sklaven, und seltsamerweise auch die Frauen. Das waren die Bevölkerungsteile, die sich aufgrund ihrer oft geringen Bildung auch sehr schnell fanatisieren ließen.

Diese Religion war für das einfache Volk mit seinen tröstenden Heilsversprechen und dem Verweis auf ein jenseitiges Paradies und die Gottesgerechtigkeit sehr eingängig und hatte schon einmal dadurch eine beruhigende Wirkung auf die Massen ausgeübt. Das war auch nicht verwunderlich, denn sie wurde doch ursprünglich gerade zu diesem Zweck entworfen und eingesetzt. Sobald die ihr zugrunde liegende Lehre aber intellektuell hinterfragt wurde, fehlte ihr die Substanz. Das endlich einmal in Ordnung zu bringen, und gleichzeitig die terroristischen Sikarier ideologisch zu domestizieren, muss den Bestrebungen der römischen Staatsführung zur Befriedung des Reiches entgegengekommen sein. Wer diese Idee zur Neubelebung des Christentums ursprünglich hatte, ist nicht bekannt. Maßgebend für uns sind aber die römischerseits nach dem Ende des Judäischen Krieges veranlassten Dinge zu diesem Problemkreis, weil sie unmittelbar unser Christentum betreffen, und sich am Ende in der Praxis auch durchsetzten.

Statt sich rechtzeitig mit den führenden Schichten des Judentums zu verbünden, um sie nach der Niederschlagung des Aufstandes mit in die Aktionen der erforderlichen Neubelebung und die Herstellung geordneter Verhältnisse einbeziehen zu können, hatte Rom reinen Tisch gemacht. Es fehlen ihm nun die einheimischen Ansprechpartner aus der Region, welche nach den Kämpfen die Selbstheilungskräfte der Besiegten wieder aktivieren könnten.

Jesus von Nazareth, der so gefährliche frühere Ideologe, das Leitbild der Sikarier, musste endgültig zu einem Pazifisten umgedeutet werden, und die letzten Anführer des Aufstandes am besten auch gleich mit dazu. Es ist aber der zweite Versuch. Der erste lief bekanntlich, wie ich nachzuweisen versuchte, tatsächlich unter der Regie des Sanhedrins in Jerusalem der 30er Jahre. Diese Aktion wurde mit der Gründung der Urchristengemeinde eingeleitet und endete für die Judenchristen Palästinas leider als Desaster in der Katastrophe der Jahre des jüdischen Aufstandes gegen Rom, weil die Sikarier diese Organisation als Tarnung benutzten und sich der überwachenden Kontrolle der eigens dazu installierten Jerusalemer Zentrale am Ende entzogen hatten. Übrig geblieben sind eine in die Diaspora gezogene macht- und einflusslose Zentrale der Christen, die sich in Erklärungsnot befindet, und die schon weit über den östlichen Raum des römischen Imperiums verbreitete als Nebeneffekt entstandene und jüdischerseits nur notgedrungen akzeptierte Religionsvariante der Heidenchristen.

Der jüdische Sanhedrin ist als Machtorgan nicht mehr existent. Diese mächtige und aus ganz egoistischen Gründen an der Dämpfung des Sikariertums interessierte Führung der jüdischen Oberschicht, welche sich mit der Fremdherrschaft Roms gut eingerichtet hatte, sie sogar stützte und andererseits auch davon profitierte, gibt es nicht mehr. Auch wenn der Hohe Rat in Javne neu begründet wird, die früher bestehende, historisch gewachsene und von ihm zur Absicherung genutzte Hierarchie mit ihrer auf den Jerusalemer Tempel ausgerichteten Infrastruktur fehlt noch. Das jüdische Staatswesen, welches unter dem Sanhedrin diese Volksbewegung jahrzehntelang bremste, ist zusammengebrochen und muss erst wieder neu errichtet werden.

Rom hatte unbeabsichtigt seine judäischen Bundesgenossen im Kampf gegen den Terrorismus, indem es sie ignorierte, der Wut der Aufständischen ausgeliefert und damit der Vernichtung preisgegeben. Es muss sich nun selbst helfen. Rom hat zwar gesiegt und auch Beute gemacht, hat im Nachgang aber die sich über das gesamte römische Imperium zu den überall wohnenden Diasporajuden aussäende Drachensaat der entkommenen Sikarier auf dem Hals. Wenn es gelingt, den militanten Sikariern die pazifistische Christenreligion unterzuschieben, kann das zu deren Befriedung führen. Daraus muss der Plan zur Ausfertigung entsprechender domestizierender Schriften entstanden sein.

Die nun entstehenden Evangelien sind auch ganz gezielt im Sinne dieser politischen Interessen und Ziele erstellt worden. Ihr Inhalt beweist es. Im Zeitraum ihrer Erarbeitung kann dieser Auftrag aber weder von der Zentrale der Urchristengemeinde, noch einer anderen Christenvereinigung ausgegangen sein. Die Sorgen derer, die dort überlebt haben, sind andere als die zur Wiederherstellung oder Ergänzung der Schriftenbasis für ihre Religion.

Ranke-Heinemann kommt zum Beispiel am Ende ihrer wirklich umfassenden und gründlichen Recherchen in den Texten von Qumran zu dem Ergebnis: *Jesus … rief nicht zum Krieg und auch nicht zum Hass, sondern zur Feindesliebe (auf). Sein Programm war dem von Qumran entgegengesetzt.* Diese Feststellung ist aber angesichts der bei der Ausfertigung der Evangelien der Synoptiker angewandten strategischen Linie der inhaltlichen Textgestaltung nicht mehr haltbar, weil bei der Einarbeitung der legitimierenden Toratexte, wie beim Lukas-Evangelium von ihr selbst nachgewiesen, der Niederschrift der Botschaft Jesu man ihm nicht nur die Lehre des Täufers unterschob, sondern ihm aus dem, was er wirklich in seinem Sinn aus der Tora zitiert haben soll, die verwendeten Texte alle entschärft wurden.

Aus ihnen wurde, wie sie sogar konkret am Einzelbeispiel nachweist, durchgängig gestrichen, was sich auf der kämpferischen essenischen Linie bewegte, und sie wurden auch redaktionell um zusätzliche pazifistische Elemente ergänzt, was sich anhand der Anhänge der Bergpredigt und der Feldpredigt nachweisen lässt.

Man fragt sich, warum Jesus sogar über 40 Jahre später ausgerechnet solche Texte zugeschrieben wurden, die man nachträglich so bearbeiten musste. Die naheliegende Vermutung:

Jesus verwendete diese Texte tatsächlich, und die mündliche Überlieferung seiner Anhänger enthielt das noch. Die Entschärfung erfolgte erst bei der Niederschrift dieser mündlich umlaufenden Legenden. Man hat wohl tatsächlich die von Jesus verbreiteten originalen Kampfaufrufe der Essener verwendet, sie dabei entschärft und nach ihrer weiteren Abfälschung durch die übergestülpte Lehre des Täufers mittels geeigneter Zusätze und Ergänzungen zu einer Friedenslehre und der absoluten Unterwerfung unter die Diktatur der *pax romana* umgearbeitet.

Logischerweise muss Rom als Entstehungsort der Evangelien unbedingt in Betracht gezogen werden. Es ist die Hauptstadt der damaligen westlichen Welt und sieht sich selbst auch als Heimat aller über das Reich verteilten

Religionen. Die wichtigsten Kulte haben ihre Tempel ebenfalls in Rom. Auch die Christensekte hat in Rom ihren Unterschlupf. Es sind die Synagogen der Diasporajuden.

Die Erarbeitung der Evangelien erfolgte tatsächlich in Rom. Josephus war zumindest bekannt, wer daran arbeitete. Er teilt uns auch mit, was er davon hält, und auch von dem, was sie enthalten. Wir haben gerade gesehen, wie stark er es in seinen Texten um das Testimonium verschlüsselt. Damit schließt er aus, dass diese Arbeit in anderen geistigen Zentren erfolgte, wie sie Antiochia oder Alexandria zur damaligen Zeit waren. Josephus distanziert sich ganz konkret davon, aber gerade das ist für uns die Information, die wir haben wollten, denn sie beweist unsere Vermutung, denn er distanziert sich von etwas, was er gekannt haben muss, ihn selbst als Jude betraf, und wovon uns von keinem Anderen etwas überliefert wurde.

Geleitet wurde diese Erarbeitung keineswegs von Josephus, wie es uns beispielsweise Atwill herzuleiten versucht. Er hätte uns sonst nicht dieses Rätsel um das Testimonium in seine *Jüdischen Altertümer* verpackt. Die eigentliche Arbeit machen andere und zwar sehr selbständig und nach einer völlig anderen Methode, als sie Josephus beim Schreiben seiner Werke verwendet. Nicht nur der Stil ist ein anderer, auch die Methode der Abhandlung entspringt aus einer völlig abweichenden Geisteshaltung, als die, aus der Josephus heraus seine Berichte schrieb. Es ist eine von höchster Stelle eingeleitete Aktion, die nun beginnt. Die dabei entstehenden und anschließend verbreiteten Schriften werden sogar als *Evangelien* bezeichnet.

Die damalige Bedeutung dieser Bezeichnung kann gar nicht hoch genug gewertet werden. Josephus berichtet uns beispielsweise, dass im Jahre 69 die Thronbesteigung Vespasians als *Evangelium* gefeiert wurde. Evangelien waren zu dieser Zeit die offiziellen Verlautbarungen des Kaisers und sie wurden auch als solche flächendeckend im ganzen Reich verbreitet, so dass sich der Anteil zumindest der Flavier an dieser Aktion zur Erstellung dieser Schriften auch daraus ergibt.

Was als Sekte in Jerusalem gegründet wurde, und ernsthaft begann, musste weitergeführt werden. Es wird nun von Rom aus versucht. Die Christengemeinden besitzen nach der Katastrophe des Jahres 70 keinen allgemein anerkannten zentralen Anlaufpunkt mehr, was damit auch keine zentrale Führung mehr gewährleistet. Da muss die Entscheidung gefallen sein, ein allgemeines Dokument zu schaffen, welches eine Basis bietet, von der aus man zentral operieren kann. Es ist der erste zaghafte Entwurf, den wir als Markus-Evangelium kennen, ein sehr neutrales Dokument. Als Initiator können wir durchaus Johannes benennen, der nach seiner Gefangennahme in Rom ist.

Unter dem gerade dargelegten Aspekt der Domestizierung der Sikarier unterbreitet er das Vorhaben seinen neuen Herren. Johannes stimmt aber prinzipiell nicht mit dem überein, was die Christen, vor allem deren Heidenfraktion zu dieser Zeit schon vom Judentum trennt und neigt mehr der traditionellen Lehre des Täufers zu. Wie ernst es ihm damit schon immer war, kann aus der Analyse der Apostelgeschichte geschlossen werden.

Er sieht die Chance, auf der Basis der klassischen Reformbestrebungen des Täufers, unter der politisch motivierten Deckung der Flavier, das nun endlich zu bereinigen. Das offizielle Grundkonzept für die Erarbeitung der drei synoptischen Evangelien bestand in der Festschreibung der wichtigsten Grundlagen der christlichen Lehre innerhalb der jüdischen Religion, zu der man sie immer noch zählte, in der Form, wie sie um 70 im Umlauf war, die Pazifizierung ihrer Geschichte und die Einarbeitung einer Unterwerfungslehre, die den Erfordernissen des Römischen Kaiserreiches entsprach.

Um dabei die Autorität der bisherigen Apostel, welche die verschiedensten Varianten des neuen Glaubens verbreitet hatten, und deren Jünger, welche an ihren Wirkungsorten die Deutungshoheit für sich beanspruchten, zu unterlaufen, machte es sich erforderlich, diese Lehre von Grund auf neu aufzubauen. Jesus musste als absoluter Erstverkünder dieser Lehre nachträglich installiert werden, und diese Lehre war auch im erforderlichen Umfang entsprechend zu ergänzen.

Damit war gewährleistet, dass den Christen, die der Lehre in der bereits auszuufern drohenden Form anhingen, die nachträglich eingearbeiteten domestizierenden Bedingungen von übergeordneter Warte untergeschoben werden konnten. Diese Konzeption wird wohl damals kaum in dieser Absolutheit formuliert worden sein. Die Analyse der Synoptikertexte und der Apostelgeschichte offenbaren aber diese ihnen zugrunde liegende Tendenz.

Rom, das sind aber nicht nur die Flavier, und Johannes nicht der einzige Christ in Rom. Einen genauen Überblick zur Organisationsstruktur und der Verbreitung der Christen in Rom zu erstellen, ist bis jetzt noch nicht gelungen. Die Faktenlage ist äußerst kompliziert und die Hinweise über Dokumente und Texte verstreut, die sehr umfangreich sind. Wer wen als was ansieht, ist auch heute manchmal noch eine Frage der Übersetzung.

Auffällig für das Urchristentum ist das stets nachweisbar starke Engagement der Frauen, welche diese Lehre an ihre Kinder weitergeben, was der Ausbreitung dieser Religion sehr entgegenkommt. Dieses Engagement der Frauen ist nicht nur in den Evangelien stark herausgestellt, sondern auch historisch nachweisbar. Schon sehr früh muss das Überengagement gläubiger Frauen manchmal der Kirche zu viel gewesen sein. Die nachträglich spezifizierten und in den Apostelbriefen zu findenden und fast als gängelnd zu bezeichnenden Verhaltensvorschriften für die Frau zielen eindeutig gegen die damit manchmal verbundenen Erleuchtungen und das daraus entspringende als religiös-ekstatische Äußerung zu interpretierende *Zungenreden*. Man musste sich wohl auch gegen die Zungenfertigkeit dieser Frauen eventuell zu oft zur Wehr setzen. Dabei sollte man diesen Einfluss der Frauen nicht abwertend sehen. Ihrem Engagement war vor allem die Friedfertigkeit der

Heidenchristen zuzuschreiben, obwohl es dadurch schon frühzeitig eine recht zänkische Art der Friedfertigkeit gewesen sein muss (Siehe Apg. 6,1).

Auch der Familienclan der Flavier war auf verschiedene Weise mit dem Christentum verflochten. Es geht von Bekennern in hohen Funktionen bis zu Christenverfolgern. Ihre Frauen waren auf alle Fälle christlich engagiert. Nachdem eine gezielte Unterstützung des Ausbaues dieser Lehre zu einer demonstrativ pazifistischen und romtreuen unter Vespasian und Titus erfolgte, kommt der spätere Rückschlag unter Domitian.

Dieser Rückschlag für das Christentum ist höchstwahrscheinlich auf das Wiedererstarken des konservativen auf den Tempelkult orientierten Judentumes zurückzuführen. Gamaliel II., der Sohn des während der Kämpfe in Jerusalem umgekommenen Simon II. (Kephas) und Enkel des Gamaliel I. der Apostelgeschichte, schart gerade zu dieser Zeit das Judentum um sich und ordnet es ebenfalls im Sinne des römischen Staates. Er beginnt es vom Christentum zu trennen. Dass er Verbindung zu Domitian aufnimmt, dessen Unterstützung und auch Genehmigung er dazu braucht, und daraus die Christenverfolgung unter diesem Kaiser entspringt, wird allgemein angenommen. Das setzt aber erst in den Jahren nach 80 ein, denn nach der erneuten Zerstreuung müssen sich die Juden erst wieder sammeln, um sich orientieren zu können.

In der Zwischenzeit läuft das ab, was wir jetzt als eine Konsolidierung des Christentums betrachten können, obwohl es zu anderen Zwecken unternommen wurde. Die Evangelien der Synoptiker und die Apostelgeschichte werden zur Regierungszeit des Vespasian und des Titus geschrieben und wohl auch der Versuch unternommen, sie von Rom aus zu verbreiten. Das bedarf einer Leitung. Dafür kämen vor Ort lebende einflussreiche Christen infrage. Als ersten in den Papstlisten geführte Bischof von Rom, der sich auch historisch nachweisen lässt, kennen wir Clemens I. (88-97), denn die drei vor ihm sind legendär. Petrus (33-67), Linus (67-79) und Anaklet (79-88), diese Vorläufer sind in Rom nicht nachweisbar, was nicht heißt, dass es sie nicht gegeben haben könnte.

Der in Rom hingerichtete Petrus war aller Wahrscheinlichkeit nach nicht der Simon Petrus, der Jünger Jesu. Dieser Petrus war auch nicht der Simon Kephas. Nicht nur nach der Heiligenlegende, sondern auch nach der *Vita* des Josephus muss man aber trotzdem Petrus, den ersten legendären Papst, mit berücksichtigen. Ihm wird zwar das Martyrium unter Nero in Rom zugeschrieben. Nichts weist aber im Neuen Testament darauf hin, dass sich Petrus nach seiner Flucht vor Herodes irgendwann nach Rom begab. Ob es diese Flucht nach Rom überhaupt gab, und was mit Petrus danach geschah, ist dort nicht überliefert.

Der Fischer und Leibwächter Jesu, der nach den Pfingstereignissen des Jahres 30 offensichtlich die Ordnungstruppe der Christen anführte, besaß wohl auch keinerlei Ausbildung, die ihn befähigt hätte, bei der Erarbeitung entsprechender Unterlagen mitzuarbeiten, oder sie selbständig zu entwerfen. Die Annahme, er habe seinem legendären Sekretär und Dolmetscher Markus das Markus-Evangelium diktiert, wäre damit vom Tisch.

Was aber kaum ignoriert werden kann, ist der Hinweis des Josephus in seiner *Vita*, wo er einen weiteren Bruder Simon des Johannes als Delegations- und Verhandlungsführer beim Hohen Rat, und da speziell im Zusammenhang mit Simon Kephas erwähnt. Dieser Simon (Petrus) wird nicht ohne Grund in den Evangelien der Synoptiker so stark herausgestellt, dass ihn nachfolgende Generationen sogar zu einem der Hauptapostel hochstilisiert haben, in dessen Nachfolge sich sogar die Päpste sehen.

Nach Eusebius, der sich auf den Römer Gajus bezieht, verehrte man schon am Ende des 2. Jahrhunderts im Vatikan das Grab des Petrus. Es könnte sich dabei tatsächlich um das Grab des bei Josephus erwähnten zweiten Bruders Simon des Johannes handeln, der durchaus als Begleiter des Johannes mit ihm nach Rom gelangt sein kann, und später dort starb. Was man in diesem Petrusgrab fand wurde auf alle Fälle sicher auf das 1. Jahrhundert datiert. Die in ihm gefundenen textilen Reste werden als kostbar bezeichnet und die zugehörigen Knochenfunde als die eines älteren Mannes aus dem 1. Jahrhundert. Wenn Simon Petrus dort begraben wurde, dann nicht als Märtyrer. Was wirklich an diesen Legenden um Simon Petrus wahr ist, und welches Schicksal ihm beschieden war, wird sich kaum noch klären lassen. Er starb wohl in Rom, aber eher hochverehrt und in Frieden.

Es wird angenommen, dass der nachmalige römische Bischof, bzw. Papst Clemens I. zumindest noch den Magus (Paulus) gekannt haben soll. Zumindest aber die Flavier sind historisch gesichert in die Entwicklung des Christentums verwickelt. Sie sind in der gesellschaftlichen Oberschicht Roms engagiert und sitzen auch in Schlüsselpositionen. Die Hinrichtung des Titus Flavius Clemens (63-95), der mit Flavia Domitilla, einer Nichte des Domitian verheiratet war, gibt uns den Hinweis. Diese Flavia Domitilla, die jüngste (Es gab nacheinander davon drei in der Flavierfamilie: Großmutter, Mutter, Tochter), wird jedenfalls verbannt.

Von allen mir in diesem Zusammenhang untergekommenen sehr widersprüchlichen kargen Informationen scheint mir die des römischen Geschichtsschreibers Cassius Dio am plausibelsten. Er berichtet, dass Domitilla auf eine pontinische Insel vor der Küste Kampaniens verbannt wird, weil man dem Ehepaar (Domitilla und Clemens) Gottlosigkeit vorwirft.

Auch Sueton berichtet, dass damals weitere Personen wegen jüdischen Lebenswandels verurteilt werden. Diese Gottlosigkeit wird von uns in Hinsicht auf die fehlenden Standbilder des unsichtbaren geistigen Gottes der Juden und Christen interpretiert.

Die antiken Gottesauffassungen basierten aber auf anderen Vorstellungen, als sie uns heute meist vermittelt werden. Die Religionsvarianten der namentlich bekannten Götterkulte beruhten auf den überlieferten Mythen dieser Götter, die man gewohnheitsgemäß personifizierte. Das war die Praxis und war mit handgreiflichen Dingen untersetzt, also mit ihrem Geburtsort und legendären Taten, also auch mit deren Abbild. Der Gott der Juden und auch des Christentums basierte aber auf einer philosophischen Basis. Er entsprach eher dem, was die antike Philosophie als theoretische Gottesidee verstand und beinhaltete. Diese abstrakte Gottesidee war aber von Beginn an verdächtig und wurde in der Antike als atheistisch betrachtet. Als Beispiel steht hier schon sehr früh die Anklage gegen Sokrates wegen angeblicher Gottlosigkeit. Die Unterscheidung war durchaus als eine inhaltliche anzusehen und nicht nur visuell begründet, war demnach keineswegs so primitiv interpretierbar, wie uns das heute meist einzureden versucht wird.

Nicht umsonst sorgte Kaiser Konstantin dafür, dass in Palästina die Orte festgelegt wurden, die mit Jesus in Verbindung zu bringen waren, und auch handgreifliches Material herzukam, was angebetet werden konnte. Das ging von den Golgatakreuzen über die Kreuzigungsnägel bis zu Jesu Bekleidung und der Festlegung, an welchen Orten man bestimmte Ereignisse aus dem Leben Jesu verortete, wie beispielsweise seinen Geburtsort, wo er getauft wurde und auch seine Hinrichtungsstätte, damit das Christentum auch von allen als Religion anerkannt werden konnte, die das gewohnheitsmäßig aus ihrem bisherigen heidnischen Glaubensvorstellungen nur so kannten, woraus dann die ganze Wallfahrtbräuche und auch der Reliquienkult des Christentums entstanden.

Das von den Christen aus dem Judentum übernommene Bilderverbot bestand anfangs auf alle Fälle weiter und die bildliche Darstellung des Kruzifixes, des Galgens der Antike, in Verbindung mit Jesus, wurde auch erst darstellungswürdig, als diese Hinrichtungsart aus der Mode kam und abgeschafft wurde. Der offizielle Beschluss zur Darstellung des Jesus am Kreuz geht sogar erst auf das Konzil von Trullanum im Jahre 692 zurück. Bis dahin wurde das Passalamm dargestellt, was im Judentum in gekreuzigter Form erfolgte. Die etwas unverständliche Passage in der Offenbarung des Johannes (Offenb. 5), wo vom Auftritt des *geschlachteten Lammes* die Rede ist, bezieht sich noch direkt auf diesen Brauch der Darstellung, welche die Urchristen mit Jesus verbanden.

Die gerade erwähnte Domitilla, der Frau des Flaviers Clemens, wird mit den Domitilla-Katakomben in Rom in Zusammenhang gebracht. Das sind christliche Grabstätten auf deren damaligem Grundstück. Nach der späteren kirchlichen Überlieferung des Eusebius ist sie Christin gewesen.

Der Flavier Clemens wurde auch lange mit dem ungefähr gleichzeitig amtierenden Bischof Clemens Romanus (Papst Clemens I.) verwechselt. Es kann aber als sicher gelten, dass dieser römische Konsul Titus Flavius Clemens ein christlicher Märtyrer war. Der Versuch, als römischer Konsul das Staatsopfer nicht zu leiten, machte sein Christentum öffentlich, was seinen Sturz nach sich zog.

In Bischof Clemens Romanus (Papst Cemens I.) wird heute sogar ein freigelassener jüdischer Sklave des Flaviers Clemens vermutet. Dabei muss man berücksichtigen, dass so ein Sklave durchaus ein im Jahre 70 mitgefangener höherer Schriftgelehrter oder sogar Priester, bzw. einer der Vorsteher der Christensekte gewesen sein kann. Die Römer der vornehmen Gesellschaft hielten sich zeitweise auch erbeutete griechische Gelehrte als Hauslehrer ihrer Kinder, und man findet zu dieser Zeit auch Sklaven in höheren Positionen des Christentums.

Das passt bezüglich des Clemens auch sehr gut als Parallele zur Biografie des Josephus, der nach seiner Freilassung den Flaviern treu bleibt und sich dann Flavius Josephus nennt. Aus ähnlicher Ursache entsprang wohl auch der Name Clemens für den Bischof, so dass später Herr und Sklave miteinander verwechselt wurden. Das bisher kaum vermutbare Engagement der Flavier in das Evangelienprojekt würde durch die gerade genannten Verbindungen sogar noch gestützt.

Domitian vollzieht nun nach seiner Thronbesteigung eine religiöse Wende, indem er wieder den traditionellen Staatskult fördert. Er ist nie auf seine Kaiserlaufbahn vorbereitet worden. Der plötzliche Tod des Titus bringt ihn auf den Thron. Wie das passierte ist hier nicht wichtig, aber dass er sich gegen Umsturzversuche auch gegenüber seiner Verwandtschaft absichern musste, verständlich, denn er stand bis zur eigenen Machtübernahme hoffnungslos im politischen Schatten seines Übervaters Vespasian und seines Bruders Titus und musste sich erst Respekt verschaffen.

Spätere Zeiten haben gerade Domitian als den nach Nero eifrigsten Christenverfolger bezeichnet. Man ordnet ihm beispielsweise auch die Verfolgung des Apostels Johannes zu. Dass er den verfolgt und verbannt, der das Evangelium des Johannes verfasste, erscheint sehr wahrscheinlich. Wenn ein Kaiser einen zu lebenslangem Kerker verurteilten hohen Kriegsgefangenen seines Vaters verfolgt, dann bedeutet das aber auch, dass sich dieser Mensch wieder auf freiem Fuß befunden haben muss.

Ließ schon Vespasian Johannes frei, wie er es mit Josephus tat? War es eine Amnestie bei der Thronbesteigung des Titus? Hat sich Johannes wieder einmal in seiner unnachahmlichen Art mit einer völlig neuen Strategie seinen Häschern zu entziehen vermocht? Schwört er ab, oder macht er es wie Josephus, der sich bei seinen neuen Herren im Dienst seines Gottes angestellt sieht? Bei der Charakteristik, die uns Josephus von Johannes gibt, wäre das kein Wunder und auch kein Verrat. Gemessen am entschuldigenden Übertrittsgebet des Josephus, könnte diese Handlungsweise auch Johannes bei seinem flexiblen Charakter durchaus nicht verübelt werden.

Die Rückschau zeigt, dass es genügend Personal gab, welches unter den Flaviern an den Evangelien gearbeitet haben könnte. Was dann aber an Texten entsteht, ist doch etwas eigenartig, wenn man die ganze Aktion immer noch als rein religiöse Angelegenheit betrachten will. Im Auftrag der Flavier und unter der Federführung des von ihnen gezielt dazu eingesetzten Johannes beginnt nun die Erarbeitung der Evangelien, indem er wahrscheinlich nach der Erläuterung der schon einmal verwendeten Strategie anhand einer Urfassung der Apostelgeschichte nun das als Markus-Evangelium bekannte Basiskonzept in einer aramäischen Rohfassung erstellt.

Wie ich dazu kam, mich auf Johannes zu versteifen, habe ich bereits bei der Analyse der wahren Mission des Jesus von Nazareth dargelegt. Anhand der Aktivitäten und mit welchen Aufgaben Johannes im Lauf der Jahre betraut wurde, konnten wir über die Schriften des Josephus feststellen, dass Johannes durchaus imstande war, eine solche Aktion durchzuführen. Auch der von Johannes in den Evangelien und der Apostelgeschichte in den Vordergrund gestellte Personenkreis verrät ihn als Autor.

Einzigartig an der Jesus in diesen Schriften nun unterstellten Lehre laut den vier Evangelien ist aber nicht die Verkündigung des Gottesgerichtes über die Welt und auch nicht die Idee des Auferstandenen. Selbst die Lehre vom Jenseits und vom ewigen Leben ist nicht neu. Einzigartig ist nur, dass die Lehre dazu nun eine als unterwürfig zu bezeichnende Demut im Umgang der Menschen untereinander und vor allem der Obrigkeit gegenüber fordert, um dieses Gericht zu überstehen, und Gnade vor Gott zu finden. Jesus, den wir heute als Pazifisten verstehen, der Gewaltlosigkeit, Liebe und Gehorsam Gott und den Menschen gegenüber lehrt, hielt sich nach Aussage der Evangelien sogar selbst nicht daran.

Diese Aufforderung zur Akzeptanz der obrigkeitlichen Gewalt, verbunden mit dem Liebesgebot untereinander beißt sich beispielsweise mit der Schroffheit, mit der Jesus seine Familie von sich weist, der Radikalität, die er von seinen Anhängern fordert, und den Verwünschungen, die er ausstößt. Auch die wichtigsten ihm zuordenbaren Gleichnisse widersprechen dem direkt.

Vor allem passt das nicht zu seiner Mission der unterschwelligen Aufstandsvorbereitung der Juden gegen Rom, die sich aus dem ableiten lässt, was eindeutig das Grundgerüst des auf die Handlung reduzierten Textes der synoptischen Evangelien bildet. Diesen in den Texten auffälligen Aufruf zur Unterwürfigkeit hat weder der Täufer, noch Jesus gelehrt.

Hier muss einfach eine Einflussnahme zu einer gezielt verfälschenden Redaktion der Texte angenommen werden, denn Jesus hat zu Lebzeiten sogar nach Aussage der dieser Lehre nun untergeschobenen Evangelien ganz andere Ziele verfolgt. Jesus ruft jetzt seine Mitmenschen in den Evangelien auf, sich passfähig zur *pax romana* zu verhalten, während er den Aufstand gegen Rom organisiert.

Der Kernpunkt der späteren Lehre, die Erlösung, tritt in den Evangelien der Synoptiker noch gar nicht in Erscheinung. Es ist stellenweise hirnrissig, wie extrem sich sogar die fortlaufenden Texte der Evangelien widersprechen, wenn man sie auf ihren tatsächlichen Informationsgehalt reduziert. Was dann die Kirchenväter in ihrem blinden Glaubenseifer für die Nachwelt daraus zu lesen versuchten und uns mitgeteilt haben, steht erst in den Apostelbriefen, die deshalb als Spätschriften zu den Evangelien angesehen werden müssen.

Unter dem Aspekt, der auf die Domestizierung der Sikarier und Zeloten abzielte, musste man aber zwangsläufig auch deren überliefertes ideologisches Rüstzeug in die Evangelien erst einmal einarbeiten, um es dabei umdeuten zu können. Und man musste die Adressaten auch über die Personalschiene der Evangelien direkt ansprechen, worauf die Benennung der Jünger Jesu als Sikarier und Zeloten abzielte.

Die Stellen aus der Bergpredigt über die Feindesliebe, die zum Feindschaftsverbot abgefälscht sind, die schon selbstmörderischen Ratschläge zur Unterwerfung unter jede Willkür, diese Appelle zur Selbstaufgabe und zum Dienen um jeden Preis muss man nicht als christliche Tugenden ansehen wollen, obwohl das eine bequeme Methode ist, die unbotmäßige Masse im Zaum zu halten.

Das Gebot der Feindesliebe fordert nun zur absoluten und bedingungslosen Selbstaufgabe und Unterwerfung auf. Dieser Text passte aber sehr gut zu einer Religion, wie sie eine Diktatur wie das Römische Reich brauchte. Die ursprüngliche Vorlage der Tora von der Feindesliebe beruft sich zwar auf Moses (3. Mose 19,18). Die betreffenden Passagen der Berg- und der Feldpredigt beschwören nun die *pax romana*, verlangen Unterordnung und sonst nichts. Rom zuerst. Die Passagen der Bergpredigt von der Vergeltung sind aber ganz gezielt eingearbeitete redaktionelle Zusätze.

(Mt. 5,39-41): *...sondern wenn dich jemand auf deine rechte Backe schlägt, dem biete die andere auch dar. Und wenn jemand mit dir rechten will und dir deinen Rock nehmen, dem lass auch den Mantel. Und wenn dich jemand nötigt, eine Meile mitzugehen, so geh mit ihm zwei.*

Dazu gehört auch das Feldpredigtanhängsel (Luk. 6,27-31): *... und wer dir das Deine nimmt, von dem fordere es nicht zurück.*

Dazu gibt es schon viel zu viele unzutreffende Erklärungen. Wenn mich ein Rechtshänder auf die rechte Backe schlägt, dann ist das eine Rückhand, denn er will mich absichtlich verletzen. Diese Art Schlag mit der Rückhand galt schon damals als missachtend und als absichtliche ehrabschneidende Beleidigung, die niemals, und auch damals nicht hingenommen werden sollte.

Damals ist beispielsweise auch das, was man einem Juden niemals nehmen durfte, sein Mantel. Den Mantel mit seinen vier Quasten zu pfänden war damals ausdrücklich verboten. Daran war ein Jude überhaupt erst als solcher zu erkennen. Der Mantel galt auch als sein Schlafsack. Selbst die freiwillige Herausgabe wäre damit unzumutbar gewesen.

Das mit der genötigten Meile ist auch schnell erklärt. Es war das Recht jedes unterwegs befindlichen römischen Soldaten, jeden ihm Begegnenden zu verpflichten, ihm sein Gepäck, oder was er sonst zu transportieren hat, eine Meile zu tragen. Bei der Kreuzigung Jesu erwischte es beispielsweise den zufällig von der Feldarbeit nachhause kommenden Simon von Kyrene. Man lud ihm Jesu Kreuz auf.

Diese speziellen Formulierungen des Bergpredigttextes sind ganz gezielte politischen und Herrschaftsinteressen zuzuordnende, redaktionelle Einschübe und Überarbeitungen bei der Erstellung der Evangelien des Matthäus und dem des Lukas. Im 1. Timotheusbrief, der nach den Evangelien geschrieben worden sein muss, steht dann sogar:

(1. Tim. 2,1-3): *So ermahne ich nun, dass man vor allen Dingen tue Bitte, Gebet, Fürbitte und Danksagung für alle Menschen, für die Könige und für alle Obrigkeit, damit wir ein ruhiges und stilles Leben führen können in aller Frömmigkeit und Ehrbarkeit.*

Das muss im Lichte des staatlichen Kaiserkultes gesehen werden und schließt nun auch den Kaiser mit ein. Der selbstgewählten Abgrenzung der Christen, die bei Titus Flavius Clemens über seine Verweigerung des Staatsopfers zu seinem Sturz und Märtyrertum führte, sollte wohl so entgegengewirkt werden, was aber römischerseits auch noch nicht als ausreichend angesehen wurde, wie die Geschichte beweist.

Man hat auch ganz praktische Dinge in den Evangelien in Ordnung zu bringen versucht. Da ist beispielsweise die Geschichte mit dem Zinsgroschen. Dass ein Christ Steuern zahlt, wenn er es aus dem Munde Jesu verordnet bekommt, ist anzunehmen.

Die Brisanz steckt aber in der Praxis des tatsächlich seit dem Jahre 30 bestehenden neuen Christenglaubens der Juden, dem man nun mit diesen Evangelien römischerseits den Boden entzieht. Die Besitzgemeinschaft dieser Glaubensgruppe bedeutete bis dahin die Besitzlosigkeit des Einzelnen. Wenn der Einzelne nichts besitzt, dann hat er auch nichts zu versteuern. Im Zweifelsfall beruft sich auch die Gemeinschaft darauf, dass ihr nichts gehört, weil allen Christen der Welt das auch gehört, was bei ihnen zu finden ist.

Vespasian führte nämlich nach dem Krieg der Jahre 66-74 die bereits erwähnte Judensteuer ein, deren Zahlung aber die Christen verweigerten. Darin war festgelegt, dass alle Abgaben, die bisher von den Juden an den Tempel von Jerusalem leisten mussten, nun nach Rom abzuliefern waren.

Die Christen, worunter man die Heidenchristen verstehen muss, verweigerten aber die Zahlung dieser Steuer, weil ihre Kollekte an ihre eigene Jerusalemer Zentrale gegangen war, sie aber nicht wussten, dass sie nur in eine Nebenkasse des Hohen Rates einzahlten, die eigentlich auch dem Tempel zustand. Nur das lenkte endlich die Aufmerksamkeit Roms auf die Christen, die man vorher mit zu den Juden zählte.

Das mit dem Zinsgroschen ist nun die Jesus nach über vierzig Jahren noch rechtzeitig in den Mund gelegte Legitimation, dass Christen dem römischen Kaiser Steuern zahlen sollen. Daraus erhellt auch, warum schon die bei Markus (Mk. 12,35-37) gestellte Frage nach dem Davidssohn bei allen Synoptikern auftaucht. Jesus verneint dort auch die bis dahin stets als Voraussetzung genommene Bedingung, dass der Christus, der Messias, aus dem Geschlecht Davids sein müsse. Jeder, auch ein Fremder, ein Heide, könnte nun dieser Messias sein, also auch der Kaiser in Rom. Dabei konnte man sich sogar auf Jesaja (45,1) beziehen.

Die Szene mit dem Zinsgroschen ist wirklich ein gezielt platzierter Werbespot fürs römische Finanzamt, der uns da ins Neue Testament hineingeflickt wurde. Wie geschickt das gemacht wurde, erschließt sich über das Lukas-Evangelium. Dort wird den Heidenchristen noch ein zusätzlicher Hinweis gegeben, was uns in Verbindung mit der Zinsgroschenepisode unvermutet deutlich macht:

Nicht der römische Präfekt, oder der Kaiser, sondern die geldgierigen eigenen einheimischen Steuerpächter sind es, die am Elend der Masse schuld sind. Es ist das *Gleichnis vom ungetreuen Verwalter,* welchem ich hiermit die dritte Deutung zuweise, die wahrscheinlich diesem als authentisches Gleichnis des Verschwörers Jesus anzusehenden Text im heidenchristlichen Lukas-Evangelium seinen Platz sicherte und vor der Tilgung bewahrt hat.

Auch die Einarbeitung des Mithraskultes ist für uns nicht immer genau zu erkennen. Die Grundidee des Mithraskultes vom Erlöser, den der Vatergott zur Rettung der Welt entsendet, kommt angeblich aus der sogenannten *Katastrophenlehre* der Essener, ist aber sicher eine Übernahme aus älterer Zeit und ursprünglich aus dem Heidentum.

Am deutlichsten ist der Hinweis auf den Kult des Mithras an der Metapher vom Stein nachvollziehbar, der in den Evangelien auftaucht. In der Rückprojektion bedeutet das für uns zwar jetzt, dass der Gekreuzigte nun das Fundament unseres Glaubens darstellt:

(Mt. 30,43-44): *... Der Stein, den die Bauleute verworfen haben, ist zum Eckstein geworden ... Und wer auf diesen Stein fällt, der wird zerschellen; auf wen er aber fällt, den wird er zermalmen.*

Dieser Stein findet sich schon in der römischen Soldatenreligion. Mithras war damals der ultimative Zufluchtspunkt des römischen Legionärs, der für sich in dieser Welt keinen festen Bezug zu etwas aufbauen konnte und von der Politik immer umgetrieben sich ständig bewähren musste. Er verschreibt sich also dem Sonnengott, der als Gott aus diesem Stein geboren wurde und ihm als Gegenleistung die Unbesiegbarkeit dieses Steines bieten soll. Diese Allegorie könnte schon als allgemeiner Wunsch der Flavier in die Evangelien eingearbeitet worden sein, was unter Konstantin dann nur noch verfestigt wurde, der bekanntlich auch das Gepränge des Mithraskultes mit in das Christentum übernahm. Zumindest Vespasian und Titus waren Vorläufer der späteren sogenannten Soldatenkaiser.

Für Christen entstand aber daraus plötzlich die Pflicht zum Militärdienst, worüber uns Josephus am Ende der *Fulvia-Geschichte* informiert und was uns Sueton und Tacitus bestätigen. Die Mitra, die Bischofsmütze und er zugehörige Krummstab sind erwiesenermaßen noch Relikte aus dem Mithraskult, und auch Christi passfähige Geburtsfestlegung auf die Wintersonnenwende, dem Tag der Wiedergeburt der Sonne. Der Hahn ist ein Mithrassymbol, die Schlüssel des Petrus, das als Strahlenkranz gedeutete Sonnenkreuz der Monstranzen und auch die Aureole des Heiligenscheines.

Auch der Isiskult muss mit in die Herausbildung des Christentums unter den Flaviern hineingespielt haben, wenn auch vielleicht nur zufällig. Domitian war sich wohl aufgrund des zeitlichen Abstandes vielleicht nicht mehr bewusst, welche politische Sprengkraft seine Vorgänger mit dem Projekt der pazifistischen Überformung des Christentums zu neutralisieren versuchten. Man weiß auch nicht, was Domitian wirklich wollte und tatsächlich veranlasste. Er ist Alleinherrscher. Er befiehlt. Details sind ihm unbequem. Wenn er einen Kult haben will, dann bekommt er ihn. Wer dem Kaiser widerspricht, lebt entweder nicht mehr lange genug, um es bereuen zu können, oder bekommt über die Verbannung zu viel Zeit, es zu bereuen.

Johannes wurde von Domitian nach Patmos verbannt. Wollte Domitian das Christentum nicht mehr, dann brauchte es eine Tarnkappe, welche diesem Kult das Überleben sicherte. Dazu eignete sich wiederum der von ihm favorisierte Isiskult. Das zu klären bedürfte genauerer Untersuchungen. Tatsache ist, dass der Marienkult erst spät und mit der Erstellung der Evangelien nach Markus seinen festen Platz im Christentum bekam, er ständig weiter ausgebaut wurde, und es ihn immer noch gibt. Es ist deshalb durchaus unklar, was auf dem Gebiet des Christentums zur Regierungszeit des Domitian von wem gewünscht oder verdammt wurde, und auch die Gründe bleiben damit im Dunkel.

Ein Konzept tendenzieller Redaktion und pazifistischer Verfälschungen, und auch willkürlicher zusätzlicher Einschübe oder Zusätze, die der damaligen römischen Tagespolitik und dem religiösen Trend geschuldet waren, das ist es, was wir den Flaviern nach dieser Sichtung der Texte zubilligen können, und dass sie es in die Evangelien einarbeiten lassen. Das ist es, was bei der inhaltlichen Beurteilung der Evangelien der Synoptiker zusätzlich beachtet werden muss.

Ein deutliches Beispiel für eine rückwirkende Umdeutung von Fakten ist beispielsweise die Passage bei Lukas, wo der von Pilatus niedergeschlagene samaritanische Aufstand argumentativ zur glaubensmäßigen Disziplinierung eingesetzt und deshalb sogar Jesus rückwirkend zur Beurteilung untergeschoben wird:

(Lk. 13,1-3): *Es kamen aber zu der Zeit einige, die berichteten ihm von den Galiläern, deren Blut Pilatus mit ihren Opfern vermischt hatte. Und Jesus antwortete und sprach zu ihnen: Meint ihr, dass diese Galiläer mehr gesündigt haben als alle anderen Galiläer, weil sie das erlitten haben? Ich sage euch: Nein; sondern wenn ihr nicht Buße tut, werdet ihr alle auch so umkommen.*

Das ist der große Knüppel der römischen Staatsgewalt, der hier aus dem Munde Jesu zu uns spricht. Der Grund, weshalb man diesen Bericht über ein Ereignis, welches nachweisbar erst nach Jesu Kreuzigung geschah, ihm bereits vorher zur Beurteilung vorlegt, liegt in dessen theologisch und ethisch überaus bedeutsamen Aussage, dass man Schuld und Strafe vor Gott nicht im menschlichen Sinne direkt miteinander aufrechnen könne. So trifft manchmal das Unglück den Unschuldigen, und der Verbrecher scheint straflos davonzukommen. Es ist also nicht die Willkür der Herrschenden, sondern die Hand Gottes, die da stets wirkt. Einen schöneren Freibrief für das, was auf Erden jeden Tag passierte, konnte man einer Gewaltherrschaft und Einpersonendiktatur, wie der des römischen Kaisertums wohl kaum ausstellen.

In der Apostelgeschichte fanden wir diese Episode auch (Apg. 8,4-25). Dort wird aber von diesem Aufstand unter der Führung des Magiers Simon in Samarien berichtet, dem Philippus dann die Zielrichtung der essenischen Menschensohnverschwörung im Sinne des Jesus von Nazareth gibt, was anschließend von Simon Petrus (aber wohl eher von Simon Kephas) und Johannes angeblich friedlich in Ordnung gebracht wird. Der große Knüppel der römischen Macht bleibt dort im Interesse des Glaubens und der apostolischen Überzeugungskraft noch im Sack.

Bei Josephus, liest sich das in seinen *Jüdischen Altertümern* so (XVIII,4,1) wie ich es bereits bei der Auswertung der Apostelgeschichte angeführt habe. Die Erwähnung, dass die Jerusalemer Apostelzentrale hier im Auftrag des Hohen Rates bei dieser Sache eventuell mit Pilatus kooperierte, indem sie erst nach einer Militäraktion der Römer und der Hinrichtung der Anführer des Aufstandes die nachfolgende Befriedung ihrer Anhängern übernahm, wäre im Interesse der späteren Glaubensvermittlung nicht förderlich gewesen. Man ließ das 40 Jahre später bei der Niederschrift der Apostelgeschichte lieber weg.

Johannes, der Jünger

Ziehen wir nun eine personelle Bilanz derer, die nach den siebziger Jahren die Ereignisse, welche der Niederschrift der Evangelien zugrunde liegen, aus eigenem Erleben noch zu rekonstruieren vermocht hätten. Vom bekannten und historisch nachweisbaren Ausgangspersonal des gesamten Neuen Testamentes ist im Jahre 70 anscheinend nur noch der Jünger Johannes am Leben und auch in Rom.

Jesus wurde gekreuzigt, ist auferstanden und gen Himmel gefahren. Der Täufer wurde schon unter Herodes geköpft. Der Magier (Paulus) ist in den Wirren der Christenverfolgung Neros verschollen. Simon Petrus befand sich angeblich auch in Rom. Es müsste sich dabei um den zweiten Bruder Simon des Johannes handeln, den Josephus erwähnt, und der eventuell mit Johannes nach Rom gebracht wurde.

Simon Kephas wurde schon während der Kämpfe in Jerusalem umgebracht. Jacobus, erster Bruder des Johannes und zweiter Donnersohn wird von Herodes getötet. Thaddäus wird im Jahre 45 als Aufstandsführer hingerichtet. Thomas ist irgendwo und missioniert, falls es ihn gab, irgendwo auf eigene Faust im Orient. Er kam angeblich bis Indien.

Jakobus der Gerechte fällt einer illegalen Säuberungsaktion der jüdischen Religionsführung zum Opfer. Der immer wieder erwähnte Barnabas der erst zum Magier hielt und dann zu Johannes, verschwindet aus unserer Sicht, nachdem er mit Johannes Zypern erneut missionierte. Er ist der Nationalheilige Zyperns. Den ihm zugeschriebenen Apostelbrief hat er genau so wenig verfasst, wie Johannes oder Petrus die ihnen zugeschriebenen. Die Theologen sind sich da sicher.

Die *Armenpfleger* sind noch tätig. Nach ihrer geistigen Ausrichtung, die wir in den Evangelien verdeckt vorfinden, sind sie diejenigen, welche noch um die Verschwörerfunktion des Jesus wissen und sie auch verfechten. Ihre Jünger sind aber gerade die, welche man mit den Evangelien erreichen will. Es erschließt sich aus der Position, die Johannes in seiner Offenbarung gegen die Nikolaiten, die Anhänger des Nikolaus aus Antiochia in Kleinasien einnimmt (Offenb. 2,15).

Von ihnen selbst käme nur Prochorus noch in die engere Wahl. Man sieht noch heute in ihm den Sekretär des Johannes, dem er sein Evangelium diktierte. Auch wenn er in Ephesus gelebt hat und das dortige Johannesgrab bezeugte, ob, wie und wann er mit Johannes zusammenarbeitete ist unklar. Sicher ist nur, dass die kleinasiatischen Christengemeinden am Ende des 1. Jahrhunderts immer noch von der radikal-revolutionären Ideologie der *Armenpfleger* unterlaufen waren, die wir als Sikarier und Zeloten bezeichnen. Stephanus wurde gesteinigt. Von Nikanor, Timon, Parmenas ist kaum etwas überliefert. Von einem Philippus wissen wir, dass er Anfang der sechziger Jahre mit seinen vier Töchtern, die Prophetinnen waren, in Cäsarea lebte (Apg. 21,8) und dann vor dem Krieg floh. Da handelt es sich aber angeblich um den Jesusjünger Philippus, der aber bei der ungesicherten Faktenlage zur Identität der damals Agierenden auch gleichzeitig dieser so reiselustige aufständische *Armenpfleger* gewesen sein könnte.

Der sonstige namentlich aus den Evangelien bekannte Rest der Jünger Jesu trat nie stärker in Erscheinung. Alle von ihnen überlieferten Legenden verorten sie in den nahen Osten oder Afrika, wo sich ihre Spur verliert, oder das Martyrium ereilt. Ob nun Armenien, Persien, oder Äthiopien bzw., wie von Andreas überliefert, in Griechenland. Sogar Johannes findet man unter ihnen in Kleinasien, obwohl ihn heute manche bereits in der Intrige um die Hinrichtung des Ananias zusammen mit seinem Bruder Jakobus als Opfer des Herodes sehen wollen. Es weist in den Texten aber nichts darauf hin. Er ist auch zu konkret in die späteren Ereignisse der Apostelgeschichte verwickelt. Wir sollten in diesem letzteren Fall lieber dem Tatsachenbericht des Josephus und der jüdischen Überlieferung, als den Legenden Glauben schenken.

Die uns als in den Apostelbriefen so zahlreich benannten Missionsmitarbeiter des Magiers (Paulus) sind angeblich über die damals bekannte Welt verstreut unterwegs. Sie kämmen noch in Betracht. Es spricht aber Entscheidendes gegen diese Annahme. Sie sind historisch nicht greifbar und wurden auch erst später vom Magus rekrutiert. Die Kenntnis der Details zum Jesus der Evangelien können ihnen nicht bekannt gewesen sein. Da immer wieder der Arzt Lukas erwähnt wird, muss man sogar annehmen, dass man aus den Tagebuchaufzeichnungen eines reisenden Arztes, der nicht unbedingt etwas mit den Christen zu tun gehabt haben muss, in Rom die Reiseepisoden der Paulusmission entwickelt hat, falls dieser Arzt nicht eventuell der des Magus war.

Auch die Konkurrenz der reinen Täufermissionare können wir vernachlässigen. Für sie existiert Jesus von Nazareth nicht, und damit auch nicht die um ihn entwickelte und missionierte Lehre.

Ich muss mich an Johannes halten. Es hat mehrere seines Namens gegeben, aber nur den einen in der entscheidenden Zeit der Evangelienerarbeitung in Rom, der auch Blutzeuge Jesu war: Seinen Jünger. Er ist damit aber auch der Letztüberlebende derer, die wir anfangs in der Führung der Christen finden, von dem mehr als nur legendäres überliefert ist. Dass Johannes dieser Überlebende ist, können wir nur aus den uns hinterlassenen Schriften schließen, und weil sich das, was ihn betrifft, alles schlüssig in die Historie einfügt, die sich wiederum auf Josephus stützt, und sie erklärend ergänzt.

Ein neutraler Berichterstatter würde nie diese Nebenfigur und deren unmittelbaren Verwandtschaftskreis in den Berichten so stark herausstellen, und dann auch nicht die Andeutungen von deren entfernter Verwandtschaft mit dem Jesus von Nazareth so verdeckt überliefern. Man muss sogar feststellen, dass sich aus der Zusammenführung der Einzelindizien in den Texten des Neuen Testamentes in Verbindung mit den von Josephus aufgeführten Fakten nicht nur diese Beziehungsstruktur glaubwürdig macht, sondern dass sich daraus auch ein klares Charakterbild des Johannes ergibt, welches bei allen Wendungen, die er in seinem Leben vollziehen musste keine Brüche aufweist, und uns vor allem auf einfache Weise eine Menge Fragen beantwortet, für die es bisher keine Antworten gab.

Geht man davon aus, dass Jesus bei Markus und bei Matthäus den beiden Zebedäussöhnen Johannes und Jakobus tatsächlich bei der Rangelei um die Tischordnung (Mk. 10,38/Mt. 20,22) das Martyrium verheißen hat, dann käme ich in ziemliche Beweisnot, denn es ist einfach zu viel authentisches Material in den Evangelien des Markus und des Johannes verarbeitet, als dass es von einem anderen in dieser Form übermittelt sein könnte, als vom Jünger Johannes. Selbst wenn es sich um die Umarbeitung von hinterlassenen Niederschriften des Johannes handeln würde, wären viele der in den Texten enthaltene Bezüge und deren Verknüpfung innerhalb der Evangelien nicht verständlich, mit denen ich mich später noch eingehender befassen werde.

Zwar finden wir am Ende des Johannes-Evangeliums (Joh. 21,20-23) einen vagen Hinweis Jesu auf das Schicksal des ihm nachfolgenden Lieblingsjüngers, der dann von den *„Brüdern"* dahingehend gedeutet wird: *…Dieser Jünger stirbt nicht…*(bis Jesus wiederkommt!). Aber es beweist uns nichts, denn gerade dieses Kapitel wurde unumstößlich als spätere Ergänzung dieses Evangeliums entlarvt.

Derjenige, der die Evangelien des Markus und des Johannes schrieb, nahm auf alle Fälle auch entscheidenden Einfluss auf die Texte der restlichen Synoptiker, und zwar in einem Sinn, den nur er einbringen konnte, und der sich einerseits aus seiner Augenzeugenschaft ergab und andererseits beweist, dass die, denen er die Fakten für die Synoptiker vorgab, im Bezug auf den Inhalt der tatsächlichen Überlieferungen blind auf ihn vertrauen mussten, weil ihnen gar nichts anderes übrig blieb.

Falls aber, wie anzunehmen ist, Johannes auch das Markus-Evangelium schrieb, dann wäre diese von ihm selbst dort eingefügte Prophezeiung seines Martyriums eine Tarnkappe für ihn gewesen, und man muss sogar annehmen, dass anfangs seine wirkliche Identität in Rom nur sehr wenigen Personen bekannt gewesen sein kann, selbst die, welche am Matthäus- und am Lukas-Evangelium arbeiteten, wohl nicht wussten, wer der in Wirklichkeit war, mit dem sie zusammenarbeiteten, der ihnen die Basistexte und Zusatzinformationen lieferte, die Handlungsgerüste festlegte und anschließend ihre Ergebnisse redigierte.

Das hinderte Johannes aber nicht daran, seine ganze nähere Verwandtschaft in den Evangelien und in der Apostelgeschichte würdigend an exponierter Stelle zu verorten. Ich verweise hier nur auf seinen Vater Zebedäus, seinen Bruder Jakobus, seine Mutter Salome und seinen Bruder

Simon, den uns aber erst Josephus identifiziert, und der für Johannes die Vorlage für die Figur des Simon Petrus der Evangelien und der Apostelgeschichte war.

Dass der Simon Petrus, der Leibwächter Jesu und späteren Kommandeurs der Ordnungstruppe der Urchristen mit Johannes in die Judenchristenmission eingebunden waren, wissen wir aus der Erwähnung des Jerusalemer Personals der urchristlichen Zentrale im Galaterbrief. Dort ist Simon Petrus aber nur eine farblose Person wie die anderen Apostel neben den sogenannten *Säulen*, zu denen neben Kephas und dem Herrenbruder Jakobus aber auch Johannes gehörte.

Was außerdem für meine Hypothese und zu dieser Identität des Simon Petrus spricht, ist der bei allen Synoptikern zu findende Text von der Verklärung Jesu, bei der stets nur das Brüdertrio Johannes, Jakobus Donnersohn und Simon Petrus zugegen ist. Auch vor der Gefangennahme in Gethsemane entfernt sich Jesus mit diesen drei bevorzugten Jüngern von den anderen, bevor er allein weitergeht. Das betrifft auch die Erweckungsszene der Tochter des Jairus (Mk. 5/Lk.8), und bei Lk.22 sind es auch Johannes und Simon Petrus, die das Passamahl im Auftrag Jesu organisieren.

Falls Josephus sich eventuell irrte, als er in der *Vita* Simon als den Bruder des Johannes bezeichnete, dann war dieser Simon aber zumindest ein naher Blutsverwandter des Johannes.

Bei den Synoptikern Markus und Matthäus werden Simon Petrus und Andreas, und auch Johannes und Jakobus als Brüder bezeichnet, aber nur bei Johannes und Jakobus wird Zebedäus als Vater erwähnt. Erst bei Johannes steht dann (Joh. 1,42), dass der Vater des Simon Petrus Johannes hieß. Unter der damaligen lockeren Handhabung der Definitionen verwandtschaftlicher Zuordnung wäre es nicht ausgeschlossen, dass die vier eventuell Stiefbrüder gewesen sind. Zwischen Brüdern und Cousins wurde damals unter den Bedingungen der Polygamie nicht viel Unterschied gemacht, so dass man die Geschwister Jesu zeitweise als seine Cousinen und Cousins auffasste, bzw. als seine Stiefgeschwister aus einer früheren Ehe des Joseph, was aber auch keineswegs ausschloss, dass Joseph mit mehreren Frauen gleichzeitig verheiratet gewesen sein könnte.

Ob aber die bei Matthäus so besondere Herausstellung des Petrus ursprünglich ist, wage ich zu bezweifeln. Die Erteilung der Vollmacht und Übergabe der Schlüssel zum Himmel an Petrus (Mt. 16,19) ist eine zu plumpe Ergänzung. Sie stellt sich noch im gleichen Evangelium (Mt. 18,18) als ursprünglich der Gemeinde übertragene Aufgabe heraus, welche dort anschließend sogar mit einer ausführlichen gleichnishaften Einweisung zur Handhabung versehen ist.

Diese Vorrangstellung resultiert wohl, genau so wie bei Johannes (Joh. 1,42) die Umbenennung des Simon zu Kephas (Fels) eher aus dem späteren Bedürfnis, Petrus, nachdem man ihn posthum zum ersten Papst ernannt hatte, auch in den Evangelien eine bessere Position zu verschaffen. Man muss diese Aufwertung auch im Zusammenhang mit dem ergänzten Ende des Johannes-Evangeliums lesen, in dem Petrus für die Apostelgeschichte aufgebaut wird. Diese Aufwertung kann nur bei der Zusammenstellung des Kanons des Neuen Testamentes erfolgt sein, weil sie sonst sinnlos, weil ohne Motiv wäre.

Obwohl es nach der Abtrennung der Christen vom Judentum Gründe für eine verschleierte Darstellung des *Simon Kephas* in den Texten gab, ich bezweifle, ob es tatsächlich schon Johannes war der uns nun den ihm übergeordneten Simon Kephas und seinen eigenen zweiten Bruder, den Jesusjünger Simon Petrus in der Apostelgeschichte in einer so verzahnten Weise miteinander verwurstete, dass sie sich nur mit Hilfe des Galaterbriefes und der *Vita* des Josephus wieder trennen lassen.

Ob es dieser zweite Bruder des Johannes, Simon, geschafft hat, als Begleiter seines Bruders bis nach Rom zu kommen und dort eine wichtige Rolle im Rahmen des Christentums zu spielen, ist zwar nirgends belegt. Es wäre deshalb anzunehmen, dass er in den Wirren des Judäischen Krieges mit umkam. Die exponierte Stellung, welche Simon Petrus aber in den Evangelien und in der Apostelgeschichte zugeschrieben wird, weist aber eher darauf hin, dass dieser Simon den Redakteuren in Rom von Johannes vorgeschoben als ursprünglicher Augenzeuge für den Inhalt der Evangelien gerade stand, die Johannes dort erarbeiten ließ, was Petrus mindestens in den Augen der ihm zugeordneten Schreiber aufwertete und für ihn anschließend zum Denkmal des ersten Papstes entartete.

Die Funktion des Johannes muss infolge des Kriegsberichtes des Josephus zu bekannt gewesen sein, auch wurde ihm darin die Verantwortung für die unter seiner Führung veranlassten Kriegsereignisse zugeschrieben. Sein nirgendwo im Kriegsbericht erwähnter Bruder Simon war deshalb für die Christen der bessere Gewährsmann für den Inhalt der Evangelien und der Apostelgeschichte, so dass man sich über dessen überdurchschnittliche Präsenz in den Texten nicht zu wundern braucht. Es ist nicht nur die Abservierung des Magiers in der Apostelgeschichte und sein Ersatz durch die Kunstfigur des Paulus oder die nachfolgend hintergründige Demontage dieses zwar als tatkräftig, aber doch widerspenstig und am Ende zum Ketzer erklärten Apostels, welche auf Johannes hinweist. Vor allem ist es die ständig in der Handlung der Apostelgeschichte spürbare Präsenz des Johannes, welche seine Einflussnahme wahrscheinlich macht. Johannes selbst tritt erst mit seinem eigenen Evangelium namentlich ans Licht, nachdem er beschlossen hat Farbe zu bekennen und sich vom Zwang des ihm vorgegebenen geistigen Korsetts für die Synoptiker zu befreien. Sein Evangelium unterscheidet sich dann auch zu denen der Synoptiker wie Feuer und Wasser.

Ein Johannes ist um das Jahr 66 in Ephesus nachweisbar. Er spielt da eine große Rolle, betreut Gemeinden und leitet die Kirchen Kleinasiens.

Ungewöhnlich ist das Schicksal dieses Johannes. Die tradierte Heiligenlegende berichtet, dass ihn Domitian im Jahre 95 als fast Hundertjährigen nach Rom bringen und vor dem Lateinischen Tor in siedendes Öl werfen lässt. Johannes überlebt, hat sich in diesem Bad sogar verjüngt und wird dann auf die Insel Patmos verbannt, wo er im Jahre 96 die Apokalypse niederschreibt.

Da ist unser Johannes, der Jesusjünger, aber erst höchstens 85 Jahre alt. Domitian wird im Jahre 96 ermordet. Anschließend wird Johannes vom nachfolgenden Kaiser Nerva begnadigt und begibt sich nach Ephesus, wo er dann sein Evangelium geschrieben haben soll. Dieses Evangelium schrieb er tatsächlich, aber nicht auf Patmos oder in Ephesus, sondern in Rom. Er musste auch im Jahre 95 nicht den langen Umweg von Ephesus über Rom nach Patmos auf sich nehmen, weil er schon fast 25 Jahre in Rom lebte. Johannes weist sich in seiner Apokalypse nämlich als Kenner der römischen Verhältnisse aus, die man nicht nur nebenbei verinnerlicht.

Zusammenfassung Wikipedia: *Der Verfasser weiß, dass Rom auf sieben Hügeln (Bergen) erbaut worden ist. Er kennt die Zahl von Roms Herrschern genau, sei es seit Cäsar oder Augustus. Er weiß um blutige Verfolgungen von Christen durch Rom. Er kennt Roms Import von Luxusgütern qualitativ genau und weiß, dass dies eine Grundlage von Reichtum bedeutete.* Genaueres dazu finden wir im 18. Kapitel, Verse 1-19 der Offenbarung ausgeführt.

Jemand hat uns da zwei Personen mit dem Namen Johannes vermischt, wie beispielsweise die Apostelgeschichte uns zwei Simoni vermischt, nämlich den Petrus und den Kephas, die beiden *Felsen*, oder wie die Geschichtsschreibung den Papst Clemens zeitweise mit dem römischen Konsul Clemens zusammenwarf.

Auch die Legende der vorgezogenen Verfrachtung des geflohenen Petrus nach Rom, damit er das Martyrium unter Nero erleiden kann, ist für mich so eine Geschichte, die man in Unkenntnis der tatsächlichen Ereignisse und der in sie verwickelten Personen zur Aufwertung des Petrusgrabes im Vatikan brauchte.

Die Existenz eines ca. 15 Jahre älteren Vorläufers unseres Johannes, eines Presbyters, der auch Johannes hieß und in der Nachfolge der ersten urchristlichen Missionstätigkeit in Ephesus zeitweise die Christen führte, und eventuell auch ein Martyrium erlitt, ist durchaus wahrscheinlich. Johannes, der Jünger, der anschließend dessen Identität zugeschrieben bekam, hatte demnach noch fünf Jahre Zeit sich in Ephesus auszuleben. Er stirbt dort im Jahre 101 mit ca. 90 Jahren.

Es muss angenommen werden, dass Domitian einen Johannes aus Ephesus herbeizitierte, um ihn hinrichten zu lassen, und einen anderen Johannes nach Patmos verbannte, der später in dem nur einen Katzensprung entfernt liegendem Ephesus in die Rolle seines Vorgängers schlüpft, denn es sind aus dieser Zeit Querelen mit den Christen speziell aus Rom und gleichzeitig aus Kleinasien überliefert und der Name Johannes war weit verbreitet.

Hier spielte wohl der Zufall eine große Rolle. Domitian hätte den aus Ephesus stammenden und nach Rom zitierten (Presbyter) Johannes keineswegs nach Patmos verbannt, wo er mit Sicherheit auf Sympathisanten rechnen konnte. Für den aus Rom verbannten (Jesusjünger, Zelotenführer und Apostel) Johannes war Patmos allerdings ein zuordenbarer Verbannungsort. Wie sich das später entwickeln würde, konnte Domitian nicht ahnen. Auch ich kann Johannes nur über seine persönliche Charakteristik identifizieren, die sich aus der Folgerichtigkeit und lückenlosen Durchgängigkeit seiner Reaktionen im Bezug auf die Umstände mit denen er jeweils konfrontiert war ergibt.

Dass unser Johannes sich vorkommt, als werde er in siedendes Öl geworfen, wenn der als misstrauisch und grausam bekannte Kaiser ihn plötzlich herbeizitieren lässt, um ihn zu verhören, ist ihm nachzufühlen. Und auch, wie verjüngt Johannes sich fühlt, wenn das Urteil nur Verbannung nach Patmos, statt Kreuzigung heißt.

Das einzige, was aus der kirchlich tradierten Heiligenlegende des Johannes als glaubhaft zu entnehmen ist, bezieht sich auf das Verhör vor Domitian und auch die anschließende Verbannung nach Patmos. Dazwischen liegt die eingeschobene Lebensgeschichte eines anderen Johannes, der tatsächlich in Ephesus gelebt hat und dort im Sinne des Christentums tätig war. Heiligenlegenden sind sehr kritisch zu durchleuchten. Sie enthalten Wahrheiten. Diese Wahrheiten muss man sich aber aus der Legende aussieben. Auch die Evangelien sind weitgehend solche Legenden.

Johannes war ein Machtmensch. Bei Jesu Kreuzigung soll er ca. neunzehn Jahre alt gewesen sein. Ihm ist nichts fremd und er hat auch keinerlei Skrupel. Zur Zeit des Aufstandes, als er gegen Josephus nicht ankommt, aber anschließend sein Schreckensregiment in Jerusalem errichtet, ist er noch keine sechzig Jahre alt. Nirgendwo steht, dass er selbst kämpfte oder tapfer gewesen wäre. Er sucht sich allerdings für seine Elitetruppe nur Leute mit solchen Fähigkeiten und Eigenschaften aus. Er ist der Kopf. Als er gefangen genommen wurde, hatte er bestimmt noch einen Trumpf. Er wäre sonst hingerichtet worden, wenn es nach Josephus und dessen Beurteilung des Johannes gegangen wäre. Aber auch Josephus wurde verschont. Ist auch Johannes geistig übergelaufen? Es hätte ihm nichts genützt.

Was hatte Johannes Titus zu bieten, damit der ihn nach diesem schrecklichen Endkampf um Jerusalem verschont? War es damals die Preisgabe des später nie auffindbaren größeren Teiles des Tempelschatzes, den die Priesterschaft an verschiedenen Orten im Lande verstecken ließen, und dessen geheime Auslagerungsstätten auf der berühmten kupfernen Schatzrolle der Essener verzeichnet sein sollen?

Woher stammten die riesigen Schätze, über welche die Flavier nach diesem Feldzug verfügten. Das lagerte nicht alles im Tempel von Jerusalem. Der 40 Jahre früher gestartete Versuch des Pilatus, den Jerusalemer Tempelschatz für den Bau einer Wasserleitung zu schröpfen, gab den Hohepriestern schon früh Anlass zu seiner teilweisen Aus- und Umlagerung.

Johannes hatte doch im Tempel zu Jerusalem zu allem Zugang und auch Zugriff, demnach auch auf die Liste mit den Verstecken. Nicht umsonst verbarg sich Johannes in den Katakomben Jerusalems, welche die Römer in ihrer Vernichtungswut einfach verschütteten, während sich Simon bar Giora mit seinen Leuten aus der Stadt zu graben versuchte.

Woher stammten die unermesslichen Reichtümer, unter deren Einsatz die Flavier sofort nach diesem Krieg in Rom ihre Bauwut zu befriedigen begannen? Das von ihnen errichtete Kolosseum in Rom war das größte derartige Bauwerk der Antike. Und das alles, nachdem soeben Nero die Staatsfinanzen ruiniert hatte, einen Teil der Stadt Rom niederbrennen, und anschließend einen riesigen Palast auf der gewonnenen Fläche errichten ließ?

Nach Neros Tod ging Vespasian erst nach verlustreichen Kämpfen aus den Wirren des Vierkaiserjahres als militärischer Sieger hervor. Solche Parteienkämpfe um die Macht sind teuer. Mit Sklavenverkauf aus einer Kriegsbeute ist so etwas nicht zu finanzieren. Im Gegenteil, es gab nach solchen Großaktionen wie sie auch der Judäische Krieg darstellte, oft ein Überangebot an Sklaven, welches absatzmäßig zu so starkem Preisverfall führte, dass die Händler keine mehr aufkauften, weil sie sie nicht mehr los bekamen. Es musste dann meist administrativ eingegriffen werden, um die Wiederansiedlung der Überzähligen zu organisieren, was immer mit hohen zusätzlichen Kosten verbunden war. Was die neu eingeführte Judensteuer der Flavier erbrachte, dürfte auch nicht annähernd so umfangreich gewesen sein, wie erhofft.

Johannes ist ein anderer, als ihn uns Josephus zu verkaufen versucht, und auch ein anderer, als der, von dem uns die Evangelien und die Apostelgeschichte erzählen. Er ist ein Pragmatiker. Ein eiskalter Pragmatiker. Und ehrgeizig. Ein Guter ist er nicht. Wenn es sein muss, geht er über Leichen. Er lebt noch, und er lebt in Rom. Ich plädiere deshalb auch aus der Indizienlage stark dafür, dass Johannes entscheidenden Anteil an der Erarbeitung der Evangelien hat. Auch das ihm zugeschriebenen Evangelium hat er selbst verfasst.

Johannes rechnet in den Evangelien und in der Apostelgeschichte zu gezielt mit früheren Gegnern und Konkurrenten ab. Besonders hat er es auf den Magier abgesehen. Wer es bisher immer noch nicht für wahrscheinlich hält dass sich die Erarbeitung der Apostelgeschichte gegen die in den Augen des Johannes ketzerische Tätigkeit des Magiers richtete, der denke beispielsweise daran, auf welche Weise er uns in die Apostelgeschichte eingeführt wird. Die Steinigung des Stephanus endet mit dem Satz (Apg. 8,1): *Saulus aber hatte Gefallen an seinem Tode.*

Diese unbeweisbare Feststellung aus zweiter Hand ist wie ein Hammerschlag. Unter dem von mir herausgearbeitetem Aspekt, dass hier nicht ein

Christ das Martyrium erlitt, sondern ein Sikarierführer hingerichtet wurde, der dem neu entstehenden pazifistischen Christentum mit seinen Bestrebungen zu schaden versuchte, sieht das natürlich ganz anders aus, aber wer das erstmalig liest, weiß das doch nicht.

Es findet sich auch außer an dieser Stelle der Apostelgeschichte nirgends ein Beleg für diese oder eine ähnliche Aussage. Die Apostelgeschichte muss demnach von jemandem geschrieben, bzw. redigiert worden sein, der ein Gegner des Magiers war, denn auch die erste Variante seiner Bekehrung beginnt (Apg. 9,1): *Saulus aber schnaubte noch mit Drohen und Morden gegen die Jünger des Herrn ...,* und das waren bekanntlich die unbelehrbaren essenischen Aufstandsverschwörer, die heutzutage offiziell als Heilige verehrt werden.

Nicht nur Kephas, sondern auch Johannes lehnt die Form der unbegrenzten Erlösungsverkündigung des Magiers ganz prinzipiell ab, weil sie die Ausuferung auf das Heidentum erlaubt, was der Exklusivität des jüdischen Glaubens, der Auserwähltheit und der Verheißung Gottes an Abraham zuwiderläuft.

Der Magier wird auch betreffs seiner Vollmacht herabgestuft. Ganz am Anfang der Apostelgeschichte, als es um die Nachwahl des Ersatzmannes für Judas geht, finden wir eine Definition, wer als Apostel gilt. (Apg. 1,21-22): *So muss nun einer von diesen Männern, die bei uns gewesen sind, die ganze Zeit über, als der Herr Jesus unter uns ein und aus gegangen ist – von der Taufe des Johannes an bis zu dem Tag, an dem er von uns genommen wurde – mit uns Zeuge seiner Auferstehung werden.* Diese Bedingung erfüllt der Magier (Paulus) nicht!

Sogar die auf dem Magier beruhende Kunstfigur Paulus wird in der Apostelgeschichte nie gesondert, und auch nur zweimal in Verbindung mit Barnabas summarisch *Apostel* genannt. Man vergisst, dass nicht Jesus, sondern Kephas, der den Magier in die Führung einschleuste, die Definition untergeschoben wurde, wer als Apostel zu gelten hat, falls es diese Festlegung überhaupt gab. Sicher ist nur, dass sie 40 Jahre danach in der Apostelgeschichte auftaucht, deren inhaltlich paulus-, bzw., magierfeindliche Tendenz indizienmäßig auf Johannes zurückgehen muss.

Was bereits zu Beginn der Missionszeiten für ein Wirrwarr der Anschauungen geherrscht haben muss, kann man aus dem erstem Korintherbrief entnehmen (1. Korr. 1,12): *... der eine sagt: Ich gehöre zu Paulus, der andere: Ich zu Apollos, der Dritte: Ich zu Kephas, der Vierte: Ich zu Christus.* Der dort erwähnte Missionar ist der Apollos von Alexandria, den uns die Apostelgeschichte (Apg. 18,24-25) ganz deutlich als einen Jünger und Missionar der Täufer vorführt, dem man Leute hinterherschickt, um wohl zu verhindern, dass von ihm etwas durcheinander gebracht wird. Der Magier muss aber sogar mit ihm zusammengearbeitet haben, und scheint ihn in der Mission als gleichberechtigt angesehen zu haben (1. Korr. 3,6): *Ich habe gepflanzt, Apollos hat begossen...,* obwohl sie nicht immer einer Meinung und auch beide sehr eigenwillig gewesen sind. (1.Korr. 16,12): *Von Apollos, dem Bruder, aber sollt ihr wissen, dass* *ich ihn oft ermahnt habe, mit den Brüdern zu euch zu kommen; aber es war durchaus nicht sein Wille, jetzt zu kommen; er wird aber kommen, wenn es ihm gelegen sein wird.*

Meine Annahme wird auch hier wieder bestärkt, dass die ganze sogenannte Heidenchristenmission doch eine von Jerusalem aus gesteuerte Aktion gegen die ausgeschwärmten Jesusverschwörer und deren Umtriebe war, die es um jeden Preis irgendwie zu befrieden galt, um Rom nicht zu reizen und zu Gegenmaßnahmen zu zwingen.

Sogar die umbenannte Ersatzfigur des Magiers, Paulus, wird uns in der Apostelgeschichte noch als insgesamt unglaubwürdig vorgeführt. Seine ihm unterstellte Christusvision auf dem Weg nach *Damaskus* bekommen wir in drei sich gegenseitig ausschließenden Varianten serviert: Dort stehen sie nacheinander:

(Apg. 9,3-7) *Paulus sieht Licht und hört Jesu Stimme. Er fällt allein. Die Begleiter hören eine Stimme, sehen aber niemand.* Das zweitemal (Apg. 22,6-9), *sieht er Licht, und hört Jesu Stimme, fällt wieder allein, seine Begleiter sehen diesmal das Licht, hören aber nichts.* Die Variante drei (Apg. 26,12-14) *Alle sehen das Licht, alle stürzen hin, ob auch die anderen außer Paulus die Stimme des himmlischen Jesus hören, bleibt ungewiss.*

Diese sich widersprechenden Berichte sind ganz gezielt zur Herabsetzung der Kunstfigur des Paulus in die Apostelgeschichte eingebaut. Johannes muss demnach auch von der positiven Kunstfigur des Paulus nicht viel gehalten haben.

Auch die Apostelbriefe des Paulus kann es zur Zeit der Ausfertigung der Evangelien noch nicht in der Form gegeben haben, wie sie uns heute vorliegen, weil die Kunstfigur Paulus sonst in der Apostelgeschichte höherwertig dargestellt wäre.

Johannes hatte aber nicht nur mit dem Magier Differenzen. Ihm standen bei seiner Karriere auch noch andere im Wege, was man gar nicht wahrnimmt. Er stand den größten Teil seines Lebens bis zum Aufstand des Jahres 66 im Dienst des Sanhedrins, wie sogar aus seinem Evangelium unter Berücksichtigung der Fakten der Vita des Josephus zurückgeschlossen werden kann (V 189-203) und (Joh. 1,35-39). Erst über den Täufer unter Gamaliel und dann direkt unter Simon II. (Kephas). Trotz seiner früheren Position als Vertrauter des Jesus und seiner offensichtlich auch nach den Pfingstereignissen erhöhten Position im Vorsitz der neu gebildeten Sekte bekommt Johannes gegen Kephas, den Sohn des Sanhedrinfürsten Gamaliel und auch gegen Jakobus, den später hingerichteten Bruder Jesu keine Chance zum Aufstieg. Man könnte sagen, er wäre einfach noch zu jung gewesen, aber Kephas war auch kaum älter als er. Selbst als in der Führung der Urchristenzentrale der Kephas im Amt folgende Herrenbruder Jakobus beseitigt wird, erbt nicht Johannes sondern ein unauffälliger Neffe Jesu den Stuhl des Vorstehers.

Die Dynastie des Hillel ist im Judentum verdienstvoll verankert. Viele Pharisäer kommen aus seiner Schule und auch Johannes hängt der Lehre des

Gamaliel an, der ein Enkel Hillels ist. Es gibt zur Zeit des Johannes noch Nachkommen dieser Pharisäerfamilie in der Diaspora, welche nicht ohne Einfluss sind. Auf die muss Johannes nicht nur Rücksicht nehmen, sondern sich sogar vor ihnen schützen. Sie können ihm sogar jetzt noch gefährlich werden. Die Geschichte und der weitere Lebensweg des Johannes beweisen es, dass sie tatsächlich erneut an Einfluss gewonnen haben, und die Entwicklung des Christentums beeinflussen.

Auch wenn *Simon II. (Kephas) bar Gamaliel* tot ist, dessen Sohn Gamaliel, den die Geschichtsschreibung als Gamaliel II. kennt, hat nicht nur überlebt, er ist uns auch als der bekannt, der das Judentum nach der Katastrophe des Jahres 70 ab den 80er Jahren wieder neu ordnet.

Johannes und Petrus standen im Dienste seines Vaters Kephas, was sich auch aus ihrer Zusammenarbeit ergibt, die ausgehend von der Abendmahlsgeschichte über den Verrat, der gemeinsamen Arbeit in der Gemeinde, das galiläische Engagement der beiden gegen Josephus, bis zur gemeinsamen Beratertätigkeit für den Hohepriester in Jerusalem geht. Johannes mutierte erst dann zu einem der Aufstandsführer, nachdem erst der Hohepriester und dann auch Kephas im belagerten Jerusalem den Idumäern unter Simon bar Giora zum Opfer fielen. Es muss demnach sogar eine persönliche Feindschaft zwischen Gamaliel II. und Johannes angenommen werden, die eine Zusammenarbeit als unzumutbar ausschloss, weil Johannes als in die Ereignisse verstrickte Person nicht eingriff, um Kephas zu retten, was er eventuell gekonnt hätte. Aber auch sonst hätte Johannes gegen diesen Spross einer Dynastie von Religionsführern, wie ihn Gamaliel II. repräsentiert, keine wirkliche Chance gehabt.

Was allerdings beachtet werden muss, ist die Annahme, dass Domitian in der von Gamaliel II. beabsichtigten Restauration und Wiedererrichtung des traditionellen Judentums angesichts der bereits vor dem Judäischen Krieg über das gesamte römische Imperium verstreuten Juden eine größere Chance zur Befriedung seines Reiches gesehen haben muss, als in der über das Christentum und die von Johannes dazu unternommenen Aktivitäten.

Dabei waren die religiösen Bestrebungen des Johannes gar nicht so konträr zu denen des Gamaliel II. Wie aus den Evangelien der Synoptiker klar hervorgeht, beabsichtigte er mit ihrer Hilfe die Christen wieder in die Basisreligion des Judentums zurückzuholen. Der Jesus der Synoptiker orientiert auch nicht ohne Absicht wieder so stark auf das Mosaische Gesetz.

Diese Evangelien mussten aber von Gamaliel II., abgesehen von persönlichen Gründen, im Rahmen seines Gesamtkonzeptes der beabsichtigten Konsolidierung des Judentums als Irrweg und damit als Ketzerei gesehen werden. Der Hauptgrund war wohl, dass diese religionspolitischen Bemühungen des Johannes, denen zumindest anfangs konzeptionell die Domestizierung der Sikarier durch das Christentum zugrunde lag, religionsfremde Elemente aus dem Mithraskult und über den Isiskult den Marienkult enthielten, was jüdischerseits nicht tolerierbar war. Gamaliel II. musste in Glaubensdingen unbedingt einen härteren und vor allem ganz klaren Kurs auf der Linie der ursprünglichen reinen Lehre fahren, um Erfolg zu haben.

Bei der Konsolidierung des Judentums durch Gamaliel II. ging es darum, überhaupt wieder eine zentrale Basis dafür zu schaffen, auf der dann das Judentum neu begründet werden konnte. Erst auf dieser Basis, die aber grade in dieser Zeit nicht mehr bestand, weil sie erst wieder errichtet werden musste, hätte Johannes dann eventuell sein Konzept zur Rückführung der Christen gründen können.

Die Verbannung des Johannes nach Patmos, die generelle Austreibung der Judenchristen aus den Synagogen und auch die damals vorgenommene Ergänzung des Achtzehnbittengebetes der Juden um die Verfluchung der Nazarener und andere Häretiker muss man in diesem Zusammenhang sehen. Das Judentum braucht für seine Wiedererstarkung eine klare und auch streng eingehaltene Linie. Es bekam zu dieser Zeit durch Gamaliel II. tatsächlich eine verbesserte verbindlich fixierte Grundlage. So wurden der alttestamentliche Kanon der Tora und die Fassung des Konsonantentextes der hebräischen Bibel damals in ihre endgültige Form gebracht.

Das sind aber Dinge, welche das Christentum nur noch tangieren. Es entwickelt sich nun eigenständig weiter. Man grenzte sich von da an strikt voneinander ab. Es muss sogar vermutet werden, dass die historisch nachweisbare zeitweilige Präsenz des *Simon II. (Simon Kephas)* in der Führung der Christensekte bisher absichtlich vertuscht wurde, um seinem historischen Ansehen und seinen Verdiensten um das Judentum nicht zu schaden.

Mit dem Ende des ersten Jahrhunderts ist auf religiösem Gebiet keineswegs Ruhe eingetreten. Johannes ist durch die neue Situation nun sogar ziemlich isoliert und plötzlich wieder ganz auf sich selbst zurückgeworfen. Johannes lebt noch. Er ist auch in Rom und keineswegs im Kerker. Josephus würde sonst in seinen in dieser Zeit erstellten Schriften sonst nicht so stark gegen Johannes wettern. Nur aus diesen so stark anklagenden Schriften des Josephus resultiert nämlich, dass man später zeitweise in Jochanan von Gischala sogar den Antichrist gesehen haben will, und ihn zumindest zur gesetzlosen Bestie abstempelte. Wenn ich das bezweifle, was Josephus über ihn schrieb, bedeutet das keineswegs eine Rechtfertigung dessen, was Johannes tatsächlich nachzuweisen gewesen wäre. Dieser Johannes war tatsächlich mit allen Wassern gewaschen, intrigant, skrupellos, unnachgiebig zielstrebig, rücksichtslos und vor allem politisch erfahren, was es ihm ermöglichte, überhaupt zu überleben. Er unterschied sich dabei kaum von seinen Gegenspielern. Es würde uns nur erklären, weshalb man sich bisher weigerte, bestimmte Zusammenhänge und Tatsachen, die mit der Herausbildung des Christentums verbunden waren, zur Kenntnis zu nehmen.

Selbst wenn Johannes den Bericht des Josephus über den Judäischen Krieg gekannt hat, er äußert sich nicht dazu. Es ist unter seiner Würde. Sein

Widerspruch würde Josephus aufwerten. Johannes schweigt dazu. Der Bericht des Josephus bleibt damit eine Behauptung.

Johannes kennt aber anscheinend die Schriften des Josephus. Im ersten Kapitel der Apostelgeschichte erleidet nämlich Judas den gleichen ungewöhnlichen Tod wie ihn Josephus von Catull, auf der letzten Seite des *Judäischen Krieges* berichtet, dem gerade von Vespasian wegen seiner ungerechtfertigten Judenverfolgung abgemahnten Prokurator Libyens. Außerdem weisen die Vorgänge um die **Machtergreifung** und Person des Menachem im aufständischen Jerusalem des Jahres 66, wie sie uns Josephus ebenfalls in diesem Kriegsbericht beschreibt, in ihren Grundzügen eine sehr große Ähnlichkeit mit den Vorgängen der Passionsgeschichte Jesu aller Evangelien auf, dass man fast annehmen muss, dass auch diese Texte als Vorlage für die Berichte der Evangelien dienten.

Auch die starke Rückorientierung des Jesus der Synoptiker auf das Mosaische Gesetz wird über eine Parallele zwischen Moses und Jesus gestützt, wobei von Johannes nicht auf die Tora, sondern auf Josephus zurückgegriffen wurde: Nach 2. Mose 1 befiehlt der Pharao, alle neugeborenen Söhne der Hebräer zu töten, weil er die starke Vermehrung dieser Volksgruppe fürchtet. Josephus begründet diesen Befehl aber anders. Nach seiner Darlegung in den *Jüdischen Altertümern* weissagten die Schriftkundigen damals dem Pharao, dass aus hebräischem Blute ein Knabe geboren werde, der später die Herrschaft der Ägypter vernichten, die Israeliten hingegen mächtig machen werde. Das Matthäus-Evangelium bringt uns nun im 2. Kapitel genau diesen Bericht im Zusammenhang mit Jesus. Dort sind es die Weisen aus dem Morgenland, die zu Herodes kommen um sich nach dem nach ihren astrologischen Berechnungen gerade geborenen neuen messianischen Herrscher zu erkundigen, was Auslöser für den legendären Kindermord des Herodes gewesen sein soll, dem Jesus aber genau wie Moses entging.

Über diese Parallele wird Jesus als der neue Retter in der Tradition des Moses legitimiert und die Gültigkeit des Mosaischen Gesetzes durch Jesus bekräftigt. Es muss also über ihre Schriften durchaus geistige Rückkopplungen zwischen den beiden Rivalen Johannes und Josephus gegeben haben. Dass Johannes später Jesus im Hebräerbrief noch höher als Moses und sogar noch über Abraham verortet, war dann etwas, wozu er sich durch die Umstände ungewollt gezwungen sah, um das zu retten, was ihm wichtig war und dem er sich zuletzt mit seiner ganzen Geisteskraft verschrieben hatte. Johannes und Josephus: Sie lebten demnach zu dieser Zeit beide noch, und auch in Rom.

Das Evangelium nach Johannes

Mit dem sich ausgangs des 1. Jahrhunderts zunehmend konkretisierenden Konsolidierungsprozess des Judentums und der damit verbundenen, sich nun stärker abzeichnenden Zurückweisung der Pläne des Johannes, die Christen wieder mit dem Judentum zu vereinigen, muss dieser sich auch persönlich in die Defensive gedrängt gefühlt haben. Um mit seinen Konzepten nicht isoliert zu werden, braucht er einen Ausweg. Dabei bietet sich ihm das Christentum an, was er ursprünglich ungewollt mit initiierte, und in dem er auch eine maßgebliche Rolle spielt.

Er nutzt nun die noch nicht ganz zu Ende entwickelte Idee des Gottessohnes und baut sie für sich passend endgültig aus, um einen erneuten Anlauf auf die Macht zu starten. Was dabei entsteht ist *Das Evangelium nach Johannes*. Dieses Johannes-Evangelium weicht nicht nur inhaltlich, im Bezug auf das Leben Jesu, sondern vor allem von der geistigen Konzeption her völlig von den Synoptikern ab.

Es steht in seiner jetzigen Endform gleichberechtigt neben den anderen drei, grenzt sich aber deutlich von ihnen in einer Art ab, die man schon von der Anlage her als übergeordnet empfinden soll. Die inhaltlichen Überschneidungen erscheinen uns, obwohl sie sich handlungsmäßig gleichen, nur gering. Als zuletzt erarbeitete Unterlage ist es mit seiner schon einführend aufgesetzten abgehobenen und geheimnisvollen Mystik nichts, was zu einer Religion passt, die von Wanderpredigern auf den Plätzen dem Volk vermittelt werden soll. Dahinter steckt höhere Theologie. Es macht Gott zu einer Sache, die über uns herrscht und uns schützt, was am deutlichsten aus dem Beginn des Anfangskapitels hervorgeht (Joh. 1,1-18). Es ist nun ein Evangelium für Schriftgelehrte. Die Gleichnisflut und auch die der Wunder, mit der uns die Synoptiker überschütten fehlen hier. Sie sind nicht mehr nötig. Das Johannes-Evangelium wendet sich an den gefestigten Gläubigen, der mehr von Gott wissen will. Das ist aber nur so, wenn es durch die erst später daraus entwickelte geistige Brille der paulinischen Verheißungen unseres Glaubens gelesen wird und damit ein großer Irrtum. Wenn man den bombastischen Einleitungstext des ersten Kapitels und das letzte Kapitel dieses Evangeliums nämlich beiseite lässt, dann steht durchaus etwas von dem Menschen Jesus in diesem Evangelium, vielleicht sogar einiges zu viel. Auch von seinen Jüngern steht dort manchmal mehr, als uns lieb sein kann. Das Evangelium führt uns aber an einen Jesus heran, der typisch für die Denkweise des Johannes ist und es scheint über weite Strecken auch von einem Augenzeugen verfasst zu sein, der uns geradezu demonstrativ vermitteln will, dass er Augenzeuge war.

Die Methodik, theologische Schriften unabhängig von dem Umfeld ihrer Entstehungszeit isoliert zu betrachten und auszuwerten, hat auch beim

Johannes-Evangelium zu den verschiedensten Annahmen zu seiner Entstehung geführt, denen man in der Fachliteratur nachgehen kann, ohne dass sich Klarheit über das tatsächliche Geschehen gewinnen ließe. Die ganzen akrobatischen Geisteskonstruktionen der Theologie um den in diesem Evangelium plötzlich auftauchenden *Logos,* dem sich Rudolph Bultmann gleich zu Beginn seiner Erklärung dieses Evangeliums wirklich erschöpfend widmet, haben das aber alles nur weiter verdunkelt und die historisch wichtigen Indizien um die Entstehung dieses Evangeliums verdeckt. Was aber auch von Bultmann als außerhalb aller Wahrscheinlichkeit liegend gar nicht erst in Erwägung gezogen wird, ist die Tatsache, dass in allen Evangelien die Lehre des Täufers, nachdem man sie entschärfte und domestizierend ergänzte, unter dem Namen Jesu verkauft wird, weil sich dann der Jesus des christlichen Glaubens auch für ihn komplett verflüchtigt hätte.

Nachstehen werde ich dieses Evangelium nun vorrangig auf Dinge abklopfen, die mir im Bezug auf den Autor und seine Absichten wichtig erscheinen. Was in diesem Evangelium steht, dient nicht mehr dem Ziel einer Rückführung der Christen unter das Dach des jüdischen Glaubens, wie sie Johannes mittels der synoptischen Evangelien von Jesus betreiben lässt. Das ist jetzt konzeptionell schon eine Stufe weiter, und muss als eine von Johannes erstellte Gegenfassung zu den Synoptikern betrachtet werden, die trotzdem auf ihnen aufbaut und auf das Christentum als Weiterentwicklung des jüdischen Glaubens orientiert. Johannes wendet dabei wiederum eine ganz eigene Strategie an, die auf ein klares Ziel angelegt ist, auf welches aber tatsächlich erst aus seiner Offenbarung zurückgeschlossen werden kann. Auch wenn sich das jetzt als Rätsel liest, es ist nicht nur darstellungsmäßig, sondern auch aus den historischen Fakten heraus nicht anders zu erklären. Es ist ein Anti-Evangelium zu den Synoptikern und gleichzeitig das einzige wirkliche Evangelium im Sinne unseres heutigen Glaubens.

Betrachten wir aber, was uns Johannes schreibt. Das Evangelium heißt zwar *Das Evangelium nach Johannes,* aber es steht nicht dabei, welches Johannes. Auch der Täufer heißt so. Der uns nie namentlich genannte Lieblingsjünger, welcher durch dieses Evangelium geistert, weist aber unmissverständlich auf Johannes, den Jünger Jesu hin. An den Stellen Joh. 19,35 und 21,24 bezeugt dieser Jünger die Wahrheit seines Berichtes. Die Rangelei dieses Zebedäussohnes Johannes aus den Episoden der Synoptiker um den besten Platz bei Tische, seine aufbrausende Art der Vergeltungssucht (Luk. 9,54), als er wegen einer Zurückweisung Feuer legen will, und seinem Konkurrenzdenken (Luk. 9,49), welches keine Parallelmission duldet, machen ihn uns dafür nicht sehr sympathisch (Mk. 9,38). So einem Ehrgeizling wäre andererseits zuzutrauen, dass er uns dieses Evangelium serviert.

Der Lieblingsjünger wird ziemlich oft erwähnt. Er hält seinen Namen aber heraus. Sein Bruder Jakobus wird wohl auch deshalb in diesem Evangelium nicht namentlich erwähnt, dafür hat aber wie schon bei den

Synoptikern der Jünger Simon Petrus eine Vorzugsrolle. Wer sucht, wird noch mehr bei den Synoptikern agierendes Personal vermissen. Dieses Evangelium dient Johannes auch zu anderen Zwecken, als der Vollständigkeit der Berichterstattung. Was uns inhaltlich in diesem Evangelium erwartet, und worauf man bei der Lesung achten muss, lässt sich schon aus der Taufszene ziemlich klar herausarbeiten.

Der mystische Anfang des ersten Kapitels (Joh. 1,1-18), handelt von Johannes dem Täufer, Der Täufer tauft auch bei Johannes. Er bestreitet der Christus zu sein und er ist auch nicht Elia, der Prophet. Er vertritt eine Lehre, aber er will auch hier kein Anführer einer politischen Bewegung sein. Nun kommt Jesus zum Täufer. Der erkennt in ihm sofort Gottes Sohn und bezeugt alles, was bei den Synoptikern noch untergeschobene Mystik ist, als tatsächlich von ihm erlebt. Er sagt sogar, dass ihn Gott persönlich beauftragt, Jesus zu taufen (Joh. 1,33): ... *Auf wen du siehst den Geist herabfahren und auf ihm bleiben, der ist's* ... Der Täufer bekräftigt es uns (Joh. 1,34): *Und ich habe es gesehen und bezeugt: Dieser ist Gottes Sohn.* Das kann man aber schon alles in der Tora bei Samuel lesen (1.Sam. 16,3): ...*dass du mir den salbst, den ich dir nennen werde.* Und (1. Sam. 16,12): ...*Auf, salbe ihn, denn der ist's.* Da salbt Samuel den David zum König. Dort ist das abgeschrieben.

Was man außerdem beachten muss: Die Taufszene des Jesus gibt es bei Johannes gar nicht. Die Taufe wird uns im Evangelium aus zweiter Hand berichtet. Johannes übermittelt uns nur einen Bericht des Täufers von dessen Vision. Da kann alles passiert sein, oder auch gar nichts. Bei Johannes muss man aufpassen, was er schreibt. Es steht nicht immer das da, was wir zu lesen denken. Befremdlich ist auch, dass hier der Täufer seinen lt. Lukas angeblichen Cousin Jesus gar nicht zu kennen scheint.

Die Essener erwarteten damals nicht nur einen Messias, sondern zwei. Den Priestermessias aus dem Hause Aaron und den Königsmessias aus dem Hause David. Der Täufer stammt nach dem Lukas-Evangelium mütterlicherseits aus Aarons Linie. Damit entspricht Jesus dem essenischen Königsmessias aus dem Hause Davids. Als bemerkenswerte Feinheit: Beide stammen nur über die mütterliche Linie aus ihren jeweiligen Geschlechtern, worüber es natürlich keine Nachweise gibt, weil die Abstammungsregister schon damals nur über die männliche Linie geführt wurden.

Das bedeutet aber trotzdem, dass der Täufer den Priestermessias der Essener verkörpert und Jesus deshalb übergeordnet wäre. Der Täufer steht damit über Jesus und Jesus ist der, dem das Martyrium bevorsteht. Das weiß auch der Täufer. Ganz deutlich die dem Täufer untergeschobene Aussage, als er Jesus zu sich kommen sieht (Joh. 1,29): ...*Siehe, das ist Gottes Lamm, das der Welt Sünde trägt.* Wer jetzt nicht an den daraus heranwachsenden Sündenbock denkt (3. Mose 16), der hat es nicht verstanden. Noch im Hebräerbrief (Hebr. 13,11) wird uns Jesus als der uns entsündigende Sündenbock vorgeführt. Auch Johannes, als Evangelist, sieht im Täufer den Priestermessias und in

Jesus den Königsmessias. Und auch für ihn ist dieser zweite für das Martyrium vorgesehen.

Der Täufer setzt am nächsten Tag sogar mit den eben zitierten Worten gezielt zwei seiner Leute auf Jesus an: Johannes, den späteren Lieblingsjünger und Andreas (Joh. 1,35-39). Das ist eine ungeheuerliche Unterstellung, aber sie ist zumindest bei Johannes bewiesen, der nachweisbar im Dienst des Sanhedrins stand, wie sich indizienmäßig zumindest aus der Apostelgeschichte ergibt, und was uns Josephus in seiner *Vita* noch historisch untermauert.

Was uns Johannes mit der Taufszene wirklich verzapft ergibt sich aus der Gegenlesung zur Taufe Jesu bei Matthäus (Mt. 3,14): *Aber Johannes wehrte ihm und sprach: Ich bedarf dessen, dass ich von dir getauft werde, und du kommst zu mir?*

Diese Szene dreht Johannes hier um. Dort betrachtet der Täufer es als unverdiente Ehre, Jesus zu taufen. Hier ist es fast so, als greife der Täufer sich eine Beute. Der Täufer ist bei Johannes damit nicht nur kein Vorreiter Jesu. In Wirklichkeit war er, wie sich aus den Texten noch heute nachweisen lässt, auf der politischen Bühne sogar Jesu Gegenspieler, was uns damit deutlich gemacht wird, ohne dass diese Tatsache Konsequenzen für die Erzählung hätte, die ganz im Sinne der Synoptiker weiterläuft.

Johannes und Andreas, der auch gleich seinen Bruder Simon mitbringt, bleiben nun bei Jesus als Jünger. Jesus benennt diesen Simon angeblich sofort um, nennt ihn hier *Kephas*, Fels, und ordnet ihm hier auch noch einen Vater mit dem Namen Johannes zu.

Bei Markus nennt er den Simon angeblich noch *Petrus*. Dieser Simon heißt aber hier schon vorher *Simon Petrus*. Diese Doppeltaufe aus dem Lateinischen ins Aramäische ist irgendwie verdächtig und resultiert wohl aus der Personenvermischung *Petrus/Kephas* der Apostelgeschichte. Petrus ist in diesem Evangelium übrigens nicht, wie bei den Synoptikern der erste Jünger Jesu. Er ist aber der erste Angeworbene!

Philippus und Nathanael werden nun Jünger. Bemerkenswert ist dabei Nathanaels Ausspruch (Joh. 1,49): ...*Rabbi, du bist Gottes Sohn, du bist der König von Israel!* Das ist für den heutigen Christen ganz klar ein theologisches Glaubensbekenntnis. Nathaniel leistet aber hier in Wirklichkeit einem irdischen König von Israel den Treueschwur. Auch wenn wir es gleich setzen, die Titel eines *Königs von Israel* und eines *Königs von Juda* waren zwei verschiedene Titel, wie aus der Geschichte und der Tora ganz klar hervorgeht. Johannes stellt hier etwas heraus, was bisher kaum näher untersucht wurde. Jesus wird uns hier als König von *Israel* eingesetzt, aber am Ende von Pilatus als König von *Juda* gekreuzigt.

Jesus spricht nun erstmals vom Menschensohn, über dem die Jünger den Himmel offen sehen werden samt den Engeln Gottes, die hinauf und hinab fahren. Er bekräftigt damit, dass seine Mission tatsächlich religiös gestützt ist. Das bezeugt in der Apostelgeschichte auch Stephanus, was dort der Grund dafür ist, ihn offiziell zu steinigen (Apg. 7,56). Jesu eigentliche Mission als

Aufstandsverschwörer wird uns damit auch hier bekanntgegeben. Er rekrutiert nun alle seine Jünger aus einem sehr eng begrenzten Gebiet Galiläas, aus Bethsaida. Sie kennen sich gegenseitig und holen ihre Freunde und Bekannten nach. Wir haben nun: Johannes, Andreas, Simon (Kephas/Petrus), Philippus, Nathanael. Es sind fünf. Von mehr Jüngern spricht Johannes erst später (Joh. 6,70). Da erwähnt er die Zwölfzahl in Verbindung mit Judas, dem Sohn des Iskariot. Jakobus muss demzufolge auch vorhanden sein, denn er gehört zu den Zwölfen. Auch Thomas, der Zwilling taucht erst spät auf (Joh. 11,16).

Dieses Evangelium ist das, welches zuletzt geschrieben wurde, enthält aber keine Geburtsgeschichte Jesu. Auch das ganze Brimborium um die Jungfrauengeburt der Maria lässt Johannes aus. Kein Abstammungsnachweis Jesu in der Form eines Stammbaumes. Wir werden aber doch über den Status des Jesus informiert, und zwar im ersten Kapitel bei der Anwerbung der Jünger, wo es ganz schnell überlesen wird. Philippus sagt da zu Nathanael (Joh. 1,45): *...Wir haben den gefunden, von dem Mose im Gesetz und die Propheten geschrieben haben, Jesus, Josephs Sohn, aus Nazareth.*

Dass Jesus unabhängig von Dingen, die uns entweder verschwiegen werden oder ihm nachgeredet wurden, als Josephs Sohn galt, ist demnach sicher. Ob Jesus aber wirklich aus Nazareth stammte, bleibt offen. Das Wortspiel zwischen den verwendeten Begriffen *Nazareth, Nasiräer* und *Nazarener*, was jeweils etwas anderes bedeutet, legt das nahe. Wenn aber Philippus in Bethsaida den Vater des Jesus als aus Nazareth stammend bezeichnet, dann meint er, dass Jesus aus einer zugezogenen Familie stammt, die nun in Bethsaida ansässig ist, welche sie alle kennen.

Es wird demnach bei der Familie Jesu mit der Erwähnung Nazareths auf den Status der Zugezogenen hingewiesen. Damit ist die besondere Kennzeichnung Jesu besser zu verstehen als sie uns die bisherigen Deutungsversuche bieten.

Nun finden wir Jesus mit seiner Mutter und mit seinen Jüngern auf der Hochzeit zu Kana. Das liegt allerdings in Galiläa, in der Nähe von Nazareth und in seinem späteren Hauptmissionsgebiet. (Joh. 2,1-11): Jesus verwandelt Wasser in Wein. Er ist bei dieser Gelegenheit zu seiner Mutter ziemlich grob. Die uns als Gottesmutter angediente Jungfrau Maria aus den Evangelien des Matthäus und des Lukas kann das kaum sein. Es ist frustrierend, die Muttergottes der beiden Synoptiker Matthäus und Lukas, bei dieser Gelegenheit so abfällig von ihrem Sohn behandelt zu sehen.

Diese Hochzeit zu Kana, wurde als die Hochzeit des Jesus, möglicherweise mit Maria Magdalena gedeutet. Das kann sie durchaus gewesen sein, auch wenn da ganz deutlich abwehrend steht, dass Jesus, seine Mutter und seine Jünger nur als Gäste geladen sind. Die rigorose Forderung der Mutter an Jesus, den Gästen mehr Wein zur Verfügung zu stellen und der Vorwurf des Speisemeisters an den namenlosen Bräutigam sagen etwas anderes aus.

Das von Jesus vollbrachte Weinwunder und die Totenerweckung des Lazarus sind übrigens die einzigen Wunder dieses Evangeliums, welche uns nicht erklärt werden. Alle anderen Wunder, die in diesem Evangelium auftauchen, werden bagatellisiert, erklärt, lassen sich medizinisch oder psychisch erklären, oder sind offensichtliche Sinnestäuschungen. Johannes bekräftigt auch die Wahrheit des Berichteten. Er meint auch, was er sagt, und er hält sich daran, so schwer es ihm manchmal gefallen sein mag.

Das Weinwunder ist ein sehr starkes Indiz für das Insiderwissen des Autors des Johannes-Evangeliums. Weder weiß man wieso es überliefert ist, noch zu welchem religiösem Zweck die Verwandlung von Wasser in Wein diente. Das sieht wie ein billiger Taschenspielertrick und sehr nach Effekthascherei aus. Bei dem geistigen Niveau, welches dieses Evangelium für sich beansprucht, wirkt dieses unerklärte und sinnlose Wunder auf den Leser, als beiße er plötzlich auf einen Stein.

Um dieses Weinwunder zu erklären, mussten wir fast 2000 Jahre warten. Hier nun ein Zitat, ein Text aus Wikipedia, der freien Internet-Enzyklopädie, und zwar aus einem ziemlich neuen Artikel über den Judäischen Krieg der Jahre 66-70, der bestimmt nicht dazu geschrieben wurde, um die Verschwörermission des Jesus von Nazareth zu untermauern:

Israelische Archäologen haben bei einer Ausgrabung ... bei <u>Kfar Kana in Untergaliläa</u> jüngst ein System von Katakomben entdeckt, das darauf schließen lässt, dass der Aufstand nicht spontan, sondern geplant und vorbereitet erfolgte ... die nördlich von Nazareth gelegenen Tunnel und Gewölbe, die sich direkt unter den Wohngebäuden befanden und von außen nicht sichtbar waren ... gelten als 2000 Jahre alt und boten im Notfall Schutz für größere Gruppen. In einer der Höhlen fanden die Archäologen elf große Vorratsgefäße.

Dazu der Text des Evangeliums (Joh. 2,1-5): *Und am dritten Tage war eine Hochzeit in <u>Kana in Galiläa</u>, und die Mutter Jesu war da. Jesu und seine Jünger waren auch zur Hochzeit geladen. Und als der Wein ausging, spricht die Mutter Jesu zu ihm: Sie haben keinen Wein mehr. Jesus spricht zu ihr: Was geht's dich an, was ich tue? Meine Stunde ist noch nicht gekommen. Seine Mutter spricht zu den Dienern: Was er euch sagt, das tut.*

Jesu Mutter wusste demnach um die dort lagernden und für den Aufstand gesammelten Vorräte. Wenn Jesus also kein Aufsehen gebrauchen kann, und sie ihm die Diener auf den Hals hetzt, bleibt ihm nichts weiter übrig, als diese Vorräte herauszugeben, um seine Hochzeitsgäste zu bewirten.

Johannes beschreibt uns in seinem Evangelium das, was er selbst erlebt hat. Er beschreibt uns den Jesus als den Menschen, der tatsächlich gelebt, und den er persönlich sehr gut gekannt haben muss. Alles, was aber den Glauben betrifft, berichtet er uns dazu in seinem Evangelium als die Entwicklung der geistigen Dimension dieses Menschen.

Jesus wird uns auch in diesem Evangelium, wie schon in den Evangelien der Synoptiker, ein an den Theorien der Essener hängender Missionar vorgestellt. Er reinigt nun den Tempel in Jerusalem. (Joh. 2,13-17). Man stellt Jesus zur Rede und fordert ein Zeichen seiner Vollmacht von ihm. Er behauptet nun, dass er den Tempel in drei Tagen wieder aufrichten wollte, wenn sie, die Zeichenforderer, ihm den jetzt gleich niederreißen würden. Es wird ihm bestritten (Joh. 2,20), aber er antwortet den Streithähnen nicht, weil sie es in ihrer fanatischen Arroganz nicht begreifen wollen, und ihm auch nicht zugehört haben, wie der Text beweist.

Der von irgendwem offensichtlich später eingefügte mystische Text der Verse 21-25 von der paulinisch verblendeten Auferstehung, verwirrt eher, als dass er aufklärt. Jesus betreibt hier in Wirklichkeit ein Kinderspiel mit den zeichenwütigen Fanatikern: Das Kind will unbedingt die Sterne vom Himmel. Man sagt: *Bring mir eine Leiter, die lang genug ist, dann steige ich hinauf und pflücke sie dir.* Nun ist endlich klar, warum die Zeugen Jesus bei Matthäus vorwerfen (Mt. 26,61): *...Er hat gesagt: Ich kann den Tempel Gottes abbrechen und in drei Tagen aufbauen.*

Das sind dann die Feinheiten, an denen manchmal das Leben hängt: Das gerade hat Jesus eben nicht gesagt. Jesus meint: Wenn er ein Zeichen für seine Gottesvollmacht geben müsste, dann entspräche das in seiner Bedeutung dem Wiederaufbau des Tempels innerhalb von drei Tagen, was eine Unmöglichkeit ist. Jesus weiß, dass das einem Gottesbeweis entspräche, der aber gleichzeitig Gott auf das Niveau derer herab zerrt, die nicht glauben. Religion lebt aber vom Glauben und nicht vom Wissen. Dieses Johannes-Evangelium kann gar nicht genau genug gelesen werden. Johannes meint es im Gegensatz zu den Synoptikern, wo er es noch als diplomatisches Spiel betrachtet haben muss, trotz aller souverän wirkenden Flüssigkeit des Textes, nun bitter ernst mit dem was er schreibt.

Das dritte Kapitel bis Vers 21 wirkt im ersten Moment wie reine theologische Mystik. Es sieht ganz danach aus, als werde hier dem ehrwürdigen Schriftgelehrten Nikodemus von Jesus die Lehre vom Menschensohn beigebracht. Nikodemus wird in dieser Szene aber in Wirklichkeit davon informiert, dass Jesus nicht gegen den jüdischen Glauben und seine Institutionen antritt, sondern nur auf der irdischen Ebene gegen die Fremdherrschaft. Genau genommen wirbt Jesus hier, wie bereits dargelegt, um die Gunst der pharisäischen Partei. Er will zumindest, dass sie ihn tolerieren sollen, wenn sie sich ihm schon nicht anschließen wollen. Es ist eine geheime Verhandlung, denn Nikodemus kommt nachts zu Jesus. Es wird uns aber auch gleichzeitig mitgeteilt, dass die Initiative von der pharisäischen Seite ausgegangen sein muss, die hier konspirativ Verbindung zu Jesus aufnimmt, genauere Informationen bekommen will und einen politischen Kompromiss sucht.

Die Szene wechselt. Jesus ist mit seinen Jüngern unterwegs und der Täufer auch. Beide taufen in unmittelbarer Nachbarschaft. Es ist das einzige Mal, wo bezeugt ist, dass auch Jesus tauft (Joh. 3,22). Die Jünger des Täufers petzen es ihrem Herrn. Der bricht in eine Verherrlichung Jesu aus, statt etwas gegen diese Konkurrenz zu unternehmen. (Joh. 3,29-30): ... *Diese meine Freude ist nun erfüllt. Er muss wachsen, ich aber muss abnehmen.* Und (Joh. 3,36): *Wer an den Sohn glaubt, hat das ewige Leben...* Diese Verse Joh. 3,29-36 sind bestimmt nicht vom Täufer, der sonst immer so wettert, obwohl auch in diesem Evangelium der religiöse Text aus seiner Lehre entnommen wurde.

Es gibt aber eine einfache Erklärung für diese so unmotivierte Lobrede des Täufers, die wir vergeblich bei den Synoptikern suchen, und der zum Zeitpunkt der Abfassung dieses Textes schon mindestens 50 Jahre tot ist. Es ist eine zusätzliche Verankerung des johanneischen Jesus durch den Täufer. Was in Wirklichkeit eine Rivalität war, wird damit zu einem Nacheinander im Geiste erklärt. Es ist eine nachträglich untergeschobene Bestätigung für das Gedankengebäude des Johannes-Evangeliums, auf dessen Spitze dann der Gottessohn und Pantokrator Jesus Christus steht.

Im 4. Kapitel wird nämlich erst einmal in einem gekennzeichneten Einschub richtig gestellt, dass nicht Jesus tauft, sondern seine Jünger. Warum? Ist seine Organisation schon so groß? Leitet er sie nur noch? Jesus verlässt Judäa, weil er, und das ist seltsam: ...*mehr zu Jüngern macht und tauft als Johannes.* Ist man deshalb hinter ihm her? Warum? Warum nicht hinter dem Täufer? Jesus predigt demnach etwas anderes als der Täufer. Das passt absolut nicht mit dem zusammen, dass der Täufer Jesus angeblich vorangeht, um ihn zu verkündigen.

Jesus geht nun von Judäa nach Galiläa und muss durch Samaria ziehen. Es wird erklärt, dass Juden und Samariter sich gegeneinander abgrenzen. Jesus begeht nun einen zusätzlichen und sogar doppelten Eklat. Er spricht am Brunnen Jakobs eine Samariterin an, bittet sie, ihm Wasser zu schöpfen.

Ich muss jetzt einschieben, dass das eindeutig die Frau aus dem konstruierten Beispiel der Sadduzäer ist, welches Jesus als unlösbarer Fall für eine geordnetes Familienleben nach der Auferstehung bei Lukas (Luk. 20,27-33), bei Markus und auch bei Matthäus zur Lösung vorgelegt wird um ihn zu blamieren. Der textliche Aufwand dieser verdeckten Wiederholung der Geschichte der Synoptiker zur Auferstehung bleibt aber unverständlich, weil am Ende nichts erklärt wird.

Es geht weiter (Joh. 4,43): *Aber nach zwei Tagen ging er von dort weiter nach Galiläa. Denn er selber, Jesus, bezeugte, dass ein Prophet daheim nichts gilt.* Das begreife nun, wer will. Ist das hier ein Hinweis darauf, Jesu Herkunft habe samaritanische Wurzeln, und gleichzeitig das Bekenntnis des Autors, ihn deshalb als Jude von zweifelhafter Herkunft nicht zu akzeptieren, denn er heilt doch dort anschließend den todkranken Sohn des königlichen Beamten in Kapernaum.

Das ist nach Kana das zweite Wunder Jesu in Galiläa, wo er angeblich nichts gilt, weil er doch da nach Aussage der Synoptiker zuhause sein müsste. Dieses Wunder ist medizinischer Art und für uns deshalb auch nicht spektakulär. Sonst hat Jesus noch keine weiteren Wunder bewirkt, weder in Judäa, noch in Samaria.

Das 5. Kapitel beginnt mit der Heilung eines Kranken in Jerusalem. Jesus heilt da ein psychosomatisches Leiden. Das wird noch heutzutage in der Psychotherapie in ähnlicher Art praktiziert und es hat nichts mit höherer Gewalt zu tun, höchstens mit suggestiv überzeugend durchgeführtem Ritual in Verbindung mit gezielt gewollter Selbstsuggestion. Er ist nach dieser Heilung, die an einem Sabbat erfolgt, demnach wieder nach Judäa zurückgekehrt. Es endet (Joh. 5,18): *Darum trachteten die Juden noch viel mehr danach, ihn zu töten, weil er nicht allein den Sabbat brach, sondern auch sagte, Gott sei sein Vater und machte sich selbst Gott gleich.*

Da haben wir auch *die Juden*. Bei den Synoptikern ist es das Natterngezücht der Pharisäer, Sadduzäer und sonstigen Schriftgelehrten, die Jesus im Genick sitzen. Hier sind es in Bausch und Bogen die Juden. Alle. Es steht nun einmal so da, obwohl es nicht stimmt. Das Volk läuft ihm doch nach. Das sind auch Juden. Auch der Verfasser dieses Evangeliums ist Jude. Die Juden als Volk zu diffamieren dürfte dem fremd sein. Es muss deshalb an Jesu Herkunft liegen, der in seinen Augen kein Jude ist, zumindest kein vollwertiger.

Zieht man aber die während der Niederschrift dieses Evangeliums bereits zunehmenden Spannungen zwischen dem sich neu ordnenden Judentum und den Christen in Betracht, was letztlich zur Zurückweisung und Verketzerung der Christen führte, muss die angebliche Judenfeindlichkeit des Johannes-Evangeliums ganz anders als bisher interpretiert werden, auch wenn man diesen Begriff der *Juden* im Johannes-Evangelium nach Ranke-Heinemann ca. 70 mal, und davon 34 mal im Sinn von *Feinden Jesu* gefunden haben will. Im Hinblick auf die tagespolitische Situation und die daraus resultierenden Sicht des Autors ist das nicht mehr verwunderlich.

Es folgt eine Vorlesung Jesu in eigener Sache. Er beschreibt, wie das Verhältnis zwischen Gott und seinem Sohn gesehen werden muss. Offensichtlich ist der Sohn der Schüler des Vaters, der ihm zur Aufwertung seiner Akzeptanz die Gerichtsbarkeit in seinem Namen übertragen hat. Das ist theologische Hierarchielehre. Es wird nun von Jesus darauf aufbauend die Wiederauferstehung gelehrt: Nur der Sohn ruft im Namen des Vaters die Toten wieder zum Leben. Die Guten zur Auferstehung des Lebens und die Bösen zur Auferstehung des Gerichts. Der Abschnitt schließt mit dem Selbstzeugnis Jesu (Joh. 5,25-30). Jesus spricht hier einmal lehrhaft vom Menschensohn, als ginge es ihn persönlich nichts an, und gleich darauf bezieht er dessen Position. Der echte Jesus sah sich auch aus eigener Überzeugung nicht als diesen Menschensohn.

Bei Markus ist das noch ganz sicher. Johannes deutet uns hier aber an, dass Jesus Gefallen daran findet, sich in seiner Rolle als Missionar des Menschensohnes in diesen hineinzuversetzen, so dass er sich, wie aus dem fortlaufenden Text entnommen werden kann, zumindest bei dessen Verkündigung, zunehmend mit ihm zu identifizieren beginnt. In wie weit diese Äußerungen Jesu authentisch waren, konnte nur Johannes wissen. Es ist eine Art Selbstvergottung, die er Jesus hier unterstellt. Für Johannes ist aber trotzdem ganz sicher: Der Jesus, mit dem er durch die Lande zog, war für ihn nicht der Messias und auch nicht der künftige Menschensohn.

In den Versen 31 bis 47 dieses 5.Kapitels versucht uns Jesus dann tatsächlich davon zu überzeugen, dass er Gottes Sohn ist. Er beruft sich auf den Täufer, ordnet ihn sich unter, preist seine eigene Botschaft und legitimiert sich damit, dass Gott von ihm dadurch Zeugnis gibt, indem er den Täufer vorausschickt. Allerdings beklagt er dann den Unglauben seiner Umgebung und bezichtigt seine Zuhörer, jedem Beliebigen nachzulaufen, der ihnen besser gefällt.

Hier wird uns, nachdem uns die zunehmende persönliche Identifizierung des Jesus mit der Lehre die er verbreitet, und die eigentlich nur die Tarnung einer Verschwörung ist, die nächste geistige Entwicklungsstufe Jesu untergeschoben: Jesus würde sich schon gern als Messias betrachten, wenn man ihn als solchen akzeptieren wollte.

Wie streng Jesus auf das Gesetz hält, wird deutlich: (Joh. 5,46-47): *Wenn ihr Mose glaubet, so glaubtet ihr auch an mich, denn er hat von mir geschrieben. Wenn ihr aber seinen Schriften nicht glaubt, wie werdet ihr meinen Worten glauben?* In diesem Evangelium ist sichtlich jemand zugange, uns zwar mit aller Gewalt den Christus auf sein Podest stellen will, aber nicht unseren jetzigen gemäßigt-paulinischen, sondern den Sohn des Jahwe der Tora, der uns natürlich auf das Gesetz einschwört.

Es erfolgt die Speisung der Fünftausend am *See Genezareth*, der damals auch *See von Tiberias* hieß. Das endet mit Jesu Flucht, weil er aufgrund dieses Wunders zum König gemacht werden soll. In wie weit diese Speisung mit anschließender Agitation eine Massenspeisung aus der Kriegskasse war und der Anlockung von potentiellen Verschwörern für die Sache diente, sei vorerst dahin gestellt. Auch Josephus berichtet uns davon, dass bei den ab und zu aufflammenden Spontanaufständen auch gleich Könige gewählt wurden. Im Zusammenhang mit solchen Werbeveranstaltungen waren wohl die Emotionen der Menge nicht immer beherrschbar, wenn Feuerköpfe spontan auf Sofortlösungen aus waren und das Ganze deshalb aus dem Ruder zu laufen drohte.

Gleich kommt aber das nächste *Wunder*. Die Jünger rudern nachts gegen den Wind allein mit dem Boot gegen die stürmische See Richtung Kapernaum zurück. Sie sehen Jesus, der sich davon gemacht hat, um nicht zum König gewählt zu werden, wie er dicht am Ufer den gleichen Weg nimmt. Er geht offensichtlich auf dem Wasser. Jesus versteht ihren Schrecken nicht und gibt sich zu erkennen. Sie wollen ihn mit ins Boot nehmen und merken erst dann, dass sie schon am Ufer sind. Warum gönnt Johannes Jesus nicht sein geläufigstes Wunder, das Gehen über das Wasser? Das steht alles bei Joh. 6,1-15 und 6,16-21. Johannes erweist sich hier abermals als Wundertöter.

Tiberias ist inzwischen in Aufregung. Jesus ist verschwunden. Seine Jünger sind aber allein weggefahren. Die Einwohner von Tiberias machen sich auf und suchen ihn. Sie finden ihn in Kapernaum und umwerben ihn. Das Speisungswunder wirkt nach. Man zieht Parallelen zu Moses und der Manna-Speisung in der Wüste, aber Jesus weist sie zurück. Es wird deutlich: Er will den Aufstand vorbereiten, ihn aber nicht auslösen. Er ist zwar der, welche die geistige Basis schaffen will, aber kein Oberhaupt im militärischen Sinn.

Es geht nämlich weiter mit einer Unterweisung durch Jesus im Glauben nach Art essenischer Mystik. Solche auf ihn selbst bezogene verherrlichenden Sätze aus dem Munde Jesu stechen hervor (Joh. 6,35): *...Ich bin das Brot des Lebens. Wer zu mir kommt, den wird nicht hungern; und wer an mich glaubt, den wird nimmermehr dürsten.* Das steigert sich noch (Joh. 6,40): *Denn das ist der Wille meines Vaters, dass, wer den Sohn sieht und glaubt an ihn, das ewige Leben habe; und ich werde ihn auferwecken am Jüngsten Tage.*

Das erinnert gestalterisch und inhaltlich stark an die essenischen Messiashymnen, wie sie uns Knohl in seinem Menachembericht vorführt. Jesus würde diese Texte nie selbst gesprochen haben. Johannes ordnet sie ihm hier nur zu, weil sie zur Aura eines von sich selbst überzeugten Messias passen, der seine Erleuchtung schon hinter sich zu haben glaubt und nun seiner Verklärung entgegenzugehen wähnt.

Wenn das heute ein Guru von sich gibt, diagnostizieren Außenstehende normalerweise Größenwahn, den man dem historischen Jesus hier aber nur unterstellt. Johannes verfolgt damit einen bestimmten Zweck. Bestimmte Einschübe vor Jesusworten verraten uns, dass uns Johannes nicht nur ergänzend zu den Synoptikern informieren, sondern auch seine eigenen Auffassung von dem unterbringen möchte, wie der Messias beschaffen und das Christentum nach seiner Ansicht strukturiert sein sollte:

(Joh. 6,64-65): *...Denn Jesus wusste von Anfang an, wer die waren, die nicht glaubten, und wer ihn verraten würde. Und er sprach: Darum habe ich euch gesagt: Niemand kann zu mir kommen, es sei ihm denn vom Vater gegeben.*

Damit schlägt er nämlich für viele die Himmelstür mit dem Holzhammer zu. Wem es nicht bestimmt ist, dem nützt aller Glaube nichts. Ob das der Jesus jemals verkündete, der den Auftrag hatte, alle für das irdische Reich des Menschensohnes zu rekrutieren, welche seiner Konzeption blind zu folgen bereit waren, ist sehr zweifelhaft, aber vielleicht ist gerade dieser Text authentisch. Was wissen wir denn wirklich von Jesus?

Dass er beispielsweise verbot, die heidnische Bevölkerung in die Verschwörung einzubeziehen, steht deutlich genug in den Evangelien. Es wenden sich viele von Jesus ab. Kein Wunder bei solchen Botschaften, wenn sie Jesus tatsächlich verkündet hätte, wie es ihm Johannes hier unterstellt.

Diese Widersprüchlichkeiten scheinen aber gezielt eingebaut zu sein. Aus der Darstellungsweise des Johannes muss man annehmen, dass er uns hier Mitteilung von einem zunehmenden Realitätsverlust Jesu machen will.

Nur die zwölf Jünger bleiben. Jesus fragt sie nach dem Warum. Petrus fasst es resignierend zusammen: (Joh. 6,68-69): *…Herr, wohin sollen wir gehen? Du hast Worte des ewigen Lebens; und wir haben geglaubt und erkannt: Du bist der Heilige Gottes.* Es ist zwar eine Treueerklärung, der Zungenschlag verrät uns aber, was er meint. Sie sind Verschworene und müssen zusammenhalten, obwohl auch sie schon ahnen, dass ihr Oberhaupt geistig bereits in die Irrealität abhebt.

Der folgende Abschnitt, in dem vorausschauend Judas Iskariot als Teufel von Jesus des Verrats bezichtigt wird, wäre ein vorweggenommenes redaktionelles Detail ohne weitere Bedeutung, aber es muss Anzeichen für massive Unstimmigkeiten in dieser Gruppe Jesus gegeben haben, was damit andeutend verstärkt werden soll. Auch Johannes scheint Jesus keine Unfehlbarkeit zugestehen zu wollen.

Das ganze 7. Kapitel ist aus einem Guss und vor allem eine ganz neue Art Text. Jesu Brüder wollen ihn nach Jerusalem zum Laubhüttenfest schicken. Er soll sich dort offenbaren, damit er seine Jünger behält, die er in Judäa hat. Er will nicht gehen, weil ihm die Juden nach dem Leben trachten. Warum? Ist Jesus kein Jude? Seine Brüder gehen aber hin und er schließlich auch, aber heimlich. Er geht demnach allein. Er wird erwartet und gefragt, wo er bleibt. Mitten im Fest geht dann Jesus in den Tempel und lehrt. Alle sind über seine Lehre verwundert und fragen sich, woher er das weiß (Joh. 7,15): *… wenn er es doch nicht gelernt hat.* Damit wird die Gesetzestreue seiner Auslegung bezweifelt. Ein sehr schwerer Vorwurf. Jesus unterstellt deshalb auch (Joh. 7,19-20): *…Warum sucht ihr mich zu töten? Das Volk antwortete: Du bist besessen; wer sucht dich zu töten?* Jesus predigt nun gegen starre und widersinnige Gesetzesauslegungen und Bräuche. Er wird endlich erkannt, aber nicht akzeptiert (Joh. 7,26-27): *…Sollten unsere Ohren nun wahrhaftig erkannt haben, dass er der Christus ist? Doch wir wissen, woher dieser ist; wenn aber der Christus kommen wird, so wird niemand wissen, woher er ist.*

Es kommt zu Unruhen. Die Pharisäer senden Knechte aus, um Jesus zu fangen. Seine Botschaften werden noch nicht verstanden. Jeder glaubt etwas anderes. Einige halten Jesus für einen Propheten, manche für Christus. Andere glauben es nicht, weil der Christus aus dem Geschlecht Davids stammen und dann aus dem Geburtsort Davids, Bethlehem, kommen müsse. Der hier sei aus Galiläa.

Die Hohepriester und Pharisäer sind beunruhigt (Joh. 7,48-52): *Glaubt denn einer von den Oberen oder Pharisäern an ihn? Nur das Volk tut's, das nichts vom Gesetz weiß; verflucht ist es.*

Nikodemus meldet sich zu Wort (Joh. 7,51): *Richtet denn unser Gesetz einen Menschen, ehe man ihn verhört und erkannt hat, was er tut?* Er wird abgefertigt von den Schriftgelehrten, welche alles nach den Buchstaben der Schrift beurteilen (Joh. 7,52): *...Forsche und sieh: Aus Galiläa steht kein Prophet auf.* Der Vorwurf unbefugter Gesetzeslehre und Jesu Wissen erscheinen nun in einem anderen Licht. Er ist definitiv geschult. Es fragt sich aber, von wem? Er muss vor seiner Jüngerschaft beim Täufer, die uns alle Evangelien förmlich aufdrängen und die Jesus als Tarnung benutzt, schon woanders ausgebildet worden sein.

Dieses Kapitel hat es in sich. Die Brüder Jesu, die ihn drängen sind nicht seine leiblichen, sondern die der Essenerbruderschaft. Denen ist an der Mission gelegen und sie verlangen von Jesus, dass er seine ihm von ihnen übertragene Aufgabe erledigt. Der ganze Text wäre sonst unverständlich. Das passt auch sehr gut zu den Überlieferungen der Synoptiker, wo ihn seine Familie von der Mission wegzubringen, ihn aus der Diskussion herauszuholen, oder vor den Zudringlichen zu schützen versucht, Jesus sie aber abweist (Mk. 3,20-21; 3,31-35/Mt. 12,46-50 / Luk. 8,19-21). Sie wollen sichtlich nicht in seine Mission verwickelt werden und auch Jesus da heraushalten. Er steht aber dazu. Für ihn sind die seine Familie, die sich ihm anschließen.

Bemerkenswert ist das komplette Fehlen der Jünger in diesem Kapitel. Sie fehlen auch weiterhin. Andererseits muss man die ihn drängenden *Brüder* als diese Jünger betrachten. Jesus wäre zwar dann ihr Anführer, aber doch nur der Vollstrecker einer ihnen gemeinsam übertragenen Aufgabe, den man durchaus auch auswechseln könnte, was die These von der Aufstandsvorbereitung für die Essener stützt. Wer außer Gott hätte denn sonst einen Messias zum Besuch des Laubhüttenfestes drängen können?

Der Beginn des 8. Kapitels (Joh. 8,1-11) in dem die Episode mit der Ehebrecherin erzählt wird, ist ein Einschub, der in den ältesten Abschriften des Johannes-Evangeliums nicht enthalten sein soll. Niemand ist verpflichtet, diesen Text deshalb als geringwertig zu betrachten. Gerade dieser Einschub ist eine so wunderbare Ergänzung im Sinne der Bergpredigt, dass man ihn erfinden müsste, wenn er nicht da stünde. Mag jeder denken, was er will. Der Satz: *Wer unter euch ohne Sünde ist, der werfe den ersten Stein auf sie,* gehört mit in die Fundamente des Christentums.

Was man an dieser Geschichte nie beachtet zu haben scheint, ist die dort stehende scheinbar nebensächliche Mitteilung, dass Jesus mit dem Finger auf die Erde schreibt. Dieser Text ist aber gerade deshalb mit Sicherheit als ursprünglich einzustufen. Er wurde nur zwischenzeitlich herausgenommen. Es geht hier um ein Geheimzeichen. Um zu prüfen, ob man es mit eigenen Leuten zu tun hat, oder nicht, verwendeten die Menschenfischer der Verschwörung das Zeichen des Fisches. Der eine zeichnet unauffällig einen Bogen in den Sand. Ergänzt ihn der andere mit einem zweiten Bogen zum Fisch, ist alles klar. Ergänzt es der andere nicht, dann löscht man den Bogen wieder. Das tut Jesus hier. Erst zeichnet er, dann löscht er. Hier verrät uns der Evangelist unter der Deckung einer Eherechtsangelegenheit, was damals nur Insider wissen konnten. Es ist die Vermittlung von Interna zur Organisation der Menschensohnverschwörung. Das zeitweilige Verschwinden dieser Passage wäre damit erklärlich, solange noch die Sikarier dieses Zeichen verwendeten, was zum Zeitpunkt der Erarbeitung dieses Evangeliums noch als sicher anzunehmen ist. Solche doppelsinnigen und mit konzentrierten Zusatzinformationen aufgeladenen Texte finden wir überall in diesem Evangelium. Das trifft auch für Texte zu, die ganz eindeutig zu sein scheinen und hinter denen man gar nichts weiter vermutet (Joh. 1,35-51): Jesus wirbt da anscheinend nur seine Jünger an. Diese Jünger werben sofort weiter für Jesus. Sie bezeichnen ihn aber dort schon als Messias, als Gottes Sohn und kommenden König von Israel. Johannes berichtete uns in diesem Text aber gleichzeitig davon, dass er vom Täufer auf Jesus angesetzt wird, und auch der Grund lässt sich dort schon erahnen: weil Jesus den konkreten Aufstand des Menschensohnes und dessen kommendes irdisches Gottesreich missioniert.

Die im 8. Kapitel folgende Rede vom Licht der Welt, zu dem sich Jesus im Tempel erklärt, ist Mystik. Auch die Predigt von Jesu Weg zur Erhöhung ist in dieser Form angelegt. Sie entspricht in der Geisteshaltung und auch im Ton der essenischen Hymne des Messias. Das kommt immer wieder zum Vorschein. Der Täufer hebt sich nie selbst so hervor. Selbst Jesus predigte das nicht. Er predigte den Menschensohn.

Das ist jetzt schon das ganz persönliche Konzept des Johannes, der uns Jesus nun als bereits von sich selbst überzeugten Messias präsentieren will: (Joh. 8,28): ... *Wenn ihr den Menschensohn erhöhen werdet, dann werdet ihr erkennen, dass ich es bin und nichts von mir selber tue, sondern wie mich der Vater gelehrt hat, so rede ich.* Die Zuhörer protestieren gegen eine solche Gotteslästerung. Jesus verwahrt sich wieder gegen die Absicht, ihn aus religiösen Gründen zu töten. Sie halten ihn aber anscheinend nur für irre, denn sie versuchen ihn wieder auf den Boden der Realität herabzuziehen.

Hier wird eindeutig geklärt (Joh. 8,41): ... *wir haben einen Vater: Gott.* Das sagt aber nicht Jesus, sondern das sagen ihm die, denen er predigt. Jesus hält ihnen vor (Joh. 8,42/44): ... *Wäre Gott euer Vater, so liebtet ihr mich,... denn ich bin nicht von selbst gekommen, sondern er hat mich gesandt...*

Hier steht übrigens auch der Beweis für die irreführend behauptete Gotteslästerung, die Kaiphas bei (Mk. 14,62) Jesus vor dem Hohen Rat unterstellt. Das Bekenntnis, Söhne Gottes zu sein gehörte ganz einfach zum jüdischen Glauben. Siehe auch das Vaterunser.

Jesus versteigt sich aber nun in eine Beschimpfung seiner Zuhörer (Joh. 8,44): *Ihr habt den Teufel zum Vater, und nach eures Vaters Gelüste wollt ihr tun ...* Diese Wut Jesu speist sich aber aus etwas anderem, was tunlichst immer zu überlesen versucht wird, ihn aber immer wieder stark getroffen haben muss. Der 41. Vers lautet nämlich: ...*<u>Wir sind nicht unehelich geboren</u>, wir haben einen Vater...* Es ist der Hinweis des Insiders auf seine Kenntnis von Jesu Herkunft, über die uns bei Matthäus und Lukas die Empfängnis durch den Heiligen Geist gestülpt wird.

Auch bei Markus steht noch nichts von der Mutter Jesu. Auch dort wird das ganz ausgespart. Hier stellt der Autor klar, dass er von den Aussagen der Evangelien des Matthäus und des Lukas zur Abstammung Jesu nichts hält, die sich in dem Versuch niederschlägt, jeweils einen Stammbaum Jesu zu konstruieren. In den Versen 48 und 49 wird Jesus sogar vom Volk offen vorgeworfen, Samaritaner zu sein und einen bösen Geist zu haben. Warum weist Jesus nur den Vorwurf des bösen Geistes zurück?

Das komplette 9. Kapitel handelt nun von der Heilung eines Blindgeborenen durch Jesus. Diese 41 Verse spiegeln die ganze Zerrissenheit, die zur damaligen Zeit sogar unter den Mitgliedern der jüdischen Glaubensgemeinschaft bestand. Die rein medizinisch begründbare Heilung eines Menschen durch einen anderen, der sieht, was dem eigentlich fehlt, wird im Lichte verschiedener und in Betracht auf den Fall beziehungsloser Glaubensgesetze und Auslegungen förmlich durch den Dreck gezogen.

Da werden die Scheinheiligkeit, und der bösartige Fanatismus derer entlarvt, für die der Mensch nur Beigabe ist, der mittels dieser Gesetze beliebig manipuliert und geknechtet werden kann, weil er ihnen ausgeliefert ist. Es wird erpresst und gedroht, verbogen, verdreht und am Ende verurteilt. Es ist eine Epistel über sehende Blindheit, die vor Gott unter Strafe steht.

Der Geheilte wird nämlich am Ende als unbelehrbarer Sünder aus der jüdischen Glaubensgemeinschaft hinausgeworfen, weil er es wagte, sich heilen zu lassen. Das sind die Verse 1-34. Das ist das Bekenntnis des Autors, was er von denen hält, die ihn mit seinem Projekt zurückgewiesen haben. Das ist Realsatire pur. Er verachtet sie, sonst hätte er in diesen Text kein solches Schelmenstück eingebaut. Der Inhalt steht aber ganz auf der Linie des Täufers. Johannes verdammt nämlich nur die seelenlose Anwendung der Glaubensgesetze und nicht den jüdischen Glauben.

Der Rest (Joh. 9,35-41) sieht aus wie Propaganda für Jesus: Der Geheilte kommt zu Jesus. Der fragt ihn, ob er an den Menschensohn glaubt und Jesus gibt sich ihm nach der Bejahung als derselbe zu erkennen. Es ist in diesem Fall nur dann eine Verheißung, wenn man Jesus als Missionar des Aufstandes sehen will. Theologisch ist es die auch uns gegenüber so oft praktizierte beruhigende Bankrotterklärung der vertröstenden Hoffnung, die Johannes hier Jesus unterschiebt.

Nicht einmal der Sohn Gottes der Synoptiker ist fähig, dem Geheilten gegen die blindwütige Paragraphenreiterei der Glaubensfanatiker zu helfen und vertröstet ihn mit dem Hinweis auf den Menschensohnmythos auf den konkreten Erfolg seiner Verschwörung, die wir aber jetzt theologisch deuten und mit dem Jüngsten Gericht verbinden. Johannes bewegt sich hier ganz gezielt in einer Grauzone zwischen diesen Deutungen.

Im 10. Kapitel finden wir nun die Geschichte vom guten Hirten (Joh. 10,1-30). Uns wird erklärt, was den guten Hirten vom schlechten unterscheidet. Der Eigentümer ist seinen Schafen ein guter Hirte. Er sorgt für sie und führt sie. Er hält sie zusammen und verteidigt sie auch. Als Gegenteil wird der Mietling, der Knecht oder Pächter angeführt, der nur seinen eigenen Vorteil sieht, weil ihm die Schafe nicht gehören. Das predigt der Täufer normalerweise gegen die Priesterschaft. Johannes verwendet nun seine Jesusfigur, um sie als Gegenstück zu diesem Priestertum zu etablieren. Hier installiert er uns Jesus als den guten Hirten, der kein Mietling in Gottes Dienst ist. Man sehe es an der Selbstlosigkeit seines Handelns.

Das ist ein weiterer Schritt des Johannes in die Richtung des Aufbaues seiner Christusfigur und gleichzeitig ein Hieb gegen das ihn zurückweisende pharisäische Judentum. Es ist aber auch die Antwort an die Jesus im Tempel Bedrängenden, welche ihn an heiliger Stätte mit Worten fangen und der Gotteslästerung überführen wollen. Der Satz Jesu (Joh. 10,30): *Ich und der Vater sind eins*, ist ihnen Vorwand genug, ihn steinigen zu wollen.

Jesus flieht. Er geht wieder an den Jordan. Das ist jetzt der Täufer! Es steht wörtlich da (Joh. 10,40-42): *Dann ging er wieder fort auf die andere Seite des Jordans an den Ort, wo Johannes zuvor getauft hatte, und blieb dort. Und viele kamen zu ihm und sprachen: Johannes hat kein Zeichen getan; aber alles, was Johannes von diesem gesagt hat, das ist wahr. Und es glaubten viele an ihn.*

Das ist redaktionell abgefälschter Text. So verhält sich nur der Täufer, der immer an einem Ort bleibt und nicht wandert. Außerdem, wo sind die Jünger Jesu? Das letzte Mal wurden sie im 6. Kapitel erwähnt.

Wurde eventuell der Täufer aus dem Tempel gejagt, und Jesus nur gekreuzigt, um den zu warnen? Jesus tut in diesem Evangelium nur ganz wenige, und dazu noch erklärte Zeichen, während es bei den Synoptikern von Wundern nur so wimmelt. Die Blindenheilung wird bei Johannes sogar als medizinisches Problem behandelt, Jesu Gang über das Wasser als Wahrnehmungstäuschung beschrieben. Ein Evangelium ohne Wunder, und dann dieser Satz von den Jesuszeichen, zur Unterscheidung zwischen Jesus und dem Täufer?

Das folgende 11. Kapitel besteht nun aus der breit angelegten Erzählung von Marta, Maria, deren Bruder Lazarus und dem besonderen Liebesverhältnis der drei Geschwister zu Jesus. Das hätte keinerlei Funktion im Rahmen dieses Evangeliums, wenn es keine Finte wäre, um Jesus nach Jerusalem zurück zu locken, wo ihm die Gefangennahme und der Tod drohen.

Lazarus tritt hier plötzlich neu auf. Bei Lukas existiert er noch nicht. Lazarus stirbt nun genau so plötzlich. Jesus kommt nach vier Tagen mit seinen Jüngern deshalb zurück und erweckt ihn wieder von den Toten. Er tut es auch ausdrücklich nur, um seine Gottgesandtheit zu erweisen (Joh. 11,41-43): *...Vater, ... Ich weiß, dass du mich allzeit hörst; aber um des Volkes willen, das umhersteht, sage ich's, damit sie glauben, dass du mich gesandt hast ... Lazarus, komm heraus! ...*

Etwas stimmt an dieser ganzen Geschichte nicht. Es ist das einzig übrig gebliebene der beiden nicht erklärten Wunder dieses Evangeliums. Johannes, der nachweisbar alle Wunder tötet, berichtet uns hier ein auch für gläubige Juden absolut unmögliches. Nach drei Tagen verlässt nach der Lehre die Seele endgültig den Körper. Lazarus soll bei seiner Erweckung schon vier Tage tot gewesen sein, wird aber wieder erweckt.

Die Verse Joh. 11,46-57 behandeln nun, wie das die Vollversammlung der Hohepriester und Pharisäer des Hohen Rates beurteilt, was in dem Jesus betreffenden Beschluss und Befehl endet (Joh. 11,57): *...Wenn jemand weiß, wo er ist, soll er's anzeigen, damit sie ihn ergreifen könnten.* Verräterisch ist dabei die Begründung (Joh. 11,48): *Lassen wir ihn so* (weiter wirken), *dann werden sie alle an ihn glauben, und dann kommen die Römer und nehmen uns Land und Leute.* Diese Passage offenbart eindeutig die Zielrichtung der Mission Jesu, aber auch die seiner Gegner.

Es geht ihnen nur um den eigenen Machterhalt unter der Herrschaft Roms. Die Herrschenden wissen noch, was dreißig Jahre vorher passiert ist. Der Aufstand nach dem Tode Herodes des Großen in Verbindung mit der Menachem-Revolte ist nicht vergessen. Jesus ist wieder in ihrem Machtbereich. Er ist aus dem Tempel geworfen, exkommuniziert und nur durch Zufall entschlüpft. Er ist schon verurteilt. Kaiphas sagt es klar (Joh. 11,50): *Es ist besser für euch, ein Mensch sterbe für das Volk, als dass das ganze Volk verderbe.*

So schrecklich das auch klingt, das, was Kaiphas sagt, ist nur die andere Seite der fanatischen Konsequenz. Es geht beiden Seiten ausschließlich um die Durchsetzung von Macht. Auch Jesus fordert für die essenische Messiasverschwörung (Mk. 9,42-48/Mt. 18,6-9/Luk.17,1-2) eiserne Treue zur Sache: *Wenn dich dein Auge zum Abfall verführt, so wirf's von dir. Es ist besser, dass du einäugig in das Reich Gottes gehst, als dass du zwei Augen hast und wirst in die Hölle geworfen.* Oder (Mt. 8,22): *Folge mir nach, und lass die Toten ihre Toten begraben.*

Kapitel 12: Jesu Salbung in Betanien. Sein Einzug in Jerusalem. Die Ankündigung der Verherrlichung des Menschensohnes und der Unglaube des Volkes, das ihm diese Verkündigung nicht abnimmt, weil sie zu kompliziert erscheint? Der Umweg über den Messias, der erst später und dann vom Himmel wiederkommt, ist nichts für die, welche alles gleich haben wollen. Der mystische auf die Essener zielende Hinweis auf die Kinder des Lichts.

Betrachten wir es aber besser der Reihe nach: Zuerst die Salbung Jesu in Betanien. Das ist eine herausgehobene Ehrung Jesu. Der Gesalbte ist immer der Messias. Er ist in der jüdischen Tradition der Bevollmächtigte, der das auserwählte Volk im Namen und unter dem Schutz Gottes in die paradiesische Zukunft des ewigen Friedens führt.

Diese Salbung in Betanien entspricht der Beschreibung der Synoptiker Markus und Matthäus. Der gerade von den Toten erweckte Lazarus steht jetzt irgendwie störend mit herum. Hier arbeitet aber der Evangelist ganz konkret Judas, der ebenso plötzlich und unmotiviert wie Lazarus im 6. Kapitel erstmalig auftaucht, als den ein, der an der Salbung Jesu Anstoß nimmt. Was bisher nur zu vermuten war, wird hier direkt behauptet. Judas fühlt sich durch die Salbung Jesu zurückgesetzt, ohne es direkt zu sagen. Er wird auch gleich abwertend charakterisiert (Joh. 12,6): *Da sprach einer seiner Jünger, Judas Iskariot, der ihn hernach verriet: Warum ist dieses Öl nicht für dreihundert Silbergroschen verkauft worden und den Armen gegeben? Das sagte er aber nicht, weil er nach den Armen fragte, sondern er war ein Dieb, denn er hatte den Geldbeutel und nahm an sich, was gegeben war.*

Diese Salbung wird ganz gezielt zum Auslöser für den Verrat gemacht, der durch den Aufruf des Hohen Rates zur Ergreifung Jesu nur noch unterstützt wird. Lazarus soll nun auch getötet werden. Er stört. Die Hohepriester beschließen es. Man hört auch im Johannes-Evangelium nicht wieder von ihm. Er hat seinen Part gehabt.

Jesus zieht nun in Jerusalem ein. Es ist aus den Synoptikern zusammengestellter Text. Die Masse, die ihn einige Tage vorher noch steinigen wollte, jubelt nun Jesus wegen der Totenerweckung des Lazarus zu. Es wird im Text ausdrücklich nur darauf verwiesen.

Die folgende, als *Ankündigung der Verherrlichung Jesu* bezeichnete Passage (Joh. 12,20-33), ist ein bombastisch überhöhter Text aus im ersten Moment anscheinend nicht zusammenpassenden Flicken. Es sieht sehr nach Stückwerk aus, ist es aber keineswegs:

Alles spielt vor dem Passa. Griechische Juden sind zum Fest gekommen und wollen Jesus sehen. Die Jünger sagen es weiter bis zu Jesus durch. Jesus verkündet daraufhin, dass die Zeit gekommen sei, in welcher der Menschensohn erhöht, verherrlicht werde. Es folgt sein Ausspruch vom Sterben des Weizenkorns, der das beinhaltet. Wenn es in die Erde fällt, bringt sein Ersterben viel Frucht. Wer also sein Leben liebt, der wird es verlieren, aber wer es hasst, wird es erhalten zum ewigen Leben. Wer demzufolge Jesu dienen will, der folge ihm nach, und wer ihm dient, den wird sein Vater ehren.

Es ist das Gleichnis vom Menschensohn der Essener, nach welchem der Messias sich offenbart, getötet wird, aufersteht und dann endgültig in Gottes Auftrag die Welt rettet. Jesus informiert demnach seine Jünger davon, dass der Aufstand jetzt beginnt. Es erhebt sich die Frage: Waren die erwähnten griechischen Juden Verschwörer, die Jesus als Verstärkung für die Auslösung des Aufstandes erwartete?

Gleich darauf kommt nun das mehr einem Hilfeschrei ähnelnde Stoßgebet Jesu (Joh. 12,27): ... *Vater, hilf mir aus dieser Stunde* ..., worauf eine Stimme vom Himmel gerufen haben soll (Joh. 12,28): ... *Ich habe ihn verherrlicht und will ihn abermals verherrlichen.*

Während die Dabeistehenden noch streiten, ob es gedonnert hat, oder ein Engel zu Jesus sprach, wirft er ihnen entgegen (Joh. 12,30-32): ... *Diese Stimme ist nicht um meinetwillen geschehen, sondern um euretwillen. Jetzt ergeht das Gericht über diese Welt; nun wird der Fürst dieser Welt ausgestoßen. Und ich, wenn ich erhöht werde von der Erde, so will ich alle zu mir ziehen.*

Diese Stimme war offensichtlich das Signal an seine Verschwörer zum Losschlagen. Es geschieht aber nichts, deshalb die nochmalige Aufforderung

Jesu. Ganz im Gegenteil zur beabsichtigten Aktion erhebt sich aus der Menge Widerspruch (Joh. 12,34-36): ... *Wir haben ... gehört, dass der Christus in Ewigkeit bleibt; wieso sagst du dann: Der Menschensohn muss erhöht werden?*

Die Fanatiker haben nicht vor zu kämpfen. Sie halten das für eine Aufforderung zu einer der üblichen pharisäischen Schriftauslegungsstreitigkeiten und wollen es ausdiskutieren.

Jesus scheint zu begreifen, dass es misslungen ist und die Realität eine andere, als er sie sich erträumt hatte. Er wird durch diese Konfrontation schlagartig desillusioniert. Er antwortet ihnen unklar und dunkel. Er spricht davon, dass sie *Kinder des Lichtes* werden sollen. Das weist deutlich auf die Essenischen Wurzeln seiner Mission und die Verschwörung. Dann geht er und versteckt sich.

Das ist die einzige Stelle in den Evangelien, aus der hervorgeht, dass Jesus den Aufstand auszulösen gedachte, von dessen Vorbereitung bei den Synoptikern überall geschrieben wird, und der angeblich nie geplant war. Ausgerechnet Johannes berichtet das. Es wirkt sehr aufgesetzt und unwirklich, weil keinerlei örtliche Vorbereitung dahinter zu stecken schien. Die Führung der Verschwörer befand sich kurz zuvor sogar auf der Flucht und musste nach der Darstellung des Johannes sogar erst über die Lazarusgeschichte nach Jerusalem zurückgelockt werden. Der Evangelist will uns aber aus einem nur ihm bekannten Grund deutlich machen, dass die Aufstandsgefahr tatsächlich bestand, bevor er in das Finale eintaucht. Der folgende Abschnitt vom Unglauben des Volkes (Joh. 12,37-50), ist ein resignierender Abgesang auf die Feigheit, die Jesus seinen Verschwörern vorwirft und an einem Beispiel aus Jesaja demonstriert, welches er auf sich und seine Mission bezieht: (Joh. 12,42-43): *Doch auch von den Oberen glaubten viele an ihn* (Jesaja)*; aber um der Pharisäer willen bekannten sie es nicht, um nicht aus der Synagoge ausgestoßen zu werden. Denn sie hatten lieber Ehre bei den Menschen als Ehre bei Gott.*

Es folgen nun die Abschiedsreden Jesu, welche sich über die Kapitel 13 bis 17 erstrecken. Das 13. Kapitel enthält noch Handlung: Die Fußwaschung, Jesus und sein Verräter, das neue Gebot Jesu, die Ankündigung der Verleugnung durch Petrus. Es wird uns alles das erzählt, was wir bei den Synoptikern schon erfahren haben, aber aus einer Sicht, die Jesus nun zur Marionette der Vorsehung macht.

Im Anschluss an die Fußwaschung kommt die anonyme Verdächtigung Jesu, einer seiner Jünger werde ihn verraten (Joh. 13,21-30). Jesus behauptet es nur so ins Blaue hinein. Aber jeder hat Angst, bezichtigt zu werden. Simon Petrus winkt deshalb während des Abendessens den Lieblingsjünger Jesu zu sich. Er soll Jesus fragen, wer gemeint sei. Der tut das und Jesus deutet ihm, mit dem berühmten eingetauchten Bissen, den er dem Judas gibt, gestisch an, wer es ist. Ob er es ernst meint, oder nur mit der Möglichkeit eines Orakels spielt, bleibt offen. Es kann auch seitens Jesu alles nur eine selbstgefällige Neckerei sein, die hier abläuft.

Der Lieblingsjünger erscheint hier erstmalig. Dass darunter der Evangelist zu verstehen ist, drängt sich förmlich auf. Er ist von nun an der Einzige, der außer Jesus weiß, was alles passiert. Der Teufel fährt alsbald in Judas und Jesus sagt zu ihm (Joh. 13,27): ... *Was du tust, das tue bald.* Er schickt ihn damit weg.

Als Judas draußen ist, um angeblich einen Auftrag Jesu zu erledigen, hat Jesus die euphorische Vision der Verherrlichung des Menschensohnes, als den er sich trotz der Vorkommnisse im Tempel immer noch sieht. Er setzt hier ein neues Gebot ein (Joh. 13,34-35). Theologisch gesehen ist es die Eingrenzung des Gebotes der Nächstenliebe auf die Gruppe der Jünger. Bei: *Liebe deinen Nächsten, wie dich selbst,* sind noch alle gleich. Jetzt sind die Jünger schon *gleicher* als die anderen. Es ist offensichtlich doch eine abgegrenzte Gruppe von Verschwörern, die hier tafelt.

Das folgende Kapitel löst sich nun von der Handlung und ist ganz mystische Glaubensunterweisung (Joh. 14,1-14). Der Text lebt von Jesu Worten, der hier vor ihnen schon ganz vergeistigt die essenische Messiasmystik von sich als Menschensohn Gottes vor ihnen ausbreitet.

Es kommt nun nach unserem Verständnis die Verheißung des Heiligen Geistes (Joh. 14,15-26): *...Und ich will den Vater bitten, und er wird euch einen anderen Tröster geben, dass er bei euch sei in Ewigkeit... Der Tröster, der Heilige Geist, den mein Vater senden wird in meinem Namen, der wird euch alles lehren und euch an alles erinnern, was ich euch gesagt habe.*

Wir haben die Ausgießung des Heiligen Geistes in der Apostelgeschichte. Da geschieht das für uns. Der Geist überkommt die dafür Empfänglichen. Johannes meint das hier in seinem Evangelium aber anders und er verfolgt damit auch ein ganz bestimmtes Ziel. Der *parakletos,* den Jesus gemäß dem Originaltext nur dieses Evangeliums ankündigt, ist ein Beistand vor Gericht. Es muss sich deshalb, falls Jesus das tatsächlich so verkündet hat, um eine wirkliche Person in Form eines Nachfolgers handeln, wovon uns Johannes Mitteilung machen will.

In dem nun eingeschobenen 15. Kapitel nimmt Jesus Abschied von seinen Jüngern. Er bringt die Metapher vom wahren Weinstock, und erinnert an das Gebot der Liebe, was er ihnen als Vermächtnis hinterlässt, und weist auf den Hass der Welt hin, dem die zurück bleibenden Jünger in seinem Namen ausgesetzt sein werden. Jesus macht deutlich, dass er eine Mission übertragen bekam, die er nun an seine Jünger weitergibt und er verpflichtet sie, in gleicher Form weiterzuwirken. Er rechnet demzufolge nach seinem misslungenen Aufstandsaufruf nun ganz fest mit seiner Gefangennahme und Hinrichtung.

Am Ende des 15. Kapitels nimmt Johannes deshalb die Idee des *parakletos* wieder auf (Joh. 15,27): *Wenn aber der Tröster kommen wird, den ich euch senden werde vom Vater, der Geist der Wahrheit, der vom Vater ausgeht, der wird Zeugnis geben von mir.*

Das 16. Kapitel beschreibt uns nun das Werk dieses „Heiligen Geistes". Es ist vom kommenden Tröster die Rede, der an Jesu Stelle die Jünger betreut. (Joh. 16,7): ... *Denn wenn ich nicht weggehe, kommt der Tröster nicht zu euch.*

Es ist zwar vom Geist die Rede, aber der Tröster wird auch direkt als Lehrer beschrieben (Joh. 16,15): ...*Er wird's von dem Meinen nehmen und euch verkündigen.* Der Evangelist ist nun in die Haut des Verkünders geschlüpft.

Er lässt Jesus sagen (Joh. 16,12-13): *Wenn aber jener, ..., kommen wird, wird er euch ... leiten. Denn er wird nicht aus sich selbst reden, sondern was er hören wird, das wird er reden, und was zukünftig ist, wird er euch verkündigen.*

Der künftige Lehrer wird also Visionen haben, die er ihnen verkündigen wird. Das ist bei einem Menschen verständlich. Beim Heiligen Geist, der angeblich hier verheißen wird, nicht.

Mit dem Heiligen Geist der Apostelgeschichte geht das Johannes-Evangelium hier nicht mehr überein, und auch nicht mit dem der Evangelien der Synoptiker. Was, und ob Jesus das wirklich sagte liegt aber zum Zeitpunkt dieser Niederschriften alles schon mehr als vierzig Jahre zurück.

Der Verfasser des Johannes-Evangeliums übernimmt nämlich hier die ursprüngliche Konstruktion des Kephas vom *Heiligen Geist,* die dieser erstmalig zum Pfingstfest des Jahres 30 verkündet haben muss, fälscht sie ab, indem er sie wieder personifiziert, und benutzt sie anschließend für sich, denn er sieht sich zweifellos selbst als diesen künftigen Parakleten, den er hier erfindet und Jesus verkündigen lässt.

Da baute einer, falls es sich nicht um eine rückschauende Prophezeiung handelt, schon an seiner eigenen Zukunft, wenn man an die Einleitung der *Offenbarung des Johannes* denkt. Diese von Johannes hinterlassene Offenbarung muss man hier zwangsläufig berücksichtigen. Dort kommt nämlich Johannes als dieser Paraklet im direkten himmlischen Auftrag Gottes zu uns, der ihm den über den *Menschensohn* Jesus erteilen lässt.

Eigenartigerweise enthalten die Evangelien der Synoptiker keinerlei Hinweise auf diesen Parakleten, obwohl sich aus der Gesamtschau ergibt, dass sie aus dem Johannes-Evangelium heraus einer nachweisbaren rückwirkenden Bearbeitung unterlagen.

Die Annahme, dass die Einarbeitung des Parakleten in das Johannes-Evangelium erst sehr viel später, also erst auf Patmos erfolgte, als Johannes zwar noch auf sein Evangelium zugreifen konnte, aber keine Möglichkeit mehr hatte, auf die Textgestaltung der synoptischen Evangelien Einfluss zu nehmen, liegt deshalb sehr nahe. Unter einem direkten höheren Auftrag tut es Johannes jedenfalls nicht, was ein bezeichnendes Licht auf die Selbsteinschätzung des Johannes und die Wertigkeit seiner praktischen Jesuserfahrung für sich selbst wirft.

Die Trauer- und Hoffnungsrede Jesu (Joh. 16,16-33), mit der das Kapitel schließt, enthält sehr ergreifende Mystik. Aber außer dem nochmaligen und nun ganz offenen Bekenntnis Jesu zu seiner auserwählten Gottessohnschaft, wozu er sich nun endlich durchgerungen hat und das er den Jüngern auch vermittelt, ist darin nichts Neues zu finden. Nur dass sie sich erleichtert fühlen, weil er ihnen endlich den Zweifel nimmt, das ist zu spüren. Auch für uns sind nun alle Zweifel ausgeräumt, was sich für die weitere Lesung als sehr nützlich erweist, weil wir uns nun voll auf die Wahrheit der folgenden Verheißungen Christi verlassen können.

Diese umfangreichen einleitenden Begründungen waren für den damaligen Leser notwendig, denn das ganze 17. Kapitel besteht nun aus Jesu hohepriesterlichem Gebet, in dem Jesus abgelöst von allen irdischen Herrschaftsansprüchen schon ganz der Sohn Gottes im spirituellen Sinn ist, zu dem ihn uns Johannes damit aufgebaut hat. Nun ist Jesus bereits völlig abgelöst von allem, was ihm noch bevorsteht. Es ist für ihn schon vollendet. Der Mensch Jesus ist auch für sich selbst nur noch die nebensächliche irdische Hülle des schon vergeistigten Messias, als den er sich sieht. Das ist Glauben und Verheißung pur, aber nicht mehr Jesus von Nazareth, sondern schon der uns bereits geistig entrückte Christus des Johannes, der zunehmend nicht mehr seinem menschlichen Vorbild entspricht. Das ist das Selbstverherrlichungsgebet eines Messias, den der Evangelist nach eigener Vorstellung für uns in die Vergangenheit zurückprojiziert, damit er sich anschließend als dessen einzig wahrer Verkünder selbst in eine herausgehobene Position bringen kann.

Das ist der himmlische Messias, von dem sich später Johannes in seiner Offenbarung beauftragen lässt, den kleinasiatischen Christengemeinden um Ephesus die direkten Anweisungen seiner Jesusbotschaft zu überbringen.

Diesen Jesus hat sich Johannes nun endlich zu dem Instrument geformt, das er braucht, um sein eigenes Sendungsbewusstseins gegenüber anderen im Namen des Christentums durchsetzen zu können. Die für den gläubigen Christen so wichtige Erlösungsidee, auf der unser paulinisches Christentum basiert, sucht man aber noch vergebens. Man hat uns das erst in späterer Zeit über die Apostelbriefe zu vermitteln versucht.

Der Rest des Evangeliums (Joh. 18,1-Joh. 21,25) behandelt das Leiden, Sterben und die Auferstehung Christi. Es entspricht inhaltlich grob den Vorgängen, welche die drei Synoptiker auch abhandeln (Mk. 14,1-16,20 / Mt. 26,1–28,20 / Luk. 22,1-24,53).

Das 18. Kapitel schließt nun handlungsmäßig direkt an den Anfang des 13. Kapitels an, welches mit der Fußwaschung beginnt und über den Verrat des Judas bis zur Einsetzung des abgewandelten Liebesgebotes für die Jünger geht (Joh. 13,1-35). Alles, was dazwischen liegt, bis zum Ende des 17. Kapitels, kann als ein Einschub für ganz persönliche Zwecke entwickelten neuen Gedankengutes des Johannes betrachtet werden. Es bildet bei aller Fragwürdigkeit der wahren Gründe seiner Erarbeitung einen wichtigen Teil der Basis dessen, was wir daraus als Christen zur Grundlage unseres Glaubens angenommen haben und was sich nicht ohne weiteres daraus entfernen ließe, ohne die Basis dieses Glaubens zu beschädigen, weil es nirgendwo sonst steht.

Dieses 18. Kapitel beginnt nun mit der Gefangennahme Jesu. Uns wird deutlich gemacht, dass nun alles nur mit Jesu Einverständnis geschieht. Als sich Jesus den Häschern zu erkennen gibt (Joh. 18,6): ...*wichen sie zurück und fielen zu Boden.* Petrus schlägt einem der Knechte des Hohepriesters, dem Malchus, ein Ohr ab. Jesus vermahnt Petrus daraufhin (Joh. 18,11): ...*Soll ich den Kelch nicht trinken, den mir mein Vater gegeben hat?* Es ist unwirklich.

Das nun folgende Verhör Jesu und die dabei mit eingearbeitete Verleugnung Jesu durch Petrus (Joh. 18,12-27) ist nun zusätzlich verkompliziert. Ein weiterer Jünger spielt eine Rolle, die nicht ganz klar ist, weil offensichtlich unnötig.

Dieser nicht namentlich genannte Jünger ist dem Hohepriester bekannt und hat demzufolge auch Vollmachten, denn er kann in diesen Wirren unbehelligt den Palast des Hohepriesters betreten und verlassen. Anfangs könnte man darauf setzen, dass es Judas ist. Dieser Jünger ist es aber auch, der es dem Petrus ermöglicht, mit in den Hof des Palastes zu gelangen, in dem das Verhör Jesu stattfindet.

Die Türsteherin glaubt in Petrus einen Jünger Jesu zu erkennen und beanstandet das. Weshalb das aber keine Folgen hat, steht nicht da. Der andere Jünger wird aber nicht als Jünger Jesu erkannt. Da es sich wiederum um *einen* Jünger und um Petrus handelt, muss es der Lieblingsjünger sein. Wenn der Lieblingsjünger Johannes der Türsteherin, die ihn kennt, sagt, dass Petrus sein Bruder sei, (wie es aus der *Vita* des Josephus hervorgeht) dann wäre das erklärlich. Die beiden würden sonst nicht auch beim Abendmahl zusammen genannt. Wir wissen auch aus der nachfolgenden Apostelgeschichte, dass da nicht nur Kephas und Johannes, sondern auch Petrus und Johannes gemeinsam auftraten. Auch aus dieser Sicht ist auf Johannes als Lieblingsjünger zurückzuschließen. Alle anderen Jünger werden nämlich immer namentlich genannt.

Es taucht aber die Frage auf: Ist der Lieblingsjünger und damit Johannes eventuell mit dem Verräter, und damit mit Judas identisch? Kennt ihn die Türsteherin als Verräter, oder kennt sie ihn als Freund des Simon Kephas, wie es uns Josephus überliefert? Kennen muss sie ihn, denn sie lässt ihn ein, und auch den ihr vorher verdächtigen Simon Petrus. Dass uns Johannes gerade hier einen neutralen Berichterstatter unterschieben will, muss als unwahrscheinlich angesehen werden und wäre nicht nur unlogisch, sondern auch überflüssig.

Jesus wird nun von Hannas, den Schwiegervater des Hohepriesters Kaiphas über seine Jünger und seine Lehre befragt. Wir erfahren nichts, außer den Vorwürfen, die Jesus seinen Häschern macht, und dass er geschlagen wird. Warum schweigt sich der namenlose Jünger über den Anklagevorwurf aus?

Hannas überstellt Jesus dann gebunden an Kaiphas. Petrus wird inzwischen auch von denen erkannt, die mit im Hof sind und auch von denen, die Jesus gefangen haben. Er verleugnet Jesus. Der Hahn kräht. Petrus kommt ungeschoren davon. Man will sichtlich auch hier nur Jesus, wie schon bei den Synoptikern. Seine Jünger sind nicht von Interesse.

Meine Vermutung, dass Petrus zum Personenschutz Jesu abgestellt war, wird uns hier auch von Johannes, dem Autor dieses Textes bestätigt, denn es ist keineswegs Neugier, was Petrus antreibt, sondern die Suche nach einer Möglichkeit Jesu zu retten.

Vom Verhör vor Kaiphas steht wiederum nichts bei Johannes. Warum schweigt der Namenlose sich auch hier aus? Jesus wird anschließend von Kaiphas an Pilatus überstellt. Die Ankläger stehen dann vor dem Prätorium, während Jesus drin bei Pilatus ist, und Pilatus kommt zu ihnen heraus, weil sie nicht zu ihm hineingehen können, ohne sich zu verunreinigen. Es ist für sie ein unreines Haus, weil es der dortige höchste Beamte des römischen *Gottkaisers* Tiberius für dienstliche Zwecke nutzt.

Das ist für den, der das nicht kennt völlig unverständlich und soll auch kaum ein Hinweis auf damalige religiöse Bräuche sein, sondern wie schon in der Geschichte um die Heilung des Blindgeborenen, ein Spott auf die Arroganz der übertriebenen scheinheiligen Regulierungssucht jüdischer Glaubensgesetzgebung und die daraus abgeleiteten Vorschriften, welche Johannes hier anprangert:

Die Meute ist gierig darauf einen Menschen mittels falscher Anklage möglichst sofort zum Tode verurteilt zu sehen, wagt ihn aber aus Angst vor römischen Repressalien nicht selbst zu lynchen. Andererseits vermeiden sie es, sich zu *verunreinigen*, weil sie dann nach ihren Glaubensvorschriften das Passafestmahl nicht essen dürften. Die ironische Bosheit des Berichtenden, der uns das als Realsatire präsentiert, ist auch hier nicht zu übersehen.

Auch die aufgeputschte Stimmung der bestellten Ankläger und deren Gefährlichkeit werden am Ende des 18. und zum Anfang des 19. Kapitels deutlich charakterisiert (Joh.19,12+15): ... *Lässt du diesen frei, so bist du des Kaisers Freund nicht; denn wer sich zum König macht, der ist gegen den Kaiser ... Kreuzige ihn! ...* (Pilatus:) *Soll ich euren König kreuzigen? Die Hohepriester antworteten: Wir haben keinen König, als den Kaiser.*

In Israel ist stets Gott König. Die Wahlkönige, auch David und Salomo waren nur bevollmächtigte Vollstrecker von Gottes Willen. Das ist hier glänzend entworfen: Jesus soll um jeden Preis zur Erhaltung der Herrschaft der Priester von Roms Gnaden getötet werden. Als Vorwand nimmt man den Glauben, aber man opfert, als es zu misslingen droht, lieber den Glauben an die Allmacht Gottes, um die eigene Macht zu behalten, denn mit der letzten Behauptung haben sie das Mosaische Gesetz endgültig übertreten.

Auch der bedeutungsmäßige Umfang der gegen Pilatus gerichteten Drohung der Ankläger wird uns gar nicht mehr bewusst. Pilatus war keineswegs der Prokurator, der Stellvertreter seines Kaisers. Er war nur der höchste kaiserliche Beamte vor Ort, der Präfekt der damals Rom direkt unterstellten unselbständigen Provinz Judäa. Die Bezeichnung *Freund des Kaisers* war ein Ehrentitel, eine zusätzliche Würdigung, die er verliehen bekommen hatte, und auf die Pilatus im Interesse seiner Karriere keineswegs hätte verzichten wollen.

Die Szene hat aber noch eine Handlungsebene. Während die Jünger Jesu alle geflohen sind, haben sich anscheinend an diesem Tag die Anhänger des Barrabas dort versammelt, die nun beabsichtigen, ihren Anführer bei Pilatus freizupressen. Jesus wird nämlich am Ende mit zwei anderen gekreuzigt, über deren Freilassung gar nicht verhandelt wird. Diejenigen, welche die Kreuzigung Jesu so vehement fordern und sich auch nicht davon abbringen lassen wollen, sind keineswegs der jüdische Pöbel, wie man es uns stets weismachen will, sondern die Verschwörer des Barrabas. Die ganz gezielte Frage des Pilatus, wen der er freigeben soll, informiert uns davon, dass er das weiß.

Ausgehend von dem im 12. Kapitel berichteten Versuch Jesu zur Aufstandsauslösung gestellt, müssten sich gerade die Anhänger Jesu in größerer Zahl in Jerusalem befinden. Da aber Jesus rein persönlich wegen *Amtsanmaßung* angeklagt ist und seine Verschwörer nicht verfolgt werden, bzw. geflohen sind, ergibt sich diese Situation. In wie weit der engere Personenkreis um Jesus sowieso schon im Dienste seiner Gegner stand wäre ebenfalls zu berücksichtigen, wird sich aber nicht mehr klären lassen.

Während ausgehend von Markus-Evangelium, welches uns in einem Handlungsstrang die Mission Jesu als einen erweiterten Passionsbericht darstellt, bei Matthäus und Lukas auch alles auf nur eine Jerusalemreise Jesu hinausläuft, liefert uns Johannes aber die Kunde von mindestens zwei, bzw. drei Jerusalemaufenthalten Jesu, so dass durchaus ein zeitliches Auseinanderfallen der beschriebenen Ereignisse möglich wäre.

Jesus könnte demnach auch ganz absichtlich längere Zeit (zwischen Laubhüttenfest und Passa) gefangen gewesen sein, was die Abwesenheit seiner Anhänger bei der Anklage und Verurteilung zu Passa erklären würde. Selbst unter der Wahrheitsversicherung des Johannes wäre das eine mögliche Erklärung. Johannes berichtet nur nicht davon, um keine Lüge niederschreiben zu müssen.

Johannes erbringt mit der Szene vor Pilatus eigentlich nur den Beweis dafür, dass die Vorstellungen Jesu, seine Ambitionen und die tatsächlichen Umstände zu ihrer Umsetzung nicht mehr übereinstimmten. Auf alle Fälle war die damalige Situation in Jerusalem sehr verworren. Das Ziel der Hohepriesterschaft, den Römern keinen Anlass zu irgendwelchen Repressalien zu geben, wird aber deutlich.

Alle Auftritte Jesu sind passiv. Das erklärt sich aus der Handlung des 12. Kapitels, in welchem uns Johannes mitteilt, dass der Aufruf Jesu zum Aufstand verpuffte. Jesus hat resigniert. Seine Verschwörer standen nicht zu ihm. Dazu kommen noch der Verrat durch einen Menschen aus seinem engsten Umfeld und der Hass des gegen ihn aufgeputschten Mobs. Daran zerbricht ein Mensch.

Die dazwischengeschobenen Texte, die vom 13. bis zum 18. Kapitel reichen, lenken uns zwar zwischenzeitlich davon ab, aber Johannes rundet uns so das Charakterbild des Menschen Jesus ab. Und es ist stimmig.

Der Einwand, dass sich Jesus bei seinem Verhör vor Pilatus als religiöser Wunderheiler oder religiöser Schwärmer verstellt, um frei zu kommen, ist aber trotzdem nicht von der Hand zu weisen. Schließlich geht es für ihn um Leben und Tod.

Die selbstmörderisch-fanatische Sturheit, der späteren Märtyrer kann man bei Jesus noch nicht voraussetzen, weil er noch nicht über die dafür erforderliche geistige Basis eines Vorbildes verfügen konnte, und auch nicht über die alles überschattende Erlösungslehre, welche mit seiner Person als Ausgangspunkt erst nach und aus seinem Tod heraus von anderen entwickelt und verkündigt wurde.

Die Frage des Pilatus (Joh. 18,33): *...Bist du der König der Juden?*, beantwortet Jesus nämlich mit der Feststellung (Joh. 18,36): *...Mein Reich ist nicht von dieser Welt.*, was dann in eine charismatisch verkündigende Schwärmerei mündet, die von Pilatus mit der resignierenden rhetorischen Floskel (Joh. 18,38): *...Was ist Wahrheit?*, abgetan wird. Er hält Jesus demnach für einen religiösen Spinner. Die wirkliche Anklage Jesu vor Pilatus finden wir nur bei Lukas konkret ausformuliert (Luk. 23,2): *... Wir haben gefunden, dass dieser unser Volk aufhetzt und verbietet, dem Kaiser Steuern zu geben, und er spricht, er sei Christus, ein König.* Das ist es, was Jesus ans Kreuz bringt.

Die Kreuzigung und der Tod Jesu (Joh. 19,1-37) werden uns mit einer gewissen Überhöhung geschildert. Es ist alles mystisch verklärt, wovon wir uns aber nicht blenden lassen sollten, weil da hinein auch harte Fakten verarbeitet sind, die zumindest für Johannes bedeutsam waren: (Joh. 19,25): *Es standen aber bei dem Kreuz Jesu seine Mutter und seine(r Mutter) Schwester, Maria, die Frau des Klopas und Maria von Magdala.*

Es ist immer wieder gerätselt worden, wer denn die drei Marien waren, die uns Johannes da unter das Kreuz stellt, und ob es überhaupt drei Marien sind, denn nur die Synoptiker Matthäus und Lukas nennen die Mutter Jesu Maria, was Johannes immer vermeidet.

Es wäre die (namenlose) Mutter, dann angeblich deren Schwester, die nun seltsamerweise Maria heißt, und Maria Magdalena. Weil es nun unwahrscheinlich ist, zwei Schwestern den gleichen Namen zu geben, sollten wir uns das genauer ansehen.

Die Frau des Klopas, in dem wir einen der Jesusjünger des erweiterten Kreises sehen müssen, denn er wird uns bei Lukas 24,18 als einer der Emausjünger benannt, heißt auch Maria, aber sie ist kaum die Schwester der Mutter Jesu, sondern eher eine von den nie namentlich genannten Schwestern

Jesu. Ihr Sohn war später der Nachfolger Jakobus des Gerechten in der Führung der Jerusalemer Zentrale der Urchristen.

Als Johannes das niederschreibt ist dieser Neffe Jesu, dieser *Symeon bar Klopas*, der dem Jesusbruder Jakobus folgte, eventuell sogar noch im Amt. Das erklärt auch den Grund, warum seine Mutter in den Evangelien genannt wird. Sie wird bei Markus, Matthäus, Lukas und auch hier bei Johannes erwähnt. Vorher hielt man sie anscheinend noch nicht für erwähnenswert, weil der Jesusbruder Jakobus noch im Amt war. Es erweist sich damit auch, dass die Evangelien erst nach dem gewaltsamen Tode dieses Jakobus erstellt worden sein können.

Entweder war die Mutter des Symeon bar Klopas tatsächlich die Schwester der Mutter Jesu, dann hätte Jesu Mutter einen anderen Namen gehabt, was die ganze Marienverehrung sinnlos machen würde, oder diese zweite Maria war eine der Schwestern Jesu. Der Sinn wechselt, je nachdem, ob man den von mir eingeklammerten Teil des o. g. Zitates mitliest, oder weglässt. Aus der Analyse der Auferstehungsgeschichte bei Johannes ergibt sich aber, dass die Mutter Jesu Maria geheißen haben muss, so dass die hier genannte Maria, die Frau des Klopas, zwangsläufig eine Schwester Jesu war.

Man kann diese Stelle (Joh. 19,25) aber auch noch unter einem erweiterten Aspekt deuten: Bei den Synoptikern (Mt. 27,56/Mk. 15,40 und 16,1/Lk. 24,10) finden wir beispielsweise *Salome*, die Mutter der Zebedäussöhne Johannes und Jakobus in den gleichgearteten Kreuzigungs- und Grablegungsszenen. Es könnten nach diesem Text des Johannes-Evangeliums demnach nicht nur drei, sondern sogar vier Frauen dort gestanden haben:

- *1. Maria, die Mutter Jesu,*
- *2. Salome, die hier namenlose Schwester seiner Mutter, die Frau des Zebedäus*
- *3. Maria, die Frau des Klopas, welche auch unter diesem Gesichtspunkt durchaus eine der Schwestern Jesu gewesen sein könnte, und*
- *4. Maria Magdalena.*

Die hier namenlose Schwester der Mutter Jesu wäre dann *Salome, die Frau des Zebedäus* gewesen, was bedeuten würde, dass Johannes, sein Bruder Jakobus und sogar Simon Petrus Jesu Cousins gewesen wären.

Das steht hier zwar nur als ein weiteres Beispiel für die Vieldeutigkeit des Textes, ist aber genau so stimmig wie die offizielle Version. Ganz sicher ist es aber ein weiteres Indiz für die Autorschaft des Johannes, der es sich nicht nehmen ließ, nicht nur seine Verwandtschaft umfassend in den Ereignissen mit unterzubringen, sondern auch sich selbst in einer herausgehobenen Position zu verankern, indem er sich über mehrere Ecken damit sogar zum Verwandten Jesu macht.

Die Szene des Johannes-Evangeliums unter dem Kreuz enthält aber noch mehr. Der Lieblingsjünger wird hier von Jesus auch in der späteren Hierarchie der Urchristen aufgewertet. Indem Jesus zu seiner Mutter die Worte spricht (Joh. 19,26-27): *...Frau, siehe dein Sohn!,* und zu Johannes *...Siehe, das ist deine Mutter!,* erhebt er den Lieblingsjünger, der lt. Apg. 12,12 dieser Johannes ist, in unseren Augen zu seinem Adoptivbruder, was einem im Trubel der Ereignisse normalerweise entgeht, aber eine zusätzliche Aufwertung des Ranges dieses Jüngers gegenüber den anderen Jüngern bewirkt.

Die Adoption Außenstehender kannte die jüdische Gesetzgebung damals zwar nicht, aber eine ähnliche Form der Adoption, nämlich die von Verwandten finden wir beispielsweise bei 1. Mose 48,5. Dort adoptiert Jakob die beiden Söhne Ephraim und Manasse seines noch lebenden Sohnes Joseph, um sie rangmäßig seinen übrigen Söhnen gleichzustellen.

Jesus spricht auch in diesem Evangelium am Kreuz noch zwei Psalmentexte: *Mich dürstet...* Und: *Es ist vollbracht...*, und stirbt. Johannes berichtet nun die Kreuzabnahme Jesu in einer Genauigkeit, dass sogar Ärzte noch eine Diagnose stellen können, wie Jesus zu Tode kam. Falls er tatsächlich noch nicht gestorben war, wurde er mit dem finalen Lanzenstich des römischen Soldaten getötet, der seinen Vorgesetzten bei Strafe garantieren musste, dass kein Lebender vom Kreuz abgenommen wurde.

Joseph von Arimathäa, ein heimlicher Jünger Jesu erbittet sich den Leichnam Jesu von Pilatus. Nicht jeder wäre zu Pilatus vorgelassen worden und Pilatus hätte auch nicht jedem die Erlaubnis erteilt, Jesus vom Kreuz abnehmen zu lassen. Jesus wird begraben. Auch der schon zweimal erwähnte Nikodemus ist bei der Grablegung Jesu dabei.

Dieser Jesus war kein X-Beliebiger. Er muss einen hohen Rang gehabt haben. Der *Lehrer der Gerechtigkeit* der Essener war er nicht, aber sicher einer von dessen messianisch Bevollmächtigten.

Nun zur Auferstehung: Ostermorgen. Finsternis. (Joh. 20,1-10): Maria von Magdala entdeckt, dass das Grab Jesu geöffnet ist und alarmiert Petrus und den Lieblingsjünger, die nun bei der Mutter Jesu wohnen. Sie stürzen sofort los, die Mutter ihnen nach, und entdecken: Das Grab ist nicht nur geöffnet, sondern sogar leer. Es steht da: *Sie begriffen, dass Jesus auferstanden ist.*

Der folgende Bericht von der nochmaligen Erscheinung Jesu dient nur noch der Erteilung der Vollmacht an die Jünger (Joh. 20,22-23): *...Nehmt hin den Heiligen Geist! Welchen ihr die Sünden erlasst, denen sind sie erlassen; und welchen ihr sie behaltet, denen sind sie behalten.*

Das finden wir schon bei Matthäus im 18. Kapitel. Es ist aber dort ein Teil der umfangreicheren und sogar um ein Gleichnis erweiterten Vollmachterteilung an die Gemeinde, was damit auch hier auf einen späteren Einschub hindeutet, zumal hier der Heilige Geist angesprochen wird, was im Widerspruch zur vorherigen Verkündung des Parakleten durch Jesus steht.

Die Episode vom ungläubigen Thomas, der Jesu Auferstehung erst glaubt, nachdem er ihn nicht nur gesehen, sondern auch angefasst hat, hat nur die eine, aber sehr wichtige Botschaft, auf der das Christentum und jeder andere echte Glauben auch basiert (Joh. 20,29): *...Selig sind, die nicht sehen und doch glauben.* Diesem Evangelisten ist aber von nun an nur noch etwas zu glauben, wenn man es von anderer Seite bestätigt bekommt, denn gerade hier deckt er wieder ganz geschickt etwas zu, was wir nicht prüfen sollen, worauf ich deshalb auch noch einmal zurückkommen werde.

Das 20. Kapitel endet nun mit einem das ganze Evangelium abschließenden Text, der präzisiert, wozu dieses Evangelium geschrieben wurde: (Joh. 20,30-31): *Noch viele andere Zeichen tat Jesus vor seinen Jüngern, die nicht geschrieben sind in diesem Buch. Diese aber sind geschrieben, damit ihr glaubt, dass Jesus der Christus ist, der Sohn Gottes, und damit ihr durch den Glauben das Leben habt in seinem Namen.*

In das 20. Kapitel dieses Evangelium gehört eigentlich die Geschichte von den Emmausjüngern hinein, wie sie bei Markus (Mk. 16,12) angedeutet wird und bei Lukas im 24. Kapitel ausführlich steht. Stilistisch entspricht die Beschreibung der Umstände der Emmausgeschichte eher dem Text des Johannes-Evangeliums. Es wirkt fast so, als habe Johannes zwischen den Texten vom ungläubigen Thomas und den von den Emmausjüngern ausgewählt und sich dann dafür entschieden, den Thomastext zur Deckelung der Auferstehung Jesu zu verwenden.

Diese Geschichte von den Emausjüngern muss eine späte, aber noch von Johannes initiierte Ergänzung des Lukas-Evangeliums sein. Klopas oder Kleopas, auch wenn er nur zur angeheirateten Verwandtschaft Jesu gehörte, wurde für Johannes, und damit auch für das Christentum erst dann erwähnenswert, nachdem dessen Sohn Symeon die Nachfolge des Herrenbruders Jakobus in der Urchristenzentrale angetreten hatte.

Im Interesse einer gezielten Werbestrategie um die Gunst des wohl noch amtierenden Symeon entschloss sich wohl Johannes, neben dessen Mutter auch dessen Vater ehrender zu erwähnen. Er nennt ihn zwar Jesusjünger, aber im inzwischen tradierten Zwölferkreis der Apostel war er schon nicht mehr unterzubringen. Da die Emmausgeschichte zwar wichtig, aber nicht ins Johannes-Evangelium integrierbar war, wurde sie deshalb als Überleitung von der Auferstehung zur Verkündigung des Christentums bei Lukas verwendet. Es ist also anzunehmen, dass der zweite Jünger neben Klopas dort Johannes war. Dort wird nämlich bei Lukas die Auferstehung Jesu direkt bezeugt, was Johannes aber wohl kaum unter der Wahrheitsversicherung seines Evangeliums hinzuschreiben gewagt hätte.

Der auferstandene Jesus zeigt sich seinen Jüngern aber anscheinend doch, und zwar am See von Tiberias. Er fordert da von Simon Petrus ein dreifaches Liebesbekenntnis zu sich und überträgt mit der dreimaligen Aufforderung, seine Lämmer und Schafe zu weiden, hier an Simon Petrus die Vollmacht, ihm nachzufolgen (Joh. 21,1-25). Der nun folgende letzte Satz mit der Wahrheitsversicherung des Evangelisten bedeutet nun anscheinend nur eine wiederholende Erweiterung, die für uns damit auf das ganze Evangelium ausgedehnt wird.

Dieses letzte 21. Kapitel des Johannes-Evangeliums ist nach übereinstimmender Ansicht der Fachwelt aber nur ein späterer Zusatz und als Überleitung zur Apostelgeschichte des Lukas anzusehen. Dieses Kapitel gehört damit zu den für erforderlich angesehenen Änderungen und Ergänzungen, welche mit der Kanonbildung des Neuen Testamentes zusammenhängen. Es dient auch ganz vordergründig einer Aufwertung der Person des Simon Petrus. Zumindest eine dahingehende Überarbeitung eines ursprünglich da stehenden Textes ist später erfolgt. Das erschließt sich auch daraus, weil diese unmotivierte plötzliche Heraushebung des Petrus auf sein ihm später unterschobenes Papsttum hin deutet, also erst nach dem Entstehen dieser Legende erstellt worden sein kann.

Dass es in der Ergänzung des Johannes-Evangeliums um die Aufwertung des Petrus ging, ergibt sich aus seinem spezifischen Inhalt. Die dreimalige Aufforderung Jesu an Petrus, seine Herde zu weiden ist nicht nur der Auftrag zur Übernahme eines Amtes, welches es überhaupt noch nicht gab, sie bezieht sich, wenn auch sehr verdeckt auf die dreimalige Verleugnung und deren hier versuchte nachträgliche Aufhebung (Joh. 21, 15-17). Der Anschlusstext (Joh. 21, 18): *Wahrlich, wahrlich, ich sage dir: Als du jünger warst, gürtetest du dich selbst und gingst, wohin du wolltest; wenn du aber alt wirst, wirst du deine Hände ausstrecken, und ein anderer wird dich gürten und führen, wo du nicht hinwillst.*, war nur als Hinweis dafür gedacht, dass dieses Amt kein leichtes sein werde.

Aber erst der nun folgende und wahrscheinlich noch später eingefügte Zeigefingersatz (Joh. 21,18): *Das sagte er aber, um anzuzeigen, mit welchem Tod er Gott preisen würde...* zwingt uns assoziativ die Petruslegende von dessen Bischofsamt in Rom und seinen bei der Ausfertigung dieses Textes schon tradierten Märtyrertod auf.

Wer dieses 21. Kapitel auch verfasst hat, er hat den von mir herausgearbeiteten wahren Grund für die Erstellung dieses Evangeliums nicht mehr gekannt. Es gibt im Text nämlich noch einen weiteren Hinweis auf spätere Ergänzungen. Der vorletzte, der Vers 24 lautet: *Dies ist der Jünger, der dies alles bezeugt und aufgeschrieben hat, und wir wissen, dass sein Zeugnis wahr ist ...*

Die im Kapitel 19, Vers 35 stehende erste Wahrheitsversicherung lautete aber: *Und der das gesehen hat, der hat es bezeugt, und sein Zeugnis ist wahr, und er weiß, dass er die Wahrheit sagt, damit auch ihr glaubt.*

Der meist überlesene Unterschied zwischen den beiden als gleich angesehenen Texten besteht nun darin, dass wir einerseits die Wahrheitsbescheinigung des Johannes direkt haben, und im zweiten Fall mit diesem *wir* sich eine Gruppe (von Redakteuren?) auf Johannes beruft.

Dieses *wir* finden wir übrigens schon im 1. Kapitel des Johannes-Evangeliums. Dort steht nach der mystischen und später gnostischem Ursprungs bezichtigte Einleitung (Joh. 1,14): *Und das Wort ward Fleisch und wohnte unter uns, und wir sahen seine Herrlichkeit...* Stellt man diese Passagen einander gegenüber, ergibt sich, dass auch der Anfang des Johannes-

Evangeliums ein späterer Zusatz sein muss. Johannes wäre demnach, wie bereits eingangs erwähnt, die gnostische Idee des *Logos*, der das Eingangskapitel dominiert, erst bei einer späteren überarbeitenden Ergänzung untergeschoben worden, denn dieses Evangelium wurde sichtlich zu ganz anderen Zwecken geschrieben als zur Verkündung religiöser Tröstungen und Hoffnungen.

Diese späten Ergänzungen verdecken für uns sogar zum Teil das, was Johannes mit seinem Evangelium aussagen wollte und mystifizieren es zusätzlich in einer Weise, die zwar dem Glauben zuarbeitet, es aber auch verfälscht. Die Schlussszene von der Nachfolge wurde später in den Text des Johannes eingepasst, weil man den uns nirgendwo überlieferten, aber schon tradierten Tod des Petrus unter Nero dagegen setzte, obwohl alles darauf hindeutet, dass die Person, welche die Vorlage für den Simon Petrus lieferte, nach 70 noch in Rom präsent war.

Das Kapitel endet im Vers 25 mit einer weiteren abschließenden Bemerkung: *Es sind noch viele andere Dinge, die Jesus getan hat. Wenn aber eins nach dem anderen aufgeschrieben werden sollte, so würde, meine <u>ich</u>, die Welt die Bücher nicht fassen, die zu schreiben wären.* Wer ist dieser „*ich*"? Johannes?

Die Unbedingtheit, mit der Johannes allerdings die Wahrheit seines Berichtes vom doppelten Tod Jesu am Kreuz bekräftigt, ist wirklich eiskalt. Alles deutet darauf hin, dass er sich selbst für den wahren Messias hielt, was dann aus dem Anfang seiner Offenbarung ganz deutlich wird. Unter anderen Umständen, und zu einer anderen Zeit wäre auch er ein David geworden. Das Zeug dazu hatte er.

Sein Pech war, dass es das starke römische Reich gab. Dieses Schicksal teilt er auch mit den ihm nachfolgenden Aufstandsführern, auch mit dem zeitweise noch erfolgreicheren Bar Kochbar. Dieser Bar Kochbar erbrachte übrigens mit seinem Aufstand den Beweis, dass alle offiziellen politischen und religiösen Winkelzüge des ersten Jahrhunderts zur Domestizierung des religiösen Terrorismus der Sikarier im Endeffekt ins Leere liefen.

Auf der Basis seines Evangeliums konnte Johannes nun seine Apokalypse fest gründen, denn auch die Apokalypse, die Offenbarung des Johannes ist durchaus kein zweckfreies Buch.

Johannes gibt sich aber damit noch nicht zufrieden. Nachdem er sein Evangelium nach neuem Konzept erarbeitet hat, korrigiert er nun rückwirkend in die nicht mehr gefragten Synoptiker hinein, was auch nicht ohne Einfluss auf die weitere Herausbildung der geistigen Konzeption des Christentums war. Dabei müssen nun außer den pazifistisch verfälschenden Passagen der Unterwerfungslehre noch die Ergänzungen mit in diese Evangelien hineingekommen sein, die uns heute erschweren, bestimmte Inhalte zur Person des Messias anzunehmen.

Johannes, die Evangelien und Rom

Für Johannes ist Jesus nicht der Messias, der sein Martyrium auf sich nimmt, um mit seinem Opfer die Welt zu retten, sondern ganz einfach der Jehoshua bar Joseph, der Mensch, der nur zufällig zum Begründer eines Glaubens hochstilisiert wurde, und nie dergleichen vor hatte. Das weiß Johannes alles noch aus eigener Anschauung und auch, weil er aktiv in die entsprechenden Vorgänge eingebunden war.

Er kommt aber nach über 40 Jahren gegen die bereits vergottete Jesusfigur der Christen nicht mehr an. Jesus wird uns deshalb von ihm im Johannes-Evangelium zunehmend als ein Mensch beschrieben, der schrittweise von der Realität abhebt, als einer, der immer stärker seiner eigenen Ideologie verfällt, was bekanntlich immer ein deutliches Zeichen für das Scheitern einer Mission ist.

Als Voraussetzung wird uns dazu auch mitgeteilt, dass Jesus sich gern in dem sonnte, was man ihm unterstellte, er sich also rein menschlich verhielt, indem er akzeptierte, was seine Jünger und seine Anhänger im Sinne dessen, was er auftragsgemäß an sie vermitteln musste, in ihm sehen wollten und in ihren Vorstellungen auf ihn persönlich projizierten. Den Scheitelpunkt dieser Entwicklung bildet der Bericht vom misslungenen Versuch der Aufstandsauslösung im Johannes-Evangelium, womit uns Johannes zu beweisen sucht, dass Jesus am Ende seiner Mission nicht nur von der Realität abgehoben dachte und lebte, sondern auch handelte.

Es wäre aber falsch, alles was uns Johannes schreibt, als authentisch zu betrachten. Es sind zwar die wirklichen Fakten von Jesu Lebenslauf in diesem Evangelium verarbeitet, aber es ist keine Biografie des Jehoshua bar Joseph, sondern eine überhöhte dramaturgisch aufgebaute und idealisierte Zweckdarstellung der Lebensstationen eines Messiasanwärters.

Johannes nutzt nämlich nun diesen von ihm errichteten Sockel, von dem aus es nach menschlichem Ermessen nur den Absturz gibt, und von dem aus Jesus auch tatsächlich abstürzte, um ihn uns nun zu dem Sohn Gottes aufzubauen, den er für sich gebrauchen konnte und später auch für sich nutzte. Dazu muss er das, was er soeben aufgebaut hat, auch glaubwürdig zu dem bekannten Ende bringen.

Jesus handelt bei Johannes sogar nach seinem misslungenen Aufstandsaufruf irrational. Er sieht sich weiterhin als den Messias und ignoriert, dass es ihm nun ans Leben geht, wenn er sich nicht in Sicherheit bringt, obwohl er es weiß. Das soll uns die Tiefe der Persönlichkeitsstörung Jesu zeigen. Er glaubt nicht fliehen zu dürfen, was Johannes die Möglichkeit gibt, Jesus den Parakleten installieren zu lassen. Diese irrationale Abgehobenheit, einer tradierten mystischen Sache bis zum Opfertod verpflichtet zu sein, die sich aus dem nun übersteigerten Sendungsbewusstsein Jesu speist, finden wir sogar noch bei seiner Gefangennahme. Sein Zusammenbruch erfolgt erst im Laufe der Verhöre und den damit verbundenen körperlichen Misshandlungen, was sich uns aus der Passivität Jesu erschließt.

Jesus fängt sich aber nach Johannes in seiner Todesstunde wieder, denn er verabschiedet sich am Kreuz mit zwei Psalmentexten, und nicht wie bei Markus mit dem sehr viel wahrscheinlicheren Verzweiflungsschrei des gescheiterten Aufstandsführers (Mk. 16,34): ... *Mein Gott, mein Gott, warum hast du mich verlassen!*, was allerdings auch ein Psalmentext ist.

Johannes hat auch keine andere Wahl, wenn er es glaubhaft darstellen will. Jesus ist zu dem Zeitpunkt, zu dem Johannes dies schreibt bereits unwiderruflich der echte und einzige Sohn Gottes im theologischen Sinn. Das haben nicht nur er und Kephas, sondern auch alle seine Mitjünger schon vor über vierzig Jahren beschworen.

Dem wird nun von Johannes den Christen eine neue Variante dieses Gottessohnes aufgepfropft. Während Johannes in den Schriften der Synoptiker Matthäus und Lukas noch versucht, sie mit Hilfe Jesu erneut auf das Mosaische Gesetz einzuschwören, um die Christen in den Mutterschoß der jüdischen Basisreligion zurückzuführen, hat er diesen Plan unter dem Zwang der Umstände nun aufgegeben.

Johannes erweitert deshalb in seinem Evangelium die Lehre dahingehend, dass er Jesus uns für die Zeit nach seiner Entrückung in den Himmel, einen von Gott bevollmächtigten Nachfolger, einen Beistand und Tröster prophezeien lässt. Dabei wird von ihm der Heilige Geist nun in der Form der von ihm erfundenen und Jesus, zur Verkündigung in den Mund gelegten Idee der Figur eines Parakleten geschaffen.

Das hat einen ganz triftigen Grund. Infolge der generellen Zurückweisung des Christentums durch das sich nach seiner Konsolidierung neu etablierende Judentum unter Gamaliel II. wandelt sich Johannes nun zum kompromisslosen Christen und leitet uns nun den Sohn Gottes dafür theologisch exakt her, wobei er ihn für sich gleichzeitig passend zurechtschneidert. Dieser Christus ist nun ein johanneischer. Mittels der neuen Figur des Parakleten schafft Johannes sich ein zusätzliches Legitimationspodest, von dem er später mit Hilfe seiner Offenbarung seine religionspolitischen Ziele im Raum Ephesus umzusetzen versucht.

Dass Johannes das ablaufmäßig tatsächlich von Anfang an so geplant hat, ist nicht wahrscheinlich. Näher liegt die von mir bereits erwähnte Annahme, dass er den Parakleten erst später auf Patmos als legitimierendes Element in sein Evangelium einarbeitete, als sich seine Freilassung schon abzeichnete. Dass er sich aber selbst als diesen Parakleten sah, ist sicher. Die betreffenden Texte sind zu gut aufeinander abgestimmt, viel zu zielgerichtet verfasst, und vor allem von ihm tatsächlich im unterstellten Sinn benutzt worden. Es wird Johannes oft vorgeworfen, uns das Christentum aus gnostischer Sicht zu vermitteln. Durch diese Kategorisierung entgeht uns aber die tatsächliche Absicht des Johannes, dem solche später rückprojizierten philosophisch-theologischen Kategorien noch gar nicht bekannt gewesen sein können. Außerdem sind die als gnostische Elemente zu bezeichnenden Textteile des Johannes-Evangeliums, wie ich bereits herauszuarbeiten versuchte, weitgehend Ergänzungen späterer Zeit, wie es sich für uns aus Anfang und Ende des Textes dieses Evangeliums erschließt.

Das Johannes-Evangelium stellt uns den Christus auf ein höheres Podest, von dem herab Johannes selbst als dessen Nachfolger nun die Zügel in seine Hände nimmt, weil man ihn und sein Konzept seitens des Judentums zurückgewiesen hat. Von nun an ist Johannes tatsächlich und mit allen Konsequenzen Christ. Die Wandlung des Johannes zum Christen ist aber keine innere Umkehr im Sinne der *Metanoia* des Täufers, sondern politisches Kalkül eines Pragmatikers, der seine Felle davon schwimmen sieht und nun zu seiner Rettung etwas unternehmen muss.

Das, was uns das Johannes-Evangelium übermittelt, führt nun endgültig über das hinaus, was der Täufer verkündete und Kephas nutzte, um die religiösen Vorstellungen der neuen Sekte daraus zu formen. Johannes hat Jesus nun wirklich zum Soter, zum Pantokrator gemacht, wie ihn vor allem die Ostkirche versteht und verehrt. Der Vorrang, welcher dem Apostel Johannes dort zugemessen wird erklärt sich hauptsächlich daraus.

Das Vaterunser fehlt nicht zufällig im Johannes-Evangelium. Es ist überliefert, aber für Johannes nicht nutzbar. Johannes hat in seinem Evangelium den himmlischen Messias verankert. Nur den kann er für sich gebrauchen. Dieser Messias steht aber höher als der das Vaterunser betende Jehoshua. Dessen Bitte um das Kommen des irdischen Gottesreiches an seinen Vater würde deplatziert wirken. Es ist gerade daraus erkennbar, dass Johannes sein Evangelium auf ein anderes Ziel anlegt. Es ist keine radikale Rückkehr zur Lehre des Täufers. Johannes verkündet hier etwas Neues. Er nutzt zwar weiter die Grundidee des nun in den Himmel entrückten Messias, siedelt ihn aber viel weiter oben und näher an Gott, als an den Menschen an. Darauf, dass der Basisentwurf dazu erstmals zum Pfingstfest des Jahres 30, und tatsächlich von Simon Kephas, und nicht von Simon Petrus verkündet wurde, sei hier nur noch einmal hingewiesen.

Johannes akzeptiert gezwungenermaßen die nun zwischen Gott und die Menschen eingeschobene Figur des Jesus, um die er nicht mehr herum kommt, weil sie schon zu fest tradiert ist, formt und benutzt sie aber für seine eigenen Zwecke. Der Christus des Johannes ist der neue Oberbefehlshaber der himmlischen Heerscharen Jahwes, auf dessen Autorität gestützt nun Johannes später in seine Offenbarung bevollmächtigt daherkommt.

Er macht Jesus nun tatsächlich unwiderruflich zum direkten Sohn Gottes, weist ihm Amt und Aufgabe im Himmel zu, und bricht damit erstmalig und ganz absichtlich das erste Gebot, indem er unter Jahwe diesen Untergott Jesus

Christus fest installiert. Grund genug für die, welche an der reinen Lehre der Tora hängen, nun reinen Tisch zu machen, und die Christen-Ketzer auch als solche zu sehen und aus der jüdischen Glaubensgemeinschaft auszutreiben.

Was bei den Synoptikern auffällig ist: Die Mission Jesu als Aufstandsverschwörer wird ignoriert, ohne dass man uns einen triftigen Ersatzgrund für die Verbissenheit nachliefert, mit der ihn seine Gegner verfolgen. Außerdem muss er trotz eindeutiger Hinweise auf seine außergewöhnliche Geburt, die Verheißungen im Tempel und der Taufoffenbarung zu seiner Messiasbestimmung förmlich überredet werden. Alles kommt von außen, bis er sich am Ende unter dem Zwang der Umstände in sein Schicksal ergibt, doch der Menschensohn und damit der Messias zu sein, welchem das Martyrium nun einmal nicht erspart werden kann.

Im Johannes-Evangelium wird uns dagegen ein Mensch vorgeführt, der aus sich selbst heraus mit seiner ihm übertragenen Mission, der Aufstandsvorbereitung gegen Rom scheitert, weil er der zur Deckung dieser Mission übergestülpten tarnenden Ideologie seiner Auftraggeber am Ende selbst verfällt. Die Folgen dieses Realitätsverlustes sind es, die für Jesus zum Verhängnis werden. Während bei den Synoptikern uns Jesus von vornherein als Sohn Gottes vorgestellt wird, der es nur nicht weiß, und von außen her gedrängt werden muss, die Messiasrolle, die er predigt, selbst zu übernehmen, und sich am Ende in sein Schicksal ergibt, obwohl er nicht glaubt, das Martyrium dessen erleiden zu müssen, den er doch angeblich nur verkündet, ist das im Johannes-Evangelium ganz anders. Dort finden wir den Menschen und Aufstandsverschwörer Jesus mit all seinen menschlichen Stärken und Schwächen, wie ihn nur Johannes gekannt haben kann. Johannes beschreibt dann auf dieser Grundlage die aus Jesus selbst heraus stattfindende geistige Wandlung bis zu dem Punkt, wo er in die Irrealität abhebt, aus der ihn erst das Erlebnis seines Martyriums geistig wieder so weit zurückholt, dass er sein Schicksal akzeptiert.

Das ist auf eine so faszinierende Art dargestellt, dass die Darstellungen der Synoptiker direkt hölzern wirken. Man ist wirklich versucht, das als die endgültige Wahrheit anzunehmen. Das hätte aber Konsequenzen für das Jesusbild des Christentums, die jeder mit sich abmachen müsste. Unterschwellig rechtfertigt Johannes nämlich damit den Judasverrat, denn mit dieser Aktion, wenn man sie nur in diesem engen Rahmen sehen will, retten sich die Verschwörer vor dem, was sie erwartet hätte, wenn sie den schon nicht mehr der Wirklichkeit entsprechenden Vorstellungen des Jesus gefolgt wären, der am Ende wohl wirklich geglaubt hat, im Namen Gottes die Welt retten zu müssen, obwohl noch nicht einmal die Voraussetzungen dazu bestanden erfolgreich gegen die römische Besatzungsmacht anzutreten.

Dieses Projekt seines Evangeliums beginnt Johannes bereits zu einer Zeit, zu der noch an den Evangelien der Synoptiker gearbeitet wird. Es ist aber kaum noch etwas an diesen Texten zu ändern, ohne sie und damit das

Christentum generell infrage zu stellen. Johannes könnte seinen Redakteuren auch kaum begreiflich machen, worum es ihm geht, weil er sie von Anfang an unter der falschen Zielvorgabe an die Arbeit setzte, Jesus nachträglich zum rein jüdischen Messias aufzubauen.

Er greift deshalb zu einer Art Notbremse. Er lässt ergänzende Texte in die Synoptiker einbauen, welche sich nun direkt gegen die Scheinheiligkeit der Vertreter des Judentums, und da besonders gegen die Pharisäer und die Schriftgelehrten richten. Das betrifft fast das gesamte 23. Kapitel bei Matthäus (Mt. 23,1-36). Bei Markus und auch bei Lukas sind es kürzere Einfügungen (Mk. 12,38-40/Lk. 20,45-47; 11,39-52). Es ist zwar Täufertext, den Johannes da verwendet und Jesus in den Mund legt, aber dieser Text ist schon aktualisiert. Die Sadduzäer werden bei Matthäus 23 beispielsweise nicht mehr erwähnt, weil sie nach der Auflösung des Tempelkultes zur Zeit der Niederschrift der Evangelien keine politische und auch keine religiöse Bedeutung mehr hatten. Die Sadduzäer gingen mit dem Tempel unter. Nach ihnen prägte die pharisäische Linie den jüdischen Glauben.

Diese nachträgliche Bearbeitungsstufe der Synoptiker, die man als eine textliche Rückkopplung aus dem Johannes-Evangelium betrachten muss, war es, welche bisher das eigentliche Konzept zur Erstellung der synoptischen Evangelien für uns verdeckte, was auf die Rückführung der Christen unter das Gesetz und damit unter den jüdischen Glauben angelegt war. Es ist das, was wir als Judenfeindlichkeit ansehen, sich aber in Wirklichkeit nur gegen die orthodox übersteigerte Glaubenspraxis der Johannes zurückweisenden neuen pharisäischen Strukturen und deren Verfechter richtet. Die Vermutung, dass uns Johannes in seinem Evangelium ein Gegenstück zu den Synoptikern Matthäus und Lukas anbietet, welches aushöhlend und absichtlich konträr dazu angelegt ist, habe ich deshalb beim Lesen nie ganz verdrängen können.

Johannes stellt sich nun in seinem Evangelium auch gegen die ganze aus der Tora übernommene Wunder- und Gleichnisflut, der die Redakteure der Synoptiker auftragsgemäß bei ihrem Streben nach der Darstellung der nachträglich zu erweisenden Göttlichkeit Jesu, trotz anscheinend anderer Vorgabe, förmlich verfallen, was man aus den entsprechenden Texten, in denen sich Jesus dagegen ausspricht entnehmen kann. Wunder waren demnach für Johannes auch im Hinblick auf das, was er mit seinem Evangelium beabsichtigt, nicht wichtig. Er will nun das Christentum als gefestigte, wenn vielleicht auch noch nicht ganz eigenständige Religion entwickeln. Sie ist aber nach seiner Überzeugung die nächste höhere Entwicklungsstufe der jüdischen Religion, was deutlich aus dem Hebräerbrief hervorgeht.

Wenn Johannes die legitimierend untergeschobene Domestizierungsabsicht der sikarischen Bewegung, mit denen er seine römischen Mäzene für dieses Projekt der Evangelienerarbeitung angelte, nicht aufs Spiel setzen will, dann kann er kein Verbot für das anstreben, was inzwischen unter dieser

Zielstellung und unter seiner Leitung erarbeitet wurde. Er braucht es als Basis. Aber er muss es unterlaufen, muss deshalb auch näher an der Wahrheit arbeiten, um überzeugen zu können.

Johannes ist deshalb in seinem Evangelium konsequent, wenn es um sehr wesentliche Dinge geht. Er legt zwar dem Täufer auftragsgemäß lobende Worte über Jesus in den Mund, aber nur unter dem Zwang zur Legitimierung der Jesusmission. Wozu er sich aber nicht hergibt, ist direkte Fälschung, wie wir sie noch in den Synoptikern finden. So steht nun nichts über die Gefangennahme und den Tod des Täufers bei ihm. Das war erst Jahre nach Jesu Hinrichtung. Johannes weiß es, und deshalb hat es nichts in seinem Evangelium zu suchen. Im Auftragswerk, welches unter seinem Pseudonym Markus läuft, tat er es allerdings noch, und seine Redakteure, die an den anderen Synoptikern arbeiten und es nicht anders wissen konnten, plapperten es ihm nach.

Die bei den Christen schon vor der Ausfertigung der Evangelien fest verankerte Lehre, die in Jesus den künftigen himmlischen Vollstrecker der Vision des Täufers sieht, verlangt logischerweise für die Anhänger dieser Lehre das Ausscheiden des Täufers vor der Hinrichtung Jesu, weil die Zusammenhänge, wie es dazu kam, ihnen sonst nicht mehr begreiflich zu machen wären. Man hätte sie auch danach gefragt, weshalb der Täufer keine terminliche Information zur Wiederkehr seines schon in den Himmel entrückten Messias hinterlassen habe.

Auch nach Josephus ist die Sachlage ganz klar: Der Täufer hat zwar Herodes schon im Jahre 28 der Blutschande bezichtigt. Der lässt aber den Täufer erst im Herbst 35 gefangen setzen und hinrichten. Jesus wurde aber bereits 30 gekreuzigt. Wenn sich Josephus und Johannes hier einig sind, dann muss es wohl wahr sein. Wenn man aber eine so entscheidende Aussage wie die von der Hinrichtung des Täufers schon zu einer Zeit komplett verändert, in der es noch Zeugen dafür geben muss, dass es anders war, dann steckt eine Strategie dahinter. Das wäre nur damit zu begründen, dass man ein Argument brauchte, um die Täufergläubigen der Diaspora für das Christentum zu missionieren. Damit hat wahrscheinlich schon der Magier (Paulus) gearbeitet, dessen Heiden-Mission tatsächlich erst nach dem Tod des Täufers begann, und der sie sich so erleichtert haben muss. Auch wenn uns in den Evangelien viel verfälscht mitgeteilt wird, diese Sache mit dem Tod des Täufers vor der Kreuzigung Jesu hat uns nicht erst Johannes, oder einer seiner Mitarbeiter, sondern jemand schon sehr viel früher beschert.

Gegen solche schon verfestigten falschen Zwecküberlieferungen, wie sie bereits zum Zeitpunkt der Erarbeitung der Evangelien bestanden haben müssen, kämpft Johannes aber nicht. Er ignoriert es durch Weglassen. Ihm macht anderes zu schaffen. Johannes hat in seinem Evangelium auch allen Wundertaten Jesu auf plausible Weise ihre Unwahrscheinlichkeit zu nehmen versucht, weil Jesus für ihn höchstens ein guter Organisator, Arzt und

Exorzist war. Johannes erklärt uns auch deshalb das Weinwunder nicht, weil es für ihn zu einfach und zu durchsichtig erschien, was da ablief. So etwas erfindet man nicht. Das ist Unmittelbarkeit. Da lüftet Johannes einen Zipfel der Decke, mit der das tatsächliche Geheimnis der Mission Jesu immer zugedeckt wird. Wie barsch Jesus seine Mutter deshalb tatsächlich anfährt, die in zur Herausgabe der Weinvorräte nötigt, kann man noch bei Luther direkt nachlesen. Da steht nämlich: *Weib, was habe ich mit dir zu schaffen!*

Auch die Geldsammlungen sind laut der Evangelien bereits erwiesen. Dass die Zerstörungswut der Römer einen Großteil der Orte so radikal vernichtete, dass man sie erst suchen muss, ehe man sie ausgraben kann, dafür kann Johannes nichts. Erst in den letzten Jahrzehnten, als man unerschrocken, in Palästina der Bibel folgend zu graben beginnt, findet man tatsächlich die Ruinen der Orte, die Jesus verfluchte, die angeblich nie existierten und deshalb schon lange vergessen sind. Dass die historische Erinnerung so vollständig gelöscht würde, dass für uns sogar der Hintergrund des Weinwunders nicht mehr praktisch nachvollziehbar wäre, konnte Johannes nicht ahnen. Johannes war ohne Zweifel Augenzeuge.

Aus dem Vergleich der Evangelientexte geht hervor, dass Johannes in seinem Evangelium Jesus wider besseres Wissen zum wirklichen Sohn Gottes entwickelt, um ihn damit für sich selbst zu instrumentalisieren. Unter diesem neuen Konzept konnte er das von Jesus gepredigte und auch tatsächlich auf Erden zu errichtende Reich Gottes nicht gebrauchen, wie der es den Pharisäern enthüllt. Dieses Reich wird deshalb auch im Johannes-Evangelium zugunsten des himmlischen Reiches Gottes ausgeblendet.

Manche Text sind auch entlarvend (Joh. 6, 64-65): ... *Denn Jesus wusste von Anfang an, wer die waren, die nicht glaubten, und wer ihn verraten würde. Und er sprach: Darum habe ich euch gesagt: Niemand kann zu mir kommen, es sei ihm denn vom Vater gegeben.* Die Prädestinationslehre ist hier verankert. Das ist es, was Johannes hier gleichzeitig auch für sich in Anspruch nimmt. Auch er glaubt, dass es ihm vom Vater gegeben ist. Nur daran, an seine eigene Exklusivität glaubt Johannes. Deshalb berührt ihn auch nichts, was ihm begegnet. Er behält immer einen klaren Kopf. Das ist fast schon als eine Abart des Kadavergehorsams gegenüber Gott anzusehen, was gesinnungsmäßig von dieser Denkfigur gar nicht so weit weg ist. Es ist für Johannes damit auch alles was er selbst tut schon vorher von Gott abgesegnet.

Es finden sich genug Indizien, die Johannes als Insider, Autor und auch Redakteur für die Erstellung der Evangelien ausweisen. Johannes ist in den Evangelien bei allen wichtigen Geschehnissen exklusiv dabei. Dass er aber der ist, welcher immer und bei allem dabei ist, muss bei Johannes und da ganz besonders in seinem eigenen Evangelium hervorgehoben werden.

Von einer Himmelfahrt Jesu berichtet Johannes aber seltsamerweise nichts, obwohl er sein Evangelium als Letzter fertigstellt. Johannes wird nach seiner Gefangennahme in Jerusalem aufgespart. Er soll den Siegern eine

Lehre erarbeiten, mit der seine immer noch aufsässigen und gefährlichen Anhänger gezähmt werden können. Er tut es, will aber damit noch eine größere Aufgabe erfüllen: Mit Hilfe der synoptischen Evangelien die Christen wieder fest in der jüdischen Religion zu verankern.

Dass seine Rechnung nicht aufgeht, dafür kann er nichts, denn die Zurückweisung der Christen durch das Judentum kann er nicht verhindern. Er beginnt deshalb später noch einmal mit einem neuen Konzept ganz von vorn, indem er nun sein eigenes Evangelium erstellt, welches das Christentum nun endgültig verselbständigt.

Johannes fährt bei der Erarbeitung der gesamten Evangelien übrigens immer einen deutlich härteren und auch unabhängigeren religiösen Kurs, als wir ihn später in den Apostelbriefen finden. So hart Jesus bei den Synoptikern auf das Mosaische Gesetz orientiert, so stark orientiert Jesus dann im Johannes-Evangelium auf das Christentum. Die Endfassungen der Apostelbriefe schließen dann an dieses letzte Evangelium an und in ihnen ist dann diese Theologie nur noch ausgebaut und um die Erlösungslehre erweitert worden.

Was ich dem geistig unterstellt habe, was nach der Zerstörung Jerusalems und der Aussaat der Sikarier zur Ausfertigung der Evangelien geführt hat, entspricht nur der Linie damaliger römischer Politik. Diese Politik zielte auf die innere Stabilität und die Erhaltung des Imperiums. Es spiegelt die damaligen verfügbaren Kräfteverhältnisse wider, in denen die Herrscher über noch sehr viel weniger und vor allem schwächere Machtmittel als heutige Regierungen verfügten. Zur Erhaltung der Herrschaft wurde deshalb absolute Unterwerfung gefordert. Gnade war danach nicht vorgesehen.

Den Begriff des *Menschensohnes* finden wir übrigens im Neuen Testament nur in den auf Johannes zurückgehenden Schriften, aber nicht mehr in den Apostelbriefen, obwohl er in der Tora zumindest bei den Propheten verwendet und auch definiert wird, also bekannt gewesen sein muss, aber wohl bis zur Niederschrift der Evangelien wohlweislich, weil verboten, nie mit Jesus in Zusammenhang gebracht wurde, und später nach der Erhebung Jesu zum himmlischen Messias, weil unnötig, auch nicht mehr gebraucht wurde.

Wer auch die Evangelien in Auftrag gegeben, geschrieben oder überarbeitet hat, von Uneigennützigkeit war gewiss nie die Rede. Es lagen immer ganz handfeste politische Interessen zugrunde, um sie zu erstellen. Es galt, die bekannten und nun legendären Aufstandsführer der Jahre 66-70 ihren fanatischen Anhängern als Vertreter und Verfechter einer humanen und pazifistischen Idee darzustellen, die angeblich nie eine gewaltverherrlichende Lehre vertreten hätten. Was die Autoren, vor allem Johannes, mit der Erstellung der Evangelien tatsächlich für sich dabei abgearbeitet haben, steht auf einem anderen Blatt. Der Vers 25, der letzte des Johannes-Evangeliums, mit dem Johannes andeutet, dass noch viel von Jesus zu erzählen wäre, aber die Welt nicht die Menge der Bücher fassen könne, wenn man alles darüber aufschreibt, ist für mich nicht etwa ein selbstverpasster Maulkorb, sondern er ist als ein Freibrief dafür anzusehen, im Bedarfsfall weitere zur ideologischen Steuerung des Christentums erforderlich werdende Texte im Bedarfsfall nachzuliefern. Auch wenn zweifelhaft ist, ob dieser letzte Satz des Evangeliums von Johannes stammt, was Johannes alles noch von Jesus gewusst, aber nicht niedergeschrieben hat, muss wirklich viel mehr, und nicht gerade von Täuferethik geprägt gewesen sein.

Was bei Textanalysen meist nicht berücksichtigt wird, sind die Zwänge, denen ein Autor durch die von ihm nicht beeinflussbaren Umstände seines Umfeldes ausgesetzt war, und unter denen er seine Texte schrieb. Und manchmal galt es auch Rücksicht auf Dinge zu nehmen, auch wenn man sie nicht mochte. Ich versuchte es schon einmal bei der Analyse der Apostelgeschichte und auch anhand des *testimonium flavianum* zu illustrieren. Auch, dass Josephus *Simon II. (Kephas)* nicht zu verurteilen wagte, um nicht dessen gerade amtierenden und deshalb im Moment einflussreichen Sohn und Nachfolger Gamaliel II. zu beleidigen.

Johannes schrieb sein Evangelium unter Domitian, dem man Verfolgungswahn und dem entsprechende repressive Aktionen zuschreibt. Wie vorsichtig Johannes deshalb an die Erarbeitung seines Evangeliums heranging, um nicht in Konflikt mit dem römischen Staatswesen zu kommen, lässt sich beispielsweise aus seiner Darstellung der Handlungsweise des römischen Präfekten Pilatus nachvollziehen, für den die Hinrichtung eines einzelnen Aufrührers angesichts der von ihm nachweisbar angerichteten Massaker unter den Juden kaum von irgendwelcher Bedeutung gewesen sein kann. Bei Markus und bei Matthäus versucht Pilatus sich jeweils wenigstens einmal aus dem Prozess gegen Jesus herauszuhalten. Bei Lukas sind es schon drei Versuche, Jesus nicht verurteilen zu müssen. Im Johannes-Evangelium versucht sich Pilatus nun noch öfter der gerichtlichen Entscheidung über Jesus zu entziehen, ihn sogar frei zu geben:

- Zunächst versucht er sich selbst ganz herauszuhalten (Joh. 18,31): *Da sprach Pilatus zu ihnen: So nehmt ihr ihn hin und richtet ihn nach eurem Gesetz. Da sprachen die Juden zu ihm: Wir dürfen niemand töten.*
- Nachdem Pilatus Jesus verhört hat, spricht er ihn frei (Joh. 18,38): ... *Pilatus ... ging ... wieder hinaus zu den Juden und spricht zu ihnen: Ich finde keine Schuld an ihm.*, und bietet den Anklägern Barabbas als Opfer.
- Weil aber weiterhin die Verurteilung Jesu gefordert wird, lässt er Jesus geißeln und nochmals vorführen. (Joh. 19,4): *Da ging Pilatus wieder hinaus zu ihnen und sprach zu ihnen: Seht, ich führe ihn heraus zu euch, damit ihr erkennt, dass ich keine Schuld an ihm finde.*
- Mit den Worten (Joh. 19,5): ... *Seht, welch ein Mensch!*, appelliert Pilatus sogar an die Ankläger, nun von Jesus abzulassen.

- Auf die daraufhin erfolgende Bekräftigung der Hinrichtungsforderung, gibt er dann scheinbar nach (Joh. 19,6): *Als ihn die Hohenpriester und die Knechte sahen, schrien sie: Kreuzige! Kreuzige! Pilatus spricht zu ihnen: Nehmt ihr ihn hin und kreuzigt ihn, denn ich finde keine Schuld an ihm.*, obwohl er weiß, dass es den Anklägern nicht erlaubt ist.
- Pilatus befragt nun Jesus nochmals nach seiner Schuld, und weil der ihn auf Gott verweist, wird uns nochmals berichtet (Joh. 19,12): *Von da an trachtete Pilatus danach, ihn freizulassen* … Er führt Jesus zu diesem Zweck nochmals den Anklägern vor, die abermals auf der Kreuzigung bestehen.
- Da er Jesus aber immer noch nicht verurteilen will, drohen ihm die Ankläger nun, ihn beim Kaiser zu verklagen. Daraufhin gibt Pilatus tatsächlich auf.
- Seine Worte bei der Übergabe Jesu zur Kreuzigung (Joh. 19,14): *…Seht, das ist euer König!*, sind im Zusammenhang mit der von Pilatus befohlenen Anbringung einer Tafel am Kreuz mit der von den Hohepriestern beanstandeten Aufschrift (Joh. 19,19): *… Jesus von Nazareth, der König der Juden.*, eine Proklamation. Es ist die Geste einer wenn auch nicht bindenden, so doch förmlichen Einsetzung dieses Königs, ein letzter verurteilender Appell an die Ankläger, was den Hohepriestern bewusst ist. Sie hätten den Text auf der am Kreuz Jesu angebrachten Tafel sonst nicht reklamiert.

Paradox ist nun das, was uns dieser Evangelientext, tatsächlich zusätzlich vermittelt. Der bei Johannes 19,19 stehende Text des Pilatus auf der Tafel über dem Kreuz enthält neben dem Namen Jesu den Titel des Königs der Juden. Durch die tatsächlich damals bestehende Gleichsetzung der Titel *König der Juden* und *Messias* erhöht demnach tatsächlich erst Pilatus den Hingerichteten offiziell zum Messias. Nicht das Kreuz, sondern die Tafel daran, die falsche Anklage und das daraus Entspringende, das höchste Unrecht, setzt hier die Tatsache, auf der dann alle christliche Theologie fußt.

Seine ihm von den Evangelisten unterstellten und durch nichts belegbaren angeblich edlen Motive bescherten dadurch Pilatus später sogar einen Platz als Heiligen der äthiopischen Kirche. In Wirklichkeit bestand für ihn die Möglichkeit, die ganze Angelegenheit zu verschleppen, juristisch in die Länge zu ziehen oder im Sande verlaufen zu lassen. Niemand hätte ihn zu einer sofortigen Verhandlung, geschweige denn zu einem Urteilsspruch zwingen können. Jesus wurde aber tatsächlich auf direkten Befehl des Pilatus und auch von dessen Leuten gekreuzigt.

Auch wenn bei Johannes steht (Joh. 19,16): *Da überantwortete er ihnen Jesus, dass er gekreuzigt würde.*, was bedeutet, dass Jesus zwar *unter* aber nicht *durch* Pilatus gekreuzigt wurde, selbst Tacitus schreibt in seinen Annalen (15,44): *Christus Tiberio imperitante per procuratorem Pontium Pilatem supplicio adfectus est.* (Christus wurde unter Tiberius durch den Statthalter Pontius Pilatus hingerichtet.) Das beißt sich zwar mit der Tatsache, dass zu dieser Zeit Vitellius Prokurator war und Pilatus der ihm nachgeordnete Präfekt, stellt aber richtig, was uns der Evangelientext vorenthalten will.

Da aber selbst zur Zeit der Niederschrift der Evangelien immer noch eine Kritik an der Geschäftsführung und Rechtsprechung eines hohen römischen Beamten, auch wenn er später seines Amtes enthoben wurde, für den Evangelisten kaum straflos geblieben wäre, hat der Autor des Evangeliums uns in seinem eigenen Interesse bei der Niederschrift diese Szene entschärft.

Das römische Kaiserreich bestand nach wie vor, und eine solche Kritik wäre einem direkten Eingriff in die Staatsgeschäfte gleichzusetzen gewesen. Auch wenn Pilatus später in Ungnade fiel und sogar seines Amtes entsetzt wurde, als Repräsentant seines Kaisers mussten er und seine Anordnungen im Rahmen seiner Amtsgeschäfte im Hinblick auf die Staatsraison außerhalb der Kritik bleiben, auch wenn er mit in die beschriebenen Vorgänge verwickelt war. Auch wenn die Dynastien wechselten, die Organisationsformen des Kaisertums bildeten das Rückgrat des römischen Reiches und standen deshalb außerhalb jeder Kritik.

Dass Johannes hier trotzdem gezielt falsch informiert, ergibt sich auch aus einer ganz einfachen Tatsache: Pilatus hatte nach den Evangelien an diesem Gerichtstag im Vorfeld des Passa des Jahres 30 außer Jesus mindestens drei weitere führende Aufrührer zur Hinrichtung einsitzen, von denen er aber seltsamerweise nur den Bar Abbas zur Freilassung anbot, dann angeblich frei gab und die anderen zwei zusammen mit Jesus kreuzigen ließ.

Warum er so handelte, ist dabei ziemlich unerheblich. Man sollte lieber fragen, warum man die beiden anderen in den Texten beließ. Das enttarnt uns nämlich die Pilatustexte als eine johanneische Mohrenwäsche des Pilatus, um römischerseits keinen Repressalien ausgesetzt zu sein. Der Kaiserkult drohte gerade damals von der Realität abzuheben. Domitian forderte zu dieser Zeit für sich, mit dem Titel *dominus et deus* (Mein Herr und mein Gott) angesprochen zu werden, was dann auslösend für seine spätere Ermordung gewesen sein soll.

Maria Magdalena, die Apostelin der Apostel

Befassen wir uns nun mit etwas näher, was bei der Lesung religiöser Schriften und ganz besonders im Christentum fast ganz ausgeblendet wird, die Privatsphäre der handelnden Figuren. Bisher war nur von Politik die Rede, Zielen, denen sie untergeordnet war und auch von persönlichen Machtspielen der Agierenden. Vernachlässigt habe ich die ganz privaten und zwischenmenschlichen Dinge, die nicht immer mit der Politik in Übereinstimmung zu bringen sind, aber ungeachtet dessen, dass sie meist ignoriert werden, auf den Verlauf der Weltgeschichte immer sehr starke Einflüsse ausgeübt haben.

Es heißt oft nicht zu Unrecht, dass hinter jedem starken Mann immer eine starke Frau stand, die mit seiner Hilfe nur ihren Willen durchgesetzt habe. In den Evangelien ist es die Figur der Maria aus Magdala, Maria Magdalena oder auch nur Magdalena, der ich deshalb nachgehen möchte.

Diese in den Evangelien im Umfeld des Jesus von Nazareth immer wieder erwähnte Maria Magdalena, könnte eine solche Frau gewesen sein. Sie ist aber außer in den Evangelien sonst nirgendwo dokumentiert. Selbst in den Apostelbriefen des Paulus findet sich keine Spur ihrer Existenz. Erst in den Evangelien taucht sie auf, schafft es aber seltsamerweise schon nicht mehr bis in die Apostelgeschichte. Nur aus ihren Erwähnungen in den Evangelien heraus entwickeln sich dann die ganzen Legenden um ihre Person.

Aber erst die feministische Theologie nutzte sie für sich und fand in ihr einen dankbaren Ansatzpunkt, um die Rolle der Frau im Christentum weiter aufzuwerten, obwohl nirgends etwas darauf hinweist, dass sie irgendeinen Einfluss auf Jesus genommen hätte oder bei der Verkündung seiner Mission in den Vordergrund getreten wäre. Es mag abwegig anmuten, im Rahmen meiner Recherchen nach den Verkündern des Christentums einer Person nachzuspüren, die nur zu den Statisten gehörte. Es ist aber doch seltsam, dass sie nur in den Evangelien existiert, die auf Johannes zurückgehen und sonst nirgends vorher.

Um herauszuarbeiten, was uns über sie wirklich überliefert wird und zu welchen Zwecken, muss man etwas tiefer in den Texten graben. Es muss betreffs der Definition der damaligen Gesellschaft und auch in der Gruppe Jesus Dinge gegeben haben, die auf Sachverhalten beruhten, die uns unverständlich erscheinen müssen, weil die Vorstellung der damaligen Menschen von ihrer Welt auf anderen Prioritäten aufbauten, als wir sie heute setzen.

Das möchte ich aus einem ganz unspektakulären Ansatz heraus entwickeln, und zwar aus der Frage nach der Auferstehung. Jesus wird beispielsweise bei den Synoptikern ein Problem vorgelegt, welches logisch unlösbar ist, wenn man sich darauf einlassen würde. (Mk. 12,18-23): *Da traten die Sadduzäer zu ihm, die lehren, es gebe keine Auferstehung; die fragten ihn und sprachen: Meister, Mose hat uns vorgeschrieben (5. Mose 25,5-6): „Wenn jemand stirbt und hinterlässt eine Frau, aber keine Kinder, so soll sein Bruder sie zur Frau nehmen und seinem Bruder Nachkommen erwecken." Nun waren sieben Brüder. Der erste nahm eine Frau; der starb und hinterließ keine Kinder. Und der zweite nahm sie und starb und hinterließ auch keine Kinder. Und der dritte ebenso. Und alle sieben hinterließen keine Kinder. Zuletzt nach allen starb die Frau auch. Nun in der Auferstehung, wenn sie auferstehen, wessen Frau wird sie sein unter ihnen? Denn alle sieben haben sie zur Frau gehabt.*

Es handelt sich dabei um eine theoretische Konstruktion zu einer mosaischen Gesetzespassage zum Erbrecht bei Kinderlosigkeit, die hier als Gegensatz zur Auferstehungslehre herangezogen wird, wozu sie aber ursprünglich nicht angelegt war. Wir finden den fast wörtlich gleichen Text bei Markus, bei Matthäus und auch bei Lukas. Das weist unmissverständlich darauf hin, dass Jesus mittels spitzfindiger Fragen in die Enge getrieben, zumindest lächerlich gemacht, der Gesetzesunkenntnis überführt oder sogar der Gotteslästerung bezichtigt werden soll, was er aber souverän von sich weist. Das ist bei allen drei Synoptikern die Aussage des Textes und auch sonst nichts dahinter zu vermuten. Er fertigt die Fragenden auf eine ziemlich grobe Art ab. Man könnte den Täufer vermuten, aber hier ist es tatsächlich Jesus, der sich wehrt, was sich sogar beweisen lässt, denn es steckt schon in der Fragestellung eine Anspielung, die im ersten Moment absurd erscheinen muss, sich auch aus dem Johannes-Evangelium heraus zwangsläufig ergibt, was aber eine längere Untersuchung erfordert.

Johannes greift nämlich im 4. Kapitel seines Evangeliums diese Problematik ohne Anlass auf eine ganz andere Weise wieder auf. Sehen wir einmal nach, was uns Johannes da (Joh. 4,5-19) vermittelt: Jesus begegt nämlich dort auf der Durchreise durch das Samaritergebiet am Brunnen Jakobs einen Eklat. Er bittet eine Frau, ihm Wasser zu schöpfen. Darüberhinaus bietet er ihr dafür als Lohn lebendiges Wasser, nach dessen Genuss sie nie wieder durstig werden würde. Jesus verwickelt sie so in ein mystisches Gespräch und wahrsagt ihr, was er eigentlich nicht wissen kann. Seine Jünger, die dazukommen fühlen sich schon durch Jesu Verhaltensweise, eine Frau auf offener Straße nicht nur anzusehen, sondern sie darüberhinaus allein und ohne Zeugen anzusprechen, brüskiert. Dazu ist sie noch eine Samariterin.

Bei Johannes ist das deutlich gekennzeichnet die Frau aus dem konstruierten Beispiel, welches Jesus bei den Synoptikern als unlösbarer Fall für ein geordnetes Familienleben nach der Auferstehung von den Sadduzäern vorgelegt wird. Diese hier hat nacheinander allerdings nicht sieben, sondern nur fünf Männer gehabt. Sie lebt zurzeit mit dem sechsten. Was nicht ist, kann also noch werden. Jesus gibt sich dieser Frau als Prophet zu erkennen und wird auf ihre Empfehlung bei den Samaritern freundlich aufgenommen.

Wir haben es offensichtlich mit dem immer wieder auftauchenden Problem der unfruchtbaren Frau zu tun. Selbst die Stammmutter Sara, die Hauptfrau Abrahams war erst unfruchtbar. Auch die Ehe des Zacharias war kinderlos, bis Elisabeth in hohem Alter noch Johannes den Täufer gebar. Schon vorher gab es eine größere Zahl ähnlicher in der Bibel überlieferter Fälle. Die Kinderlosigkeit verlangte deshalb beim Tode des Mannes von der Frau schon aus erbrechtlichen Gründen die bei den Synoptikern und im Mosaischen Gesetz beschriebene Verfahrensweise der fortlaufenden Bruder- oder sonstigen Verwandtenehe, wie sie auch im Buch Ruth erzählt wird, worauf Johannes hier vorrangig hinzuweisen scheint.

Das wäre alles als ziemlich sinnloser und auch beziehungsloser Text zu betrachten, denn man kann aus dieser Episode keinen wirklichen theologischen Honig zapfen. Es muss aber ein Sinn hinter der Samariteringeschichte stecken, den wir nur nicht direkt wahr haben wollen, weil unsere Denkweise nicht mehr der des Evangelisten entspricht, denn bei Johannes ist alles sinnhaltig, was er schreibt. Andererseits kann es auch daran liegen, dass sich der Text schon von der Wortbedeutung her völlig von dem unterscheidet was wir heute darunter verstehen.

So ist zum Beispiel die Verknüpfung von Religion und Sexualität über irgendwelche Mysterien zu jeder Zeit üblich gewesen und auch nachweisbar. Das wurde schon sehr früh vergöttlicht und in die religiösen Riten übernommen. Die Form spielt dabei erst einmal keine Rolle. Im syrisch-arabischen Raum, in dem sich alles das abspielte, woraus dann das Christentum entsteht, war beispielsweise zu dieser Zeit der Kult des *„Al Issa"*, des antiken Gottes des wunderbaren Samens, des *„lebendigen Wassers"* verbreitet, wie man genauer bei Salibi Kamal nachlesen kann. Dabei steht der männliche Samen, der auch *Wasser des Mannes* genannt wird, für diesen Begriff, der damals für jeden verständlich gewesen sein muss. Ausgehend vom männlichen Samen ist der Menschheit über die Fortpflanzung das ewige Leben gesichert. Auch Jesus sagt es ganz deutlich zu dieser Frau:

Das Wasser, was er geben wird, wird für denjenigen, der es erhält die Quelle sein, die in das ewige Leben quillt, denn wir leben in unseren Kindern weiter. Hier weichen die Vorstellungen der damaligen Zeit und auch die Jesu ganz entscheidend von unseren ab. Wir sind anspruchsvoller und vor allem egoistischer. Unter dem *„Ewigen Leben"* verstehen wir mit einer unbegründeten Sicherheit, die gar nicht selbstverständlich ist, ausschließlich unsere ganz persönliche weitere Existenz, auch nach dem Tode, ganz gleich, wie das eventuell dann aussieht.

Wird nun die ganze Textpassage bei Johannes unter dem Aspekt eines solchen Mysteriums gelesen, macht Jesus dieser Samaritanerin ein in unseren Augen ganz direktes und unverschämtes Angebot. Die Frau geht sogar nach einer nur kurzen und rhetorisch gemeinten Gegenfrage sofort darauf ein, was noch überraschender ist. Es ist kaum verhüllt, wovon hier die Rede ist, stünde da am Ende nicht diese Forderung Jesu, dass die Frau erst ihren Mann rufen und dann wiederkommen soll, was uns den gesamten Vorgang wieder unverständlich macht.

Damals müsste völlig klar gewesen sein, was Jesus da tut. Er bietet irgendetwas an. Sie entrinnt damit dem ihr vom Gesetz vorgegebenen „*Getriebensein*", was uns über die von mir herangezogenen Synoptikertexte suggeriert wird. Es erschließt sich für uns auch aus ihren bereits sechs aufeinanderfolgenden Zweckverbindungen. Weil aber nun nicht darüber informiert wird, was es ist, Johannes auch komplexe Darstellungen liebt, muss die Geschichte einen weiteren Sinn haben, den wir nur nicht erkennen, denn sie erklärt nichts und wäre als reine Illustration auch viel zu raumgreifend angelegt. Man versteht auch nicht weshalb sie überhaupt von Jesus berichtet wird.

Johannes verrät uns zum Beispiel auch unter der Deckung einer Eherechtsangelegenheit die Sache mit dem in den Sand gezeichneten Geheimzeichen der „*Menschenfischer*", was auch nur der erkennt, der sich näher mit der tatsächlichen Mission Jesu beschäftigt. Wir haben aber bei Johannes noch eine Geschichte, die so ähnlich aufgebaut ist, wie die von der Samariterin. Das ist die von der Hochzeit in Kana. Sie hat auch keinen Sinnzusammenhang mit der Mission Jesu, wird uns als Wunder präsentiert und stellt sich bekanntlich als eine Panne heraus, denn die Mutter Jesu erpresst in diesem Bericht ihren Sohn, von den für ganz andere Zwecke angelegten Vorräten der Verschwörung die Hochzeitsgäste bewirten zu lassen.

Irgendein Schlüssel muss sich in den Texten finden lassen, mit dem wir Zugang zum Geheimnis der Geschichte bekommen könnten, die auch im Johannes-Evangelium durchaus nicht zufällig erzählt wird, sondern einen inneren Zusammenhang mit etwas anderem haben muss, wie er sich beispielsweise aus der Neuordnung der Abschnitte der Apostelgeschichte ergab. Bei den Synoptikern findet sich nicht ohne Grund dreimal der fast gleiche Text, zu dem uns Johannes nun in der Samariteringeschichte etwas Zusätzliches erzählt, ohne dass es uns etwas erklärt.

Die Gemeinsamkeiten dieser Geschichte von der Frau und der von der Samariterin besteht eigentlich nur in der Vielzahl der Männer. In diesem Zusammenhang taucht immer wieder die Siebenzahl auf, wenn auch bei der Samariterin etwas verdeckt. Dadurch, dass aber die Zahlensymbolik in der ganzen Bibel eine große ordnende Rolle spielt und alles auf irgendwelche „*heilige*" Zahlen, zu denen auch die Sieben gehört zurückgeführt wird, entgehen uns auch manche Zusammenhänge, die sich Eingeweihte ganz einfach über solche Analogien erschließen konnten. Wir haben beispielsweise diese Siebenzahl auch bei einer anderen Frau, bei Maria Magdalena. Jesus trieb aus ihr bekanntlich sieben böse Geister aus.

Diese Frau geistert durch alle Evangelien, wird aber vom Magus (Paulus) nie erwähnt, was uns eigentlich stutzig machen müsste. Er hatte doch mit den Aposteln der Jerusalemer Zentrale immer Zoff, wie wir aus seinen Apostelbriefen wissen. Und es geht dabei durchaus auch um das Privatleben (1. Kor. 9,6): *...Haben wir nicht auch das Recht, eine Schwester als Ehefrau mit uns zu führen wie die anderen Apostel und die Brüder des Herrn und Kephas?* ...

Es geht dem Magus hier zwar um etwas anderes, aber er spricht dabei das an, was das Privatleben generell betrifft, die eheliche Gemeinschaft. Nicht nur Petrus war demnach verheiratet, denn Jesus heilte bekanntlich seine Schwiegermutter. Auch Kephas und mit ihm die anderen Apostel waren verheiratet. Vom Apostel Philippus wissen wir sogar, dass er vier Töchter hatte. Warum sollte Jesus nicht auch verheiratet gewesen sein?

Wir finden zum Beispiel Maria von Magdala in den Evangelien immer bei Jesus und sie wird auch deutlich bezeichnet: (Luk. 8,1-3): *Und es begab sich danach, dass er durch die Städte und Dörfer zog und predigte und verkündete das Evangelium vom Reich Gottes; und die Zwölf waren mit ihm, dazu einige Frauen, die er gesund gemacht hatte von bösen Geistern und Krankheiten, nämlich Maria, genannt Magdalena, von der sieben böse Geister ausgefahren waren, ... und viele andere, die ihm dienten mit ihrer Habe.* Am stärksten tritt das in den Passionstexten hervor (Mt.27,55/Joh.19,25), Jesu Grablegung durch Josef aus Arimathäa (Mt.27,61/Mk.15,47) und Jesu Auferstehung (Mk.16,1/ Mk. 16,9-10/Joh. 20,1-2).

Bei dem von Markus berichteten Kauf wohlriechender Öle zur Salbung Jesu wird Maria Magdalena sogar zuerst genannt. Die Balsamierung von Toten stand nach damaliger Sitte nur Ehefrauen und Müttern zu. Der Status der Ehefrau Jesu wäre demnach damit für Maria Magdalena zwingend gewesen.

Maria von Magdala ist später, ausgehend von den Basisevangelien, danach in den verschiedensten Schriften präsent, die aber alle erst nach der Niederschrift der Evangelien entstehen. Die Sehnsucht, Jesus als Mensch zu sehen hat diese Entwicklung wahrscheinlich begünstigt.

Magdalena wird durch ihre Präsenz am Auferstehungsmorgen, die sich erst später aus einem Alarmruf wegen des verschwundenen Leichnams Jesu zur Verkündigung der Auferstehung entwickelte, bei den Kirchenvätern sogar zur „*Apostelin der Apostel*" aufgewertet. Das paradoxe daran ist aber, dass sie dadurch zwar die Erstverkünderin dieser Auferstehung ist, aber keine Zeugin. Mehr als das leere Grab hat sie nach diesem Text wahrscheinlich nie gesehen.

Tatsächlich finden wir sie erst über vierzig Jahre später in den Evangelien erstmals erwähnt, in denen sie plötzlich auftaucht. Die Spekulationen, die von da an über Maria Magdalena angestellt werden, und auch das, was ihr auch heute noch alles angedichtet wird, haben deshalb kaum einen untersuchenswerten Hintergrund. Eine so resolute Frau müsste aber auch schon vorher Spuren hinterlassen haben, was aber nicht der Fall zu sein scheint.

Halten wir uns deshalb an Johannes und was er uns als Kopf und federführender Redakteur bei der Erstellung der Evangelien mitteilen will, und listen es auf: Hier noch einmal die ausführliche Geschichte der Hochzeit zu

Kana: (Joh. 2,1-10): *Und am dritten Tage war eine Hochzeit in Kana in Galiläa, und die Mutter Jesu (war da. Jesus aber) und seine Jünger waren auch zur Hochzeit geladen. Und als der Wein ausging, spricht die Mutter Jesu zu ihm: Sie haben keinen Wein mehr. Jesus spricht zu ihr: Was geht's dich an, Frau, was ich tue? Meine Stunde ist noch nicht gekommen. Seine Mutter spricht zu den Dienern: Was er euch sagt, das tut. Es standen aber dort sechs steinerne Wasserkrüge für die Reinigung nach jüdischer Sitte, und in jeden gingen zwei oder drei Maße. Jesus spricht zu ihnen: Füllt die Wasserkrüge mit Wasser! Und sie füllten sie bis obenan. Und er spricht zu ihnen: Schöpft und bringt's dem Speisemeister. Als aber der Speisemeister den Wein kostete, der Wasser gewesen war, und nicht wusste, woher er kam – die Diener aber wussten's, die das Wasser geschöpft hatten – ruft der Speisemeister den Bräutigam und spricht zu ihm: Jedermann gibt zuerst den guten Wein und, wenn sie betrunken werden, den geringeren; du aber hast den guten Wein bis jetzt zurückbehalten.*

Dass der dritte Tag der Woche, unser Dienstag, der Tag war, an dem man üblicherweise Hochzeiten feierte, möchte ich hier nur erwähnen. Dieser dritte Tag hat nichts mit der Auferstehung Jesu *am dritten Tag* zu tun, wie man meist hineingeheimnisst, weil der ganze Bericht sonst ohne theologisch verwertbare Substanz wäre.

Um zu zeigen, wie wenig dazu gehört, den Inhalt eines Textes zu ändern, habe ich am Anfang nur vier Worte in Klammern gesetzt. Lässt man sie weg, ist das unzweifelhaft der Bericht von der Hochzeit Jesu. Bemerkenswert ist nun, dass mit dieser Änderung plötzlich alle Fragen beantwortet wären, die sonst an diesen Text gestellt werden, und woraus so ein breites Interpretationsspektrum für diese Geschichte entstand. Die dominante Forderung der Mutter wird verständlich und auch der Vorwurf des Speisemeisters an den (namenlosen!) Bräutigam, der bis dahin gar nicht mitbekommen hätte, was da auf seiner Veranstaltung passiert ist, und dem nun nachgehen müsste, um es zu klären, was offensichtlich auch dann nicht geschieht.

Nun fragt man allerdings nach der Braut. Die liefert uns Johannes auch, aber erst im übernächsten Kapitel (Joh. 4,1-42). Es ist die Geschichte von der Samariterin, deren wahrer Inhalt sich nun endlich für uns offenbart. Eine solche Konstruktion der vertauschten Texte fanden wir schon einmal im Zusammenhang mit der Intrige in der Apostelgeschichte. Dort wird der politische Mord an Ananias auch vorverlegt und der Grund samt den Tätern erst sehr spät und verdeckt nachgeliefert.

Hier noch einmal die wichtigsten Verse des Gespräches zwischen Jesus und der Samariterin am Brunnen, die das aussagen, worüber wirklich informiert wird.

(Joh. 4,13-17): *... wer ... von dem Wasser trinken wird, das ich ihm gebe, ... das wird ihm eine Quelle des Wassers werden, das in das ewige Leben quillt. Spricht die Frau zu ihm: Herr, gib mir solches Wasser, damit mich nicht dürstet und ich nicht herkommen muss, um zu schöpfen! Jesus spricht zu ihr: Geh hin, ruf deinen Mann und komm wieder her! Die Frau antwortete und sprach zu ihm: Ich habe keinen Mann.*

Wie hätten wir es denn gern? Es ist aus unserer Sicht einfach dem von unseren Vorfahren im Laufe der Zeit völlig vergeistigtem Sohn Gottes nicht zu unterstellen, was er da wirklich vorbringt.

Der Text geht zwar weiter mit Vers 18: *Jesus spricht zu ihr: Du hast recht geantwortet: Ich habe keinen Mann. Fünf Männer hast du gehabt, und der, den du jetzt hast, ist nicht dein Mann; das hast du recht gesagt.*, aber das ist nur der Hinweis auf den Zusammenhang mit den Evangelientexten der Synoptiker. Es ist nicht mehr ermittelbar und auch kaum von Interesse, weshalb diese Frau bereits fünf Männer hatte und nun mit dem sechsten lebt, ohne dass es ihr Mann wäre. Nachdem sie sich erst begriffsstutzig stellt, weil selbst ihr zu direkt erschien, auf diese Art angesprochen zu werden: *Herr, hast du doch nichts, womit du schöpfen könntest, und der Brunnen ist tief; woher hast du dann lebendiges Wasser?*, gibt sie gleich darauf zu, dass sie weiß, was Jesus tatsächlich meint. Als Jesus seine eigentliche Frage, ob sie verheiratet sei, in die Form der Forderung kleidet, dass sie ihren Mann holen solle, informiert sie ihn nämlich davon, dass sie unverheiratet und damit frei ist.

Wenn Jesus dieser Frau hier den Antrag macht, sie zu heiraten, dann wäre er ihr siebenter, aber nun richtiger Mann. Jesus zieht zwar dann weiter, aber nirgends steht, dass sie nicht mit ihm mitzog. Man nimmt ihn bei den Samaritern so freundlich auf, weil er diese Frau heiraten will. Als Bräutigam dieser Frau ist er willkommen, weil er auch ihre bisherige Familie aus einer gesetzlichen Zwangslage befreit. Sie heiraten dann in Kana in Galiläa, wohin Jesus weiterzieht. Von irgendwelcher Verwandtschaft der Braut finden wir nämlich nichts in den Texten. Ihre Herkunftsbezeichnung deutet auch bei Maria Magdalena darauf hin, dass sie bereits bei den Samaritern eine zugeheiratete Frau aus Magdala gewesen sein muss.

Maria von Magdala taucht so plötzlich in der Aufzählung der mit Jesus und seinen Jüngern mitziehenden Frauen auf, dass er sie überall mitgenommen haben könnte. Es wird uns nur berichtet, dass Jesus aus ihr sieben böse Geister ausfahren ließ. Von der Art der Geister erfahren wir nichts. Diese Maria Magdalena wurde wohl vor allem deshalb von jeher als eine Sünderin abgestempelt. Die einen setzen sie mit der Frau gleich, der Jesus ihre Sünden vergibt, als sie ihm im Hause des Pharisäers Simon die Füße salbt, und die ihm als große Sünderin und damit als nicht standesgemäß bezeichnet wird, als er sich ihr freundlich zuwendet (Luk. 7,36-50). Andere wollen in ihr Maria, die Schwester der Marta und des Lazarus sehen (Luk. 10,38-42/ Joh. 11). Man muss aber zugeben, dass einerseits nichts darauf hinweist, dass die ihn salbende Sünderin, die da erstmalig mit Jesus zusammentrifft, von bösen Geistern besessen war, die er anschließend aus ihr austreibt, und andererseits die Schwester der Marta nie mit Jesus unterwegs war.

Was allerdings gut zu der Magdalenencharakteristik passt, auf die man sich im Lauf der Zeit einigte, ist die Fürsorglichkeit, die Jesus an der Sünderin bei Lukas lobt (Luk. 7,44-47+50): *Und er wandte sich zu der Frau und sprach zu*

Simon: Siehst du diese Frau? Ich bin in dein Haus gekommen; du hast mir kein Wasser für meine Füße gegeben; diese aber hat meine Füße mit Tränen benetzt und mit ihren Haaren getrocknet. Du hast mir keinen Kuss gegeben; diese aber hat, seit ich hereingekommen bin, nicht abgelassen, meine Füße zu küssen. Du hast mein Haupt nicht mit Öl gesalbt; sie aber hat meine Füße mit Salböl gesalbt. Deshalb sage ich dir: Ihre vielen Sünden sind vergeben, denn sie hat viel Liebe gezeigt; wem aber wenig vergeben wird, der liebt wenig. … Er aber sprach zu der Frau: Dein Glaube hat dir geholfen; gehe hin in Frieden.

Das passt uns, ohne dass es da einen Zusammenhang geben müsste, vorstellungsmäßig sehr gut zu den Szenen von der Kreuzigung über die Grablegung Jesu bis zur Auferstehung, wo wir Maria Magdalena immer wieder finden. War die ihn salbende Sünderin im Haus des Pharisäers Simon aber eventuell doch Maria Magdalena? Jesus weiß auch allerhand von ihr, obwohl er sie doch vorher noch nicht gekannt haben soll. Jesus hätte sie erkennen müssen, als er sie das zweite Mal am Brunnen traf.

Erliegen wir da eventuell den hinterher wie eine Kappe über Magdalena gestülpten und später entwickelten Wunschvorstellungen von der geläuteten Sünderin? Sofern man Maria Magdalena aber mit der beim Ehebruch ertappten Frau identifiziert, der Johannes im 8. Kapitel seines Evangeliums die Steinigung mit den Worten erspart: *Wer unter euch ohne Sünde ist, der werfe den ersten Stein,* dann könnte auch diese ihn im Haus des Pharisäers salbende Sünderin Maria Magdalena gewesen sein.

Das erschließt sich beispielsweise aus der Anrede. In der Ehebruchsszene spricht Jesus sie noch mit *Frau* an. Die Sünderin bei Lukas im 7. Kapitel salbt ihm die Füße und er sagt: *Dir sind deine Sünden vergeben.* Er lobt sie dort ausführlich. Am Brunnen bei der Samariterin fordert er gleich: *Gib mir zu trinken!* Es ist ein mehrstufiges sich aneinander Herantasten der Beiden, was uns Johannes da beschreibt. Erst rettet er sie zufällig, dann dankt sie ihm gezielt und zum Schluss macht er ihr den Antrag. Deuten wir diese drei Szenen als drei aufeinanderfolgende Begegnungen Jesu mit der gleichen Frau, dann wäre Maria Magdalena tatsächlich eine Ehebrecherin und eventuell bereits mehrfach verstoßene Frau gewesen.

In diesem Fall würde uns Johannes etwas berichten, was den irdischen Jesus betrifft. Es beträfe aber nicht nur die Charakteristik der Person Jesu. Es wirft auch ein Licht darauf, wie stark seine Anschauungen von denen seiner Zeitgenossen abwichen, welchen ständigen Anwürfen er zusätzlich ausgesetzt war und welche Stellung er in den Augen seiner Feinde einnahm.

Jesus stand stets unter dem Beschuss seiner Gegner, denen nichts kleinlich genug war, um es gegen ihn argumentativ zu verwenden. Erinnern wir uns der Stelle (Joh. 8,41): *…Da sprachen sie zu ihm: wir sind nicht unehelich geboren,* … Einige Verse weiter wird er sogar bezichtigt (Joh. 8,48): … *Sagen wir nicht mit Recht, dass du ein Samariter bist und einen bösen Geist hast?* Die Annahme, dass der, den wir als Jesus Christus verehren, zu seinen Lebzeiten ein ganz anderer war als wir ihn uns immer wieder nach den paulinischen Apostelbriefen und vor allem den ihm untergeschobenen Täufersprüchen der Synoptiker auszumalen versuchen, wird uns von Johannes immer deutlicher aufgedrängt.

Kommen wir also zum Kern der Magdalenengeschichte der Evangelien. Mag der uneheliche Sohn der Frau des Zimmermannes Joseph auch ein Nasiräer, ein Gottgeweihter, und ein Organisator gewesen sein, der unter dem religiösen Schutzschild der Menschensohnverschwörung der Essener den Aufstand gegen Rom organisatorisch vorbereitete, zu allererst war er ein Mensch seiner Zeit. Er war verhasst bei denen, die diesen Aufstand nicht wollten und den auch, wie wir nun wissen, damals mit Jesu Kreuzigung erfolgreich verhinderten. Wie das mit der Konspiration und der gegenseitigen Unterwanderung der Interessengruppen ablief, steht ausführlich genug zwischen den Zeilen der Apostelgeschichte und ist auch in den Evangelien unterschwellig ständig präsent. Es darf deshalb auch nicht verwundern, dass man schon damals ganz ähnlich wie heute, versuchte politischen Gegnern bis in die intimsten Dinge hinterher zu schnüffeln, um einen Grund zu finden, ihnen etwas anzuhängen oder sie in den Augen der anderen herabzusetzen.

Wenn also bekannt ist, dass die Frau, mit welcher dieser *„Missionar"* gerade lebt und mit der er durch die Lande zieht, schon vorher nacheinander mit sechs anderen Männern zusammengelebt hat, die sie eventuell sogar wegen Ehebruchs verstoßen haben, dann ist das ein gefundenes Fressen für die, denen Jesus nicht ins Konzept passt.

Nicht ohne Grund legt man dem, der über seine als Tarnung angelegte Menschensohntheorie des Messias die Wiederauferstehung predigt, eine Frage vor, die ihn außer über die religiöse und politische Schiene sogar ganz persönlich betrifft. Es ist seine Frau, die sie ihm schon in der Formulierung der Fragestellung zur Auferstehung moralisch herabzusetzen versuchen: Wer von denen, die sie nacheinander hatte(n), bekommt sie denn am Tage der Auferstehung? Und, falls Jesus sie für sich reklamieren würde, wie wollte er es denn begründen? Sie wussten schon bei ihrer Form der Fragestellung die Lacher auf ihrer Seite.

Die Antwort kennen wir. Sie lautet ganz einfach: *Zerbrecht euch nicht Gottes Kopf mit euren Problemen. Ich habe diese Probleme jedenfalls nicht.* Jesus macht es nur etwas geschliffener, wie man bei den Synoptikern, besonders bei Markus (Mk. 12, 24-27) nachlesen kann. Es ist eine souveräne Abwehr. Der angehängte Schlusssatz: *Ihr irrt sehr!,* bezieht sich nämlich nicht auf die Auferstehung. Das Problem berührt Jesus, den Aufstandsorganisator, auch nicht weiter, denn die Wiederauferstehung des Messias ist für ihn doch nur der Deckel, unter dem bis zum Ausbruch des Aufstandes das angesammelte Potential der Verschwörung ruhig gehalten werden soll. Er, Jesus, ist es doch, der den Aufstand für die vorbereitet, deren Messias dann das Gottesreich auf Erden errichten wird.

Johannes berichtet uns zwar von Maria von Magdala, aber da sie in ihrer Sanftheit mehr einer Ruth entspricht, als einer Judit oder gar einer Debora, diesen Heldinnen des Alten Testamentes, tritt sie in dieser öffentlich absolut von agierenden Männern dominierten Welt nicht in den Vordergrund der Handlung. Zu mehr Informationen über Maria Magdalena kommt man im Neuen Testament nicht.

Alles andere, was im Anschluss an das erste Jahrhundert an Material zu dieser Person zusätzlich zusammengetragen wurde, muss man als Wunschdichtung ansehen. Am wahrscheinlichsten ist, dass sie bei der Mutter Jesu blieb, denn wenn Magdalena wirklich die realistisch denkende, warmherzige und fürsorgliche Frau war, als die sie uns die Evangelien schildern, dann war sie kaum eine der später für das Christentum missionierenden Apostelkonkurrentinnen wie beispielsweise die sich am Ende des ersten Jahrhunderts in Thyatira als Prophetin ausgebende Isebel, gegen die Johannes in seiner Offenbarung so bodenlos wettert (Offb. 2,20-23).

Es muss damals viele Frauen gegeben haben, die sich für das Christentum engagierten. Die vier jungfräulichen Töchter des Apostels Philippus seien erwähnt, die als Prophetinnen galten und als Märtyrerinnen endeten, und auch den später dem Christentum verfallenen Teil des Frauenclans der Flavier können wir dazu zählen. Man hielt aber nicht viel vom Einfluss der Frauen auf das Christentum. Die stellenweise Frauenfeindlichkeit der Apostelbriefe resultierte wohl mehr aus der Konfrontation mit der Zungenfertigkeit dieser Frauen, deren man sich ab und zu erwehren musste, wenn sie *der Geist übermannte.*

So oft Johannes Maria Magdalena aber auch direkt erwähnt, Johannes beschreibt sie neutral und mit Distanz. Während er die Mutter Jesu mit der Hochzeitsgeschichte ins Zwielicht stellt, indem er uns von ihrer Dominanz ihrem Sohn gegenüber berichtet, tut er mit Maria Magdalena das nie. Er stellt im Gegenteil ihre Fürsorglichkeit und Angst um Jesus heraus. Maria Magdalena muss es demnach tatsächlich gegeben haben, und sie müsste sogar zur Zeit der Ausfertigung der Evangelien entweder noch leben, oder ihre Existenz ist schon in der mündlichen Tradition verankert. Er hätte sie uns sonst ganz unbemerkt unterschlagen können.

Maria Magdalenas Grab befand sich nach griechischer Überlieferung in Ephesus. Dort finden wir auch Johannes am Ende seiner Tage wieder. Ob sie tatsächlich die Mutter Jesu dorthin begleitete, um ihr zu dienen, wie beispielsweise auch die legendäre verwitwete Ruth ihrer Schwiegermutter Noomi, muss offen bleiben. Diese Variante wäre eine sehr willkommene Bestätigung meiner Hypothese, dass Jesus gar keine religiöse Mission verfolgte. Wenn Mutter und Frau nach seiner Hinrichtung auf religiösem Gebiet nicht mehr in Erscheinung treten, dann wäre das daraus zu schließen. Ihr muss demnach ihr Mann wichtiger gewesen sein als alles das was man ihm heute andichtet und auch das, was ich ihm hier nachzuweisen versuche.

Die Frau und Witwe Jesu entsteht für uns genau genommen erst mit der Niederschrift der Evangelien, was aber kein Grund ist, ihre Existenz zu bezweifeln. Berücksichtigt man noch das besondere Vertrauensverhältnis, welches zwischen Johannes und Jesus zeitweilig bestand, dann muss man Maria Magdalena mit einbeziehen. Sein Verhältnis zu ihr und auch das ihre zu ihm war zumindest von Sympathie geprägt. Man hat sich wohl gegenseitig respektiert und Privates und Geschäft im beiderseitigen Interesse auseinandergehalten. Sie diente Jesus in privaten Dingen, er in geschäftlichen. Beide waren demnach seine engsten Vertrauten.

Betrachten wir aber die tatsächliche Funktion dieser *Apostelin der Apostel* noch einmal genauer. Bei Johannes steht ganz eindeutig, dass Maria Magdalena am Ostermorgen unterwegs ist, um zu verkünden, dass Jesus auferstanden ist, und dass er mit ihr gesprochen hat. Die Verse Joh. 20, 16 und 17 beginnen beide mit: *Spricht Jesus zu ihr…*

Was hat er denn zu ihr gesprochen, nachdem er ihren Namen genannt und sie ihn erkannt zu haben glaubt? (Joh. 20,17): *… Rühre mich nicht an! Denn ich bin noch nicht aufgefahren zum Vater. Geh aber hin zu meinen Brüdern und sage ihnen: Ich fahre auf zu meinem Vater und zu eurem Vater, zu meinem Gott und zu eurem Gott.*

Solche Texte werden in Wirklichkeit nicht gesprochen. Die träumt man unter Schock zwangsläufig, wenn der eigene Geist sich den Tatsachen verweigert und zwanghaft eine Lösung sucht. Da entspricht dann auch der gestelzte Sprachduktus der übersteigerten Erwartung, weil man das einfach voraussetzt. Kein Wunder, wenn Maria Magdalena, mitten in der Nacht aus einem solchen Wahr-Traum aufschreckend sofort zum Grab läuft, und feststellen muss, dass der Verschlussstein tatsächlich weg ist. In diesem Moment wird für sie ihr Traum zu einer unumstößlichen Tatsache, die sie dann verbreitet. Mehr, als dass das Grab geöffnet war hat sie nie gesehen. Sie war die Verkünderin, aber keine Zeugin.

Johannes wagte es nicht, uns unter der Wahrheitsverpflichtung seines Evangeliums die Auferstehung Jesu selbst zu bezeugen. Lagerte er hier ganz unauffällig die Beweislast für die Auferstehung von sich auf Maria Magdalena aus? Wer, wenn nicht die Ehefrau Jesu, könnte denn die Wahrheit verbindlicher bezeugen?

Die Aktion Judas Iskariot

Nachdem wir nun wissen, dass uns Johannes in seinem Evangelium mehr erzählt, als bei dessen flüchtiger Lesung darin zu stecken scheint, wenden wir uns dem letzten großen für uns ungelösten Rätsel dieses Evangeliums zu: Der Totenerweckung des Lazarus, die als einziges Wunder Jesu aus dem Konglomerat des Textes des Johannes-Evangeliums noch unerklärt heraussticht wie ein Leuchtturm. Die ganze Darstellungsweise des Johannes-Evangeliums vermittelt manchmal den Eindruck: Irgendetwas stimmt daran bei aller Offenheit nicht, was Johannes uns da erzählt. Das betrifft aber weder den Menschen Jesus, noch den Sohn Gottes, den er uns daraus entwickelt. Noch nicht einmal die durchsichtige Absicht, sich dieses Jesus nun zu bemächtigen, um ihn für sich zu nutzen, ist es, was mich gestört hat. Es ist etwas, was ihn selbst, Johannes, betrifft. Der Mensch Jesus ist ihm von Anfang an bei aller Zielstrebigkeit seines Konzeptes, nach dem er sein Evangelium erarbeitet, im Wege. Nicht dass er ihn hasst. Es ist etwas anderes. Dieser Jesus ist ihm wie ein Dorn im Fleische, etwas was ihn quält. Johannes will sich auch davon befreien, aber er zögert ständig. Es scheint auch keine Frohbotschaft zu sein, sondern eine ganz miserable Sache, von der er uns dabei Mitteilung machen will. Es ist ein Schuldgefühl Jesu gegenüber, worüber er anscheinend nicht hinweg kommt und er fühlt sich dadurch gehemmt. Fast könnte man annehmen, er wollte kein Evangelium, sondern etwas ganz anderes schreiben, muss aber aus dem Zwang der Realität des schon etablierten Christentums das alles Jesus zuordnen, den er aber aus unersichtlichen Gründen nicht akzeptieren kann. Irgendwie erinnert das an einen der sogenannten Schlüssel- oder Enthüllungsromane, was Johannes uns unter der Deckung seines Evangeliums verkauft.

Inmitten des ganzen Verwirrspiels der damals zur gegenseitigen Neutralisierung und Unterwanderung angelegten und in den Evangelien berichteten politischen und religiösen Aktivitäten steht der Verrat des Judas. Jesus und Judas bilden in unserer Vorstellung eine Einheit. Der eine ist ohne den anderen nicht denkbar, weil erst aus den Folgen dieses Verrates die Lehre des Paulus von der Erlösung der Menschheit entsprang, ohne dass die Paulusbriefe auf diesen Verrat überhaupt eingehen. Für den Magus (Paulus) war nach Aussage der ihm zugeschriebenen Apostelbriefe der Opfertod Jesu ein Kettenglied im Ablauf der göttlichen Vorsehung. Den Verräter braucht er nicht. Er kommt ohne ihn aus. Dass Jesus sein Blut zur Erlösung der Menschheit hingegeben hat, ist ihm für seine Mission wichtig. Ob Jesus dazu verraten werden musste ist ihm nebensächlich, wenn er von Gott sowieso für das Martyrium bestimmt war. Nur Johannes braucht ihn seltsamerweise. Genau genommen erfindet er ihn mit dem Markus-Evangelium nach dem

Jahre 70. Erst von da an gibt es Judas Iskariot, denn auch die Apostelgeschichte ist später geschrieben.

Gehen wir also dem nach, wozu Judas in den Evangelien und in der Apostelgeschichte gebraucht wird. Dann werden wir auch wissen, wer ihn brauchte und aus welchem Grund. Die Umstände des Judasverrates werden uns zu genau beschrieben, als dass dieser Verrat erfunden sein könnte. In diesem Fall haben wir es dann aber mit einem Rätsel zu tun, denn das Johannes-Evangelium berichtet uns darüber etwas anderes als die Synoptiker. Wenn es auch zweifelhaft erscheinen sollte, der Verrat des Judas war weder eine politische, noch eine religiös motivierte Tat. Diese Aktion hatte noch nicht einmal mit Geldgier zu tun. Ihre Gründe sind andere, die mit Religion nichts zu tun haben, obwohl trotzdem von ihr ausgehend das Christentum erst entstand. Judas wird uns auch heute noch immer wieder als das Werkzeug Gottes angeboten, welches durch seinen Verrat das Martyrium Jesu erst ermöglichte. Nur über dieses Martyrium erlöst dann Jesus die Menschheit von ihren Sünden. Ohne den Verrat des Judas hätte somit die Erlösung gar nicht stattfinden können. Wir müssten ihm dafür vielleicht sogar dankbar sein. Das ist der geistige Pfad, der zum heutigen so modern gewordenem fanatischen Gutmenschentum führt, das auf Biegen und Brechen alles von der positiven Seite sehen will, nichts hinterfragt, und dem kein Mittel zu dümmlich ist, ihm genehme Anschauungen durchzusetzen, um sich zu profilieren, bzw. damit Probleme aus dem Wege zu reden, die man nicht wahr haben will. Für mich sind solche Versuche, wie die Rechtfertigung des Judasverrates, ein gefährlicher Unsinn. Die Behauptung der Notwendigkeit des Judas für die Erlösung grenzt über eine verschärfte Prädestinationslehre an einen verantwortungslosen Fatalismus. Sie besagt nichts Geringeres als: Allen Menschen ist ihr Schicksal von Gott schon bei ihrer Geburt bestimmt, und sie könnten keinen Einfluss mehr darauf nehmen. Das mag für den, dem es in sein eigenes Leben passt, ein unverzichtbarer Glaubensbestandteil sein, solange er sich auf der Sonnenseite des Lebens wähnt, oder bei fremdem Unglück gern wegschaut. Die Behauptung, Gott habe Judas dazu erschaffen, damit er Jesus verrät, ist damit begründbar. Das Denkschema gerade dieser Entschuldigung ermöglicht es uns nämlich, auch jede andere niederträchtige und schändliche Sache zu rechtfertigen.

Eine solche Aussage ist aber ganz einfach eine Gotteslästerung. Dabei lief das ganz anders ab, als es uns immer nacherzählt und ausgedeutet wird. Was allerdings stimmt: Der Judasverrat war ursächlich für die Gründung der Urchristengemeinde. Judas ist für uns nicht Irgendeiner. Er hat den Sohn Gottes verraten, dazu noch aus niedrigsten Beweggründen. Dieses Verbrechen hängt ihm auf ewig an, und doch stimmt an dieser Legende überhaupt nichts. Beginnen wir am besten ganz von vorn und fragen: Wer ist der Messias? Ursprünglich ist der Messias im wortwörtlichen Sinne der *„Gesalbte"*. Das sagt uns erst einmal nichts.

Auf altägyptischen Reliefs und Papyri von Festmahlen sieht man die Darstellung geladener vornehmer Gäste, die an der Festtafel sitzen und von denen einige so eine Art Fastnachtshütchen in Form eines umgekehrten Blumentopfes, einen kleinen Kegelstumpf in der Form des Fes auf dem Kopf haben. Das ist ein Salbkegel. Der besteht aus einer Paste ähnlich unseren heutigen Cremes und ist mit ätherischen Ölen versetzt. Das ist eine besondere Ehrung des Gastes, seine Hervorhebung und Auszeichnung vor den anderen, eine Erhöhung, die der Gastgeber gewährt. Während des Festmahles beginnt dieser Salbkegel infolge der Körperwärme des Trägers weicher zu werden, um zuletzt zu zerfließen und sich erst auf das Haar und dann auf den Gast zu verteilen. Dabei werden die im Salbkegel enthaltenen ätherischen Öle freigesetzt. Der Gast steht nun eindeutig *in einem guten Geruch.* Die Salbung Jesu in Betanien wird damit denen, die bisher nichts damit anzufangen wussten verständlicher sein, und auch, warum christliche Herrscher, Könige und Kaiser unbedingt gesalbt werden müssen. Diese Salbung durch den *Herrn,* begründet ihre unbedingte Herausgehobenheit, die Gottgewolltheit und Unantastbarkeit ihrer Herrschaft. Aus einer Ehrung heraus entwickelte sich das zu einem Zeremoniell, welches Herrschaft begründete.

Der Jünger Jesu mit Namen Judas Iskariot, beanstandet im Johannes-Evangelium die Salbung Jesu während eines Gastmahles allerdings aus vorgeschobenen finanziellen Gründen. Judas taucht im Markus-Evangelium erstmalig im 3. Kapitel auf, wo er bei der Aufzählung der Zwölf als letzter genannt und auch sofort unwiderruflich abgestempelt wird. Es steht (Mk. 3,19): *...und Judas Iskariot, der ihn verriet.* Das finden wir bei Matthäus 10,4 dann genau so, wie auch bei Lukas 6,19. Von da an ist Ruhe um ihn. Wir wissen nun, weshalb es ihn gibt. Als seine Zeit gekommen ist, verrät er Jesus in allen vier Evangelien. Er wird auch später noch erwähnt. Bei Matthäus 27,3-5 bereut er seine Tat, wirft den Priestern das Geld wieder hin und erhängt sich. Der vormalige engste Ratgeber des Königs David, Ahitophel, erhängt sich beispielsweise auch, nachdem er bereut hat, seinen König verraten zu haben. Zu Tode kommt Judas aber zweimal. In der Apostelgeschichte berichtet Kephas es der Versammlung der erweiterten Jüngergemeinde als wichtigste Nachricht (Apg. 1,18): *...barst er mitten entzwei, und alle seine Eingeweide traten heraus.* So stirbt im letzten Kapitel der *„Geschichte des Judäischen Krieges"* der von Vespasian wegen ungerechtfertigter Judenverfolgung gemaßregelte Prokurator von Libyen, Catullus. Judas befindet sich somit in allerbester Gesellschaft. Wenden wir uns nun der Geschichte des Judasverrates direkt zu. Auch die ist eine ziemlich unspektakulär und geht ganz anders los, als man eigentlich vermuten sollte. Es hat mit Nächstenliebe zu tun und beginnt mit etwas, was kaum damit in Verbindung gebracht wird, mit der Auferweckung des Lazarus. Wir können hier nur auf die Information des Johannes setzen, wie er sie uns in seinem Evangelium niederschreibt, sie in Verbindung mit den Spuren bringen, die er gezielt legt, und müssen dabei auf Texte zurückgreifen, die als Zusatzinformationen in der Apostelgeschichte und im Evangelium des Markus enthalten sind. Den Lazarus selbst gibt es nämlich weder in den Evangelien der Synoptiker, noch in der Apostelgeschichte des Lukas, und auch nicht in den Paulusbriefen. Den gibt es nur bei Johannes. Untersuchenswert ist diese Besonderheit deswegen, weil mit der Totenerweckung des Lazarus die Wunderfreiheit des Johannes-Evangeliums durchbrochen wird, was ich immer noch bezweifle.

Nachdem das Weinwunder seine sehr profane Erklärung gefunden hat, bleibt nur noch die Totenerweckung des Lazarus übrig. Diese Totenerweckung ist oberflächlich betrachtet, überflüssiger Text, denn es hätte auch jeder andere beliebig vorgeschobene Grund dafür gereicht, Jesus wieder nach Jerusalem zu bringen. Das ganze Drum und Dran dieser Geschichte ist mysteriös. Es ist viel visionäres und grundlegendes Material darin verarbeitet. Johannes lässt in ihr von Jesus Grundsätzliches zum Glauben nochmals konzentriert zusammenfassen. Das darin enthaltene Gespräch mit Marta zeigt es deutlich. Diese Dinge, welche diese Geschichte so wertvoll in Glaubenssachen macht, so dass sie immer wieder zur Grundlage von Predigten und Unterweisungen herangezogen wird, müssen wir jetzt beiseiteschieben, um die eigentlich darin verborgene Information freizulegen.

Das habe ich getan. Dadurch reduzierte sich dieser Bericht von der Totenerweckung des Lazarus auf das, was er handlungsmäßig tatsächlich enthält, wobei sich seltsamerweise, und auch für mich unerwartet, das Wunder ganz im Sinne des Johannes auf ähnliche Weise wie das Weinwunder von selbst wegerklärte. Wie kann das sein?

Wir haben zuerst die Hervorkehrung, wie innig Jesus mit den drei Geschwistern Marta, Maria und Lazarus verbunden ist und er sie alle drei liebt. Dabei ist nicht gesagt, dass sie Geschwister sind. Es kann durchaus eine der schon damals bestehenden Essenerzellen sein, wie sie uns auch Josephus beschreibt (Joh. 11,1). Als Jesus erstmalig bei Marta und Maria weilte (Luk. 10,38-42) fehlt Lazarus noch. Er wird noch nicht erwähnt. Nun kommt die sehnsuchtsvolle Nachricht von der Krankheit des Lazarus, welche auf Jesu dringende Rückkehr abzielt. (Joh. 11,3): ...*Herr, siehe, der, den du lieb hast, liegt krank.* Es folgt das Schweigen Jesu gegenüber seinen Jüngern, sein Zögern, die zwei Tage Wartezeit, und anschließend sein unwiderstehliches Drängen, doch umzukehren und wieder zurück zu gehen. Der erklärliche Widerstand der Jünger, die ihm vorhalten, dass ihn so nahe an Jerusalem erneut die Steinigung erwartet, der er gerade noch entfliehen konnte, ist anscheinend unüberwindlich, denn Jesus bringt nun die plötzliche und durch nichts begründete Behauptung vor, Lazarus sei gestorben. Das löst dann die Rückkehr aus, ist aber vorgeschoben. Die Jünger wissen offensichtlich, worum es wirklich geht. Es steht nicht da. Sie billigen es nicht, aber sie gehen resignierend mit. Thomas spricht es aus (Joh. 11,16): ... *Lasst uns mit ihm gehen, dass wir mit ihm sterben!* Es erklärt nicht die Notwendigkeit der Rückkehr.

Jesus geht wahrscheinlich allein voran. Die Jünger halten großen Abstand. Er hat es eilig, sie nicht. Sie werden nämlich nicht mehr erwähnt. Vermutlich begleitet ihn aber der Lieblingsjünger, denn er liefert den Bericht. Ob Lazarus wirklich tot ist, kann Jesus nicht wissen. Er ahnt irgendetwas, wovon aber wir nichts wissen können.

Als Jesus in die Nähe von Betanien kommt und rastet, kommt ihm Marta ganz aufgelöst entgegengelaufen. Sie sprechen miteinander. Sie will nicht, dass er weiter mitkommt, weil er nicht erfahren soll, was eigentlich passiert ist. Sie will ihn wohl überhaupt von Betanien fern halten. Ihr Gespräch dreht sich im Kreis und sie reden beide sichtlich aneinander vorbei. Jesus lässt sich dadurch kurz aufhalten, will aber nun erst recht wissen, was wirklich passiert ist, oder zumindest noch von Maria bestätigt haben, worum es sich handelt. Er verlangt Maria zu sprechen. Nun gibt Marta auf, geht zurück und schickt ihm Maria. Die kommt, und wirft sich vor ihm nieder. Sie gibt sich hektisch. Es ist wohl doch irgendetwas vorgefallen, was niemand erfahren soll. Maria hat Angst, denn sie macht Jesus nun Vorwürfe, um nichts sagen zu müssen, und auch, um Jesus davon abzulenken, was tatsächlich hier gespielt wird. Er *ergrimmte im Geist* und will nun endlich wissen, was mit Lazarus ist, denn auch die mit Maria Mitgekommenen weinen um Lazarus. Weil Jesus es immer noch nicht wahr haben will, dass Lazarus tatsächlich tot ist, was er doch eigentlich nur als unbegründeten Vorwand gebraucht hatte, um umkehren zu können, stellt er die Frage: *Wo habt ihr ihn hingelegt?* Das entspricht ganz genau der verdeckten Informationseinholung, die er schon einmal bei der Samaritanerin anwendete, um herauszufinden, ob sie verheiratet sei. Erst als Maria daraufhin sagt: *Herr, komm und sieh es!*, begreift er, dass Lazarus wirklich tot sein könnte.

Sogar die Umstehenden bemerken was in Jesus vorgeht denn ihm gehen nun die Augen über. Jesus will sich nun wirklich vergewissern, geht mit den Anwesenden weiter und direkt zum Grab. Es ist eine Höhle, vor der ein Stein liegt. Was nun in Jesus vorgeht, ist kaum nachvollziehbar. Er befiehlt gegen alle Einwendungen den Stein wegzurollen und, nachdem er ein kurzes Stoßgebet gesprochen hat, setzt er in nächsten Moment alles auf eine Karte, denn er ruft nun mit lauter Stimme: *Lazarus, komm heraus!*

Was niemand vermuten konnte, auch Jesus kaum zu hoffen wagte, es geschieht … Lazarus kommt tatsächlich höchst lebendig aus dem Grabe. Er hat sich mit Totenwäsche zurechtgemacht. Jesus sagt nach den ersten Schrecksekunden nur: *Löst die Binden und lasst ihn gehen!* Es ist eine Scharade und peinlich noch dazu. Es ist aus Jesu Grobheit zu schließen. Dieses: *Lazarus, komm heraus!* war keine Erweckung, sondern ein Befehl.

Hier liegt eine Erpressung Jesu vor. Er führt aber trotzdem konsequent zu Ende, was von ihm erwartet wird, auch wenn es für ihn zum Vabanquespiel wurde, denn er hat sich selbst in diese Lage gebracht. Wenn sich Lazarus schon vier Tage in diesem Grab versteckt hält, und Speise und Trank verweigert, weil man ihn nicht zu Jesus lässt, oder er erzwingen will, dass der zu ihm zurück kommt, ahnt man eventuell, worum es hier wirklich geht, was aber unter einem Wust von Worten über die Auferstehung, das Jüngste Gericht, die Herrlichkeit Gottes, den Erweis der Gottgesandtheit Jesu und das ewige Leben religiös verschüttet wird. Es ist aber durchaus glaubhaft, dass Lazarus gestorben wäre, falls Jesus nicht zurückkommt. Das mag im Moment alles bezüglich des Judasverrates ganz unverständlich und beziehungslos erscheinen. Es ist aber der Ausgangspunkt für das, was danach passiert. Das Folgende wäre sonst unerklärlich.

Wir kommen nun zu den Salbungsszenen Jesu und den Verratsszenen des Judas. Die sind sehr eng miteinander verflochten: (Joh.12,1-7): *Sechs Tage vor dem Passafest kam Jesus nach Betanien, wo Lazarus war, ... Dort machten sie ihm ein Mahl und Marta diente ihm; Lazarus aber war einer von denen, die mit ihm zu Tisch saßen. Da nahm Maria ein Pfund Salböl von unverfälschter, kostbarer Narde und salbte die Füße Jesu und trocknete mit ihrem Haar seine Füße; das Haus aber wurde erfüllt vom Duft des Öls. Da sprach einer seiner Jünger, Judas Iskariot, der ihn hernach verriet: Warum ist dieses Öl nicht für dreihundert Silbergroschen verkauft worden und den Armen gegeben? Das sagte er aber nicht, weil er nach den Armen fragte, sondern er war ein Dieb, denn er hatte den Geldbeutel und nahm an sich, was gegeben war. Da sprach Jesus: Lass sie in Frieden!*

Johannes bringt den ausführlichsten Text. Bei ihm wird aber erst später verraten. Bei Markus (Mk. 14,3-11) ist es etwas anders. Da kommt eine fremde Frau und salbt Jesu Haupt. Einige der Anwesenden tadeln sie, Jesu weist diese Anklage zurück. Judas geht dann zu den Hohepriestern, um ihn zu verraten und sie bieten ihm dafür Geld. Matthäus (Mt. 26,6-16) weicht geringfügig von Markus ab: Bei ihm tadeln die Jünger diese Frau und Judas geht anschließend zu den Hohepriestern, fragt nach dem Preis für einen Verrat, und erhält als Angebot dreißig Silberlinge. Bei Lukas (Luk. 22,2-5) trachten die Hohepriester und Schriftgelehrten danach, Jesus zu beseitigen und Judas geht zu ihnen, um mit ihnen zu beraten, wie der Verrat ablaufen könnte. Als sie ihm Geld bieten, sagt er zu. Bei Lukas wird auch gesalbt (Luk.7,38). Bei ihm macht es aber die Sünderin im Haus des Pharisäers, bei dem Jesus zu Gast ist. Lukas hat wohl nicht verstanden, wieso die Salbung zum Verrat des Judas gehört, so wie auch er Lazarus in seinem Evangelium nicht erwähnt, den uns die Synoptiker alle drei unterschlagen.

Lassen wir uns auch nicht von den verschiedenen Abweichungen in den Texten der Evangelisten stören. Ob nun das Haupt oder die Füße gesalbt wurden, man muss sich die Bedeutung der Szene ausgehend von der eingangs dargestellten Ehrung hoher Gäste durch den Gastgeber vergegenwärtigen: Alle sitzen oder liegen bei Tisch, und plötzlich wird das Oberhaupt der Gruppe so geehrt. Sie kennen sich alle, und auch ihre persönlichen Schwächen. Gerade ist die Geschichte mit Lazarus passiert. Er sitzt sogar mit dabei. Jesus hat einen Narren an ihm gefressen und bleibt da, statt wieder zu verschwinden, denn er wird immer noch gesucht. Die Verschwörung ist in

Gefahr, zu scheitern, wenn der Sanhedrin Ernst macht und sich Jesus jetzt plötzlich schnappt. Und nun auch noch das: Statt die Verschwendung des Salböls zu rügen oder wenigstens, wie es sich gehört, anzudeuten, welche große unverdiente Ehre das ist, nimmt Jesus sie ganz selbstverständlich hin. Er betont sogar, dass ihm das zusteht, was da geschieht. Der hier als Judas bezeichnete Jünger könnte entweder einer sein, der mit Jesus um die Führung rangelt, oder einer, der noch andere Gründe hat Jesus zu schaden. Ganz gleich, was es ist, er kann diese Ehrung Jesu aus Neid nicht dulden. Er fühlt sich übergangen, zurückgesetzt. Unabhängig davon, ob er dafür infrage gekommen wäre, betrachtet er diese Ehrung des anderen für sich sogar als persönliche Beleidigung. Nach außen hin richtet sich das gegen die ausführende Person, aber im Inneren hasst dieser Jünger den Geehrten aus irgendeinem Grund, den wir noch nicht kennen. Die Zurückweisung seiner Kritik durch Jesus ist in seinen Augen dann eine zusätzliche Demütigung, die er nicht mehr hinnimmt. Es ist der letzte Auslöser zum Verrat. Bemerkenswert ist, dass bei Johannes Judas Einspruch erhebt und auch als ganz mieser Typ charakterisiert wird, den Verrat aber noch nicht plant. Bei Markus und Lukas kommt es sofort zum Verrat, aber der Verräter verlangt kein Geld. Er bekommt es nur versprochen. Nur bei Matthäus fragt er nach dem Lohn und sie bieten ihm dann den üblichen Kaufpreis für einen Sklaven. Das weist darauf hin, dass das alles nur verschiedene nachträgliche Ausschmückungen eines Geschehens sind, was entweder erfunden ist, oder einen ganz anderen Hintergrund haben muss. Nun kommt die Abendmahlsgeschichte. Es muss ein ganz normales Abendessen gewesen sein, denn das Passamahl steht noch bevor, als Jesus schon gefangen und angeklagt ist. Den Raum nach dem Passamahl zu verlassen, wie es später beschrieben wird, war nicht üblich und Jesus hätte auch weder Judas, noch einen anderen wegschicken können, um noch etwas zu erledigen. (Joh. 13,21-30): ... *Einer unter euch wird mich verraten. Da sahen sich die Jünger untereinander an, und ihnen wurde bange, von wem er wohl redete. Es war aber einer unter seinen Jüngern, den Jesus lieb hatte, der lag bei Tisch an der Brust Jesu. Dem winkte Simon Petrus, dass er fragen sollte, wer es wäre, von dem er redete. Da lehnte der sich an die Brust Jesu und fragte ihn: Herr, wer ist's? Jesus antwortete: Der ist's, dem ich den Bissen eintauche und gebe. Und er nahm den Bissen, tauchte ihn ein, und gab ihn Judas, dem Sohn des Simon Iskariot. Und als der den Bissen nahm, fuhr der Satan in ihn. Da sprach Jesus zu ihm: Was du tust, das tue bald! Aber niemand am Tisch wusste, wozu er ihm das sagte. Einige meinten, weil Judas den Beutel hatte, spräche Jesus zu ihm: Kaufe, was wir zum Fest nötig haben!, oder, dass er den Armen etwas geben sollte. Als er nun den Bissen genommen hatte, ging er alsbald hinaus. Und es war Nacht.*

Die Synoptiker bringen es inhaltlich fast gleich, aber bedeutend knapper (Mk. 14,17-20/Mt. 26,20-23/Luk. 22,14/21-23). Bei ihnen ist es aber das Passamahl. Wir haben keine Gästeliste. Wir nehmen nur an, dass Jesus da mit den Zwölfen feiert, weil die Zahl vorher zweimal erwähnt wird, und auch, dass der Verräter Judas einer von den Zwölfen ist. Sie sind aber bestimmt einer mehr bei diesem Abendmahl. Jesus liegt mit den anderen bei Tische, seine Favoriten und engsten Vertrauten eng bei ihm. Der Lieblingsjünger direkt neben ihm, und neben diesem Petrus. Sie trinken, sind guter Dinge und es geht auch etwas lockerer zu. Jesus versucht dem zu steuern. Er hat gerade die Stimmung angeheizt, indem er ins Blaue hinein behauptet hat, dass ihn einer seiner Jünger verraten könnte, denn sie befinden sich so nahe bei Jerusalem förmlich in der Höhle des Löwen. Es sieht nach einem Machtspielchen aus. Sie sind ihm etwas zu aufsässig. Nun kommt die Frage nach dem Verräter von Petrus an Johannes, der erst dann ganz nahe an Jesus heranrückt und sie ihm zuflüstert. Und Jesus macht den Scherz mit dem eingetunkten Bissen. Er füttert damit den, der ahnungslos an seiner anderen Seite eng bei ihm liegt. Der gehört demnach auch zu seinen engsten Vertrauten, und frisst ihm demzufolge auch im wörtlichen Sinne aus der Hand. Das ist aber keiner der Jünger, die Jesus gerade verdächtigt hat. Das ist auch nicht Judas. Derjenige, den Jesus erst füttert und nun wegschickt, das ist Lazarus. Er geht, aber nicht, um zu verraten. Er geht nur schon voraus. Er ist auch keiner von den Zwölfen. Er kann demnach nicht der Verräter sein. Erst als dieser *„Judas"* gegangen ist, hat Jesus seine euphorische Vision. Er spricht seine Jünger als *„Liebe Kinder"* an und setzt sein neues Liebesgebot ein. (Joh. 13,34-35): *Ein neues Gebot gebe ich euch, dass ihr euch untereinander liebt, wie ich euch geliebt habe, damit ihr einander lieb habt. Daran wird jedermann erkennen, dass ihr meine Jünger seid, wenn ihr Liebe untereinander habt.* Theologisch gesehen ist diese Maßgabe eine wichtige Verschärfung des Gebotes der allgemeinen Nächstenliebe innerhalb der Gruppe der Jünger. In den Evangelien wird ganz allgemein sehr vordergründig auf die Liebe verwiesen, auf die Jesus seine Jünger hier nochmals besonders einschwört.

Wir haben im Deutschen nur das eine Wort *Liebe*, was diesen Bereich ganz umschließt und die Bibelübersetzung Luthers enthält nur das. Im Griechischen ist das anders. Da gibt es neben der *philia*, der freundschaftlichen Zuneigung vor allem die *agape*, die über alles Sinnliche hinausweisende Liebe des Glaubens, aber auch *eros*, die körperliche Liebe, die sich im Hohelied des Salomo findet. In der neuen griechischen Bibel-Ausgabe steht fein säuberlich die *agape*. Es hat ja auch Jesus gesagt. Eine andere Zuordnung wäre uns im Deutschen demnach heute nur scheinbar freigestellt.

Kommen wir nun zum Verrat und zur Gefangennahme Jesu. Man hat sich nach dem Festmahl ins Freie begeben und im Gartengelände eines Olivenhaines in verschiedenen Grüppchen niedergelassen, hat sich noch etwas unterhalten, ist eingeschlafen. Plötzlich wird man wieder geweckt. Man hört Lärm. Es muss etwas passiert sein. Jesus ruft seine Jünger zusammen: (Mk. 14,42-46): *Steht auf, lasst uns gehen! Siehe, der mich verrät ist nahe. Und alsbald während er noch redete, kam herzu Judas, einer von den Zwölfen und mit ihm eine Schar mit Schwertern und mit Stangen, ... Und der Verräter hatte ihnen ein Zeichen genannt und gesagt: Welchen ich küssen werde, der ist's; den ergreift und führt ihn sicher ab. Und als er kam, trat er alsbald zu ihm und sprach: Rabbi!, und küsste ihn. Die aber legten Hand an ihn und ergriffen ihn.* (Mt. 26,46-50): *Steht auf, lasst uns gehen! Siehe, er ist da, der mich verrät. Und als er noch redete, siehe, da kam Judas, einer von den Zwölfen, und mit ihm eine große Schar mit Schwertern und mit Stangen... Und der Verräter hatte ihnen ein Zeichen genannt, und gesagt: Welchen ich küssen werde, der ist's; den ergreift. Und alsbald trat er zu Jesus und sprach: Sei gegrüßt, Rabbi!, und küsste ihn. Jesus aber sprach zu ihm: Mein Freund, dazu bist du gekommen? Da traten sie heran und legten Hand an Jesus und ergriffen ihn.* (Luk. 22,46-48): *... Was schlaft ihr? Steht auf und betet, damit ihr nicht in Anfechtung fallt! Als er aber noch redete, siehe, da kam eine Schar, und einer von den Zwölfen, der mit dem Namen Judas, ging vor ihnen her und nahte sich zu Jesus, um ihn zu küssen. Jesus aber sprach zu ihm: Judas, verrätst du den Menschensohn mit einem Kuss?*

Noch einmal die Szene: Die Jünger haben sich in dem Garten, in den alle gegangen sind niedergelegt, um von ihrer Müdigkeit oder vom Wein, bzw. von beidem übermannt zu schlafen. Jesus zieht sich weiter zurück. Allein? Fragen wir Markus (Mk. 14,32-35): *... Und er sprach zu seinen Jüngern: setzt euch hierher, bis ich gebetet habe. Und er nahm mit sich Petrus und Jakobus und Johannes ... und er sprach zu ihnen: ... bleibt hier und wachet! Und er ging ein wenig weiter ...*

Jesus kommt noch dreimal zurück, aber trotz seiner Mahnung zur Wachsamkeit findet er sie trotzdem jedesmal schlafend. Er prägt da das Wort (Mk. 14,38): *... Der Geist ist willig, aber das Fleisch ist schwach.*, was wir eigentlich in ganz anderen Zusammenhängen zu verwenden gewohnt sind.

Dann kommen die Häscher. Judas ist bei ihnen. Jesus kommt, um bei seinen Jüngern Schutz zu suchen. Er bekommt den Verräterkuss und wird daraufhin gefangen genommen. Alle Jünger fliehen.

Bei Markus steht nun (Mk. 14,51-52): *Ein junger Mann aber folgte ihm nach, der war mit einem Leinengewand bekleidet auf der bloßen Haut; und sie griffen nach ihm. Er aber ließ das Gewand fahren und floh nackt davon.* Dieser junge Mann taucht angeblich sonst nirgendwo wieder im Neuen Testament auf. Allgemein vermutet man hier Markus, den Evangelisten als Augenzeugen. Das müsste dann nach meinen Recherchen Johannes gewesen sein. Der war aber in der ganzen Zeit bei den anderen, bei Petrus und Jakobus.

Dieser ominöse junge Mann war Lazarus. Er taucht nämlich später doch noch einmal auf, wo man ihn bisher noch nicht vermutet. Wenn wir es nicht besser zu wissen glaubten, dann entspräche das im Zusammenhang mit den letzten Äußerungen Jesu, mit denen er seine Jünger auf die Liebe einschwor, dass hier von ihm ein Mysterium, eventuell eine Aufnahmezeremonie für Lazarus als Jünger praktiziert wurde, was durch die Ankunft der Häscher und die Gefangennahme Jesu abgebrochen wird.

Alle vier Evangelien berichten die Gefangennahme anders. Schon bei Markus steht nicht, dass Judas Jesus küsst, sondern der Verräter ist es, der ihm den Kuss gibt. Matthäus plappert den Text des Markus noch fast wörtlich nach. Auch hier kommt erst Judas. Anschließend küsst der Verräter

Jesus. Es sind demnach auch hier zwei: Judas, und ein Verräter. Lukas gerät es endgültig zum Possenspiel. Bei ihm wirkt es sehr gestelzt, fast wie eine Szene aus einer Liebhabertheateraufführung. Aber auch da steht nicht, was wir da schon immer zu lesen meinen. Bei ihm kommt Judas zwar, aber Jesus unterstellt ihm nur, ihn küssen zu wollen.

Bei Johannes dagegen ist Einiges ganz anders. (Joh. 18,1-5/12): *...Jesus ... ging ... mit seinen Jüngern über den Bach Kidron; da war ein Garten, in den gingen Jesus und seine Jünger. Judas aber, der ihn verriet, kannte den Ort auch, denn Jesus versammelte sich oft dort mit seinen Jüngern. Als nun Judas die Schar der Soldaten mit sich genommen hatte und Knechte von den Hohepriestern und Pharisäern, kommt er dahin mit Fackeln, Lampen und mit Waffen... Jesus... ging... hinaus und sprach zu ihnen: Wen sucht ihr? Sie antworteten ihm: Jesus von Nazareth. Er spricht zu ihnen: Ich bin's! Judas aber, der ihn verriet, stand auch bei ihnen ... Die Schar aber und ihr Anführer und die Knechte ... nahmen Jesus und banden ihn...*

Bei Johannes geht Jesus auf die Häscher zu und gibt sich zu erkennen. Er ist dort absolut arglos. Es kommt auch kein Kuss ins Spiel. Es ist aber unwahrscheinlich, dass Jesus allein vor den Garten geht, um zu fragen, was da los ist. War es vielleicht der *„Zwilling"* der sich erkundigte? Als Jesus gefangen wird, steht die umzingelte Jüngergruppe wahrscheinlich dicht beisammen. Jesus mittendrin. Alle haben vorher sorglos geschlafen und sind nun überrascht. Hatte nicht wenigstens der Berichterstatter Johannes Angst vor dem, was passiert? Ist tatsächlich Judas gekommen? Um zu verraten, für Geld? Gerade noch wird vorbereitend mitgeteilt, dass der Verräter bei seinem Angebot gar nicht von Geld spricht. Wer ist es, der den Häschern das geheime Zeichen gibt, indem er Jesus küsst, damit sie nicht den sich ihnen gerade direkt anbietenden *„Zwilling"*, den Doppelgänger Jesu abführen? Ist es wirklich der herbeieilende Judas, der sich erst zu Jesus zu diesem verratenden Kuss durchdrängen müsste, oder ist es der nun neben Jesus stehende Lieblingsjünger Johannes, der es tut? – Weil er annehmen muss, dass sich Jesus von ihm abgewandt und Lazarus zugewandt hat? Wozu hätte Judas das mit dem Kuss überhaupt nötig gehabt? Ein Fingerzeig hätte alles geregelt: *„Der da ist es!"* Wenn Judas in Begleitung der bewaffneten Wächter kommt, ist doch sowieso nicht mehr zu verheimlichen, in welcher Absicht sie da auftauchen und weshalb er mit dabei ist. Welche Motivation man auch hier vorschieben könnte: Es ist die Eifersucht des bisherigen Lieblingsjüngers, die den letzten Ausschlag gibt. Jesus hat ihn fallen gelassen, für Lazarus. Das verzeiht er ihm nicht. So weit geht Johannes aber nicht, dass er direkt zugibt, ihn geküsst und damit verraten zu haben. Er will es uns beichten, aber wir sollen selbst darauf kommen!

Ich werde jetzt nicht behaupten, dass uns hier die Beschreibung des Misslingens einer abgekarteten Inszenierung vorliegt, welche die Gefangennahme des *Didymos*, des *„Zwillings"* vorsah, der sich den Häschern anbietet, gefangen genommen wird, und damit den ganzen Aufmarsch blamiert, wenn sich herausstellt, dass er der Falsche ist. Das würde bedeuten, dass Jesus Judas tatsächlich beauftragt hätte, ihn zu *verraten*. Die Darstellung der Synoptiker legt das nahe, aber warum dann heimlich und nachts? Der eigentliche Verrat bestand demnach nicht in der Nennung des Aufenthaltsortes, sondern in der Identifizierung des *richtigen* Jesus. Wir finden beispielsweise bei Lukas gleich anfangs in der Synagoge von Nazareth eine Szene, die auf einen Doppelgänger Jesu hinweist: (Luk. 4,28-30): *Und alle, die in der Synagoge waren, wurden von Zorn erfüllt, als sie das hörten. Und sie standen auf und stießen ihn zur Stadt hinaus und führten ihn an den Abhang des Berges, auf dem ihre Stadt gebaut war, um ihn hinabzustürzen. Aber er ging mitten durch sie hinweg.* Der Grund, dass man Jesus damals in Nazareth entwischen ließ, ist nämlich auch mit der Präsenz seines Zwillings oder Doppelgängers erklärbar, wenn man die Deutung des Aufstandskonzeptes erweitert, wie ich es bereits unterstellte. Wenn man sich infolge des ausbrechenden Tumultes nicht mehr sicher ist, welcher von den beiden der ist, der gerade Gott gelästert hat, lässt man besser von der Bestrafung ab. Es ist nicht mehr zu ermitteln. Die von mir bevorzugte Variante dieser Szene, dass sich damals infolge der Forderung Jesu, das Sabbatjahr auszurufen, die Armen mit den Reichen aneinander gerieten, ist glaubwürdiger, welche über die Existenz und Anwesenheit eines Doppelgängers Jesu noch realitätsnäher wäre. Bewiesen ist aber, dass die Häscher aus Gethsemane den richtigen Jesus abführen, was bestimmt nicht vorgesehen war. Alle Jünger sind geflohen. Fast alle, außer Petrus und dem Lieblingsjünger. Petrus war nach meiner Auffassung ausgehend von seiner Bewaffnung und seinem Angriff auf den Knecht des Hohepriesters von Jesus als Leibwächter zu dessen direktem Personenschutz abgestellt. Er folgt deshalb seinem Herrn, um ihm eventuell noch zu helfen. Folgt man den Hinweisen der *Vita* des Josephus, ist wahrscheinlicher, dass hier Johannes mit seinem zweiten Bruder Simon zusammen auftritt, den wir von da an mit ihm zusammen als *Simon* unter seinem Kriegsnamen *Petrus* auch in der Apostelgeschichte immer wiederfinden, das allerdings von den Auftritten des *Simon Kephas* mit Johannes trennen müssen. Petrus gerät nun im Hof des Hohepriesterpalastes in die Klemme, weil er erkannt wird, während ein anderer Jünger, nämlich Johannes, inkognito als zum Kreis der dort Verkehrenden gehörig, unbehelligt mit zum Verhör geht und Jesus vor dem Hohepriester wahrscheinlich direkt ins Gesicht der Menschensohnverschwörung der Essener anklagt. Man vergesse nicht die freundschaftliche Beziehung des Johannes zu Kephas, dem Sohn des Sanhedrinfürsten Gamaliel. Wo ist Judas abgeblieben? Das beharrliche Schweigen Jesu wird nun erklärlich. Ein Vertrauensbruch dieser Größenordnung wirft ihn völlig aus der Bahn. Es verschlägt ihm sogar die Sprache. Von nun an will er seine Hinrichtung wohl auch selbst. Alles, was über Rangeleien um die Führung der Gruppe Jesu angeführt werden könnte, verliert angesichts der letzten gerade abgehandelten Verratsvariante an Bedeutung. Judas wird streng genommen überhaupt nicht gebraucht.

Johannes verschweigt den Anklagevorwurf. Er hat durchaus Grund dazu, wenn er ihn selbst geliefert hat. Das Geplänkel vor Hannas, bevor Jesus zu Kaiphas gebracht wird, und auch die ablenkenden Szenen mit den Verleugnungen des Petrus sollen uns das verdecken. Erinnern wir uns der Eingangspassage des Johannes-Evangeliums (Joh. 1,35-37). Da setzt der Täufer ganz gezielt zwei seiner Gewährsleute auf Jesus an, denn sie werden nicht angeworben, sondern hängen sich an ihn an. Das sind Johannes und Andreas. Zumindest Johannes war Gegenaufklärer des Sanhedrins und keine religiös motivierter Überläufer, wie das immer behauptet wird. Wenn der Lieblingsjünger eine den Häschern bekannte Person ist, was aus der weiteren Handlung des Johannes-Evangeliums unbedingt geschlossen werden muss, dann war Judas, sofern es ihn überhaupt gab, nur ein Verbindungsmann des Johannes zu seinen Auftraggebern, eine Art Botenjunge. Wozu stünde denn sonst bei Johannes (Joh. 18,2): *...Judas aber, der ihn verriet, kannte den Ort auch, denn Jesus versammelte sich oft dort mit seinen Jüngern ...*

Genau genommen entsteht die Figur des Verräters Judas erst mit der Niederschrift des Markus-Evangeliums. Vor den siebziger Jahren war wohl nur bekannt, dass Jesus durch einen Verrat aus den eigenen Reihen gefangen genommen wurde. Dieser Bote des Johannes gehörte demnach genau so wie Lazarus auch nicht zum engeren Führungskreis Jesu, auch wenn er am Anfang des Markus-Evangeliums mit als Jünger aufgezählt wird.

Wir finden nun den Lieblingsjünger bei der Hinrichtung wieder. Vom Kreuz herab sieht Jesus die Frauen und seinen Lieblingsjünger stehen (Joh. 19,26-27): *Als nun Jesus seine Mutter sah, und bei ihr den Jünger, den er lieb hatte, spricht er zu seiner Mutter: Frau, siehe, das ist dein Sohn! Danach spricht er zu dem Jünger: Siehe, das ist deine Mutter! Und von der Stunde an nahm sie der Jünger zu sich.* Maria Magdalena wusste demnach auch, wo sie ihn am Auferstehungsmorgen zu suchen hatte. Er hatte mit Petrus im Haus der Mutter übernachtet. Dass die ein Haus in Jerusalem besaß, steht in der Apostelgeschichte. Keiner der Jünger traut sich nach der Gefangennahme Jesu mehr in die Öffentlichkeit. Petrus hat Unannehmlichkeiten. Nur ein Namenloser ist immer dabei: Beim Abendmahl, bei der Gefangennahme, beim Verhör und auch bei der Kreuzigung. Am Ende nimmt er sich der Mutter des Gekreuzigten an. Ist es Johannes? Dann ist seine Unberührbarkeit unverständlich. Ist es Judas, dann ist alles klar. Sagen wir einfach: Es ist Johannes, der wirkliche Judas.

Überwachte Johannes etwa die Hinrichtung Jesu, so wie später Saulus angeblich die des Stephanus? Johannes ist nämlich auch der einzige, der genaues Zeugnis von der Kreuzabnahme Jesu gibt. Er muss dabei gewesen sein. Johannes beschreibt uns die Ermordung Jesu so präzis, dass auch Ärzte heute noch eine genaue Diagnose stellen können.

Der Lanzenstich des römischen Soldaten durch die Rippen des Brustkorbes trifft unmittelbar das Herz. Aus der Wunde treten Blut und Wasser aus, ein untrügliches Zeichen für den eingetretenen Tod. Medizinisch handelt es sich dabei um einen Perikard- und Pleuraerguss. Bei einer Herznekrose mit Herzwandruptur sammelt sich diese Art Flüssigkeit im Herzbeutel. Der Herzstich mit der Lanze ist in jedem Fall tödlich. Der ausführende römische Soldat weiß das und geht hier verantwortungsbewusst auf Sicherheit gegenüber seinen Vorgesetzten, denen er unter Strafe dafür gerade steht, keinen Lebenden vom Kreuz abnehmen zu lassen.

Johannes war dabei, sonst stünde nicht gerade an dieser wichtigen Stelle sein Zeugnis der Wahrheit. Jesus wurde in dieser Situation ganz sicher getötet, falls er wirklich noch nicht gestorben war (Joh. 19,33-35): *Als sie aber nun zu Jesus kamen und sahen, dass er schon gestorben war, brachen sie ihm die Beine nicht; sondern einer der Soldaten stieß mit dem Speer in seine Seite, und sogleich kam Blut und Wasser heraus. Und der das gesehen hat, der hat es bezeugt, und sein Zeugnis ist wahr, und er weiß, dass er die Wahrheit sagt, damit auch ihr glaubt.*

Johannes betont hier, dass er den Tod Jesu zumindest als Zeuge beglaubigen musste. Er benutzt in seinen Schriften die Bestätigungsformel der Wahrheit nur dieses eine Mal, hier, bei der Bestätigung vom Tod des Jesus. Die am Ende seines Evangeliums für den gesamten Text stehende Versicherung steht bekanntlich unter dem Verdacht, nachgefälscht zu sein. Auch wenn das letzte Kapitel des Johannes-Evangeliums kein späterer Zusatz sein sollte, dann bleibt trotzdem diese verbindliche Wahrheitsversicherung, des Johannes vom doppelten Tod Jesu am Kreuz. Hier erhebt uns ausgerechnet Johannes die Auferstehung Jesu zum einzigen wirklichen Wunder seines Evangeliums. Am Kreuz zu sterben und hinterher noch erstochen zu werden, mehr Tod ist kaum möglich. Die Panik des *Zeugen* kann man sich vorstellen, als ihn am Ostermorgen Maria Magdalena mit dem Schreckensruf aus dem Bett wirft, dass der Leichnam Jesu verschwunden wäre. Er läuft gleich mit Petrus los, um das zu prüfen, kommt als Erster an, traut sich aber nicht in das jetzt offene Grab hinein und lässt Petrus den Vortritt.

Nun zum zweiten Auftritt des Lazarus. Es ist die Auferstehungsgeschichte bei Markus. Die zum Grab kommenden Frauen treffen ihn (Mk. 16,5-6): *Und sie gingen hinein in das Grab und sahen einen Jüngling zur rechten Hand sitzen, der hatte ein langes weißes Gewand an … Er aber sprach … Ihr sucht Jesus von Nazareth, den Gekreuzigten. Er ist auferstanden …* Zögerte deshalb Johannes, ins Grab zu gehen, weil er dort Lazarus vermutete? Der hätte bestimmt noch etwas mit ihm abzurechnen gehabt.

Mysteriös ist an der Auferstehungsgeschichte, wie sie Johannes in seinem Evangelium bringt aber noch mehr. Die Person des Thomas, des Zwillings ist da, wie schon bei der Gefangennahme, wieder mit im Spiel. Dieser *Zwilling* ist vermutlich der Doppelgänger Jesu. Sprechende Namen werden normalerweise nicht übersetzt. Hier wird das allerdings gemacht, und zwar ständig. Bei Thomas wird immer auf die Bedeutung seines Namens hingewiesen, dabei sind die Namen der anderen Jünger auch sprechende Namen und hatten alle ihre Bedeutung. Welcher der Brüder Jesu Thomas war, wissen wir nicht. Er könnte an diesem Morgen dort am Grab erschienen sein. Vor der Berührung durch Maria weicht er zurück. Man weiß auch nicht, um welche Maria es sich da handelt, ob um die Mutter, oder um Magdalena, denn der Text bei Joh. 20,11-17 ist da ziemlich zweideutig. Sie hätte gemerkt, dass er nicht Jesus ist, weil ihm wahrscheinlich die Wundmahle fehlen. Er begründet seine Weigerung, sich berühren zu lassen damit, noch nicht zum Himmel aufgefahren zu sein. Das wäre normalerweise eine sehr ungewöhnliche Ausrede und dazu noch ziemlich sinnlos. In wie weit in diesem Auferstehungsszenarium von Johannes eventuell Traumvision (Maria Magdalena) und Realität (Zwilling) ganz gezielt miteinander vermischt wurden, werden wir nie wissen. Die Geschichte vom ungläubigen Thomas, die uns anschließend und nur im Johannes-Evangelium geboten wird muss aber als reine Zweckerfindung betrachtet werden. Die in ihr enthaltene Zurechtweisung (Joh. 20,29): *... Selig sind, die nicht sehen, und doch glauben!,* ist ziemlich vordergründig, aber eine sehr gute religiöse Tarnkappe, unter der Johannes die Sache mit dem Double versteckt. Wenn der Auferstandene am Grab der *Zwilling* war, dann ist die Geschichte vom ungläubigen Thomas eine Nebelkerze, unter deren Schutz Johannes uns die wahre Geschichte vom geplanten Ablauf der Auferstehung ganz unbedenklich erzählen kann, ohne dass es bemerkt wird. Ich würde diesen letzten Verdacht nicht niederschreiben, wenn uns nicht gerade die Auferweckung des Lazarus erneut einen Schlüssel zur verdeckten Darstellungsweise des Johannes geliefert hätte. Johannes ist überdurchschnittlich intelligent, aber auch konsequent bis zur Selbstaufgabe. Nicht umsonst bekräftigt er den absoluten Wahrheitsgehalt seines Berichtes.

Um die ursprüngliche Konstellation der Beziehung zwischen Jesus und Johannes genauer zu beleuchten, hier noch einmal die Szene beim Abendmahl: Bei Joh. 13,23 sitzt der Lieblingsjünger zu Tisch an der *„Brust"* Jesu. Das liest sich wie eine Tischordnung. Im Vers 25 lehnt sich nun dieser Jünger an die Brust Jesu, um ihm die Frage des Petrus nach dem Verräter zu stellen. Hinter dieser scheinbaren Doppelung steckt etwas, was uns darüber Aufschluss gibt, was wirklich gemeint ist. Ich muss dazu auf Luthers Basisübersetzung von 1534 zurückgreifen: Luther schreibt im Vers 23 wörtlich: *Es war aber einer unter seinen Jüngern, der zu tische saß(,) an der brust Jhesu, welchen Jhesu lieb hatte.* Im griechischen Originaltext steht das Wort *„kolpos"*. Dieses Wort steht schon einmal bei Joh. 1,18. Dort übersetzt es Luther aber nicht mit *„Brust"*, sondern mit *„Schoß"*(Gottes). Hier wird uns mitgeteilt, wie eng das Vertrauensverhältnis zwischen Jesus und Johannes wirklich war. Wir würden es eher mit *„Jesu Herzen am nächsten stehend"* übertragen, obwohl es auch das nicht ganz trifft. Am Tisch saß demnach ein *„Vertrauter des Jesus"*, der sich erst dann fragend an dessen Brust lehnt, um ihm die Frage zuflüstern zu können.

Nun war beim Passamahl die Vorschrift des auf der linken Seite Zu-Tisch-Liegens vorgeschrieben, wobei man sich mit dem linken Arm aufstützte, um den rechten frei zu haben. Bezeichnend ist aber, dass dieser „*Vertraute*" dann nicht den höchsten Ehrenplatz neben dem Gastgeber an der Tafel einnahm. Dieser Ehrenplatz befand sich damals immer an der linken Seite des Gastgebers, als den wir Jesus sehen müssen. Johannes lag demnach an der rechten Seite Jesu, was dem gerade zitierten griechischen Originaltext sogar wortgetreu entspricht. Derjenige, dem Jesus danach den Bissen eintaucht und gibt, war demnach der Favorit in der Gunst Jesu. Das kann deshalb kaum Judas gewesen sein, womit wir wieder bei Lazarus wären.

Wer den Aspekt der persönlichen Beziehung zwischen Jesus und seinem Lieblingsjünger Johannes einer Wertung unterziehen will, muss auch Lazarus mit einbeziehen. Im Alten Testament finden wir zwischen dem jungen David, König Saul, Jonathan, dem Sohn dieses Königs und Michal, der Tochter König Sauls die gleiche Konstellation, wie zwischen Johannes, Jesus, Maria Magdalena und Lazarus. Der Konflikt löst sich bei David noch anders. Allerdings setzt sich am Ende auch der durch, der am skrupellosesten ist, und die mächtigsten Verbündeten hat. Das ist in beiden Fällen, wie am Endergebnis zu sehen, die Priesterschaft, in deren Dienst Johannes zu dem Zeitpunkt genau so stand, wie vormals David.

In Unkenntnis dieses tatsächlich damals bestehenden Beziehungsdramas bliebe uns beispielsweise der wahre Inhalt der Szene mit Jesu am Kreuz, dem Lieblingsjünger und den Frauen verschlossen und wäre nur eine Illustration, eine Ausschmückung. In Wahrheit empfiehlt hier (Joh. 19,26) Jesus vom Kreuz herab keineswegs die da Stehenden einander und er übergibt auch seine Mutter nicht in die Obhut seines Jüngers. Was ich bereits als Adoption identifizierte ist nur der Ablauf, die äußere Texthülse dieser Geschichte. Der Bericht enthält nämlich noch eine weitere geistige Dimension. In Wahrheit berichtet uns Johannes hier, dass Jesus am Kreuz bereute, ihn fallen gelassen zu haben und dass er deshalb, nachdem er alles durchgestanden hatte und spürbar sein Ende nahen fühlte, in seiner Todesstunde Johannes mit dieser Geste den Verrat verzieh, der ihn ans Kreuz brachte. Ich erspare mir jetzt, das tiefenpsychologisch auszuloten, zumal das eine sehr spekulative Annahme ist. Johannes muss sein Verrat auf alle Fälle selbst sehr belastet haben, denn er hätte uns keineswegs eine solche Szene niederzuschreiben brauchen. Sie enthüllt etwas, was niemand auch nur ansatzweise vermuten könnte. Seine sadduzäische Religionsauffassung und der Drang, sich das um jeden Preis von der Seele zu schreiben, spielen hier bei Johannes mit hinein. Zum Schluss könnte man rückschauend sogar darauf verfallen, dass diese ganze Aktion der Lazaruserweckung eine abgesprochene Sache zwischen Lazarus und Jesus gewesen sein könnte, die aber durch die Eifersucht des Johannes am Ende in die Katastrophe führte. Dann wäre die ganze Passionsgeschichte, wenn man es nochmals durchdenkt, ein grausames und für Jesus am Ende tödliches Possenspiel gewesen. Die Vergebungsgeste Jesu vom Kreuz herab wäre sogar noch glaubwürdiger, so makaber es sich für uns auch darstellt. In seiner

Todesstunde zeigt Jesus damit eine über alles hinauswachsende menschliche Größe, die beweist, dass er tatsächlich der war, den wir seitdem verehren.

Man sucht stets irgendwelche vernünftigen Gründe für das, was passiert ist, aber je tiefer man gräbt, umso mehr muss man immer wieder aufs Neue feststellen, wie in Wirklichkeit der Wahnsinn Geschichte schreibt.

Bemerkenswert ist auch, dass Johannes der einzige Evangelist ist, der, Jesus konkret bezichtigt, er habe den Aufstand gegen Rom auslösen wollen, was er in Anbetracht seiner deutlich nur der Vorbereitung dienenden Tätigkeit keinesfalls beabsichtigt haben kann. Jesus war keine militärisch ausgebildete Führungsfigur.

Der im 12. Kapitel seines Evangeliums von Johannes beschriebene misslungene Aufruf Jesu zum Aufstand muss, im Lichte der Judasgeschichte gesehen, nun als vorgelagerter erster Rechtfertigungsversuch des Johannes für seinen Verrat umgedeutet werden, denn Johannes kann ihn uns nicht glaubhaft vermitteln. Es steht nämlich nirgends etwas davon, dass eine unmittelbare und konkrete Vorbereitung des Aufstandes vor Ort erfolgte. Der führende Kern der Aufständischen befand sich sogar vorher mit Jesus auf der Flucht und musste gerade bei Johannes erst über die Lazarusgeschichte wieder nach Jerusalem zurückgelockt werden. Nur seine Aura als Totenerwecker schützte Jesus vor sofortiger Verhaftung und Hinrichtung. Vielleicht wollte uns Johannes mit dieser Geschichte vom misslungenen Aufstandsaufruf nur mitteilen, dass Jesus auch in den Augen des engsten Kreises seiner Jünger unglaubwürdig geworden war, so dass ihnen gar nichts anderes übrig blieb, als ihn fallen zu lassen, um sich zu retten, weil sie ahnten, dass er mit dem überfordert war, was ihm übertragen war, was natürlich für sie alle verderblich ausgehen musste.

Diese erste Rechtfertigung des Verrates muss Johannes als noch nicht ausreichend angesehen haben. Er baut nun sicherheitshalber zusätzlich an einer ganz unverfänglichen Stelle eine weitere Entschuldigung für sich in sein Evangelium ein (Joh. 6,64-65): ...*Denn Jesus wusste von Anfang an, wer die waren, die nicht glaubten, und wer ihn verraten würde. Und er sprach: Darum habe ich euch gesagt: Niemand kann zu mir kommen, es sei ihm denn vom Vater gegeben.*

Das ist ein ganz klarer Hinweis auf die Prädestination, nach der jedem vorherbestimmt ist, ob er einmal in den Himmel oder in der Hölle kommt. Diese Prädestination ist nichts Ungewöhnliches, weil sie dem jüdischen Glauben seit Gottes Verheißung an Abraham zugrunde liegt.

Dadurch, dass Johannes hier Jesus das Postulat der Prädestination unterschiebt, macht er es felsenfest und nimmt es gleichzeitig entschuldigend in Anspruch. Hier finden wir übrigens eine Gemeinsamkeit zwischen Johannes und den Magus (Paulus). Sie glaubten beide für sich an diese Prädestination, und dass sie zu den Auserwählten Gottes gehören. Das fiel ihnen auch leichter, weil sie zumindest anfangs beide in Dienst und Auftrag der offiziellen Macht agierten, bei der sie im Zweifelsfall Rückendeckung suchen konnten. Bei Jesus war das noch anders. Sein Auftrag richtete sich gegen die römische Fremdherrschaft, mit der die offiziellen jüdischen Machthaber kollaborierten. Seine essenischen Auftraggeber konnten ihm keinen Schutz bieten. Er war deshalb immer im Zweifel und musste sogar von seinen Mitverschwörern gedrängt werden, wie es uns die Synoptiker noch übermitteln. Johannes, der den Sohn Gottes für sich nutzen will und muss, beschreibt uns deshalb, wie sich Jesus unter gleichzeitig zunehmendem Realitätsverlust selbst dazu durchringt, prädestiniert zu sein.

Wie unsicher und zweifelnd Johannes aber später wirklich war, und wie stark ihm sein Verrat des Jesus angehangen haben muss, ist aus der Gesamtschau seiner Versuche zur Bagatellisierung dieser Aktion zu erkennen: Er begründet ihn einmal aus politischen Motiven *(Nachweis des Versuches zur Aufstandsauslösung),* einmal entschuldigt er ihn *(Prädestination),* erklärt ihn uns dann aus menschlich nachvollziehbaren Gründen *(Lazarus),* und einmal lässt er ihn sich sogar noch vergeben *(Jesus am Kreuz).*

Was man bei der Lesung der Schriften des Johannes immer beachten muss, er benutzt eine ganz eigenartige doppelbödige Methode der Darstellung, die man bei allem, was man von ihm liest nie außer acht lassen darf. Er schreibt uns tatsächlich alles auf und verbirgt nichts. Wer aber nicht weiß, was er uns vermitteln will, der entdeckt es nicht. Nur der, welcher sich auf die Texte bedingungslos einlässt, hat die Chance, ihren Inhalt zu erfahren. Solche mit Zusatzinformationen aufgeladenen Texte finden wir überall in seinem Evangelium. Auch die Lazarusgeschichte ist eine solche Textkonstruktion. Diese johanneische Methode der verdeckten Übermittlung macht die vermittelten Informationen aber nur schwer greifbar, weil sie von der Verknappung der Texte lebt, was diese mehrdeutig macht. Dadurch offenbart sich nicht alles gleich jedem Sensationshungrigen. Gleichzeitig deckt sie zu, was man nicht gern allzu genau prüfen sollte, und gewährleistet dem, der glauben will, die Richtigkeit seiner Vorstellungen.

Es ist eine Kunst mit langer Tradition. Diese Kunst scheint verloren gegangen zu sein. Was heute gedruckt wird, ist meist vollgeschwafeltes Papier für den gierigen Leser, der Menge hinter sich bringen will und seinen Wissenszuwachs nach konsumierten Buchmengen in Kilogramm misst. Dabei geht es doch beim Text um Inhalte und deren Qualität.

Wir wissen, dass uns vieles, was in der Bibel steht, unbekannt ist und auch bleiben wird, weil wir es kaum noch rekonstruieren und entschlüsseln können. Wir dürfen aber die Intelligenz unserer Vorfahren keinesfalls unterschätzen. Jede Überlieferung enthält jedoch zwangsläufig auch eine Verkürzung. Vieles werden wir deshalb nie rekonstruieren können. Das Leben ist vielfältiger als es sich beschreiben lässt. Alle Wertungen, die wir treffen, enthalten unwägbare Unsicherheiten und müssen deshalb zwangsläufig immer vorläufig bleiben. Das betrifft auch alles das, was Sie bis hierher gelesen haben.

Rekonstruktion eines Lebenswerkes

Wer war Johannes. Am Anfang finden wir einen ehrgeizigen und klugen Jungen aus verarmten, aber standesmäßig besseren Verhältnissen, der die Gelegenheit hat, unter Johannes dem Täufer eine der besten Toraschulen, die des Gamaliel zu besuchen. Er wird uns jedenfalls von Josephus als der Freund des Simon Kephas, dem Sohn des Gamaliel vorgestellt. Ob diese Freundschaft echt ist, oder von Anfang an nur dem Zweck dient, unter dessen Protektion Karriere zu machen, sei dahingestellt. Seine sadduzäische Herkunft, die sich aus seinem Namenszusatz *bar Levi* ergibt, ist für Johannes auf alle Fälle förderlich.

Wir finden diesen Jochanan bar Levi erstmals in den Evangelien, schon ausgebildet, als Jünger des Täufers. Dieser betreibt im Auftrag des Sanhedrins Agitation zur Neutralisierung des im Lande ständig schwelenden allgemeinen Aufstandspotentials. Die Führenden des Judentums fühlen sich durch die Verschwörung der Essener bedroht, die der Jesus von Nazareth gegen die römische Fremdherrschaft organisiert. Um unter Kontrolle zu behalten, was er betreibt, macht es sich erforderlich, diese Verschwörung zu unterwandern.

Johannes wird nun vom Täufer in Galiläa auf den verdächtigen Missionar der Essenerverschwörung *Jehoshua bar Joseph aus Bethsaida* angesetzt und schließt sich dem als Jünger an. Die Jüngerschaft des Johannes ist deshalb von Beginn an eine politische Mission. Er wird dann engster Vertrauter, Mitarbeiter und Günstling des Jesus.

Als Johannes glaubt, diese seine Spitzenstellung in der Verschwörung zu verlieren, beschließt er, Jesus zu beseitigen. Dazu nutzt er die allgemeine Nervosität der Führenden des Sanhedrins. Johannes informiert sie wohl davon, dass Jesus den Aufstand gegen die römische Fremdherrschaft zum Passafest des Jahres 30 in Jerusalem auszulösen beabsichtige. Auf diese Information des Johannes wird seitens der mit den Römern kollaborierenden Führenden des Judentums reagiert, weil man diesen Aufstand nicht will. Jesus wird nach Jerusalem gelockt, seine Gefangennahme veranlasst, und über eine falsche Anklage seine Hinrichtung durch die Römer in die Wege geleitet. Wie stark Johannes sich dabei engagiert, ist an seinen Aktivitäten im Zusammenhang mit Jesu Verhaftung bis zu dessen Kreuzabnahme feststellbar. Er hat sie uns selbst beschrieben.

Johannes, der wahrscheinlich geglaubt hat, danach die Führung der Gruppe Jesus übernehmen zu können, sieht sich getäuscht. Simon Kephas, der Sohn Gamaliels übernimmt die Führung der Verschwörung, um sie zu den Täufern zu vereinnahmen und so zu neutralisieren. Es wird daraus in Weiterentwicklung der Täufermission aus den Verschwörern die neue Nebensekte *des Weges* formiert, organisatorisch gefestigt und eine Führung installiert. Den Verschwörern wird ein Angebot gemacht: Wer abschwört, zur neuen Sekte übertritt und sich taufen lässt, bekommt Straffreiheit zugesichert, was den berichteten sofortigen Massenzulauf erklärt.

Gegen Kephas, den ihm nun vorgesetzten Sohn Gamaliels ist Johannes chancenlos, denn der gehört zu einer höheren Gesellschaftsschicht und handelte im direkten Auftrag des Sanhedrins. Sein ganzes Engagement im Zusammenhang mit der Beseitigung des Jesus von Nazareth nützt Johannes nichts. Er wird auch weiterhin nur im nachgeordneten Dienst eingesetzt. Dazu kommt noch, dass später der Familienclan des Jesus zusätzliche Ansprüche anmeldet.

Auch als Kephas seinem Vater Gamaliel im Amt nachfolgt und den Vorsitz der neu formierten Gruppe abgibt, rückt deshalb Jakobus, ein Bruder des Hingerichteten nach. Den Mitgliedern der Verschwörung kann so die Kontinuität dessen vorgespiegelt werden, was ihrer Verschwörung zugrunde liegt. Johannes gehört zwar weiterhin zur Führung dieser Gruppe, aber er muss auch weiterhin zusammen mit Simon Petrus die grobe Arbeit machen. Das heißt, sie müssen nun den von Jesus vorbereiteten Aufstand der Verschwörermasse um jeden Preis verhindern.

Die Führungsgruppe der Verschwörer stand vorher unter Jesus den Essenern für die weitere Vorbereitung, und nun als Leute des Sanhedrins für die Verhinderung des Aufstandes. Es ist fast unmöglich, diese Wandlung der Masse der echten Verschwörer begreiflich zu machen, die keine Ahnung davon hatten, dass ihre Führung, fast vollständig durch die Leute des Sanhedrins unterwandert war, was sich darin zeigt, dass die Jünger des engeren Kreises der Zwölf alle weiter im Amt sind, sich nun Apostel nennen, und mit auf den neuen pazifistischen Kurs einschwenken.

Nun treten spontan aus der zweiten Reihe der echten Verschwörer sieben neue Aufstandsführer ans Licht. Man versucht sie zu beseitigen und verfolgt sie. Es kommt zu Unruhen in Jerusalem und auch in Galiläa, die aber im Gegensatz zur Apostelgeschichte nicht alle friedlich beigelegt werden konnten, denn Josephus berichtet von einer blutigen Niederschlagung dieser örtlichen Aufstände, was über eine Anklage in Rom sogar auslösend für die Amtsenthebung und den Sturz des Pilatus war, obwohl es sich dabei durchaus um koordinierte Aktionen der jüdischen Führung mit der römischen Besatzungsmacht gehandelt haben muss, in die auch Johannes lt. der Apostelgeschichte aktiv eingebunden war.

Die aus Jerusalem vertriebenen echten Verschwörer betreiben das Unternehmen aber weiter auf eigene Faust. Die Aktion droht zum Flächenbrand auszuufern und der Kontrolle zu entgleiten. Der Magier (Saulus/Paulus), der diese Verfolgung der Aufständischen im Auftrag des Sanhedrins organisatorisch leitete wird nun aus dieser Aktion zurückgenommen und nach *Damaskus,* tatsächlich aber zu den Essenern nach *Qumran* geschickt, unter deren Regie die *Menschensohnverschwörung* des Jesus organisiert wurde. Der

Magier erhandelt dort zumindest ein Stillhalteabkommen, was mit Drohungen untersetzt gewesen sein muss, denn die Essener lassen sich anschließend zumindest formell unter die Jerusalemer Zentrale vereinnahmen. Dass sie es nur als eine weitere Vertagung ihres „*Tages der Vergeltung*" betrachteten, ergibt sich aus dem Ablauf der Ereignisse zwischen 66 und 74.

In die Zeit davor fällt der Krieg des Aretas gegen Herodes und die unmittelbar vorher erfolgende Hinrichtung des Täufers. Der Täufer hat zwar bereits im Jahre 28 Herodes der Blutschande bezichtigt, als er seine Schwägerin Herodias heiratete und seine bisherige Frau, eine Tochter seines Vasallen Aretas verstieß. Der Täufer fiel damals wegen Majestätsbeleidigung in Ungnade. Herodes lässt ihn aber erst im Herbst des Jahres 35 gefangen nehmen und hinrichten. Dass es ein politischer Mord war, hat uns Josephus nachgewiesen, denn Herodes befürchtet nicht zu Unrecht, dass die Agitation des Täufers die Moral seiner Truppen untergraben könnte. Man hat seitens des Sanhedrins mit der Beseitigung des Täufers durch Herodes gerechnet, und beabsichtigte den Magus, der nach den *Pseudoclementinen* vom Täufer als sein Nachfolger benannt war, als neues Oberhaupt der Täufer einzusetzen, weil man deren Organisation, zu der inzwischen nun auch die neue Sekte gehört, nicht ohne Führung lassen kann. Dazu ist sie zu wichtig für die religiös getarnte Befriedung des Aufstandspotentials in der Bevölkerung.

Diese Aktion misslingt. Die Täufer akzeptieren den Magus nicht und auch die Christen lehnen ihn ab. Ursache ist, dass sich nicht nur die Führenden der jeweiligen Organisationen, sondern auch die eingeschleusten Leute des Sanhedrins gegenseitig als Konkurrenten bei der neu anstehenden Verteilung der entsprechenden Führungspositionen sehen, was eine interne Reinigungswelle in der Führung der Christen nach sich zieht, wie sie sich in der Apostelgeschichte nachweisen lässt.

Johannes, der wohl gehofft hat, dabei eine höherrangige Stellung zu erreichen, muss miterleben, dass sein Bruder Jakobus von Herodes hingerichtet wird. Seinem in diesem Zusammenhang mitverhafteten Bruder Simon Petrus kann er aber noch zur Flucht verhelfen. Da Johannes in die Intrige, welche gegen die Installation des Magus gerichtet war, mit verwickelt war, wechselt er deshalb den Namen. Er nennt sich jetzt Markus. Er taucht nicht unter, zieht sich aber etwas zurück. Der Magus als Hauptperson, gegen den sich die dazu inszenierte Intrige richtete, wird sogar bis nach Tarsus in Sicherheit gebracht.

Die vom Magus in die Diaspora vertriebenen Verschwörer haben inzwischen in Antiochia fast fünf Jahre Zeit gehabt, um wieder zu erstarken, was man nicht dulden kann. Die nun beginnende sogenannte Heidenchristenmission als Auslandsmission des Magus, den sich Barnabas zu seiner Unterstützung nach Antiochia holte, war eine Notlösung, um die dort inzwischen wieder herangewachsene Essenerverschwörung des aus Jerusalem vertriebenen Aufstandsführers Nikolaus zu befrieden.

Das muss aber auch gleichzeitig als zweiter Ansatz und als Ausweichvariante gesehen werden, die zwar im Endeffekt die Summierung der Täufer unter die neue Sekte zur Folge hat, obwohl alles darauf hinweist, dass ursprünglich die Vereinnahme der neutralisierten essenischen Verschwörer zu den Täufern geplant war. Allerdings droht durch einen Nebeneffekt dieser Vereinigung, die Gesamtaktion der Kontrolle der Jerusalemer Zentrale zu entgleiten, weil in Antiochia auch heidnische Griechen mit zu den Verschwörern gehörten, die man zwangsläufig mit in die Sekte und damit ungewollt unter erleichterten Bedingungen in das Judentum aufnahm, um sie zu neutralisieren. Die neue theologische Ausweichlinie ermöglicht nun über das dabei entstandene Christentum die eigentlich nicht beabsichtigte Aufnahme der Heiden in die jüdische Religion, ohne dass sie die dazu erforderlichen Bedingungen erfüllen mussten, wie beispielsweise den Zwang zur Beschneidung. Der Magus sieht das aber nicht so gefährlich wie die Jerusalemer Zentrale, welche unbedingt auch an den orthodoxen Ansichten der jüdischen Religion festhalten will, denn für ihn war zu dem Zeitpunkt auftragsgemäß die Neutralisierung des Aufstandspotentials vorrangig.

Wie notwendig diese Neutralisierung war, ergibt sich aus der Missionstätigkeit des Magus, der auf den Spuren der Verschwörer anschließend im östlichen Mittelmeerraum unterwegs ist, um dieses Potential zu befriedigen. Die im Zusammenhang mit in die neue Sekte aufgenommenen Heiden nennt man von nun an tatsächlich *Christen*. Es gibt sie nur außerhalb Palästinas und sie sind auch nur Mitglieder zweiter Klasse der jüdischen Religionsgemeinschaften.

Johannes, der weiterhin im Dienste des Sanhedrins steht, ist nun derjenige, der den Auftrag bekommt, die Heidenmission des Magus in Grenzen zu halten und die übernommenen Heiden zur Übernahme der strengeren jüdischen Glaubensgesetze zu verpflichten. Er kann sich aber weder gegen den Magus durchsetzen, als der in Zypern missioniert, noch gelingt es ihm in Antiochia, der Ausgangsbasis des Paulus, dessen Anhänger umzustimmen. Er bezichtigt deshalb den Magus in Jerusalem der Ketzerei, was dessen Vorladung zur Folge hat.

Das nun stattfindende Tribunal kennen wir als Apostelkonzil von Jerusalem. Aber auch da kann sich Johannes nicht gegen den Magus durchsetzen. Die Heidenmission wird deshalb im Ergebnis des Meinungsstreites nun von der Judenmission getrennt und zu einem Unternehmen gemacht, welches der Finanzierung der Christenzentrale in Jerusalem dient, welcher weiterhin die Verhütung des Aufstandes im Inland obliegt. Die Angelegenheit ist damit organisatorisch geregelt, aber die Gegensätze bestehen weiterhin. Johannes und der Magus überwerfen sich deshalb direkt nach dem Konzil erneut und endgültig. Es wird aber danach deutlich, dass Johannes im Auftrag des Kephas handelte. Simon Kephas, der nicht zulassen kann, dass der in seinem Auftrag agierende Johannes vom Magus immer wieder in die Defensive gedrängt wird, versucht nun den an dessen Missionsbasis in Antiochia direkt zu mäßigen. Der bleibt aber weiter unnachgiebig und fühlt sich dort so sicher, dass er Kephas öffentlich bloßstellt und ihn der Heuchelei bezichtigt.

Simon Kephas folgt im Jahre 50 seinem Vater Gamaliel im Amt als Simon II. Er beauftragt nun Jakobus, seinen Nachfolger im Vorsitz der Jerusalemer Zentrale, den Magus beseitigen zu lassen. In diesem Zusammenhang treten plötzlich aus den Urchristen heraus die Sikarier, die Verschwörer des Jesus, wieder in Erscheinung. Sie sind demnach nur unzureichend befriedet und keinesfalls gezähmt. Ihre Absicht, Den Magus, der nun bei allen in Ungnade ist, zu ermorden, misslingt. Der rettet sich und versucht sich zuletzt nach Rom in Sicherheit zu bringen, wo sich seine Spur unter Nero verliert.

Diese Aktion entlarvt uns den Charakter der jüdischen Urchristenbewegung. Es ist weiterhin die mittels des Christentums getarnte Sikarierbewegung der Essener, die sich aber mit fortschreitender Zeit zunehmend wieder zu verselbständigte und nur noch unter der Beobachtung des Sanhedrins stand, der auch am Ende die Kontrolle über sie verlor.

Im Jahr 62 ereilt deshalb auch Jakobus, den Bruder Jesu die Reinigungswelle des Kephas, und auch er wird hingerichtet, weil er in der Affäre Magus (Paulus) versagt hat. Aber nicht Johannes, wie man meinen könnte, sondern ein weiterer Verwandter des Jesu erbt den Stuhl des Vorstehers der Sekte in Jerusalem. Es ist Symeon, der Sohn des Kleopas. Seine Mutter muss nach dem Johannes-Evangelium eine Schwester Jesu gewesen sein, was die Thronfolge dieses Jesusneffen erklärt.

Simon II. Kephas sitzt nun fest im Amt seines Vaters Gamaliel. Johannes hat in seinem Auftrag inzwischen die Funktion der Überwachung des Aufstandspotentials in Galiläa übernommen. Er nimmt sie nun im Auftrag des Sanhedrins wahr, und dem steht er wie schon vorher für deren Befriedung. Was nun passiert hat uns Flavius Josephus in seinem Werk *„Die Geschichte des Judäischen Krieges"* übermittelt.

Nachdem Johannes festgestellt hat, dass man ihm auch in Galiläa erneut einen Seiteneinsteiger, nämlich Josephus, vor die Nase gesetzt hat, tritt er die Flucht nach vorn an. Als es ihm nicht gelingt, mit Hilfe seiner Jerusalemer Auftraggeber Josephus abzuservieren, und er erkennt, dass sich die Machtverhältnisse auch in Jerusalem zu seinen Ungunsten verändert haben, wechselt er die Seiten und stellt sich an die Spitze des Aufstandes. Im entscheidenden Moment bricht er deshalb mit seinen Truppen aus Gischala aus und marschiert auf Jerusalem, wo er zwar anfangs wieder im Dienst des Hohepriesters steht, der ihn wiederum seinerseits als Werkzeug zu benutzen versucht, denn Johannes soll ihm auf dem Verhandlungsweg die Zeloten aus dem von ihnen besetzten Tempel locken, was aber misslingt. Die von den Zeloten stattdessen in die Stadt gerufenen Truppen der Idumäer ermorden nun den Hohepriester, was ihnen aber verübelt wird, so dass sie wieder abziehen. In dem dadurch entstandenen Moment des Machtvakuums reißt nun Johannes die Herrschaft an sich. Er wird allerdings, als nicht ebenbürtig vom Rest der verbliebenen Elite der Priesterfürsten nicht akzeptiert, die sich nun mit den Zeloten im Tempel verschanzt haben, so dass er die Situation bereinigen muss, wozu er eine List benutzte, mit welcher er das dann unblutig entschärfte.

Schon als Diktator auf dem Weg zum Herrscherthron, trifft er auf Simon bar Giora, den seine Gegner inzwischen wiederum gegen ihn zu Hilfe gerufen und mit seinen Aufständischen in die Stadt eingelassen haben. Sie führen nun beide den Aufstand, sind jedoch Konkurrenten um die Macht. Ihnen fällt in Jerusalem nun Simon Kephas zum Opfer, unter dessen Regie Johannes jahrelang agierte und der ihnen beiden aus dynastischen Gründen die Macht streitig machen könnte. Das erledigt nach den Angaben des Josephus nun Simon bar Giora.

Das Jahr 70: Der judäische Krieg ist fast vorbei. Josephus lebt als Historiker der flavischen Kaiserdynastie später als Freigelassener der Flavier sorgenfrei unter deren Schutz in Rom. Bei Johannes ist das auch nicht anders. Als kriegsgefangener Heerführer besitzt er wohl den gleichen gesellschaftlichen Status wie Josephus. Wessen Freigelassener er ist, verrät er nicht. Dass er später frei ist, beweisen die Zeitzeugen, welche Domitian die Verfolgung des Johannes unterstellen.

Diese beiden, der nach seinen Schriften zu urteilen, mehr geschwätzig veranlagte Josephus und der intrigante skrupellose und politikerfahrene Pragmatiker Johannes, befinden sich nun beide in Rom und unter der Aufsicht der Flavier. Sie sind Intimfeinde erster Ordnung. Johannes ist ca. 25 Jahre älter als Josephus. Er ist auf alle Fälle der Gefährlichere, während Josephus der Anpassungsfähigere ist. Sie stehen als Besiegte und Überläufer unter dem Diktat der Flavier. Auf dieser Basis beginnt der Schlussakt der Aktion des Projektes Jesus Christus mit der Ausfertigung der nachträglich korrigierenden und legitimierenden Dokumente, womit die nach dem Zusammenbruch des jüdischen Staatswesens in die Diaspora ausgesäte terroristische Sikarierbewegung über das Christentum domestiziert werden soll.

Josephus schreibt seine *„Geschichte des Judäischen Krieges"*, Johannes bekommt wohl den Auftrag, auch seinen Lebenslauf niederzuschreiben. Es wird die Geschichte der Messiasverschwörung, aus der er hervorgegangen ist. Es muss ein Auftragswerk der Flavier gewesen sein und wird ein Bericht über die Aktion *Menschensohn* des Jesus von Nazareth, was danach eingeleitet wurde und wie die Entwicklung bis zum Aufstand verlief und wohl auch, was während der Belagerung Jerusalems in der Stadt geschah.

Während Johannes schreibt, tobt in den an den syrischen Raum angrenzenden römischen Provinzen inzwischen der Terrorismus. Die Sikarier sind nach der Zerschlagung des jüdischen Aufstandes in alle Winde zerstreut, haben Unterschlupf bei den Diasporajuden gesucht und mancherorts auch gefunden. Sie hetzen schlimmer als zuvor. Der Selbstreinigungsprozess unter der Fuchtel der *pax romana* funktioniert nicht im gedachten Sinne. Die Mechanismen zur Vermeidung der Verletzung der *pax romana* in Form des vorauseilenden Gehorsams, wie sie uns noch in den paulinischen Missionsepisoden der Apostelgeschichte des kleinasiatischen und griechischen Raumes beschrieben werden, funktionieren nicht mehr unter den Bedingungen des Terrorismus der Sikarier.

Man hat überall Angst vor den Repressalien Roms, sobald Unruhen auftreten, aber die Terroristen als heimatlos Gemachte, fordern diese Repressalien geradezu heraus. Die Unschuldigen, die anschließend für die Taten der Sikarier büßen müssen, kümmern sie nicht. Der Held der Sikarier ist Johannes bar Levi von Gischala. Die Sikarier werden nun *barjona* genannt, *Johannessöhne*. Welcher Johannes gemeint ist, danach braucht man nicht zu fragen. Der Täufer ist es nicht.

Rom muss sich jetzt selbst helfen. Das ist aus politischen Gründen notwendig. Die sich bietende Möglichkeit, Johannes, den gefangenen zeitweisen obersten Führer der Sikarier als ideologisches Werkzeug gegen die weiteren Umtriebe seiner eigenen Leute einzusetzen, ist eine Gelegenheit, welche sich die Flavier nicht entgehen lassen. Er ist nun der unfreiwillige und dazu noch glücklose Nationalheld, die verehrte Lichtgestalt seines Volkes, auch wenn er es ursprünglich nicht gewollt hat. Der Johannes, wie er uns in den Evangelien entgegentritt, unterwirft sich nur seinen Bezwingern. Das sind die Flavier. Er verachtet Josephus. Josephus hasst ihn. Es ist also kein Wunder, wenn sich Josephus, wenn auch verschlüsselt, von dessen Vorhaben, aus dem die Evangelien hervorgehen, distanziert.

Das römische Kaiserreich hat sich mit der Auslöschung Jerusalems, dem Abriss des dort stehenden Tempels und vor allem mit der Vernichtung des Judäischen Staatswesens keinen guten Dienst getan. Unter dem Druck der Verhältnisse und der Aufgabenstellung, die heimatlos gemachten Sikarier ideologisch zu unterlaufen, und damit zu befrieden, entsteht nun im Auftrag der Flavier aus der Feder des Johannes das Markus-Evangelium und vermutlich auch ein erster Entwurf der Apostelgeschichte. Er verwendet dazu seinen Rapport der Menschensohnverschwörung, die er erst auftragsgemäß beobachten, dann im Zaum halten sollte, und am Ende für sich benutzte. Es endete wie bekannt schrecklich und führte zur Katastrophe seines ganzen Volkes.

Johannes war es, der in seiner Anfangszeit den auslieferte, dessen Lebenslauf bis zur Hinrichtung er nun rückwirkend als Start für die damals entstandene Glaubensrichtung der Christen verkauft. Als Sadduzäer hasst Johannes diese schon weit verbreitete Lehre, die er nun benutzt, denn die Sadduzäer leugnen die Auferstehung generell. Der Jesus Christus ist ein Auferstandener. Dass es nicht stimmt, weiß nur Johannes ganz genau. Er musste, als unmittelbarer Zeuge der Hinrichtung, den Tod Jesu amtlich beglaubigen und hegt da auch keinerlei Zweifel. Er hat keine Wahl. Er muss den bereits über vierzig Jahre verkündeten Jesus Christus und dessen Auferstehung akzeptieren, weicht also aus und legt die ihm näher liegende Lehre des Täufers, der er anhängt, auf der Basis der Tora schriftlich nieder und verzahnt sie mit dem Lebenslauf des Jesus von Nazareth.

Es ist zwar die bestellte Schrift für die Flavier zur Befriedung der Sikarier, weil darin der Mission des Jesus eine pazifistische Basis unterstellt, und von ihm die Unterwerfung unter jede Art Herrschaft befohlen wird. Gott und das Gesetz werden von Johannes in den Evangelien der Synoptiker wieder fester verankert. Es müsste nach seiner Ansicht zu schaffen sein, damit in seinen Augen für das Judentum verlorenen Christenschafe über die stärkere Zurückführung ihrer Basisschriften auf die jüdische Tradition wieder in den judäischen Stall zu bekommen. Wenigstens die Judenchristen.

Johannes wählt bei der Abfassung seiner Texte eine völlig andere Strategie als Josephus. Bei Josephus erfahren wir aus der Abwehr überhaupt erst von einer gegen ihn vorliegenden Verratsbezichtigung. Johannes macht es anders. Er berichtet, was er für sich als wichtig erachtet. Er verkündet uns in seiner Offenbarung nicht nur die Zukunft, sondern er verkündet in den Evangelien nachträglich auch eine dazu passende Vergangenheit, auf der dann seine Offenbarung aufbaut. Er schreibt einfach um. Mit unscheinbaren Abänderungen fälscht er den Sinn der Überlieferung. Er setzt sich nie selbst mit einer gegenteiligen Ansicht auseinander. Er verwendet dazu Texte, deren Herkunft nur ihm bekannt sein könnte, und er legt sie Jesus in den Mund.

Erst aus dem Panorama der gezielt nach der politischen Basis vorgenommenen Textanalyse ergeben sich für uns die tatsächlichen Ziele des Missionars Jesus von Nazareth. Das von Johannes unter seinem Kriegsnamen und Pseudonym Markus entworfene Evangelium wird mit Gleichnissen und aus der Tora entnommenen Wundertaten ausgeschmückt. Dazu gibt es auch ausreichend mündlich umlaufendes Material unter den Juden und Christen. Wenn die also das im Evangelium finden, was ihnen schon bekannt ist, glauben sie auch den Rest.

Diese Erstellung des Markus-Evangeliums durch Johannes kann aber keine ganz freiwillige Arbeit gewesen sein. Der Inhalt entspricht auch noch nicht ganz dem, was Johannes eigentlich beabsichtigt. Es ist auch die offensichtlich unrichtige Legende darin enthalten, dass der Täufer schon zu Lebzeiten Jesu hingerichtet wurde.

Dieses Evangelium ist aber nun das Konzept, die Basisvorlage, aus der heraus die zur Verbreitung vorgesehenen Evangelien erarbeitet werden sollen. Johannes verwendet deshalb seinen zeitweiligen Beinamen Markus aus der Zeit, in der er mit dem Magus zusammenarbeitete als Pseudonym. Es muss deshalb angenommen werden, dass selbst die ihm unterstellten Redakteure, die anschließend die Evangelien des Matthäus und des Lukas aus der Markus-

Vorlage erarbeiteten, nicht wussten, wer der in Wirklichkeit war, der sie anleitete, und dabei in den Texten sich und seine eigene Familie ziemlich in den Vordergrund stellt. Wir finden in den Schriften des Johannes seinen Vater Zebedäus, seine Mutter Salome und als Jesusjünger noch seine Brüder Jakobus und Simon, den Petrus. Johannes, Jakobus und Petrus sind jedenfalls bei allen wichtigen Aktionen der Evangelien dabei, und stehen immer im Vordergrund.

Die in den aus dem Markus-Evangelium entwickelten Evangelien des Matthäus und des Lukas enthaltenen zusätzlichen rein religiösen Texte, wären nun nachgewiesenermaßen zum Teil Übernahmen aus damals in Blüte stehenden Heidenreligionen. Neben dem Isiskult und dem des Mithras wären nachweislich buddhistische Elemente in den Evangelien verarbeitet und auch die Religionen des Asklepios, des Herakles sowie des Dionysos hätten ihre Spuren in den Texten der Evangelien hinterlassen. Die hinter den Namen Lukas und Matthäus steckenden Redakteure hätten auch fleißig bei Pythagoras abgeschrieben. Die Beschreibung des Lebensweges Jesu, vor allem dessen Ausschmückung bei den Synoptikern wären bei ihnen oft direkte Doubletten.

Eine andere Vermutung liegt allerdings näher. Der jüdische Philosoph Philon von Alexandria (ca. 25/10 v.u.Z. – ca. 40/50 u.Z.), der sich in seinen Schriften um eine Synthese des Judentums mit der griechischen Philosophie bemühte, könnte die Quelle sein, aus der Johannes und seine Schreiber geschöpft haben. Philon selbst schöpfte u. a. aus Platon und Pythagoras. Auch die Stoa kannte er. In seinen Schriften findet sich vieles von dem vorsortiert, was dann über die Evangelien ins Christentum einfloss. Nicht erst die Kirchenväter Origenes, Ambrosius Hieronymus und Augustinus haben sich demnach aus seinen Ideen bedient. Seine Vorstellungen flossen schon in die Evangelien ein.

Die Mitarbeiter, welche Johannes für die Erstellung der Evangelien des Matthäus und des Lukas zur Seite standen, müssen demnach eine Ausbildung in griechischer und römischer Philosophie gehabt haben. Sie unterfüttern damit die Lehre und sogar Johannes scheint methodisch noch allerhand von ihnen gelernt zu haben. Das wird deutlich beim Vergleich des Markus-Evangeliums mit dem Johannes-Evangelium, die in größerem zeitlichem Abstand nacheinander aus der Feder des Johannes hervorgehen.

Als einzigem Augenzeugen obliegt Johannes die Endredaktion der neuen Texte. Er steht dafür gerade, aber auch in der Pflicht, sie im gewünschten Sinne zu gestalten. Vor allem orientieren alle drei der von ihm betreuten Evangelien der Synoptiker auf die strengste Einhaltung der Glaubensvorschriften des Judentums.

Während Johannes die ganze Aktion nur noch leitet und andere ihm die Ausarbeitung der Details abnehmen, ändern sich aber die politischen Konstellationen für seine Arbeit. Gamaliel II. beginnt in dieser Zeit mit Unterstützung des dritten Flavierkaisers Domitian die Restauration des

Judentums in die Wege zu leiten. Johannes, der bestimmt versucht hat, auch mit Gamaliel II. einen Kompromiss zu finden, wird von dem aber wahrscheinlich zurückgewiesen. Unter diesem sich abzeichnenden Aspekt, der zwangsläufig zu seiner Isolierung geführt hätte, sieht sich Johannes gezwungen, nun sein eigenes nun nicht mehr gefragtes Projekt zu unterlaufen. Er entwirft aufbauend auf den Synoptikern mit einer neuen Konzeption das vierte Evangelium. Es wird das *„Evangelium nach Johannes"*. Er ergänzt darin das, was die wahre Biografie des Jesus ist, und auch seine tatsächliche Verbindung zu ihm, als er noch dessen Jünger war, stellt richtig, was er bei den Synoptikern noch den bereits verfestigten Legenden opfern musste, rechnet mit der Arroganz des ihn zurückweisenden Judentums ab und baut über die Installation eines Christus, der seinen ganz persönlichen Erfordernissen entspricht ein Fundament, von dem herab er sich später in eine unangreifbare, aber nun christliche Glaubensposition katapultiert.

Die zeitliche Einordnung, dass Johannes dieses Evangelium zumindest noch parallel zu denen der Endfassungen des Matthäus und des Lukas schreibt, ist zwingend, denn die drei Evangelien, die nach Markus geschrieben werden, sind so ineinander verzahnt, dass sie zeitweise gleichzeitig in Arbeit gewesen sein müssen, was auch die von oben her eingeleitete Erarbeitung an einem Ort im Auftrag der Flavier wahrscheinlich macht. Zur Veröffentlichung waren anscheinend nur die Evangelien des Matthäus und des Lukas, sowie die Apostelgeschichte vorgesehen.

Das Johannes-Evangelium ist nun ein zusätzlicher entlarvender Tatsachenbericht, der unter einer Masse sehr zielgerichteter religiöser Bezüge und einem Berg mystischer Andeutungen und Verheißungen vergraben wird, um verbreitet werden zu können. Besondere Kennzeichen: Keine Gnade. Nirgends. Darüberhinaus: Keine Gleichnisse. Keine Wunder. Und wenn Wunder, dann mit Zugang zum Hintergrund für Eingeweihte.

Es ist ein Meisterstück in der Vermischung unterschiedlicher Informationen, die gleichzeitig angeboten werden und sich einem wechselweise und immer wieder mit einer neuen Facette erschließen, je nachdem, wonach man in den Texten sucht. Der vordergründige Text verdeckt oft diese Informationen, welche die eigentlichen sind, die Johannes damit nur denen vermittelt, welche sich gezielt danach auf die Suche begeben. Herausragend ist dabei die Totenerweckung des Lazarus. Dort wo er Jesus am stärksten für seine Messiasbotschaft und den Glauben daran agitieren lässt, schiebt er uns den tatsächlichen Menschen Jesus unter, denn am Ende steckt in entschlüsselt geglaubter Information immer noch das eigentliche wirkliche Geheimnis. Die Schlüssel für dieses Wunder legt Johannes im Markus-Evangelium ab. Das einzige Wunder, was bleibt, ist bei Johannes die Auferstehung Jesu.

Im Johannes-Evangelium beschreibt uns nun Johannes den Menschen Jesus mit allen seinen Stärken und Schwächen nachvollziehbar. Er ist dort tatsächlich der Verschwörungsführer, der den Aufstand im Auftrag der

Essener vorbereitet. Gleichzeitig baut uns Johannes unter Nutzung der Persönlichkeitsaspekte Jesu, seiner Führungsstärke, und auch seiner Schwäche, dem Hang, der eigenen Ideologie zu verfallen und sich darin zu sonnen, parallel dazu daraus den *Menschensohn* Gottes auf, den wir nach seiner Vergeistigung als Sohn Gottes akzeptieren können.

Johannes verfolgt dabei allerdings den Zweck, für sich selbst ein entsprechendes Fundament aufzubauen, von dem herab er dann als Bevollmächtigter Gottes, den uns nun Jesus schickt, agieren kann. Johannes braucht aber die Evangelien der Synoptiker als Basis für sein eigenes. Weil er die Konzeption der nun fast fertiggestellten Synoptiker nicht mehr ändern kann, die auf die Rückführung der Christen angelegt war, und er auch seine Mitarbeitern kaum begreiflich machen kann, wozu er sie wirklich benutzte, greift Johannes zu einer Verschleierungstaktik, die über rückwirkende Ergänzungen der Synoptiker nachweisbar ist. So fügt er bei Matthäus das 23. Kapitel ein, welches mit den Glaubenspraktiken der Pharisäer abrechnet und bringt auch ähnliche kürzere Passagen bei Markus und bei Lukas ein.

Damit soll aber nur die Basiskonzeption zu deren Erarbeitung verdeckt werden, was auch gelang. Die bisherige Fehlinterpretation dieser Einfügungen hat uns aber in Unkenntnis der wirklichen Absicht die sogenannte Judenfeindlichkeit der Evangelien beschert, obwohl deutlich nicht der jüdische Glauben, sondern nur die Praktiken seiner entarteten Ausdeutung durch die Johannes zurückweisenden Pharisäer angeprangert werden.

Johannes versucht aber in seinem Evangelium auch seinen Verrat am Jehoshua bar Joseph zu rechtfertigen, der ihn sichtlich bis zu seinem Lebensende selbst stark belastet haben muss. Er lenkt unsere Aufmerksamkeit auf die Figur des von ihm dafür erfundenen Judas, um uns gleichzeitig zu berichten, was wirklich geschah. Entweder gibt es noch Mitwisser, die wir nicht kennen, oder Johannes weiß, dass falsche Berichte nahe an der Kante der Wahrheit immer am glaubwürdigsten erscheinen. Unter Zugrundelegung der tatsächlichen Hintergründe der Judas-Aktion, plante Jesus zu diesem Passafest des Jahres 30 keineswegs den Aufstand. Die in den Evangelien geschilderten Auftritte und Brandreden Jesu im Tempel sind aus Aktionen des Täufers entwickelt. Auch der nur im Johannes-Evangelium geschilderte vergebliche Aufruf Jesu zum Aufstand muss als Legende betrachtet werden. Jesus steht allerdings zu Recht unter Generalverdacht.

Historisch nachweisbar spielte Gamaliel II., ein Sohn Simeons II. (Kephas), den wir aus der Apostelgeschichte kennen, für das Judentum zur Zeit des Domitian eine große Rolle. Der Nachfolger seines während des Jerusalemer Aufstandes der Jahre 66-70 umgekommenen Vaters Kephas tritt in der 80er Jahren in Erscheinung und steht da für die Neuordnung des Judentums nach der Zerstörung Jerusalems. Aus rein pragmatischen Gründen muss Domitian in den Bestrebungen des Gamaliel II. eine solidere Chance gesehen haben, das Reich zu befrieden, da sie auf einer nationalistisch geprägten religiösen Basis beruhten, was bessere politische Möglichkeiten der Einflussnahme auf die zu rekonstruierende Struktur bot. Die Bemühungen des Johannes, mussten aber aus jüdischer Sicht als Ketzerei gesehen werden.

Auf Gamaliel II. geht auf alle Fälle die um das Jahr 100 zu datierende Ausweisung der Judenchristen aus den Synagogen zurück und die damalige Ergänzung des Achtzehnbittengebetes um die Verfluchung der Nazaräer und anderer Häretiker. Auch die Verbannung des Johannes durch Domitian nach der Insel Patmos muss damit zusammenhängen.

Die Wahrscheinlichkeit dieser Zusammenhänge ist die Motivation, aus der heraus die Ausfertigung des Johannes-Evangeliums erfolgt sein muss. Erst nach dieser Zurückweisung durch das Judentum erfolgt dann die Wandlung des Johannes zum wirklichen und kompromisslosen Christen. Makaber ist daran nur, dass es wieder eine politisch vernünftige Entscheidung des Johannes ist, die Entscheidung eines Pragmatikers und keineswegs die eines Jesusgläubigen. Der Judas baut nun am Fundament des Christentums, um nicht etwa den ihm bekannten Verschwörer, sondern den Jesus Christus auf diesem Podest sicher zu verankern, den er nicht mehr ignorieren kann und für sich passfähig neu ausgeformt hat.

Der Hebräerbrief

Dass Johannes sich aber nicht widerstandslos zurückweisen ließ, lässt sich sogar sehr deutlich aus dem Neuen Testament erschließen. Es ist ausgerechnet der sehr umstrittene Hebräerbrief, der schlüssig in die historischen Abläufe um die Erstellung der Evangelien passt, wie sie sich aus meiner Rekonstruktion ergibt. Dieser Brief gilt als eins der ungeklärten Rätsel des Neuen Testamentes. Er hat weder einen Absender, noch einen Empfänger. Seinen Namen hat er aufgrund seines Inhaltes bekommen. Man rechnet ihn zu den unechten, also nachgefälschten Paulusbriefen. Seine Niederschrift wird zwischen 90 und 96 angesetzt.

Die letzten Verse (Hebr. 13,22-25) sind formulierungsmäßig so abgefasst, als ob sie der Magus (Paulus) nach seiner Überführung nach Rom geschrieben hätte. Es wirkt so, als habe man an eine amtliche Bekanntmachung noch einen persönlichen Gruß angehängt. Dieser Anhang hat wohl auch als autoritätserhöhender Zusatz bewirkt, dass dieser Brief mit in den Kanon aufgenommen wurde und so erhalten blieb. Lässt man diese vier letzten Verse des Hebräerbriefes weg, dann erhält man eine theologische Kampfschrift, die das Christentum mittels der Tora nicht nur zu legitimieren, sondern sogar als die wahre Religion des Judentums zu erweisen sucht.

Diesen Text, der wie aus einem Guss formuliert ist kann man nicht kurz kommentieren; den muss man studieren und den Worten in ihrer tatsächlichen Bedeutung zum Teil einzeln nachschmecken. Jesus wird darin u. a. zum von Gott eingesetzten Hohepriester nach der Ordnung des Melchisedek hochstilisiert. Damit steht er über Abraham und damit auch über Moses und dessen Gesetz.

Da Gott mit Abraham den *Alten Bund* schloss, Jesus mit dieser Aufwertung nun aber über Abraham steht, steht der *Neue Bund*, der mit Jesu Blut besiegelt wurde, nun über diesem Alten Bund und löst diesen ab. Sicherheitshalber wird der vom Judentum nicht anerkannte Jesus hier außerdem noch über den Engeln eingeordnet, die hier aber über die Parallele zu Melchisedek und seinen Boten an Abraham, ausschließlich als Boten Gottes zu verstehen sind.

Der Brief liest sich stellenweise wie ein juristischer Schriftsatz und ist auch als solcher anzusehen, auch wenn er wie eine Predigt daherkommt. Dieser Brief muss als direkte Antwort des Johannes auf die Zurückweisung der Christen seitens des sich neu etablierenden Judentums unter Gamaliel II. angesehen werden, den er aber nicht allein, sondern nur mit Hilfe weiterer zum Christentum übergetretener jüdischer Schriftgelehrte abgefasst haben kann. Die theologischen Argumente entsprechen denen des Johannes-Evangeliums (Hohepriester / Hohepriesterliches Gebet). Die Ausformulierung der Beweise hat aber mindestens eine Gruppe kampferprobter Kenner der Tora vorgenommen.

In diesem Brief wird mit theologischen Argumenten und tradierten theologischen Denkfiguren ein Angriff gegen eine uns leider nicht überlieferte und dem zugrunde liegenden Zurückweisung gleicher Art gestartet. Es ist die Begründung des Christentums unter Verwendung der Argumentationsmethodik des die Christen zurückweisenden neuen pharisäischen Judentums. Die Gegenargumentation wird auf der Basis der Auffassungen des Gegners aufgebaut. Es ist sozusagen eine werbende Antwort. Deutlich wird das u.a. bei Hebräer 11,1. Dort wird als Ausgangspunkt für die gedankliche Entwicklung eine Definition des Glaubens gewählt, die neutraler nicht gedacht werden könnte: *Es ist aber der Glaube eine feste Zuversicht auf das, was man hofft, und ein Nichtzweifeln an dem, was man nicht sieht.*

Bei einem so entscheidenden Dokument überlässt man nichts dem Zufall, und dass sich Johannes selbst heraushält, gehört mit zur Strategie. Dieser als Rundschreiben zu betrachtende Brief war wohl der letzte Anlass für die anschließend erfolgende Abgrenzung des Judentums von den Christen, denn in diesem Brief wird akribisch Punkt für Punkt einer uns leider nicht überlieferten Beschuldigung der Christen als Abtrünnige abgearbeitet und gleichzeitig Jesus Christus hierarchisch im Glaubensgebäude des Judentums fest verankert.

Im Zusammenhang mit seiner Verfertigung muss es auch zur Ergänzung der Apostelgeschichte gekommen sein. Es ist der Korneliusbericht. In Wirklichkeit ist der Akteur nun dort nicht Petrus, sondern *Simon Kephas (später Simon II. bar Gamaliel), der Vater des Gamaliel II.* An diesen Gamaliel II. muss über den Hebräerbrief der Appell gerichtet gewesen sein, dass Jesus Christus, und damit das Christentum, welche in diesem Brief als die Vollendung der Entwicklung des jüdischen Glaubens dargestellt werden, deshalb auch ihren Platz innerhalb dieses jüdischen Glaubens beanspruchen. Da es sich hierbei um eine Konfrontation von theologischen Standpunkten zwischen Christentum und Judentum handelt, die noch andauert und deren Folgen bis heute noch nicht ausgestanden sind, kann ich dieses Feld getrost den Theologen überlassen.

Was der Grund für die Verbannung des Johannes nach Patmos war, ist offen. Dass es aber aus irgendwelchen Gründen zwangsläufig zu einem Zerwürfnis zwischen dem misstrauischen und grausamen Domitian und Johannes kommen musste, kann für sehr wahrscheinlich angenommen werden. Johannes hat, wie ich ihm nachzuweisen versuchte, bei der Erstellung der Evangelien und wohl auch sonst noch allerhand verzapft. Ein rechtzeitiger Hinweis von fachkundiger Seite hätte genügt, um das zu verhindern.

Vielleicht hat ja auch Josephus wenn auch spät in das Geschehen eingegriffen. Er berichtet zwar in den Begleitgeschichten zum Testimonium verschlüsselt vom Komplott, und auch von der Bestrafung, aber er lässt offen, was mit den Haupttätern passiert. Darüber kann man höchstens Vermutungen anstellen.

Aber selbst wenn sich nur die zielstrebige Durchsetzungsfähigkeit des Johannes mit den Jahren zum Altersstarrsinn entwickelt hätte, wäre es nicht verwunderlich, wenn ihn Domitian verbannte. Der Verbannungsgrund dürfte aber ein handgreiflicher gewesen sein. Er steht im Johannes-Evangelium. Wir finden ihn bei Joh. 20,28. Dort spricht Thomas den Auferstandenen mit den Worten an: ... *Mein Herr und mein Gott!*

Wie schon erwähnt, forderte Kaiser Domitian als erster Kaiser diesen Titel „*dominus et deus*" exklusiv für sich als Anrede, so dass mit einem Text, in welchem in den Augen der Welt ein wenn auch auferstandener, aber doch vorher hingerichteter Verbrecher so angesprochen wird, der Tatbestand der Majestätsbeleidigung erfüllt war.

Da aber die gegen die eigene Familie gerichteten Maßnahmen des Domitian, die sich aber nachweislich ganz allgemein gegen deren als Gottlosigkeit definiertes Christentum richtete, zeitlich mit der Verbannung des Johannes nach Patmos zusammenfallen, kann man aber auch annehmen, dass die Verbannung des Johannes gar nicht so hoch anzubinden wäre, sondern auch nur als eine der Maßnahmen gegen die üblichen Verdächtigen zu betrachten wäre.

Offenbarende Enthüllung

Johannes ist schon sehr alt, als er von Domitian nach Patmos verbannt wird. Sein ganzes Leben liegt in Scherben. Alles, was er wollte und tat scheint vergebens gewesen. Aber er macht sich in seiner Verbannung erneut ans Werk. Er schreibt, bzw. beginnt zu diktieren, was er uns noch hinterlassen möchte und er ist selbst im hohen Alter noch sehr ehrgeizig. Er kann nicht ohne Aufgabe sein. Es ist die Niederschrift seiner Offenbarung, dem einzigen prophetischen Buch des Neuen Testamentes, und die einzige in sich geschlossene Vision der Bibel. Diese Botschaft zu entschlüsseln, hat er uns überlassen.

Die Offenbarung des Johannes besteht, wenn man sie ganz grob betrachtet, aus zwei Teilen. Dabei wurde der zweite Teil, der erst später erarbeitet wurde, dem ersten vorangestellt. Johannes beginnt diese Offenbarung ursprünglich als zweckfreie Vision der Endzeit. Es ist eine Abrechnung mit der Welt als Ganzes, die Johannes hier aus einer tiefen Depression heraus prophezeit, die Folge seiner hoffnungslosen persönlichen Lage ist. Er ist verbannt und auch schon so alt, dass er kaum hoffen kann, wieder frei zu kommen. Dass Domitian so schnell von der Bildfläche verschwinden, und dessen Nachfolger Nerva ihn freilassen würde, konnte er nicht ahnen.

Der zuerst erarbeitete Teil seiner Vision beginnt nach dem jetzigen einleitenden Text mit der Beschreibung des Panoramas der Herrlichkeit Gottes und mit der Öffnung des Buches mit den sieben Siegeln. Es endet noch vor der Herabkunft des himmlischen Jerusalem. Nichts deutet darauf hin, dass Johannes glaubt, dass das alles schnell passieren wird. Diese ganze Offenbarung ist nur Theaterdonner und Drohung im Geist und in der Darstellungsform des Täufers. Johannes verkündet das in dessen Tradition.

Nach Domitians Tod und seiner Freilassung sieht Johannes nun plötzlich für sich im kleinasiatischen Raum eine neue Wirkungsmöglichkeit. Es entsteht nun der zweite Teil der Offenbarung, in dem sich Johannes von Jesus die Sendschreiben an die Engel (Boten) der sieben Gemeinden um Ephesus diktieren lässt. Dieser Teil beginnt bei Kapitel 1, Vers 4 und reicht bis zum Ende des 3. Kapitels. Er wird nun vor den ganzen anderen Visionen eingeordnet. Erkennbar ist das daran, dass zwischen diesen Teilen inhaltlich kein Bezug besteht. Neu ist nur, dass Johannes sich von Gott über den nun zwischengeschalteten Jesus, den er sich in seinem Evangelium dafür entsprechend zurechtgeschrieben hat, als Parakleten dazu beauftragen lässt, um dieser Vision den entsprechenden Rückhalt zu geben. Vervollständigt wird die Offenbarung nun auch um das himmlische Jerusalem, um ihr einen ordentlichen Abschluss zu geben. Die Offenbarung ist nun komplett und Johannes benutzt sie als Legitimationsschreiben für seine darauf folgendes

Patriarchat in Ephesus. Während Johannes in den Sendschreiben ganz klar tagespolitische Ziele angeht, mit denen er die Herrschaft über die Gemeinden der Christen zu erringen trachtet, atmet der ganze ursprüngliche Text, der an diesen aktuellen Teil angehängt ist eine ohnmächtige Wut gegen alles. Es ist nicht nur Rom, gegen das Johannes dort angeht. Es ist die ganze Welt, die Johannes im Namen Gottes verwirft. Man sollte es aber genauer betrachten. In Wirklichkeit verwirft Gott dort die Welt im Auftrag des Johannes.

Hier einer der die Absichten und Überzeugungen des Johannes verratenden Kernsätze seiner Vision: Bei der Öffnung des Buches mit den sieben Siegeln steht (Offenb. 6,9-10): *Und als es* (Das Lamm Gottes) *das fünfte Siegel auftat, sah ich unten am Altar die Seelen derer, die umgebracht worden waren um des Wortes Gottes und um ihres Zeugnisses willen. Und sie schrien mit lauter Stimme: Herr, du Heiliger und Wahrhaftiger, wie lange richtest du nicht und rächst nicht unser Blut an denen, die auf der Erde wohnen?* Es ist die ungestillte und immer lebendig bleibende Rachsucht und Wut derer, die nach der Überzeugung des Johannes vergeblich ihr Leben hingaben, und der Übermacht Roms zum Opfer fielen, denen er nun das Wort schreibt. Diese Toten bleiben jung. Ihr Schrei nach Gerechtigkeit ist immer ein gegenwärtiger, und es ist ein Schrei nach Rache. Ihre Wut verblasst nicht, sie wächst. Sie lechzen nach Genugtuung für ein abgebrochenes Leben. Sie gieren auf das Jüngste Gericht. Es sind die Märtyrer, die Zeloten und Sikarier. Das ist Johannes: Kein Vergessen, kein Verzeihen. Keine Gnade. Nirgends. Das wollen die Sikarier hören. Sie werden erhört. Sie bekommen die Bestätigung der Rechtmäßigkeit ihrer Forderungen:

Und ihnen wurde gegeben einem jeden ein weißes Gewand, und ihnen wurde gesagt, dass sie ruhen müssten noch eine kleine Zeit ... Das ist eingängiger Text. So gewinnt man Anhänger. Unzufriedene und solche, die glauben immer zu kurz gekommen oder zumindest ungerecht behandelt worden zu sein, gibt es überall und sie sind immer in der Mehrzahl.

Johannes pfropft uns nun aber die Person Christi und dessen an ihn im Namen Gottes ergehenden Auftrag auf diese Endzeitvision. Es hat lange gedauert, und bedurfte wohl auch seiner Zurückweisung durch das sich neu etablierende Judentum, bis Johannes den Jesus, den er nicht mehr aus der Lehre entfernen kann, endgültig akzeptiert und in seinem Evangelium für sich passend zurechtgeschnitten hat. Das ganze 17. Kapitel des Johannes-Evangeliums besteht aus Jesu hohepriesterlichem Gebet, in dem Jesus ganz der Sohn Gottes ist. Das ist ein Selbstverherrlichungsgebet eines Messias, den der Evangelist nach eigener Vorstellung für uns in die Vergangenheit zurückprojiziert. Das ist das eigentliche Fundament für die späteren ganz persönlichen und politischen Aktivitäten des Johannes. Mit welcher ausgefeilten Gründlichkeit Johannes solche Dinge anfasst, konnten wir gerade an seiner mehrstufigen Rechtfertigung seines Judasverrates erkennen, den er erst *begründet*, dann *erklärt*, anschließend *entschuldigt*, und den er sich zuletzt auch noch *vergeben* lässt. Johannes ergänzt nun sein Evangelium um die

Verkündigung des Parakleten. Er lässt Jesus damit sozusagen den Ersatzmann verkünden, in dessen Hülle dann Johannes später selbst schlüpft. Der Inhalt seiner Offenbarung beweist es. Dass diese Ergänzung erst spät erfolgte ist daran zu erkennen, dass es den Parakleten bei den Synoptikern noch nicht gibt, Johannes also schon keinen Zugriff auf den Text der Synoptikern mehr gehabt haben kann, als er ihn in sein Evangelium einarbeitete. Johannes machte das bei der Installation des Parakleten noch gründlicher. Diesmal verwendete er sogar eine Form mit noch mehr Facetten und kleidet das alles in eine Prophezeiung: (Joh. 14,18/Joh. 14,16): *Ich will euch nicht als Waisen zurück lassen .../ ...ich will den Vater bitten und er wird euch einen anderen Tröster geben, dass er bei euch sei (in Ewigkeit)...* (Joh. 14,26): *...der Tröster, ..., den mein Vater senden wird in meinem Namen, der wird euch alles lehren, was ich euch gesagt habe.* (Joh. 15,26f): *Wenn aber der Tröster kommen wird, den ich euch senden werde vom Vater; ... der wird Zeugnis geben von mir.* (Joh. 16,7-11): *... Es ist gut für euch, dass ich weggehe. Denn wenn ich nicht weggehe, kommt der Tröster nicht zu euch.* (Joh. 16,13-14): *Wenn aber jener, ..., kommen wird, wird er euch ...leiten. Denn er wird nicht aus sich selbst reden, und was zukünftig ist, wird er euch verkündigen. Er wird mich verherrlichen; denn von dem Meinen wird er's nehmen...*

In den Evangelien der Synoptiker und der Apostelgeschichte wird uns noch der Heilige Geist verkünden, der dann zum Pfingstfest ausgegossen wurde, und den die Apostel durch Handauflegen an die Gläubigen weitergaben. In seinem Evangelium entwickelt ihn Johannes zunehmend zu einer Person, welche die Christen anleitet und führt.

Die vermittelten Fakten: *Der Paraklet <u>kommt</u>, wen Jesus geht, und besitzt von Anfang an Generalvollmacht. Er wird Jesu bisherige Funktion <u>übernehmen</u> und dann <u>bleiben</u>. Der Paraklet wird in der Vollmacht Gottes <u>lehren</u>, sie an das <u>erinnern</u>, was Jesus sagte, es vor allen Dingen <u>auslegen</u>, und er wird den Jüngern <u>beistehen</u>.*

Frappierend ist, dass uns der ganze zum Verständnis dieser Offenbarung erforderliche Basistextkomplex aus lauter scheinbar nicht zusammengehörigen Dingen, wie die Aufstandsführerfunktion des Jesus, den Judasverrat, und die Herausarbeitung der Gottsohnschaft Jesu zusammen mit dieser legitimierenden Parakletenvision in einer einzigen Schrift, dem Johannes-Evangelium, gleichzeitig vermittelt wird, und dass der, der nicht gezielt und nacheinander den Einzelthemen nachgeht, überhaupt nicht merkt, was ihm alles verdeckt vermittelt wird, weil uns Johannes das gleichzeitig noch theologisch überformt.

Erst aus der Apokalypse heraus erschließt sich uns so das wirkliche Panorama des Johannes-Evangeliums. Johannes ist nun tatsächlich frei und unterliegt auch nicht mehr der Aufsicht der Flavier, wie in den Jahren seines Romaufenthaltes. Trotzdem muss er erkennen, dass die Zeit manches mit sich brachte, was er nicht mehr rückgängig machen kann. Johannes muss erkannt haben, dass er in Palästina auch keine Basis für einen Neuanfang im traditionellen Judentum mehr finden wird, weil sie schon besetzt ist.

Er verschreibt sich nun dem Christentum ganz, nutzt Jesus als Rückhalt und geht in die Offensive. Er versucht nun von Patmos aus Einfluss auf die Christengemeinden Kleinasiens zu gewinnen und kommt ganz im Sinne seiner eigenen Ambitionen nun als der von Jesus bevollmächtigte Botschafter daher. Alles atmet den Messias, den ihnen aber nun nicht Gott, sondern jetzt Jesus schickt. Die Botschaften, die Johannes den sieben Christengemeinden um Ephesus nun im Auftrag Jesu mitteilt, sind aber sichtlich nur darauf gerichtet, sich über sie aufzuschwingen. Er wäre nicht Johannes, wenn er das nicht versuchen würde.

Johannes ist aber nicht der erste überlieferte Patriarch von Ephesus. Er ist nur zufällig auf eine Insel in der unmittelbaren Nachbarschaft dieser Stadt verbannt. Der Johannes, von dem uns die Historie vermeldet und der seit 66 in Ephesus nachweisbar war, der ist mit Sicherheit ein anderer gewesen.

Unser Johannes stößt erst später dazu, als er nach seiner Freilassung nach Ephesus kommt. Er inthronisiert sich nun mit seiner Offenbarung als den wahren Nachfolger Jesu, denn er hat als einziger überlebt. Er präsentiert sich uns als den Parakleten, den uns Jesus versprach, und damit als den wahren Messias. Dass es die vom Magus (Paulus) begründeten Gemeinden sind, die er nun versucht, unter seinen Einfluss zu bringen, ist ihm egal. Johannes ist ein Machtmensch. Er ist sich wichtig. Er braucht etwas, was er leiten kann und was ihm untersteht, damit er sein Sendungsbewusstsein ausleben kann.

Mit welcher selbstüberhobenen Vollmacht Johannes sich denen präsentiert, die er nach der Aufhebung seiner Verbannung mit seiner Gegenwart beglückt, geht nun ganz unverhüllt aus seine Offenbarung hervor (Offenb. 1,1-2): *Dies ist die Offenbarung Jesu Christi, die ihm Gott gegeben hat, seinen Knechten zu zeigen, was in Kürze geschehen soll; und er hat sie durch seinen Engel gesandt und seinem Knecht, Johannes, kundgetan, der bezeugt hat das Wort Gottes und das Zeugnis von Jesus Christus, alles, was er gesehen hat...* Es geht auch im gleichen Ton weiter: *Johannes an die sieben Gemeinden in der Provinz Asien...* So schreibt ein römischer Kaiser an seine Untertanen. Selbst der Inhalt beginnt allübergreifend sehr von oben herab: *Ich, Johannes,...* Es ist die gekonnte und bombastisch aufgemachte Vermittlung einer Vision. Auch Jesus Christus und sein himmlischer Glanz werden uns als das beschrieben, was diese Mission des Johannes stützt. Nach diesem Auftritt Jesu kommt der Auftrag Christi an Johannes, alles aufzuschreiben, was er ihm vorführt. Man glaubt Moses auf dem Berg Sinai zu sehen, wie ihm Gott die zehn Gebote diktiert. Johannes bekommt nun von Jesus sieben Sendschreiben an die Gemeinden der Christen in Kleinasien diktiert, deren irdisch verwertbare Substanz nun gar nicht so blendend ist, denn es setzt allerhand ziemlich kleinkarierte Schelte. Die Gemeinden werden einzeln angesprochen und bekommen dann ihr Fett weg. Gleichzeitig zeigt uns die Art der Anklagen, mit welchen Problemen sich das junge Christentum in der Praxis dort konfrontiert sah, und herumschlug. Die Verurteilung der Nikolaiten, der in Kleinasien lebenden Anhänger des Nikolaus von Antiochia, wogegen sich schon die Heidenchristenmission des Paulus richtete, wird dabei ziemlich viel Raum gewährt. Das zeugt alles sehr von irdischem Realitätssinn.

Johannes weiß ganz genau, was er will. Er gibt sich auch nicht mit den Problemen in der Form ab, wie es später in den Apostelbriefen praktiziert wird, indem er an die Gemeinsamkeit im Sinn des Christentums appelliert. Johannes kommt mit einem himmlischen Forderungskatalog Jesu und erteilt Anweisungen.

Das in der Apokalypse des Johannes im Anschluss an diesen tagespolitischen Teil für uns abgebrannte Feuerwerk der Allegorien, handelnden Monster und dämonischen Ungeheuer hat zum Zeitpunkt der Niederschrift wohl noch einen entschlüsselungsfähigen personellen und auch politischen Hintergrund gehabt. Für uns, die wir keinen Zugang mehr dazu haben, wirkt es nur noch wie Theaterdonner und ist auch als solcher zu betrachten, weil die Zeit darüber hinging und für uns sogar die Auswirkungen der diesen Bedrohungen eventuell folgenden Ereignisse längst verschüttet sind.

Der beispielsweise in der Offenbarung so breit ausgemalte Untergang Babylons ist eine sehr durchsichtige Verfluchung Roms (Offenb. 18,17-19): *...Und alle Schiffsherren und alle Steuerleute und die Seefahrer und die auf dem Meer arbeiten standen fernab und schrien, als sie den Rauch von ihrem Brand sahen ... Weh, weh, du große Stadt, von deren Überfluss reich geworden sind alle, die Schiffe auf dem Meer hatten; denn in einer Stunde ist sie verwüstet.* Das ist aber nur die Beschreibung der Vision. Damit wir es auch glauben, wird es Johannes vorab demonstriert (Offenb. 18,21): *Und ein starker Engel hob einen Stein auf ... warf ihn ins Meer und sprach: So wird in einem Sturm niedergeworfen die große Stadt Babylon und nicht mehr gefunden werden.* Das ist unzweifelhaft der Wunschtraum vom Untergang Roms, welches im Gegensatz zu Babylon nahe am Meer liegt.

Bedeutsam ist allerdings: So sehr Johannes sich auf seine von Jesus verliehene Vollmacht beruft, Gott ist ihm nach seiner Darstellung die einzig akzeptierbare Macht. Nach der verherrlichenden Herausstellung Jesu, auf den sich Johannes zwangsläufig stützen muss, kommt noch die Bestätigung Gottes: *Ich bin das A und das O, spricht Gott der Herr, der da ist und der da war und der da kommt, der Allmächtige.* Das ist es, worauf sich Johannes tatsächlich stützt. Es ist ihm nicht die Figur des Christus, die man ihm so felsenfest vor die Nase gesetzt hat, auch kein Rabbi Jesus und schon gar nicht der Jehoshua bar Joseph, den er beiseite räumen ließ. Nur Gott und sonst nichts. Das ist der Kernsatz des ersten Kapitels der Offenbarung und Johannes wiederholt ihn bekräftigend im letzten Kapitel noch einmal. Die Vermutung, diese Offenbarung sei nicht ganz die Schrift, welche ausschließlich zur Verherrlichung des kommenden himmlischen Jerusalem angelegt wurde, lässt sich sogar beweisen. Sie enthält nämlich neben der mystischen Verheißung nicht nur ganz gezielte politische Informationen, sondern auch noch ein Credo ganz besonderer Art.

Das Credo des Johannes

Johannes selbst hat nämlich eine ganz andere Sicht auf das, was uns einmal erwartet, wenn dereinst das Weltenende naht, als er uns in den Evangelien glauben machen will. Es ist nur beiläufig versteckt in seiner Offenbarung enthalten. Seine wahre Bedeutung wurde aber bisher nicht erkannt. Nachdem nach der Öffnung des Buches mit den sieben Siegeln sechs Engel ihre Posaune geblasen haben, erscheint ein weiterer Engel, der eine Botschaft verkündet, die uns davon informiert, was passiert, wenn der siebente Engel seine Posaune geblasen hat: (Offenb. 10,5-8): *Und der Engel, den ich stehen sah auf dem Meer und auf der Erde, hob seine rechte Hand auf zum Himmel und schwor bei dem, der da lebt von Ewigkeit zu Ewigkeit, der den Himmel geschaffen hat und was darin ist und die Erde und was darin ist und das Meer und was darin ist: Es soll hinfort keine Zeit mehr sein, sondern in den Tagen, wenn der siebente Engel seine Stimme erheben und seine Posaune blasen wird, dann ist vollendet das Geheimnis Gottes, wie er es verkündigt hat seinen Knechten, den Propheten.*

Nach dem Erklingen der siebenten Posaune gibt es nämlich die ganze Schöpfung nicht mehr, was natürlich vorher verkündet werden muss, denn die Nachricht betrifft doch nur die, welche Bestandteil dieser Schöpfung sind. Johannes muss gewusst haben, dass die Schöpfung im verstandesmäßig begreifbarem Rahmen nur innerhalb der Zeit existieren kann. Da lüftet uns Johannes wieder einen Zipfel seiner wirklichen Glaubensanschauung. Falls jemand die hier von Johannes über die Aussage des Engels Gott zugeschriebene Existenz von Ewigkeit zu Ewigkeit als Widerspruch zur eben gemachten Verkündigung empfindet, der vergisst, dass Ewigkeit kein messbarer Begriff ist, sondern eine Grenze, der die Zeit zustrebt, die sie aber nie erreichen kann. Mit der Ewigkeit verliert zwar der Zeitbegriff seinen Sinn, aber gerade da gewinnt der Gottesbegriff erst den seinen. Das ist das wahre Geheimnis des Johannes, was er bis zum Ende bewahrte und dem er nur Zutritt gewährt, der ihn wirklich ernst nimmt und seine Texte ganz genau liest. Das ist die Quintessenz seines Glaubens. Und genau genommen erschließt sich uns daraus die saddzuäische Glaubensbasis seines Denkens.

Trotzdem pendelt Johannes ständig in seiner Glaubensauffassung, weil er im konkreten Fall nie sicher sein kann, woran er eigentlich ist. Kein Wunder, dass ihm bei seiner Detailkenntnis der historischen Basis, die ihm die Vergottung des von ihm verratenen Führenden beschert hat, letztendlich nach Löschung der Schöpfung die bedingungslose Aufnahme in die Ewigkeit Gottes der einzig akzeptable Weg in die Jenseitigkeit erscheint.

Es ist kaum anzunehmen, dass es für ihn Gesprächspartner gab, mit denen er das hätte frei diskutieren können. Er schreibt deshalb scheinbar in der Tradition, aber mit einer Doppelbödigkeit, die Ihresgleichen sucht. Man erinnere sich, was uns Josephus über den Glauben der Sadduzäer übermittelte. Ich habe Johannes nur unterstellt, ein konsequenter Sadduzäer zu sein.

In seinem langen Leben konnte es aber nicht ausbleiben, dass sich nach und nach allerhand ansammelte was er gern aus seiner Erinnerung gelöscht hätte. Im Bewusstsein, einmal Geschehenes nie wieder ungeschehen machen zu können, griff er dann auf die Prädestination zurück, weil sie sich ihm hilfreich anbot und auch seinem ursprünglich rein jüdischen Glauben zugrunde liegt. Welcher Geist Johannes wirklich im Innersten beseelt, wie ernst es ihm mit der reinen Lehre, der Rückführung der Judenchristen in den Schoß ihrer ursprünglichen Religion war, und wie wenig er von der Heidenchristenmission des Magus (Paulus) hält, obwohl er sich ihr nicht nur mit seinem Evangelium verschwor, sondern sich ihr am Ende seines Lebens dann endgültig verschrieb, steht auch in seiner Offenbarung. Jesu Botschaft aus dem Munde des Johannes lautet: (Offenb. 2,26-27): *Und wer da überwindet und hält meine Werke bis ans Ende, dem will ich Macht geben über die Heiden; und er soll sie weiden mit einem eisernen Stabe, und wie eines Töpfers Gefäß soll er sie zerschmeißen.*

Im Lichte dieses Satzes verliert die dem Johannes als Jude nachgesagte Judenfeindlichkeit endgültig ihre Basis. Er steht zweifellos in der Tradition des Täufers, der auch nicht gegen das Judentum war, sondern nur gegen das Natterngezücht der Scheinheiligen.

Wie stark Johannes sich immer noch im Judentum verwurzelt fühlt, zeigt auch, seine Aufzählung der Versiegelten im 7. Kapitel der Offenbarung. Die Stämme Israels werden einzeln und besonders herausgehoben erwähnt, obwohl er dann auch allen anderen Gläubigen das Heil verheißt, und dass er am Ende das himmlische Jerusalem, als das wirkliche Paradies verkündet.

Johannes gibt sich stets Mühe, hat aber immer Pech. Zu viele gegenläufige Interessen pfuschen ihm, und nicht nur ihm ins Handwerk. Statt einer vereinheitlichenden Wiedervereinnahmung des Christentums in das Judentum finden wir das Christentum am Ende des ersten Jahrhunderts plötzlich abgetrennt vom Judentum und ein Chaos in sich widersprüchlicher und gegenläufiger Basisschriften, in dem die Kirchenväter von nun an Ordnung zu schaffen versuchen und es dabei nur noch weiter verkomplizieren. Wer wollte unterstellen, dass jemand eine solche Lehre wie das Christentum zielgerichtet entworfen hätte, um sie dann zu verbreiten.

Es ist also kein Wunder, dass auch heute noch vergeblich versucht wird, das alles vernünftig zu deuten und unter einen Hut zu bringen. Ganz sicher ist, Jesus selbst wäre davon sehr verwundert gewesen, was man am Pfingsttag des Jahres 30 aus seiner Mission gemacht hat und von da an in seinem Namen predigte. Was Jesus zu den Evangelien sagen würde, ist nur zu vermuten. Er hat auch nicht geahnt, das hypothetische Martyrium des von ihm missionierten *Menschensohnes* selbst erleiden zu müssen.

Hinter diesen ganzen Bemühungen des Johannes, theologisch etwas in Ordnung bringen zu wollen, was sich mit jeder neuen Lösung in weitere Widersprüche verstrickte, steckt noch die stets bleibende und auch heute noch für jeden Menschen bestehende Unklarheit der Gottesauffassung.

Einerseits die sehr bequeme Prädestinationslehre, die den Einzelnen bis zur Gewissenlosigkeit aus aller Verantwortung entlässt, und andererseits der allmächtige unberechenbare stets strafende Gott und die harten Bestimmungen des Mosaischen Gesetzes, die doch auch auf Strafe im Jenseits zielen.

Die in den Evangelien der Synoptiker nachweisbare Grundtendenz, dort zumindest dem historischen Jesus die später so stark in den Vordergrund gestellte Messiasrolle abzusprechen, ist ein starkes Indiz dafür, dass der Verräter sich mit der wachsenden Apotheose Jesu zum Gottessohn zunehmend unwohler in seiner Haut zu fühlen begann und auch über vierzig Jahre später noch nicht darüber hinweggekommen war. Je weiter sich Jesus zu einer Komponente Gottes entwickelt, um so schlimmer für Johannes, der es zunehmend stärker um keinen Preis wahr haben will, ausgerechnet den Sohn des Gottes seiner Väter, an den er felsenfest glaubt einst verraten zu haben. Am Ende sieht sich aber Johannes unter dem Zwang der Umstände gezwungen sogar die Vorreiterrolle für die von ihm stets bekämpften Christus einzunehmen, wenn er nicht ins Hintertreffen geraten will.

Johannes wird im Jahre 96 von Kaiser Nerva freigelassen und begibt sich nach Ephesus. Er beruft sich wohl dort auf seine Jüngerschaft Jesu im Sinne seiner Offenbarung. Nach ein paar anscheinend in Frieden und Harmonie verlaufenen Jahren im Patriarchenamt stirbt Johannes dann hochbetagt und allseits verehrt um ca. 101 in Ephesus.

So eiskalt sich uns Johannes auch darzustellen versucht, seinem Gewissen zu entkommen, scheint auch er nicht geschafft zu haben. Es ist deshalb auch nicht verwunderlich, dass sich Johannes mit seiner Vision des Engels der Zeit außerhalb der philosophischen und theologischen Vorstellungswelt seiner Zeit ein zusätzliches Standbein für seine eigenen Jenseitsvorstellungen schafft.

Wir wollen hoffen, dass er wenigstens damit am Ende zur Ruhe gefunden hat. Sein ganzes Leben verlief im Spannungsfeld von Machtkämpfen der Führenden, die ihn zu benutzen versuchten. In der Rückschau auf sein Werk hat man das zwiespältige Gefühl, dass er in jeder Situation stets einen gleichzeitigen geistigen Mehrfrontenkrieg führte, womit er den Zufälligkeiten seines Lebens zu begegnen versuchte. Das bedingte ein ständiges auf dem Sprung sein, weil er auch nie sicher sein konnte, sich wirklich auf der Seite derer zu befinden, deren Macht ihm das Leben garantierte. Zu viele aus seinem Umfeld sah er fallen und er hatte auch Grund, die Rache derer zu fürchten, denen er zu nahe trat, oder die in ihm einen Konkurrenten um die Macht sahen. Das macht seine deshalb so mehrdeutig angelegten Schriften so interessant. Immer wenn ihn sein Ehrgeiz verleitete, sich zu profilieren, misslang ihm etwas: Der Verrat Jesu brachte ihm keinen Nutzen. Gegen den Magus konnte er sich nicht durchsetzen. Er zog erst gegen Josephus den Kürzeren und konnte sich dann weder gegen Kephas, noch gegen Simon bar Giora durchsetzen. Im Dienst der Flavier misslang ihm seine beabsichtigte Rückführung der Christen unter den Schirm der jüdischen Religion. Das wiedererstarkende Judentum verwehrte ihm den Zugang und die Zusammenarbeit. Domitian verbannte ihn nach Patmos. Er musste zum Schluss sogar noch die Austreibung der Christen aus den Synagogen und deren Verfluchung als Ketzer zur Kenntnis nehmen. Auch wenn ihm vieles nur halb gelang und das meiste gar nicht, er auch erst im hohen Alter eine Stellung errang, die ihm genehm war: Er war es, der sie alle überlebte, die ihm ans Leben wollten und muss deshalb zu den Siegern gerechnet werden. Warum der direkte Hinweis des Lieblingsjüngers, dass er der Autor des nachweislich sehr spät entstandenen Johannes-Evangeliums ist, immer wieder in Zweifel gezogen wurde, ist mir unverständlich. Johannes schrieb dieses Evangelium in Rom, genau so, wie Josephus seinen Bericht vom Judäischen Krieg. Josephus erklärt darin bei der Erläuterung der verschiedenen Religionsgruppen seines Volkes als Jude den Römern und Griechen die Glaubensauffassung von der Ahndung weltlicher Vergehen im Jenseits anhand deren Überlieferung und Vorstellungswelt.

Johannes verfährt in seinem Evangelium auch nach dieser Methode. Er erklärt den Christen und den Judenchristen der Diaspora, die er vor allem erreichen will, Vorgänge aus vergangenen Zeiten und von Orten, die sie überhaupt nicht, oder nicht mehr kennen können, anhand ihrer inzwischen unwiderruflich griechisch-römisch geformten Begriffswelt. Die Erkenntnisse zur Person des Johannes und seines Einflusses, die sich aus der Verknüpfung von historischer Überlieferung, Heiligenlegenden und den Schriften des Neuen Testamentes ergeben, sind durchaus nicht unwahrscheinlich. Seine verschiedenen Funktionen als Jünger des Täufers und des Jesus, als Werkzeug des Gamaliel und des Kephas und als Apostel sind nicht unbedingt gegensätzlich zu dem, was er in seiner Rolle als Aufstandsführer bewirkte. Er war den Situationen, in die er geriet, immer gewachsen und entging dadurch dem, was man bei seinen Gegenspielern Schicksal nennen mag. Dass gerade er nach einem Leben voller Turbulenzen als einziger friedlich im Kreise seiner ihn anbetenden Anhänger in hohem Alter entschlief, ist eine Besonderheit, die man gerade ihm nicht zugebilligt hätte. Gott wäre demnach ungerecht mit denen verfahren, die nicht das Glück des Johannes gehabt hätten, so lange zu leben und vor allem so viel zu erleben. Nach einem solchen Leben kann der Tod aber auch eine ersehnte Erlösung sein. Im Vergleich zur Wandlung der Person des essenischen Aufstandsorganisators Jehoshua bar Joseph aus Bethsaida über den Jesus von Nazareth der Evangelien zum Jesus Christus unseres Glaubens und Sohn Gottes, ist das, was ich hier Johannes und seinen Mitstreitern unterstellte, auch unter heutigen Bedingungen noch nachvollziehbar. Einzig die Absicht, das Ergebnis, das Wirken des uns überlieferten Personenkreises unter den damaligen Umständen und Bedingungen und der Unterstellung nachvollziehbarer Motive, projiziert auf die damalige Gesellschaft zu einer einigermaßen plausiblen Rekonstruktion zusammenzuführen, hat mich verleitet, das alles einmal, wenn auch nur hypothetisch zu entwirren.

Der Jehoshua bar Joseph des Jochanan bar Levi

Nachdem wir nun wissen, was Johannes uns alles hinterlassen hat, ist nur verständlich, noch einmal Bilanz zu ziehen. Die neuen und zusätzlichen Schlussfolgerungen und Erkenntnisse aus den Fakten des Neuen Testamentes, der Schriften des Israel Knohl zu den Essenern in Verbindung mit denen des Flavius Josephus zur historischen Person des Jesus von Nazareth zwingen dazu. Stellen wir also aus dem, was die Recherchen ergeben haben zusammen, wer der historische Jesus nach dem, was aus den Schriften zu entnehmen ist, für die, welche ihn kannten, und da vor allem dem Augenzeugen, welcher uns den Bericht gab, wirklich war.

Die zusammenfassende Aussage, die wir zu Jesus aus den Schriften des Neuen Testamentes treffen können lautet, dass Jesus Christus, der Auferstandene keine historisch fassbare Person, aber unzweifelhaft der Sohn Gottes und von Gott an Macht uns gegenüber ihm gleichgestellt ist. Das geht am deutlichsten aus dem Johannes-Evangelium und der Offenbarung hervor. Durch die späteren gnostischen Ergänzungen dieses Evangeliums um die Anfangspassagen und das angehängte Schlusskapitel wird dieser Eindruck noch verstärkt. Vor allem die derzeitige und auf diesen Schriften basierende Fassung der paulinischen Apostelbriefe bestärkt uns diese Auffassung. Dort wird diese Aussage sogar als Grundlage für das, was uns diese Briefe vermitteln wollen, vorausgesetzt. Auch diese Briefe trennen den irdischen Jesus sogar ganz entschieden vom auferstandenen Christus.

Die uns als Jesus von Nazareth in den Evangelien überlieferte irdische Durchgangsstation des Gottessohnes als Mensch ist dagegen durchaus historisch greifbar und geht auf die Existenz und den Lebenslauf eines ganz bestimmten Menschen zurück. Unzweifelhaft existierte dieser Mensch Jesus, den wir uns als einen Charismatiker mit Führungseigenschaften vorstellen müssen, der im Dienste der Essener aktiv und führend in die Vorbereitung eines jüdischen Aufstandes gegen die römische Fremdherrschaft eingebunden war. Aber alles, was anschließend an den Verrat und die Hinrichtung des irdischen Jesus unternommen und über ihn berichtet wird, bezieht sich nun auf seine über die Wiederauferstehung und Himmelfahrt vergeistigte Figur, die von da an stufenweise von seinen Verkündern zum Jesus Christus, den Soter, den Heiland, den Weltenrichter und Pantokrator vergöttlicht wird. Durch diese Weiterentwicklung begann er sich seiner irdischen Fassung und damit unserer Begrifflichkeit so weit zu entziehen, dass er für uns am Ende zu einer Komponente der Dreifaltigkeit Gottes erhoben wurde.

Der uns von Johannes als Jesus von Nazareth in den Evangelien überlieferte Mensch nannte sich *Jehoshua bar Joseph* und war eine Johannes sehr gut bekannte Person, deren Verschwörergruppe er selbst eine Zeitlang als privilegiertes Mitglied angehörte. Geboren wurde dieser Jesus wahrscheinlich in Bethsaida am See Genezareth, wohin seine Familie im Anschluss an die Niederschlagung des Menachem-Aufstandes durch die Römer im Jahre 4 v.u.Z. aus Galiläa übergesiedelt sein muss.

Es ist weiterhin anzunehmen, dass die Mutter des Jesus als noch minderjähriges Mädchen im Zusammenhang mit der Niederschlagung des Menachem-Aufstandes eventuell vergewaltigt wurde, denn ihre Schwangerschaft soll sich erst herausgestellt haben, als ihr späterer Mann Joseph sie zu sich nahm, um sie zu ehelichen.

Jesus war der erste Sohn dieser späteren Frau Mirjam (Maria) des Joseph (aus Nazareth), wobei ihm die Evangelien über die Person des Thomas unterschwellig einen Zwillingsbruder zuordnen. Maria und Joseph hatten anschließend noch mehrere Kinder, deren Namen aber nicht vollständig überliefert sind. Wie sein Bruder Jakobus war Jesus von seinen Eltern her zum Nasiräertum bestimmt.

Zumindest wegen seiner Herkunft aus dem galiläischen Raum wurde Jesus von den Zeitgenossen seines Umfeldes nicht als vollwertiger Jude angesehen, und war auch höchstwahrscheinlich mit einer von ihm geheilten Frau aus Magdala verheiratet, von der anzunehmen ist, dass sie abstammungsmäßig Samaritanerin war. Diesem Jesus musste aber eine höhere Grundausbildung zuteil geworden sein, die ihn später befähigte, die ideologische und praktische Vorbereitung der Menschensohnverschwörung der Essener in der syrischen Provinz Roms ideologisch und praktisch zu organisieren. Seine Muttersprache war aramäisch. Sicher ist, dass er Kenntnisse des Mosaischen Gesetzes besaß, die er nicht nur autodidaktisch erworben haben konnte, und die auf eine gezielte Ausbildung hindeuten, welche auch die schriftliche Beherrschung des Hebräischen beinhaltete.

Die Bezeichnung seines Vaters Joseph als *tekton*, als Handwerker, kommt zwar der von der Kirche beabsichtigten Volksnähe der Jesusfigur entgegen, ein *Tekton* war aber auch ein (königlicher) Baumeister, ein Architekt. Die damals herrschende Bauwut der Tetrarchen im Raum Galiläa deutet darauf hin, dass dieser Joseph mehr als nur ein Zimmermann gewesen sein muss. Zu Bethsaida, dem Wohnort der Familie Jesu finden wir bei Josephus (*Judäischer Krieg*, II,9,1) folgenden Bericht: ... *als nach dem Tode des Augustus ... die Regierung auf Tiberius ... übergegangen war, verblieben Herodes und Philippos im Besitz ihrer Tetrarchien. Philippos erbaute ... in der Untergaulantis die Stadt Julias,* ... Diese Stadt ist mit Bethsaida identisch, denn es steht (*Jüdische Altertümer*, XVIII,2,1): ... *Philippus ... erhob den Flecken Bethsaida, der am See Gennesar lag, zum Range einer Stadt, verschaffte derselben Einwohner und Hilfsquellen und nannte sie nach des Cäsars Tochter ... Julia.* Von der zur gleichen Zeit erfolgten Gründung der Stadt Tiberias, die in Jesu Jugendzeit ab dem Jahre 17 in der Nachbartetrarchie und nur geringer Entfernung von Bethsaida erbaut und im Jahre 19 zur neuen

Hauptstadt der Tetrarchie Galiläa-Peräa des Herodes Antipas erhoben wurde, berichtet uns Flavius Josephus dazu in seinen *Jüdischen Altertümern* an gleicher Stelle (XVIII,2,3), und auch von den Methoden, wie man dabei vorging: *Da Herodes der Tetrarch mit Tiberius sehr befreundet war, erbaute er eine Stadt am See Gennesar im schönsten Teile von Galiläa, die er Tiberias nannte ... Tiberias war übrigens von zusammengelaufenem Volk bewohnt, worunter sich auch viele Galiläer und gezwungene Ankömmlinge befanden, die mit Gewalt dort angesiedelt wurden, obwohl sie zum Teil den besseren Ständen angehörten. Auch die Bettler, die im ganzen Lande aufgefangen wurden, sowie viele, von denen es noch nicht einmal feststand, ob sie Freie waren, erhielten hier Wohnungen angewiesen und bekamen mancherlei Vorrechte. Um sie an die Stadt zu fesseln, ließ Herodes ihnen Häuser bauen und Ländereien zuteilen,...* Die immer als belehrende Gleichnisse aufgefassten Geschichten vom Gastmahl des Königs (Mt. 22,1-10 und Luk. 14,15-24) fußen auf ähnlichen Begebenheiten, wie sie Josephus für Tiberias dokumentiert und könnten demnach auch zu den ganz persönlichen Erfahrung Jesu und seiner Jünger gehört haben, weil man ähnliches für die Besiedelung Bethsaida annehmen muss.

Da das alles in dem uns unmittelbar interessierenden Zeitraum geschah, ist eine Beschäftigung des Baumeisters Joseph aus dem Raum Sepphoris/Nazareth und dessen Umsiedlung nach Bethsaida sehr wahrscheinlich. Aus dieser Übersiedelung ergibt sich auch der Name *Jesus von Nazareth*. Es bezieht sich auf den Status seiner nun in Bethsaida wohnenden Familie als Zugezogene aus Nazareth.

Auch wenn Joseph dabei aus der Tetrarchie des Antipas in die des Philippos wechselte, die uns von Josephus gerade berichteten Verfahrensweisen für die Besiedlung sprechen für diese Annahmen. Als Baumeister konnte Joseph seinen Söhnen auf alle Fälle eine bessere Ausbildung absichern, was gleichzeitig mit einer erweiterten Sicht der Ausgebildeten auf die gesellschaftlichen Umstände ihrer Zeit und vor allem auf die konkreten politischen Zwänge verbunden gewesen sein muss. Der stets unterschwellig brodelnde Widerstand gegen die römische Oberherrschaft, vor der sich, wie uns Josephus gerade im Zusammenhang mit der Bautätigkeit in dieser Gegend berichtet, auch die Tetrarchen liebedienerisch und in gegenseitiger Konkurrenz duckten, kann auch den Heranwachsenden nicht verborgen geblieben sein.

Ausgehend von den Berichten des Josephus, der die Essener als über das ganze Land verbreitete Religionsgruppierung beschreibt, war es durchaus möglich, dass Jesus vor Ort mit ihnen Kontakt hatte und in deren Ideengut eingeführt wurde. Es war deshalb kaum erforderlich, dass Jesus eine spezielle Ausbildung in Qumran absolviert haben müsste, da dies auch vor Ort erfolgen konnte, was aber nicht ausschließt, dass er zeitweise in *Qumran* ausgebildet wurde. Der geplante Aufstand, dessen heimliche und strategische Vorbereitung Jesus später im Auftrag der Essener betrieb, richtete sich ausgehend von der vorgenannten politischen Lage, deshalb vorrangig gegen die römische Fremdherrschaft. Dafür sammelte er Sympathisanten, ließ Verstecke einrichten, Waffen beschaffen und Lebensmittelvorräte anlegen. Vor allem sammelte er Geld für die Verschwörung.

Seine Jüngerschaft rekrutiert er direkt vor Ort, wobei anzunehmen ist, dass der engere Kreis diese Jünger zum großen Teil mit ihm zumindest weitläufig verwandt waren. Andreas, Philippus und Simon stammten aus Bethsaida (Joh. 1,44/12,21). Auch die Jünger Johannes, Andreas und Jakobus müssen nach den aus den Evangelien zu entnehmenden Informationen von dort stammen und waren mit ihm ebenfalls verwandt.

Ihre Tätigkeit war organisatorisch mit dem Vorwand der angeblichen Vorbereitung eines Sabbatjahres religiös untersetzt, und durch Geistheilertum und psychotherapeutische Heilpraxis legitimiert. Jesus, der diese Tätigkeiten als Wanderheiler getarnt ausübte, betrieb so die Anwerbung von Verschwörern. Wer sich der Verschwörung anschloss, musste sich von seiner Familie lossagen, seinen gesamten Privatbesitz verkaufen und den Erlös in die Kriegskasse der Verschwörung einzahlen.

Ergänzend nutzten die Verschwörer zur Aufstandsfinanzierung auch Schutzgelderpressungen, wobei sie sich auf die Schröpfung der im Volk verhassten jüdischen Steuerpächter des römischen Präfekten konzentriert haben müssen, wie sich aus den in den Evangelien verarbeiteten, dort aber umgedeuteten Unterweisungen der Verschwörungsführer ergibt. Auf diesem Umweg trug sogar Rom ungewollt zur Finanzierung dieser Verschwörung bei.

Der *Jehoshua bar Joseph aus Bethsaida* war nicht der Christus unseres Glaubens. Der Sohn Gottes, der Soter, der Heiland der Welt, das war der Jesus von Nazareth nicht. Er war auch nicht der Menschensohn. Ein Bevollmächtigter Gottes, der am Ende der Zeit die Heere der Engel herausführt und womöglich den Antichrist besiegt, war er nicht. Er ist auch nicht der am Jüngsten Tage von Gott berufene Weltenrichter, welchem bestimmt ist, zu richten die Lebendigen und die Toten. Das alles war und wollte der Jesus von Nazareth, den uns die Evangelien vorführen, in Wirklichkeit nicht. Er war auch kein Täufer-Prophet.

Der irdische Jesus bereitete einen Umsturz vor, aus dem ebenfalls ein ganz irdisches Reich Gottes unter der Herrschaft eines Messias hervorgehen sollte, wie wir es bei Jesaja beschrieben finden, als den Jesus sich aber selbst gar nicht sah. Alles, was anschließend an die Hinrichtung Jesu unter Kephas in die Wege geleitet und berichtet wird, bezieht sich auf die über die verkündete Wiederauferstehung und Himmelfahrt vergeistigte Figur des Jehoshua, der von da an zum Jesus Christus, den Soter, den Heiland, den Weltenrichter und Pantokrator vergöttlicht wird und sich damit seiner irdischen Fassung damit endgültig entzieht.

Zusammenfassung

Damit ist meine kriminalistische Ermittlung abgeschlossen. Man könnte mir vorwerfen, mir aus dem überlieferten Textmaterial mittels vorgefasster Meinung eine Legende zusammengeflickt zu haben. Diesen Vorwurf kann ich leider nicht entkräften, weil das von jeder Erarbeitungen gesagt werden kann, die sich auf Quellen stützt und einem Ziel untergeordnet ist. Die hohe Wahrscheinlichkeit der Zusammenhänge ist das einzige, worauf ich mich also berufen kann. Zu der Allzweckwaffe des Vorwurfes, einer *Verschwörungstheorie* verfallen zu sein, will ich mich gar nicht erst äußern. Mir blieb nur die Wahl zwischen einer weitgehenden Panoramadarstellung, die sich nicht in einem überschaubaren Rahmen vollständig begründen lässt, und der Reihung detaillierter Ergebnisse, die sich aus der Untersuchung ergaben, zu deren Einordnung man aber dieses Panorama benötigt. Ich habe nur versucht aus dem Schutt der Splitter der Überlieferung zusammenpassende Teile nach Art eines Puzzles wieder zu einer Einheit zusammenzufügen, was sich auch begreifen und vor allem nachvollziehen lässt. Sicher ist, dass manche offensichtlichen Zusammenhänge zwischen der biblischen und der historischen Überlieferung absichtlich nicht untersucht und auch als nicht zusammengehörig behandelt werden, damit sie nicht bekannt werden, weil nun einmal nicht sein kann, was nicht sein darf. Was Ihnen hier vorliegt, ist eine weitgehend an den Lebenslauf des Jesusjüngers Johannes angelehnte Ermittlung, wer alles, in welchem Maße, mit welchen Aktivitäten maßgebend in die Vorgänge um die Entstehung des Christentums verwickelt war und wie weit diese Informationen historisch als gesichert anzusehen sind. Es ist aber nur ein Abriss dessen, was ich in meinem Buch *„Die Erfindung des Christentums"* über die Entstehung dieser Religion im ersten Jahrhundert unserer Zeitrechnung bedeutend umfangreicher darzulegen und zu beweisen versuchte. Was Ihnen also hier an Details gefehlt, eventuell auch zu platt behauptet erschien, und wovon Sie eventuell mehr wissen möchten, finden Sie in der vorgenannten Schrift. Der Ursprung des Christentums hatte demnach ganz andere und keineswegs nur pazifistische Wurzeln.

Zum besseren Verständnis dessen, worauf ich mich zu stützen versuche, hier eine Stimme des Judentums unserer Zeit. Walter Homolka versucht in seiner Schrift *Jesus von Nazareth im Spiegel jüdischer Forschung* die Glaubensdifferenzen zwischen Judentum und Christentum mit einem Zitat aus einer Feststellung des Rabbinerverbandes Deutschlands vom Ende des 19. Jahrhunderts zu erklären: *…solange Christen an der Überlieferung der Inkarnation, der erlösenden Macht Jesu und an der Verwerfung des Gesetzes als grundlegendem geistigem und ethischem Prinzip festhalten, … wird das Christentum nicht frei sein von Elementen, die den Ansprüchen der Vernunft zuwiderlaufen, …* Und er zitiert weiter Georg

Essen: *Wenn aber das Christentum irgendeinen bedeutsamen Anspruch auf die Wahrheit erheben will, dann muss es sich seit der Aufklärung denselben Verfahren der Prüfung und der Verifikation unterwerfen, wie sie in den profanen Wissenschaften angewandt wird.*

Auch ich setzte die letztere Bedingung als selbstverständlich voraus, und habe die meiner Auswertung vorangehende Untersuchung der Texte nur aus diesem Blickwinkel heraus betrieben. Nach Entfernung der mystischen und wunderbaren Elemente ergab sich deshalb auch, wer wann was in diesem Prozess der Entstehung des Christentums bewirkte, und auch warum. Es ist natürlich paradox, dass ich dabei zu dem Ergebnis kam, dass das Christentum ausgerechnet von den Vorfahren derjenigen ganz gezielt in diese Welt gesetzt wurde, die sich am Ende von ihm distanzieren.

Auch Homolka gibt das zu, denn er zitiert dazu Joseph Klausner: ... *das Judentum brachte das Christentum in seiner ursprünglichen Form* (als Lehre Jesu) *zur Welt, aber es verstieß seine Tochter, als diese die Mutter in einer tödlichen Umarmung ersticken wollte.* Ich werde das nicht weiter vertiefen. Auch Goethes Zauberlehrling bekam bekanntlich, was er sich zu Hilfe rief, nicht mehr mit eigener Kraft gebändigt.

In Anbetracht seines hohen geistigen Niveaus und der damit verbundenen Kompliziertheit schloss das geistige Umfeld des schriftgelehrten Judentums schon damals aus, dass ein Charismatiker plötzlich so eine Lehre wie das Christentum aus sich selbst entwickelt und dann auch noch zum Erfolg führt. Solche Konzepte wie die des Täufers, die des Jesus oder die Basis für die unter dem Namen des Paulus entwickelte Theologie brütet man nur unter dem Zwang der Realitäten im Kreis strategisch denkender und vor allem gut ausgebildeter Leute innerhalb eines Führungsgremiums aus, die sich unter einer für sie bedrohlichen Entwicklung gezwungen sehen, etwas politisch zu bewirken oder zu verhindern.

Wir haben es bezüglich der Entstehung des Christentums mit Johannes dem Täufer, mit Jesus von Nazareth, Simon II. (Kephas) bar Gamaliel, mit Simon Magus (Paulus) und mit dem Jesusjünger Jochanan bar Levi zu tun. Hinter Jesus stand die Ideologie der Essener, hinter dem Täufer die Glaubensaristokratie des Judentums, die sadduzäische Tempelpriesterschaft und über den Hohen Rat auch die Pharisäer. Kephas setzte nach der Hinrichtung des Jesus die neue Lehre vom himmlischen Messias ein. Der Magus (Paulus) verhinderte mit seinem Qumraneinsatz einen Bürgerkrieg und war anschließend notgedrungen der Organisator der Heidenmission, die sich aus einer Panne infolge unzureichender Kontrolle der neuen Glaubensgruppierung ergab. Hinter den Schriften die nach dem Jahr 70 unter Federführung des Johannes hervorgingen stand der Auftrag der flavischen Kaiser, für das immer noch aufständische Judentum eine für die *pax romana* passfähige Religionsvariante zu erarbeiten. Er schuf unter dem Zwang der Umstände am Ende ganz gezielt mit seinem Evangelium die Grundlagen für unser jetziges Christentum.

Darauf aufbauend entstanden dann erst später über mehrere Stufen aus ursprünglichen fragmentarisch überlieferten Glaubensanweisungen die sogenannten paulinischen Apostelbriefe, welche als ergänzender Ausbau der christlichen Theologie der Evangelien betrachtet werden können.

Unsere Zeit ist aber nicht besser als die damalige. Wenn vom Christentum gesprochen wird, wird der theologische Rahmen als gegeben gesetzt. Geht es dabei um Einzelheiten, dann bilden die Fakten der Bibel die Grundlage. So wird also üblicherweise nicht mehr gefragt, ob es eine bestimmte Person tatsächlich gegeben hat, sondern nur noch untersucht, welche Rolle sie in den Schriften spielt, und wie man die möglichst stimmig interpretieren und im Glauben verankern kann. Dadurch erfuhr beispielsweise die Figur des Übeltäters Judas über den Meinungsstreit eine Konkretisierung, die schon früh bis zur Ausfertigung eines *„Evangeliums nach Judas Iskariot"* geführt hat.

Ich habe hier versucht, zumindest dieser immer wieder neu aufflammenden Judas-Hysterie den Boden zu entziehen. Dass ich dabei auf andere nicht sehr ehrenvolle Tatbestände traf, dafür kann ich nichts. Die ganze gutmenschlastige Jesusschwärmerei der heutigen Zeit und auch die neuerdings um Jesus angesiedelte Flut von Enthüllungsliteratur, diese oft bombastischen und mystifizierenden geistigen Kartenhäuser waren es auch, was mich bewegt hat, einmal im Keller nachzusehen, ob das überhaupt Substanz hat, mit dem wir immer wieder aufs Neue konfrontiert werden. Ganz außer acht habe ich die esoterische Linie gelassen, die uns über verschiedenste Praktiken bis zur Rückführung mit immer wieder neuen sichtlich aus unterbewussten Wunschträumen erstellten Hirngespinsten zu beglücken versucht.

Die Antiquiertheit, die man dem Christentum heutzutage vorwirft, hat nicht zuletzt ihre Ursache in der diesem Glauben im Lauf der Jahrhunderte zugewachsenen Dinge, die wir als Tradition betrachten. Auch der Umfang und die Menge der verfügbaren Schriften zum Christentum macht es anscheinend zu einem aussichtslosen Unterfangen, sich Klarheit zu verschaffen. Ich habe aber feststellen müssen, dass das überhaupt nicht nötig ist, um zur historischen Basis durchzustoßen.

Was um das Jahr 30 in Palästina und vor allem in Jerusalem geschehen ist, war bestimmt von Älteren ausgedacht, aber die uns übermittelten Hauptakteure waren junge Männer, die manchmal kaum zwanzig Jahre alt waren. Führerfiguren wie Jesus hatten ihre aufbrausend wilde Zeit mit Anfang Dreißig schon hinter sich, und auch der Täufer dürfte nicht viel älter gewesen sein. Die Provinz Syrien, speziell Judäa und die umliegenden Gebiete von Samaria, Galiläa und Idumäa, waren zur Zeitenwende ein einziger politischer und religiöser Hexenkessel, der nie endgültig zur Ruhe gebracht werden konnte.

Der Machtkampf, welcher sich damals in der Sphäre der Führenden abspielte, und nicht nur bei den Christen, ist zu allen Zeiten und überall so erbarmungslos geführt worden, wie ich ihn in den Schriften vorfand. Machtfragen werden nicht ausdiskutiert, sondern ausgemordet.

Angesichts der Gräuel, die damals unter Glaubensvorwänden, und auch später immer wieder in der Geschichte passierten, ist der Verrat des Judas nur ein zu vernachlässigender Vorfall. Weil er aber die Initialzündung für die Entwicklung des Christenglaubens darstellt, wird er immer seine Bedeutung behalten.

Der Gott des Neuen Testamentes ist ein anderer, als der des Alten Testamentes. Er ist uns näher, menschlicher. Eine solche Aussage ist nach der Aufdeckung des brutalen Machtgerangels unter den Erfindern des Christentums schon gar nicht mehr zu erwarten. Wenn Johannes, dessen Einflussnahme auf die Herausbildung des Christentums ich in dieser Untersuchung nachzuvollziehen versuchte, auch Skrupellosigkeit und absolutes Machtstreben nachgesagt werden kann; ihm den Glauben abzusprechen, wäre falsch. Er glaubte an zwei Dinge ganz fest: Erstens, dass es Gott gibt, und zweitens, dass ihm von Gottes Vorsehung eine ganz große Rolle im Weltgeschehen bestimmt wäre, die er sich verpflichtet sah, sie auch auszufüllen.

Die Quintessenz seiner für uns sehr dunkel und wirr daherkommenden Offenbarung ist scheinbar die Erwartung der neuen Welt, eine Neuschöpfung in kosmischen Dimensionen. Ich fand aber dort mitten im Text eingebettet eine von der Zeit in die Ewigkeit weisende Vision des Johannes, die verdächtig dem ähnelt, was uns Buddha am Ende des Kreises der Wiedergeburten verheißt und dem er selbst zustrebte.

Dass das für Johannes aber noch nicht alles war, hat der Theologe Walter Beltz in seinem Werk *„Gott und die Götter"* herausgearbeitet. Bei seiner Analyse der johanneischen Vision schreibt er: *Es wird weder Sonne noch Mond, noch den Unterschied zwischen Tag und Nacht geben. Der Mensch wird auch ein anderer sein. Er wird nicht mehr frei sein, sondern in allem Gott gehorsam sein.*

Das ist bei genauer Betrachtung die Proklamation der bedingungslosen Kapitulation und beweist: Das Grundbedürfnis und eigentliche Ziel allen menschlichen Strebens ist die Suche nach der absoluten Sicherheit. Der Mensch sucht Zuflucht. Dafür ist er sogar bereit seine Freiheit aufzugeben. Das kann ihm nur Gott bieten. Beltz schreibt Johannes am Ende diese Vision zu. Wir können es uns nun heraussuchen, was davon wir haben möchten. Das ewige göttliche Jerusalem, die komplett vergeistigte Ewigkeitsvision oder die Zuflucht der ewigen Sicherheit. Alle philosophischen Schulen, die menschliche Idealgesellschaften zu entwerfen versuchten, sind an dieser Klippe gescheitert. Am Ende stand immer die Frage nach dem festen Punkt, den schon Archimedes außerhalb der Welt forderte, um sie aus den Angeln heben zu können. Es war aber von jeher die Frage nach dem festen Punkt, an dem diese unsere Welt und der Sinn unseres Daseins festgemacht werden könnte. Auch uns bietet sich angesichts der Endlichkeit unseres Daseins keine andere Lösung als der Glauben. Vor allem wollen wir Gott nahe sein, ganz unbedingt und direkt. Der Gott des Alten Testamentes ist aber nicht dieser Gott, nach dessen Zuflucht wir streben. Der ist der absolute Herr. Wir sind ein Nichts vor ihm und er lässt es uns auch in allem spüren, was er dort tut und veranlasst.

Erst über die unter dem Namen des Paulus von den Kirchenvätern in den Apostelbriefen installierte Idee des menschlichen Gottessohnes und Gottesverkündigers besteht die Möglichkeit, sich Gott zu nähern. Das ist aber ein anderer Gott, einer, wie wir ihn uns wünschen. Und seltsamerweise gelingt diese Annäherung an dieses da geschaffene Wunschbild am überzeugendsten über das Gebet des Vaterunsers, was uns Jesus hinterlassen hat, aber nicht der Christus des Paulus, und auch nicht der Christus des Johannes, sondern der hingerichtete essenische Aufstandsverschwörer Jehoshua bar Joseph, der Nasiräer aus Bethsaida.

Den Vorwurf, den Text des Neuen Testamentes so wörtlich genommen und analysiert zu haben, dass man seine historische Basis nun endlich im groben Rahmen verstehen kann, den nehme ich gern auf mich. Wir dürfen die Intelligenz unserer Vorfahren keinesfalls unterschätzen. Die überlieferten und noch heute gelesenen Texte der damals entwickelten Spielarten und Zweige der Philosophie beweisen deren schon damals hohes ethisches und geistiges Niveau. Zum Beweis dieses Niveaus möchte ich die Vision des Johannes anführen (Offenb. 10,5-7). Seine Verkündigung des Endes der Zeit, die uns Johannes dort übermittelt, ist keine nihilistische. Sie deckt sich immer noch ziemlich genau mit dem, wie sich anerkannte Naturwissenschaftler unter dem derzeitigen Erkenntnisstand über unsere Welt ab und zu öffentlich äußern. Für Johannes ist es der Übergang zur Ewigkeit Gottes. Dass er damit die Vorstellungskraft seiner damaligen Leser überfordert sah, bezeugt die anschließend von ihm darüber gestülpte Verheißung des kommenden himmlischen Jerusalems, die er uns am Ende seiner Offenbarung unlogischerweise detailliert prophezeit, weil doch jeder wissen will, wie es anschließend weiter geht, obwohl es sich verständlicherweise unserer Vorstellung entziehen muss.

Hans-Georg Weiske

Personenkonstellationen

Todesjahr des Herodes (4 v.u.Z.), vor Beginn des Aufstandes:

Kaiser:	*Augustus*
Präfekt:	*Quirinius*
König:	*Herodes der Große*
Jüdische Religionsführer:	*Hillel I.* (Pharisäer), *Menachem* (Essener)

Nach Niederschlagung des Aufstandes durch Varus:

Kaiser:	*Augustus*
Präfekt:	*Varus*
Vierfürsten (Tetrarchen):	*Herodes Antipas, Herodes Philippos, Herodes Archelaos*
Jüdische Religionsführer:	*Hillel I., Schammai*

Zeitpunkt der Wirksamkeit Johannes des Täufers (um 30)

Kaiser: *Tiberius*
Präfekt: *Pilatus*
Tetrarchen: *Herodes Antipas, Herodes Philippus*
Jüdischer Religionsführer: *Gamaliel I.*
Prophet der Reform des Jüdischen Glaubens: *Johannes der Täufer*
Missionar der Aufstandsverschwörung der Essener gegen Rom:
Jesus von Nazareth
Seine wichtigsten Jünger, die Brüder:
Johannes, Jakobus (Donnersohn) und Simon (Petrus)

Jahre des Aufstandes (66-70)

Kaiser (In der Reihenfolge ihrer Herrschaft): *Nero, (Galba, Otho, Vitellius), Vespasian*
Prokurator des Nero: *Cestius*
Feldherr des Nero: *Vespasian*
Feldherr des Vespasian: *Titus*
König: *Agrippa II.*
Jüdischer Religionsführer: *Simeon II.*
(Simon bar Gamaliel = Kephas)
Jüdischer Feldherr Galiläas: *Joseph ben Mathitjahu ha Kohen (Flavius Josephus)*

Jüdische Aufstandsführer: *Johannes bar Levi (= Johannes von Gischala, = Donnersohn) und Simon bar Giora*

Identitäten der wichtigsten Personen

Dynastie Hillels I.:
Hillel I. / Simon I. / Gamaliel I. / Simon II. (Kephas) / Gamaliel II. *(Die Abstammung wird direkt auf König David zurückgeführt. Sie waren alle nacheinander pharisäische Fürsten des Sanhedrins.)*

Paulus von Tarsus: (historisch nur als *Simon der Magier* nachweisbar) Schüler des Gamaliel I. / Beauftragter des Sanhedrins zur Verfolgung der Sikarierbewegung / Verhandlungsführer des Sanhedrins bei den Essenern / Freund des Simon bar Gamiel (Kephas) / Heidenapostel des Christentums / Über die ihm zugeschriebenen Apostelbriefe, welche erst im 2. Jahrhundert unter der Regie der Kirchenväter *(Eusebius)* ihre endgültige Form erhielten, Begründer der christlichen Kirche

Johannes: (*Komplette zeitliche Aufeinanderfolge der Identitäten gemäß Neuem Testament und nach Josephus. Der Beiname bar Levi deutet auf sadduzäische Herkunft hin.)*
Johannes, der Freund des Simon bar Gamaliel (Kephas) / (Johannes der Schüler des Gamaliel) / Johannes, der Jünger des Täufers / Johannes, der Jünger Jesu / *Donnersohn* / (Judas Iskariot) /Johannes Markus/ Johannes bar Levi / Johannes von Gischala / Gegner des Josephus in Galiläa /Ratgeber des Hohepriesters Hananias / Verteidiger Jerusalems / Markus, der Zusammensteller des Markus-Evangeliums und Endredakteur der Evangelien nach Matthäus und nach Lukas / Autor des Evangeliums nach Johannes / Autor der Offenbarung des Johannes / Initiator des Hebräerbriefes / Patriarch von Ephesus

(1)Simon (Kephas): (*Pharisäer*) Simon, der Sohn des Sanhedrinfürsten Gamaliel / Schüler seines Vaters Gamaliel I. / Freund des Johannes / Pfingstprediger in Jerusalem, der die Urchristengemeinde gründet/ Freund Simons des Magiers (des Saulus, den er als Paulus in die

Christengemeinde einführt) / Vorstand der Urchristengemeinde in Jerusalem / (Namensgeber für die ihm in der Apostelgeschichte später untergeschobene Geschichte von der Taufe des Hauptmanns Kornelius) / maßgebender Ratgeber des Apostelkonzils / zeitweiser Unterstützer der erleichterten Heidenmission in Antiochia /Nachfolger seines Vaters Gamaliels I. als Simon II./ Bruder des zeitweiligen Hohepriesters Jesus ben Gamala / Vater des Gamaliel II.

(2) Simon (Petrus): Fischer in Galiläa / (Jünger des Täufers als Simon bar Jona) / als Jünger Jesu für dessen Personenschutz zuständig / Schlägt Malchus das Ohr ab / verleugnet Jesus / Kommandeur der Ordnungstruppe der Urchristengemeinde / Lässt Ananias, den Lehrer des Paulus und die Frau des Ananias umbringen / Wundertäter der Apostelgeschichte / neben Jakobus Donnersohn *(nach der Vita des Josephus)* weiterer Bruder des Johannes von Gischala / Anführer der galiläischen Gesandtschaft des Johannes zu Simon II. (Kephas) / Historisches Vorbild für den Simon Petrus der Evangelien /starb wahrscheinlich als Mitarbeiter seines Bruders in Rom *(Petrusgrab)*

(3)Simon bar Giora: Aufstandsführer im Judäischen Krieg / hingerichtet in Rom

Johannes der Täufer: (Reformprediger des Judentums)
Zurzeit Jesu Leiter der von Hillel I. gegründeten Toraschule des Gamaliel I. / Ausbilder des Jochanan bar Levi und des Simon Magus (Paulus) /Beauftragter des Sanhedrins zur religiösen Neutralisierung der inneren Unruhen unter dem römischen Besatzungsregime / Setzt Johannes im Auftrag des Sanhedrins auf Jesus an / Charismatischer wortgewaltiger Prophet im Sinne der alttestamentarischen Prophetentradition. Keine neue Lehre. Predigt geistige Umkehr, Ernsthaftigkeit im Glauben und gegen Heuchelei.
Lt. Flavius Josephus keiner der drei von ihm aufgeführten jüdischen Glaubensausrichtungen direkt zuordenbar. / Predigte allgemeinethische Grundsätze auf der Basis der jüdischen Religion. / In den Evangelien ist seine Lehre rückwirkend dem Jesus von Nazareth als Mission untergeschoben. / Seine aus der jüdischen Religion und der Tora stammenden Basisthesen werden von Johannes im Auftrag der Flavier in den Evangelien zur Botschaft Jesu umgedeutet, um die Sikarier zu befrieden. Unter dem Zwang der politischen Erfordernisse wurden diese Lehren dann von der neu entstandenen christlichen Kirche unter dem Namen des Apostels Paulus weiterentwickelt und sind Grundlage der christlichen Religion.

Weiterführende und Quellenliteratur

Atwill, Joseph; Das Messias-Rätsel, Die Geheimsache Jesus;
  Ullstein Buchverlage Berlin, 2008
Barthel, Manfred; Was wirklich in der Bibel steht;
  Econ Ullstein List Verlag München, 2001
Beltz, Walter; Gott und die Götter, Biblische Mythologie;
  Aufbau-Verlag Berlin und Weimar, 1985
Die Bibel nach der Übersetzung Martin Luthers;
  Deutsche Bibelgesellschaft Stuttgart, 2009
Bultmann, Rudolf; Das Evangelium des Johannes;
  Vandenhoeck & Ruprecht, Göttingen 1986
Carmichael, Joel; Leben und Tod des Jesus von Nazareth;
  Fischer-Bücherei GmbH München und Hamburg, 1968
Deschner, Karlheinz; Abermals krähte der Hahn;
  Goldmann Verlag, 1996
Detering, Hermann; Der gefälschte Paulus – Das Urchristentum im Zwielicht;
  Patmos Verlag Düsseldorf, 1995
Ehrmann, Bart D.; Abgeschrieben, falsch zitiert und missverstanden –
  Wie die Bibel wurde, was sie ist; Gütersloher Verlagshaus, 2008
Graf, Friedrich Wilhelm u. Wiegandt, Klaus (Hrsg.);
  Die Anfänge des Christentums;
  Fischer Taschenbuchverlag, Frankfurt/Main, 2009
Harpur, Tom; Der heidnische Heiland; Ansata Verlag, München 2005
Homolka, Walter; Jesus von Nazareth im Spiegel jüdischer Forschung;
  Hentrich & Hentrich Berlin, 2010
Huber, Wolfgang; Der Christliche Glaube – Eine evangelische Orientierung;
  Gütersloher Verlagshaus, 2008
Josephus, Flavius; Geschichte des Judäischen Krieges;
  Verlag Philipp Reclam jun. Leipzig, 1985
Josephus, Flavius; Jüdische Altertümer;
  Marix Verlag GmbH Wiesbaden, 2006
Kappstein, Theodor;
  Die Religionen der Menschheit – Judentum und Christentum;
  Wegweiser-Verlag Berlin, 1922
Knohl, Israel; Der vergessene Messias, Der Mann, der Jesu Vorbild war;
  Econ Ullstein List Verlag München, 2001
Kubitza, Heinz-Werner; Der Jesuswahn; Tectum Verlag, 2011
Lapide, Pinchas; Paulus zwischen Damaskus und Qumran;
  Gütersloher Verlagshaus, 1995

Mason, Steve; Flavius Josephus und das Neue Testament;
  A. Francke Verlag Tübingen, 2000
Pillhofer, Peter; Das Neue Testament und seine Welt; Mohr Siebeck, 2010
Ranke-Heinemann, Uta; Nein und Amen – Anleitung zum Glaubenszweifel;
  Hoffmann und Campe Verlag Hamburg, 1992
Ratzinger, Joseph (Benedikt XVI.); Jesus von Nazareth (Band I/II);
  Herder Freiburg, 2007/2011
Ratzinger, Joseph (Benedikt XVI.); Einführung in das Christentum;
  Weltbild Augsburg, 2005
Salibi, Kamal; Die Verschwörung von Jerusalem; Goldmann München, 1994
Specht, Harald; Jesus? – Tatsachen und Erfindungen;
  Engelsdorfer Verlag, 2010
Reclams Bibellexikon; Philipp Reclam jun. GmbH & Co. Stuttgart, 1992
Siegert, Schreckenberg, Vogel; Flavius Josephus – Aus meinem Leben (Vita);
  Mohr (Siebeck), Tübingen, 2001
Theißen, Gerd; Der Schatten des Galiläers; Gütersloher Verlagshaus, 2011
Internetdatenbanken: Wikipedia; www.wikipedia.de, u.ä.

In die vorstehende Literaturauflistung wurden nur die Titel aufgenommen, aus welchen Ideen für Beweisführungen herangezogen wurden, solche Titel, in denen das Thema in neuerer Zeit kritisch, zumindest realitätsnah abzuhandeln versucht wurde, oder in denen ich entsprechende Denkanstöße zum Thema fand. Auf die Einbeziehung apologetischer Schriften und auch solcher mystischen oder esoterischen Inhaltes zum Christentum, bzw. spezifisch theologischer Fachliteratur wurde bis auf die wenigen aufgeführten Ausnahmen aus naheliegenden methodischen Gründen verzichtet, weil in ihnen gerade das als Basis gesetzt gilt, was von mir hier auf historische Tragfähigkeit untersucht wurde.

HANS-GEORG WEISKE

Die Erfindung des Christentums

ISBN 978-3-7322-3818-7

*Eine spektakuläre Ermittlung
auf den Spuren der Apostel,
und wie die ursprünglichen Ideen
der Essener zu unserem Christentum
umfunktioniert wurden*